Freya Klier
Gelobtes Neuseeland

atb aufbau taschenbuch

Freya Klier, geboren 1950 in Dresden, kam nach der Verhaftung ihres Vaters im Alter von drei Jahren ins Kinderheim. 1968 scheiterte ihr Versuch der Republikflucht, sie wurde zu 16 Monaten Gefängnis verurteilt. Nach vorzeitiger Entlassung und Arbeit als Theaterregisseurin war Klier 1980 Mitbegründerin der DDR-Friedensbewegung. Später folgte das Berufsverbot, 1988 wurde sie schließlich zusammen mit Stephan Krawczyk und anderen Bürgerrechtlern verhaftet und unfreiwillig ausgebürgert. Sie lebt heute als Autorin und Filmregisseurin in Berlin.

Publikationen u. a.: »Abreiß-Kalender. Ein deutsch-deutsches Tagebuch« (1988), »Die Kaninchen von Ravensbrück« (1994), »Oskar Brüsewitz« (2004), »Michael Gartenschläger« (2009).

Der Wiener Philosoph Karl Popper rettet sich ebenso über die Ozeane bis nach Neuseeland wie der Dichter Karl Wolfskehl, andere führt ihr Weg aus den Versuchsräumen des Doktor Mengele in Auschwitz über die verschiedensten Stationen bis zu den Maori. Freya Klier schildert die bewegenden Schicksale jüdischer Emigranten, deren Biographien kaum unterschiedlicher sein könnten und die doch eines verbindet: ihre Flucht nach Neuseeland, das Land, das am weitesten von Deutschland entfernt ist und in dem sie endlich Schutz vor der Verfolgung durch die Nationalsozialisten finden. Geschickt verknüpft Freya Klier die Lebenswege der Protagonisten zu einem Stück mitreißend erzählter Weltgeschichte von 1930 bis 1948. Gleichzeitig zeichnet sie die spannende Vergangenheit ihres Zufluchtsortes Neuseeland nach, des Gelobten Landes am anderen Ende der Welt.

FREYA KLIER

Gelobtes Neuseeland

*Fluchten bis ans
Ende der Welt*

atb aufbau taschenbuch

Mit 22 Abbildungen

ISBN 978-3-7466-7103-1

Aufbau Taschenbuch ist eine Marke
der Aufbau Verlag GmbH & Co. KG

1. Auflage 2012
© Aufbau Verlag GmbH & Co. KG, Berlin 2012
Die Originalausgabe erschien 2006 bei Aufbau Taschenbuch
Umschlaggestaltung morgen, Kai Dieterich
unter Verwendung zweier Motive von © Corbis
Druck und Binden CPI – Clausen & Bosse, Leck
Printed in Germany

www.aufbau-verlag.de

Inhalt

I. Teil: 1930–1938

1930
1. Ein Neuseeländer in Berlin 11
2. Die manierlichen Deutschen 13
3. Aus Neu-Pommern wird Neu-Britannien 15

1933
1. Die ersten Anzeichen des Terrors 18
2. Von Humanismus zu Heimat und Rasse 21
3. Neuseeland darbt 24
4. »Kauft nicht beim Juden!« 28

1934
1. Wolle für Deutschland.......................... 32
2. Bleiben oder gehen?............................ 34
3. Von »Halbjuden« und »Ostjuden« 38
4. Im Land Mussolinis 45

1935
1. »Spontaner Volkszorn« 51
2. Ein neuseeländischer Handelsmissionar 57
3. Hochzeit in Jerusalem 63
4. Die Zeit von Labour bricht an 66

1936
1. Olympischer Frieden 69
2. Einwanderer – Ja oder Nein? 76
3. Die Hatz auf Ärzte 79

4. Himmlisches Jerusalem 82
5. Die »Arisierung« 85
6. Ausreise aus Wien 89

1937

1. Antisemitismus in *God's own country*? 93
2. Aufpoliertes Deutschtum 100
3. Mit NSDAP-Mitgliedern auf Reisen 103
4. Stationen in Palästina und Europa 110

1938

1. Eine Hochzeit in Wien 117
2. Ein italienisches Rassegesetz 121
3. Neuseeländische Härte 125
4. Warten aufs Exil 134
5. Ein sächsischer Graf in Neuseeland 141
6. Hans im Glück 144

II. Teil: 1939–1945

1939

1. Das Ende der Tschechoslowakei 157
2. London – Wartesaal für Übersee 163
3. Kindertransporte 167
4. Die Tore schließen sich 171
5. Am Rand des Erdkreises 177
6. Der Krieg bricht aus 182

1940

1. Der Vertrag von Waitangi 186
2. Die deutsche West-Offensive 189
3. Die Stunde Winston Churchills 191
4. *Enemy Aliens* 195

5. Die neuen Farmer 196
6. Die letzten Flüchtlinge 199
7. *Bar-Mizwa* in Berlin 201

1941

1. Sehnsucht nach Nähe 205
2. Verdächtige Deutsche 207
3. Im Kampf gegen die Nazis 211
4. Zu Besuch in Christchurch 213
5. Der Davidstern 218

1942

1. Japanischer Vorstoß 222
2. Die Wannseekonferenz 227
3. Interniert für 999 Tage 236
4. Die Amerikaner kommen! 239
5. Ein Land rückt zusammen 243
6. Pfannkuchen für die SS 249

1943

1. Welten voneinander entfernt 252
2. Der Weg nach Auschwitz 257
3. Von Erfolgen und Niederlagen 265
4. Krieg über deutschen Städten 272
5. Nylons und Jeeps 278

1944

1. Kriegsverläufe 283
2. Konkurrenten................................. 289
3. Der »totale Krieg« 293
4. Geschichten einer Familie 295
5. Kinder aus Polen 303

1945

1. Der Todesmarsch 309
2. Hoffnung auf ein Wiedersehen 312
3. Die Befreiung 314
4. Die Stunde Null 317
5. »Ich bin die einzige, die noch lebt« 321
6. Lebensgier 325

III. Teil: 1946–1948

1946

1. Neuanfänge 331
2. Die Schatten des »Dritten Reiches« 334
3. Der Wunsch nach Heimkehr 338
4. Britische Episoden 342
5. Der Umgang mit der Schuld 347

1947

1. Wiederbegegnungen 353
2. *Displaced Persons* 358
3. Aufbruch und Abschied 361
4. Friedensgefühle 365
5. Neuseeländische Unabhängigkeit 367

1948

1. Die letzten Flüchtlinge des »Dritten Reiches« 373
2. *The British Way of Life* 377
3. Berlin-Blockade 381
4. Tod im Exil 384

Epilog 387

Bibliographie 414
Bildnachweis 422
Dank 423

I. TEIL: 1930–1938

1930

1. Ein Neuseeländer in Berlin

Im Herbst 1930 schreibt sich ein junger Neuseeländer am Institut für Ausländer und kurz darauf für ein Pädagogikstudium an der Humboldt-Universität Berlin ein. Der junge Mann nennt sich Reuel Anson Lochore. Neuseeländer sind im frühen 20. Jahrhundert nicht eben häufig in Deutschland zu finden: Die Schiffspassage ist lang und teuer, und seit dem Ersten Weltkrieg gibt es in Neuseeland eine gewisse Abneigung gegenüber dem ehemaligen Feind Deutschland. Nicht allerdings bei Reuel Lochore; er bewundert die deutsche Sprache und Kultur – eine Vorliebe, die sich bis zum Ende seines Lebens nicht verlieren wird.

Der 27jährige wuchs als Sohn eines Methodistenpfarrers und einer Lehrerin für Gehörlose an der Westküste der Nordinsel Neuseelands auf, in Taranaki, dem »Garten Neuseelands«, der, gekrönt von einem majestätischen Vulkan, auf halbem Weg zwischen Auckland und Wellington liegt und in die wilde Tasman Sea hinausragt. Reuel hat an der Universität in Auckland Englisch, Französisch, Latein, Philosophie und Psychologie studiert, danach hat er als Lehrer an einem College in der Hauptstadt Wellington gearbeitet. Nun zieht es ihn nach Europa, das heißt vor allem nach Deutschland, um seine Studien in Sprachen, Literatur und Philosophie fortzusetzen. In Berlin will er zunächst die deutsche Sprache richtig lernen. Neuseeland zu verlassen fällt dem jungen Mann 1930 nicht allzu schwer: Das Land stürzt infolge des »Schwarzen Freitags« an der New Yorker Börse 1929 gerade in eine tiefe Wirtschaftskrise, wie so viele Länder weltweit. Die Stimmung ist miserabel, nichts ist mehr zu spüren von dem leichten Wirtschaftsaufschwung, der Neuseeland in den zwanziger Jahren belebt hat. Das regierende Drei-Parteien-Kabinett aus Konservativen und Liberalen scheint nicht in der Lage, die Probleme zu lösen, der Premier Sir Joseph Ward ist aus Krankheitsgründen soeben zurückgetreten, und eine Lösung der inländischen Probleme scheint nicht in greifbarer Nähe zu liegen.

Lochore ist begeistert von der Reichshauptstadt Berlin. Wirtschaftlich herrscht hier zwar eine ähnliche Flaute wie in Wellington, bestimmen Konkurse, Preisverfall und Arbeitslosigkeit das alltägliche Bild – doch die Atmosphäre dieser turbulenten Metropole findet er überwältigend.

Nur wenige Tage nach seiner Ankunft, er spricht kaum ein paar Brocken Deutsch, gerät der junge Mann vom anderen Ende der Welt in eine der 1930 häufigen Auseinandersetzungen zwischen Nationalsozialisten und Kommunisten. Plötzlich findet er sich in einer dichten, aufgebrachten Menge auf der Straße wieder; was der Aufruhr zu bedeuten hat, weiß er nicht. Als sich ihm ein Junge mit einem Flugblatt nähert, warnen ihn die Umstehenden, es keinesfalls zu nehmen. Doch er läßt sich einen Zettel geben, schon aus reiner Neugierde, worauf sich ein Mann zu ihm umdreht und ihn fragt, ob er Kommunist sei: »Nein«, antwortet Lochore, »ich bin Ausländer.« Und dann beginnen die Menschen um ihn herum, von allen Seiten auf ihn einzutrommeln; sie bedrängen ihn, er bekommt Panik.

Jahrzehnte später wird er einem neuseeländischen Reporter berichten, wie er sich zu wehren versuchte: »Ich bot ihnen die Stirn und sagte unmißverständlich: ›Ich bin Ausländer. Ich bin kein Deutscher. Ich verstehe nicht, was Sie wollen.‹ Ich war bereit, ihnen das zu beweisen, aber ein Mann unmittelbar hinter mir sagte: ›Sieh zu, daß du wegkommst.‹ Er bahnte mir einen Weg durch die Menge, damit ich herauskam. Ich ging und war nicht ernsthaft verletzt, aber ich hatte eine dunkle Ahnung davon bekommen, was für eine politische Stimmung sich in Deutschland zusammenbraute.«

2. Die manierlichen Deutschen

Das deutsch-neuseeländische Verhältnis hat 1930 bereits mehrere Wechselbäder hinter sich. Bis zum Weltkrieg gab es kaum Probleme, am wenigsten mit den deutschen Siedlern in Neuseeland, die vor allem wegen ihrer Tüchtigkeit geschätzt wurden. Etwa 7000 deutschsprachige Immigranten zählte man um die Jahrhundertwende auf der pazifischen Doppelinsel, was nach den Briten, die 95 Prozent aller weißen Bewohner Neuseelands stellten, die immerhin zweitgrößte europäische Einwanderungsgruppe war. Die meisten Deutschen waren in der zweiten Hälfte des 19. Jahrhunderts hier eingetroffen: Lutheraner aus Mecklenburg, Preußen oder Hannover, Katholiken aus dem Egerland und schließlich auch Schweizer und Österreicher. Sie alle hatten sich gut integriert.

Vor der Jahrhundertwende ankerten in Wellington oder Auckland zeitweise mehr deutsche Schiffe als englische, Fregatten, die auf Namen wie »Hertha«, »Helgoland« oder »Leipzig« getauft waren. Und obwohl es sich meist um Kriegsschiffe handelte, herrschte beim Landgang der Matrosen stets eine harmonische Atmosphäre zwischen Einheimischen und deutschen Seeleuten. Die Deutschen zeigten sich in diesen friedvollen Zeiten von ihrer manierlichen Seite, gaben einmal sogar ein Benefiz-Konzert zugunsten der Aucklander Waisenhäuser.

Mit dem Übergang zum 20. Jahrhundert begann sich die Harmonie jedoch zu verflüchtigen. Vor dem Hintergrund einer wachsenden kolonialen Rivalität zwischen Deutschland und England liefen deutsche Schiffe nun immer seltener in die neuseeländischen Häfen ein. Für die britische Seeherrschaft im südpazifischen Raum stellte die deutsche Kriegsmarine mehr und mehr eine Bedrohung eigener Interessen dar, und diese Spannungen übertrugen sich auf das kleine Neuseeland, das über keine eigene Kriegsflotte verfügte und auf den englischen Schutz angewiesen war.

Auch das Auftreten der Deutschen änderte sich. Mit zunehmender Präsenz in der Region wuchsen deutsche Herrschaftsansprüche: Bisher war das Deutsche Reich eher ein Nachzügler unter den kolonialen Großmächten gewesen. Bismarck hatte sich in der Zeit nach der Reichsgründung der Expansion durch koloniale Territorien in Übersee gegenüber zunächst reserviert verhalten – er befürchtete nur geringe wirtschaftliche Vorteile, dafür aber erhebliche politische und militärische Konsequenzen. 1884 gab er dem Druck des »Kolonialfiebers« deutscher Siedler und einheimischer Lobbyisten jedoch nach, so daß die Deutschen neben ihrem Engagement in Afrika nun einen Teil Neuguineas übernahmen, den sie in Kaiser-Wilhelms-Land umbenannten, dazu ein paar umliegende Inseln, die sie als Dank an den deutschen Reichskanzler Bismarck-Archipel tauften. Deutsche Handelsmissionen in Mikronesien folgten. Ende des 19. Jahrhunderts wurde noch im Südpazifik im Westen von Samoa – nach gütlicher Einigung mit den Amerikanern, denen der Ostteil der Insel gehörte – die deutsche Flagge gehißt.

Die Kolonialisierung ging trotz verschiedener Interessenkonflikte mit den anderen Kolonialmächten weitgehend friedlich vonstatten, und die Deutschen waren keineswegs unbeliebt in der Fremde. Ihre Gouverneure verhielten sich im großen und ganzen taktvoll und respektierten die vorherrschende Kultur. Als der deutsche Gouverneur von Samoa 1911 nach Berlin zurückkehrte, folgte ihm die Bitte der einheimischen Häuptlinge, er möge bald zurückkehren. Der Handel blühte, und Deutschland hatte einen regen Anteil daran. Namen wie Schaffhausen, Schwenke, Jahnke oder Schuster zeugen heute noch von den fruchtbaren Beziehungen der beiden Kulturen in damaliger Zeit.

3. Aus Neu-Pommern wird Neu-Britannien

Die deutsche Kolonialzeit im Südpazifik endete 1914. Mit Ausbruch des Weltkrieges eroberte Neuseeland im Auftrag der britischen Kriegsmarine in einem ersten Kriegsakt West-Samoa. Im Verlaufe der Übernahme der anderen deutschen Kolonialgebiete wurden in den folgenden Jahren Archipele wie Neu-Mecklenburg oder Neu-Pommern in Neu-Irland und Neu-Britannien umgetauft, Australien übernahm das Kaiser-Wilhelms-Land.

Neuseeland, treuer Bündnispartner der britischen Krone, trat schon bald in den bewaffneten Kampf ein und fand sich damit zum erstenmal in seiner Geschichte in eine internationale militärische Auseinandersetzung verstrickt. Mehr als 100000 Männer zogen in einen Krieg, der eigentlich weit weg war – in einem Land mit damals nicht viel mehr als einer Million Einwohner bedeutete das, daß fast jeder zehnte davon betroffen war. Sogar ein Freiwilligenkontingent mit Maori wurde aus Neuseeland entsandt, trotz des Wunsches der britischen Regierung, »Eingeborenen«-Truppen von einem Krieg zwischen »weißen Rassen« fernzuhalten. Gemeinsam mit der australischen Kolonie stellten die Neuseeländer das *Australian and New Zealand Army Corps (ANZAC)*, dessen Männer im Verlaufe des Krieges den Suez-Kanal überquerten, auf Kamelen durch Syrien und Palästina ritten, durch Frankreich und Belgien marschierten – und auf der türkischen Halbinsel Gallipoli eine traumatische Niederlage erlitten.

Die einstige Freundschaft mit Deutschland verkehrte sich nun in erbitterte Feindschaft. Vor allem nachdem 1915 ein deutscher Torpedo ein ziviles Linienschiff versenkte, brachen sich in Auckland und Wellington antideutsche Gefühle Bahn: Zunächst wurden die Schaufenster des Fleischerladens eines deutschen Einwanderers von einer aufgebrachten Menge zerstört, die Geschäfte alteingesessener Firmen mit deutschen Namen wie *Hallensteins* oder *Dresden Piano Company* folgten. Und als 1917 noch ein neuseeländisches Passagierschiff von einer deutschen Mine in die Tiefe gerissen wurde, gerieten die eigentlich friedlichen Neuseeländer endgültig in Rage – wer einen deutschen Namen trug, tat nun gut daran, ihn so schnell wie möglich zu anglisieren.

Die Kriegsanstrengungen überstiegen schließlich sämtliche Kapazitäten des Landes, die Bewohner der idyllischen Doppelinsel gerieten völlig aus dem Tritt: Da waren der endlose Strom von verwundeten Heimkehrern und die wirtschaftliche Belastung, etwa die Hälfte der wehrfähigen männlichen Bevölkerung stand unter Waffen, schließlich die persönlichen Verletzungen und individuellen Leidensgeschichten, welche die Kriegszeit produzierte. Allein mehr als 4000 Kinder mußten zeitweilig von staatlichen Institutionen betreut werden, weil ihre Eltern oder Mütter mit der Situation nicht mehr zurechtkamen. Am Ende dominierte der blanke Haß auf alles Deutsche.

1918 gehörte Neuseeland zwar zu den Siegermächten, doch waren fast 17 000 Männer auf den Schlachtfeldern geblieben – ein Verlust, der im Verhältnis zur Gesamtbevölkerung deutlich höher lag als beispielsweise der Belgiens. Insgesamt 50 000 Gefallene und Verwundete hatte das Land zu verkraften, das war fast die Hälfte aller Soldaten, die in den Krieg gezogen waren. Und kaum herrschte Frieden, raffte eine Grippe-Epidemie noch einmal mehrere tausend Opfer hinweg. Das Land steckte in einer tiefen Krise.

1933

1. Die ersten Anzeichen des Terrors

Als die Nationalsozialisten am 30. Januar 1933 in Deutschland an die Macht kommen, fährt der Berliner Schüler Peter Muenz gerade auf der Krummen Lanke Schlittschuh: »Und da haute mir einer meiner Klassenkameraden ganz freundlich auf den Rücken und sagte: ›Siehste, jetzt ist unser Hitler Reichskanzler geworden!‹ Ich bin nach Hause und habe meiner Mutter das erzählt, die hatte es natürlich auch schon gehört und war entsetzt. Es herrschte schlagartig im Haus eine bedrückte Stimmung, auch unter unseren Freunden, den jüdischen und den nichtjüdischen. Die waren ja alle links eingestellt. Und dann haben wir uns ziemlich rasch entschieden, auszuwandern.«

Der 12jährige ist tief getroffen, denn er ist Kommunist. Dafür hat er schon öfter eine gelangt gekriegt – in seiner Klasse gibt es keine Kommunisten außer ihm, das macht es schwer. Daß er zudem noch Jude ist, hat sich – glücklicherweise – bei seinen Mitschülern noch nicht herumgesprochen.

Eigentlich stammt Peters Familie aus Chemnitz, wo sein kaisertreuer jüdischer Großvater im Nachbarort eine Strumpffabrik besitzt. Dessen vier Kinder sind eine illustre Mischung: Ein Onkel von Peter ist Kapellmeister, der andere Zionist, der ist schon 1924 nach Palästina ausgewandert, die Tante ist Kommunistin und wird später im Spanischen Bürgerkrieg auf den Barrikaden stehen. Peters Mutter hat, als sie Leo Muenz kennenlernte, ihr Volkswirtschaftsstudium in Leipzig abgebrochen, um den jungen Mann zu heiraten. Der war Pazifist, Sozialdemokrat und ein belesener Augenarzt, und auch er stammte aus einer alten jüdischen Familie. Im Weltkrieg war Peters Vater Arzt in einem deutschen Lazarett, auch in französischer Kriegsgefangenschaft arbeitete er weiter als Arzt. Nach Kriegsende ließ er sich in Chemnitz nieder, um eine Praxis zu eröffnen.

1927 ist der Vater plötzlich gestorben. Die Mutter verkaufte die Arztpraxis und zog mit den beiden Kindern nach Berlin. Sie erstand ein kleines Haus in einer Bauhaus-Siedlung in Berlin-Zehlendorf und zugleich eine Unterkunft im italienischen Tessin, weshalb Peter stets den Sommer in einer italienischen und den Winter in einer deutschen Schule verbrachte. Doch damit ist jetzt Schluß – Familie Muenz beschließt im März 1933, auszuwandern, zusammen mit einer Freundin der Mutter und deren Tochter. Sie werden ein Haus am Lago Maggiore mieten, in einem kleinen Ort nahe Ascona.

Der Brand des Reichstags Ende Februar ist die letzte Erinnerung des Schülers Peter Muenz an Deutschland. Viele Berliner Schulen machen am Tag darauf einen Ausflug in die Stadtmitte. Auch Peters Klasse bricht zur Besichtigung des abgebrannten Parlamentsgebäudes auf, das den Schülern als Mahnung dienen soll, was die Kommunisten mit ganz Deutschland getan hätten, wären sie an die Macht gekommen: »Adolf Hitler hat uns gerettet«, kommentiert der Lehrer, »sonst sähe es jetzt in ganz Deutschland so aus!«

Den scharfen Wind, der seit dem Machtwechsel durchs Land pfeift, spürt auch der 15jährige Schüler Hans

Jottkowitz. Hans gehört dem deutsch-jüdischen Jugendbund an, einem liberalen Verein, dessen Mitglieder Wert darauf legen, Juden in Deutschland zu sein, sich also in erster Linie als Deutsche zu verstehen und damit von den Zionisten abzugrenzen. Die Jüdische Gemeinde besitzt ein Haus in Lehnitz, nicht weit von Berlin, und genau dort hält Hans Jottkowitz sich eines schönen Frühjahrswochenendes mit seinem Jugendbund auf. Den politischen Klimawechsel im Land haben die jüdischen Jungen und Mädchen noch nicht so recht wahrgenommen. Das ändert sich, als am späten Abend, die Jugendlichen liegen bereits in ihren Betten, die Türen auffliegen: Die SA führt eine Razzia durch. Männer in braunen Uniformen ergreifen brüllend Besitz vom Gebäude. Eingeschüchtert und erstarrt verfolgen die jungen Leute das Geschehen.

Was wird noch auf sie zukommen? Hans ist in der Obertertia des Hohenzollern-Gymnasiums und wollte eigentlich nach der Schule Jura studieren. Das wird nun wohl nicht mehr möglich sein, meinen seine Eltern. Sie raten ihm, von der Schule abzugehen und möglichst bald einen Beruf zu erlernen – einen, den man notfalls auch im Exil ausüben könnte.

Also verläßt Hans im Sommer das Gymnasium. In den letzten Wochen hat er kaum noch Interesse am Unterricht gezeigt und ist in seinen Leistungen deutlich abgefallen. Als dann die Zeugnisausgabe näher rückt und ihm schlechte Noten drohen, setzen sich seine christlichen Mitschüler für ihn beim Lehrer ein, damit er bessere Zensuren bekommt. Und einer der Mitschüler entschuldigt sich noch bei ihm dafür, daß er ins Jungvolk eintritt. Hans möchte nun eigentlich Koch werden, findet aber wegen seines jüdischen Glaubens keine Lehrstelle. Schließlich kommt er bei einer alten jüdischen Textilfärberei als Lehrling unter.

2. Von *Humanismus* zu *Heimat und Rasse*

Auch der junge Neuseeländer Reuel Lochore hält sich 1933 noch in Deutschland auf. Die deutsche Sprache beherrscht er inzwischen perfekt, und sein Deutschlandbild ist geprägt durch die kulturellen Unternehmungen und Kurse des Deutschen Instituts für Ausländer, als dieses noch den Geist der Weimarer Zeit atmete.

Doch im Gegensatz zu dem jungen Deutschen Hans Jottkowitz, der als Jude immer weiter an den Rand der Gesellschaft gedrängt wird, nimmt der Gast aus Neuseeland Deutschland im Jahr 1933 von der entgegengesetzten Seite her wahr: Ihn nimmt man freundlich auf, und ein ums andere Mal wird Lochore von Nazis zum Diner geladen. So empfindet er die immer häufigeren Fackelzüge und Aufmärsche als ebensowenig bedrohlich wie ein großer Teil der Deutschen.

Daß an der Bonner Universität, wo Reuel Lochore inzwischen im Fach Romanistik eingeschrieben ist, derzeit sämtliche jüdischen Lehrkräfte entlassen werden, scheint ihm genauso zu entgehen wie der Absturz des Mainzer Instituts für Völkerpädagogik, an dem er Gasthörer ist, in die nationale Enge. Gerade auf der Mainzer Zitadelle vollzieht sich im Eiltempo, was später allen deutschen Bildungseinrichtungen droht: Statt international ausgerichteter Pädagogik steht plötzlich das »Bluterbe des nordischen Menschen in uns« auf dem Programm, statt der humanistischen Tradition eine radikale Hinwendung zu »völkischen« Themen wie »Heimat und Rasse«. Pädagogik verwandelt sich in Erziehung, Friedensliebe in Wehrbereitschaft. »Minderwertiges Erbgut« wird gegen »hochwertiges Erbgut« gestellt, und eindringlich mahnen plötzlich Schau- und Erbtafeln mit Abbildungen von Trinker-, Schwachsinnigen- und Verbrecherfamilien an die großen Sünden der soeben abgewählten »marxistisch-liberalistischen« Zeit. Auf dem Gelände der Mainzer Zitadelle exerzieren Hitler-Jugend, Jungvolk und Sturmabteilungen. Eine neue Volksgemeinschaft wird herbeigesungen, herbeigetanzt, herbeigeturnt.

Gemeinschaftliches Singen, Tanzen und Turnen gibt es selbstverständlich auch in Neuseeland, doch diesen straffen, zackigen und beinahe schon glühenden Ausdruck in den Gesichtern erlebt Reuel Lochore zum erstenmal. Er fasziniert ihn.

Das Land zerreißt in eine Welt der Zugehörigkeit und eine des Ausgestoßenseins, mit dem Wechsel aller bisher gültigen Paradigmen zerbrechen Freundschaften und Arbeitsverbindungen. Der Kreis um den Dichter Stefan George, der zu Beginn des Jahrhunderts dem »pöbel«, der »menge«, dem »getier« stets den Einzelnen, die Wenigen gegenüberstellte, bleibt davon nicht verschont. Die erlesene, meist etwas mythisch entrückte Runde verstand sich stets als Bund Auserwählter, als Gegenwelt zum Kulturkommerz, zu all den Kleingeistern landauf, landab.

Diesem elitären Bund gehörte auch der jüdische Dichter Karl Joseph Wolfskehl an. Der Sohn einer angesehenen alten Patrizierfamilie aus Darmstadt gab von 1892 bis 1919 gemeinsam mit dem von ihm hoch verehrten Stefan George die »Blätter für die Kunst« und um die Jahrhundertwende die Sammlung »Deutsche Dichtung« heraus. Wolfskehls Haus in Schwabing war der Treffpunkt des George-Kreises; auch der »Münchner Kosmikerkreis«, den Wolfskehl unter anderem mit Alfred Schuler und Ludwig Klages gründete, traf sich hier bisweilen.

Doch das war vor 1933. Nun schleudert das im April erlassene und harmlos klingende »Gesetz zur Wiederherstellung des Berufsbeamtentums« die Auserwählten in die profane Welt zurück, in deren Mitte oder an deren Rand – je nach Herkunft. Nicht länger der Genius zählt, sondern einzig die »Rasse«. Denn eben dieses Gesetz sieht faktisch die Entlassung aller jüdischen Professoren und Dozenten vor, und etliche der Mitglieder des George-Kreises sind davon betroffen. Der Kreis besteht die Bewährungsprobe in der Realität nicht: Während ein Teil der Brüder in den germanischen Taumel fällt, ein anderer in die Sprachlosigkeit, geht der dritte – der jüdische – in die Emigration.

Zu diesen letzteren gehört auch der in München lebende Dichter Karl Wolfskehl, der im April 1933 bereits nicht mehr in Deutschland ist: Am Tag nach dem Reichstagsbrand steigt er verstört in den Mittagsschnellzug und fährt ins Schweizer Tessin. Von dort aus beobachtet der 60jährige nun besorgt die Entwicklung in Deutschland. Seine Frau Hanna, eine geborene Niederländerin, und seine beiden Töchter Judith und Renate bleiben in München zurück.

3. Neuseeland darbt

Während in Deutschland ein starker Führer den Ausweg aus der Krise verheißt, kämpft Neuseeland am anderen Ende der Welt einen schier aussichtslosen Kampf gegen die wirtschaftliche Depression. Die Folgen des »Schwarzen Freitags« an der Wall Street haben zu Beginn der dreißiger Jahre eine Krise ausgelöst, die inzwischen einer nationalen Katastrophe gleichkommt: Die pazifische Insel stellt fast ausschließlich landwirtschaftliche Produkte her und ist damit extrem abhängig von den Märkten in Übersee. Deren Stabilität aber brach im Zuge der Weltwirtschaftskrise 1929 zusammen. Der Wollpreis fiel so tief, daß er kaum mehr die Kosten für den Transport deckte. Innerhalb von drei Jahren sackte das Nationaleinkommen Neuseelands von 150 000 000 Pfund auf 90 000 000 Pfund ab, sank der Exporterlös um 40 Prozent, sank auch der Lebensstandard.

Die Menschen befinden sich in tiefer Verzweiflung. Vergessen sind nun die großen Glanzzeiten der neuseeländischen Geschichte, in denen Goldrausch und *»gumdiggers«*, wissenschaftliche Expeditionen und Missionare, große Waldrodungen und Ausbau eines gewaltigen Schienen- und Straßennetzes das Land belebt hatten. Und als wäre die wirtschaftliche Depression nicht genug, ist auch noch die Natur über die Menschen hereingebrochen: Zwei Jahre zuvor wurde Hawke's Bay, eine der führenden Weinregionen Neuseelands, von einem verheerenden Erdbeben heimgesucht. Mehr als 250 Menschen kamen dabei ums Leben, Napier, die Hauptstadt der Region, wurde völlig verwüstet. Und

Auckland ringt noch immer mit den Folgen eines Brandes.

Das Drückendste aber ist die steigende Arbeitslosigkeit. Auf den Fußwegen sieht man bereits Architekten und Lehrer Unkraut jäten, vor den Pubs betteln Kriegsveteranen. Die ganz Alten fühlen sich an Zeiten weit vor der Jahrhundertwende erinnert, an das Heer von Männern, das damals vor Stempelstellen stand. Und erstmals sieht sich die Regierung nun auch mit Krawallen und Plünderungen konfrontiert.

Neuseeland zählt derzeit 81 000 Arbeitslose. Das ist viel bei einer Gesamtbevölkerung von mittlerweile eineinhalb Millionen. Massenarbeitslosigkeit in einem solchen Ausmaß war bisher unvorstellbar. Fieberhaft sucht die Regierung, eine Koalition aus Konservativen und Liberalen, nach Auswegen aus der Katastrophe: 1930 wurde erstmals in der Geschichte des Landes ein Arbeitslosengesetz erlassen, gekoppelt an eine spezielle Einkommenssteuer zur Unterstützung der Arbeitslosen. Ein Jahr später folgte ein Hypothekengesetz, um die Enteignung jener Farmer zu verhindern, die aufgrund der Wirtschaftskrise ihre Raten nicht mehr zahlen konnten – es bewahrt nun immerhin 4000 Farmer davor, ihren Grundbesitz verlassen zu müssen.

Hinzu kommen Maßnahmen, die die Beliebtheit einer Regierung nicht eben fördern: Sozialausgaben werden ebenso radikal gekürzt wie Renten oder Ausgaben für das Gesundheitswesen. Um die Bildungskosten zu verringern, hebt die konservative Regierung das Alter für Schulanfänger an und senkt zugleich das Abgangsalter, dazu werden zwei Colleges für Lehrer geschlossen. Für den Handel wird noch eine fünfprozentige Verkaufssteuer auf Lebensmittel, Strom, Benzin und Industriemaschinen eingeführt.

Reicht das, um die Lage auf dem Arbeitsmarkt zu entspannen? Nein. Also setzt Premier Forbes auf Arbeitsbeschaffungsmaßnahmen und formuliert das Prinzip »Kein Geld ohne Arbeit«: Arbeitslose werden nun zur Entwässerung von Sümpfen eingesetzt, im Straßenbau oder beim Ausbau von Golfplätzen, andere pflanzen Bäume. Die dafür ausgezahlten Summen sind dürftig, die Lebensbedingungen in vielen der ländlichen Camps extrem primitiv. Während wichtige öffentliche Arbeitsprojekte gekappt wurden, sind nun Tausende von Männern mit minder wichtigen Aufgaben beschäftigt, die allerdings den Vorzug haben, wenig Kapital zu verbrauchen. Hinzu kommt der »Kleine Farmer«-Plan: Arbeitslose Stadtbewohner sollen sich ihrer Wurzeln entsinnen und aufs Land ziehen. Dort können sie eine Parzelle von zehn *acres*, also ungefähr vier Hektar, selbst bewirtschaften und gleichzeitig Geld durch Farmarbeit in der Nachbarschaft verdienen. Der gutgemeinten Maßnahme ist jedoch kein Erfolg beschieden: Nur einige hundert Familien siedeln sich tatsächlich auf dem Land an, denn Gelegenheitsarbeit ist knapp, und etwa die Hälfte der angestammten Farmer hat bereits selbst Bankrott angemeldet. Es sieht schlecht aus in *God's own country*. Sicherheitshalber hat die Armee begonnen, Notstandspläne zur Lebensmittelversorgung von Hunderttausenden auszuarbeiten – für den Fall eines kompletten Wirtschaftskollapses.

Wie überall in der Welt steigt mit der materiellen Not die Anfälligkeit für politische Extreme. In Wellington gibt es die erste Verurteilung wegen kommunistischer

Propaganda und des Aufrufes zu revolutionärer Gewalt. Von der Gründung einer Arbeiterdiktatur will in Neuseeland noch nicht einmal die *Labour Party* etwas hören, und die Masse der Neuseeländer schon gar nicht. Die *New Zealand Legion* dagegen, eine faschistisch geprägte Organisation, die sich propagandistisch geschickt in Szene setzt, um die Regierungskoalition zu stürzen, hat schon mehr Zulauf: Dem Organisator, einem Chirurgen aus Wellington, gelingt es in kürzester Zeit, 20 000 Mitglieder zu sammeln.

Doch selbst in Notzeiten sucht der Mensch den Härten des Lebens wenigstens zeitweise zu entfliehen. Und so wird auch 1933 Kricket oder Rugby gespielt, gibt es Pferderennen und seit kurzem sogar ein Wochenmagazin für Frauen. Die Neuseeländer verfolgen im Radio den Kampf ihres besten Schwergewichtsboxers in New York, den ersten Flug einer Frau über die Tasman Sea bis nach Australien. Und sie erfahren aus ihren Zeitungen, daß Neuseelands erste weibliche Ärztin den Justizminister dazu gebracht hat, das Heiratsalter für Mädchen von zwölf auf 16 anzuheben – eine Erleichterung vor allem für junge Maori.

Die Neuseeländer haben also mit sich zu tun. Von den Geschehnissen in Europa, genauer: in Deutschland, kündet ab und an eine knappe Meldung, übernommen meist aus der englischen Presse. Zu den wenigen, die wach über die Grenzen schauen, gehört die neuseeländische Sektion der »Internationalen Frauenliga für Frieden und Freiheit«. Im April 1933 sendet sie eine Resolution an »Herrn Hitler, Berlin«. Darin räumen die Frauen zunächst ein, daß die gegenwärtigen Bedingungen in Deutschland zum Teil das Resultat einer ungerechten

Behandlung nach Ende des Weltkrieges sind, kritisieren dann jedoch scharf Grausamkeit und Terrorismus im Umgang mit politischen und religiösen Gegnern. Sie fordern die unverzügliche Wiederherstellung der Freiheit von Wort und Tat.

4. *»Kauft nicht beim Juden!«*

Im fernen Deutschland verhallen derartige Appelle. Am 31. März 1933 kündet Joseph Goebbels den Boykott jüdischer Geschäfte für den kommenden Tag zehn Uhr an. Damit wird bereits zwei Monate nach Hitlers »Machtergreifung« die erste Etappe der systematischen Ausschaltung der Juden aus dem Wirtschaftsleben eingeleitet. Als Vorwand dient den Nazis ein Boykott deutscher Waren durch das westliche Ausland, der als Zeichen des Protestes gegen deren antijüdische Propaganda gemeint ist. Prompt folgt der Propaganda die Aktion: Mit offenem Terror und flankierenden Hetzkampagnen werden nun jüdische Geschäftsbesitzer eingeschüchtert, um sie zur baldigen Geschäftsaufgabe zu zwingen.

Das niedersächsische Hildesheim etwa, durch seine mehr als tausend verwinkelten Fachwerkhäuser, das mittelalterliche Rathaus und den Dom als »Nürnberg des Nordens« gerühmt, gehört 1933 nicht zu den Städten, die einen besonderen nationalistischen Eifer an den Tag legen. Die Stadt hat mit hoher Arbeitslosigkeit zu kämpfen, zudem verweigert die katholische Kirche jede Annäherung an die neuen Machthaber.

Und doch verändert sich mit diesem 1. April auch die

Situation der etwa 500 Juden in der Stadt schlagartig: Wie überall in Deutschland werfen auch in Hildesheim in der Nacht »Unbekannte« die Schaufensterscheiben einer Reihe jüdischer Geschäfte ein. Wie überall in Deutschland postieren sich am nächsten Morgen nicht eben geistreiche Gestalten in SA-Uniform vor ihrem nächtlichen Werk: »Kauft nicht bei Juden!« prangt auf Plakaten über siegesbewußt gespreizten Beinen, »Fluch dem, der in diesem Judentempel kauft!« oder »Jüdisches Geschäft – die sind unser Untergang!«. Mit Pfeifen und Trommeln ziehen weitere SA-Männer durch das Geschäftsviertel der Stadt, um Schilder und Klebezettel überall dort zu plazieren, wo Juden von nun an keinen Zutritt mehr haben werden.

Eines der knapp 30 Hildesheimer Geschäfte, bei denen während dieser Nacht die Schaufensterscheiben splittern, ist das »Magazin Rothschild«, das Haus- und Küchengeräte im Sortiment hat. Das Geschäft geht recht gut, es wird von den Geschwistern Rothschild betrieben, der Mutter der vierjährigen Ruth Adler und ihrem Bruder. Familie Adler lebt, trotz des traditionsreichen Namens der Mutter, bescheiden; sie nimmt regelmäßig Pensionsgäste auf, um finanziell über die Runden zu kommen. Ruth wohnt mit den Eltern und ihrer sechs Jahre älteren Schwester direkt über dem »Magazin Rothschild«.

Die Übergriffe der SA verfehlen ihre Wirkung nicht, das erste jüdische Geschäft meldet schon kurz nach dem Tag des Boykotts den Ausverkauf an. Die Adlers aber reparieren ihre Schaufensterscheiben und machen weiter, wie die meisten der jüdischen Unternehmer. Ruths Vater, der im Weltkrieg mit dem Eisernen Kreuz ausgezeichnet wurde, geht davon aus, daß ihm als ehemaligem Frontkämpfer keine weitere Gefahr droht. Sein Schwager, ein Kürschner aus Fürstenwalde, macht sich da weniger Illusionen: Schon ein Jahr später wird er mit seiner Familie auswandern – nach Neuseeland, wo er sich eine Farm kauft.

Bereits in Vorbereitung aufs Exil begriffen ist Ende 1933 das Ehepaar Adam aus Berlin mit seinen vier Kindern. Vater Adam hatte die von seinem Vater Saul gegründete Firma »S. Adam« übernommen, die zu Zeiten des Kaisers noch Hoflieferant war. Das Geschäft läuft noch immer gut und produziert Kleidung für Herren, Damen und Kinder, dazu Sportgeräte, außerdem gibt es eine En-Gros-Abteilung und eine Filiale in der Leipziger Straße.

Dennoch will die Familie so schnell wie möglich auswandern! Der Entschluß ist die Folge eines Erlebnisses in den Sommerferien: Die Eltern besitzen ein Grundstück in Vorpommern, in der Nähe von Ueckermünde, mit einem gemütlichen Haus, mit Feld und Obstgarten. Diese ländliche Idylle wurde eines Nachts plötzlich von einer Gruppe von SS-Leuten gestört – der Vater wurde verhaftet. Er kam zwar nach kurzer Zeit wieder frei, doch die Familie ist nun gewarnt. Dank der Episode in Vorpommern wird das jüngste Kind, Dietrich Götz Otto Werner Adam, kurz Dieter genannt und gerade neun Jahre alt geworden, Deutschland verlassen haben, bevor es zu spät ist.

Das Jahr 1933 geht zu Ende. Nicht weit vom Fluchtort Karl Wolfskehls entfernt, stirbt im Dezember der Dichter Stefan George. Ohne daß er den »Meister« noch einmal wiedergesehen hätte, steht Wolfskehl nun vor dessen Grab. Mit ihm trauert eine Schar getreuer Verehrer wie Claus Graf Schenk von Stauffenberg, der später zu den Attentätern des 20. Juli 1944 gehören wird.

1934

1. Wolle für Deutschland

Nach den Erfahrungen des Weltkrieges sollte es zwar eine Weile dauern, bis die neuseeländisch-deutschen Handelsbeziehungen wieder richtig in Gang kamen, doch haben Deutschland und Neuseeland begonnen, einander allmählich wieder anzunähern. Beide Länder sind Mitglieder des Völkerbundes und des Briand-Kellogg-Paktes von 1928 geworden, der die unterzeichnenden Staaten verpflichtet, auf Krieg als Mittel der Politik zu verzichten. West-Samoa ist nun fest in neuseeländischer Hand, wobei man die deutschen Einflüsse aus der Kolonialzeit durchaus zu schätzen weiß und beispielsweise das System der Plantagenwirtschaft übernahm, das die *Germans* dort eingeführt hatten. Ein Jahr nach dem Kellogg-Pakt wurde auch wieder ein deutscher Kreuzer im Hafen von Wellington gesichtet, die »Emden«.

Der Haß der Neuseeländer auf die Deutschen wich im Verlaufe der zwanziger Jahre um so mehr einem Antiamerikanismus, je stärker sich die Amerikaner gegenüber Neuseeland Handelsvorteile zu verschaffen suchten. 1928 empfing Premierminister Sir Joseph Ward schließlich eine deutsche Handelsdelegation, und was der Delegationsleiter von Wellington nach Berlin telegraphierte, klang vielversprechend: »Der Premier hat mir die ausdrückliche Erklärung abgegeben, daß man in Neuseeland keinerlei feindliche Empfindungen gegen das deutsche Volk mehr hege, daß man seine tapfere Haltung und seine gewaltigen Anstrengungen nach dem

Kriege mit Bewunderung verfolge. In der Tat sei ihnen ganz unbegreiflich erschienen, wie wir trotz unserer Notlage nach dem Kriege sofort wieder im Wollmarkt als so bedeutsamer Käufer hätten auftreten können. ›Wir haben‹, so schloß er emphatisch, ›die Deutschen in der Tat viel lieber als die Angehörigen irgendeines anderen fremden Volkes.‹ Das war nun allerdings wiederum eine der Entgleisungen, denen er in seiner forcierten Art oft unterliegt, denn er wollte sagen und besann sich erst im letzten Augenblick eines besseren: als die Amerikaner.«

Die Neuseeländer hofften 1929 auf die Beteiligung deutscher Industriegruppen zur Steigerung der eigenen Wirtschaftsintensität. Die Rohstoffreserven Neuseelands machten aufgrund der breiten Kohlen- und Braunkohlevorkommen und der möglichen Nutzung von Wasserenergie Erdöl- und Stickstoffgewinnung theoretisch möglich. Den landeseigenen Fachkräften fehlte hierfür jedoch die nötige Erfahrung, weshalb man zunächst Amerikaner ins Land holte, die nach Ansicht der Bevölkerung jedoch die Forschung absichtlich sabotierten. Gemeinsame Projekte mit den Australiern sind wiederum am Mangel einer fachkundigen Führung gescheitert. Nun suchte eine deutsche Gruppe nach Erdöl, und »ganz Neuseeland« schaute gespannt zu. Zudem hoffte man, den Handel mit Waren wie Wolle und Fleischwaren, Milch, Äpfeln und Butter, Uhren, Pianos und elektrischen Artikeln voranzutreiben.

Einige Jahre später – neuseeländischer Premier ist inzwischen George Forbes, deutscher Reichskanzler Adolf Hitler – ringt man noch immer um Resultate in Zoll- und Handelsfragen. Die Deutschen fühlen sich übervorteilt: Man bezieht aus Neuseeland zwar für 33 Millionen

Reichsmark jährlich Wolle, dazu Butter und Äpfel, muß diese Transfers jedoch stets über den Londoner Großmarkt und somit zu ungünstigeren Konditionen abwikkeln. 1934 reist erneut eine deutsche Handelsdelegation nach Wellington und bemüht sich um eine ausbalancierte Handelsstatistik: Immerhin stammen mehr als zehn Prozent der nach Deutschland eingeführten Wolle aus Neuseeland ... während im Dominion noch immer eine starke Abneigung des Handels gegen deutsche Waren herrscht.

2. Bleiben oder gehen?

Fluchtartig hatten unmittelbar nach der Machtübernahme der Nationalsozialisten 40 000 jüdische Bürger das Land verlassen. Viele von ihnen waren jung und unverheiratet, dazu kamen noch die Emigranten, die aufgrund ihres politischen Engagements zusätzlich gefährdet waren. Unter den 250 Schriftstellern, die sich ohne großes Zögern für das Exil entschieden, waren Kurt Tucholsky, Alfred Döblin, Karl Wolfskehl und Else Lasker-Schüler, die kurz vor ihrer Abreise noch auf offener Straße von SA-Männern mit einer Eisenstange niedergeschlagen wurde. In ihrem Theaterstück von 1932 »Arthur Aronymus und seine Väter« hatte die hellsichtige Dichterin die Judenverfolgung bereits angekündigt: »Unsere Töchter wird man verbrennen auf Scheiterhaufen. Nach mittelalterlichem Vorbild. Der Hexenglaube ist auferstanden. Aus dem Schutt der Jahrhunderte. Die Flamme wird unsere unschuldigen jüdischen Schwestern verzehren.« Das Stück, im Berliner Schillertheater kurz vor der Premiere stehend, wurde von den neuen Machthabern sofort vom Spielplan genommen.

Hat das Regime zu früh sein Gesicht gezeigt? Die Nachrichten der Greueltaten vom Frühjahr 1933 waren um die Welt gegangen und hatten Entsetzen und harsche Proteste ausgelöst. So geben sich die Nationalsozialisten noch einmal den Anschein, als seien ihre Absichten gar nicht so furchteinflößend, wie zuerst gezeigt: Mit dem sogenannten Röhm-Putsch schränkt Hitler die Befugnisse der SA ein und erklärt, die »Revolution« sei kein permanenter Zustand, der »frei gewordene Strom« müsse nun in das »sichere Bett der Evolution« geleitet werden. Das vorübergehende Abebben brutaler Aktionen sowie ein rascher Wirtschaftsaufschwung, an dem trotz aller Diskriminierungen auch noch einige wenige Juden teilhaben, nähren 1934 bei vielen die Hoffnung, man könne die schlimme Zeit in Deutschland irgendwie doch überstehen.

Vor allem die Juden, die sich als Frontsoldaten im Weltkrieg ausgezeichnet hatten, erliegen dieser gefährlichen Illusion, die sich deutlich in den Emigrationszahlen jüdischer Auswanderer widerspiegelt: In den Jahren 1934 bis 1937 übersteigen sie pro Jahr nie mehr als 25 000. Und etliche gehen nicht ins Ausland, sondern nach Berlin: Es sind die scheinbare Anonymität der Großstadt und die in Berlin zu dieser Zeit noch wenig greifende antisemitische Verhetzung der Bevölkerung, die Juden aus der Provinz in die Hauptstadt aufbrechen lassen.

Der Vater von Dieter Adam – durch seine kurzfristige Verhaftung bereits gewarnt – läßt sich durch die Ruhe nicht täuschen. Und der Junge spürt selbst die Veränderung des politischen Klimas und den Stimmungswandel gegenüber Juden tagtäglich in der Schule. Das äußere Bild im Französischen Gymnasium verändert sich rasch: Neue Lehrer sind hinzugekommen, die nun braune SA- oder schwarze SS-Uniformen tragen. Immer mehr Schüler treten dem Jungvolk bei und kommen plötzlich mit einem Dolch im Strumpf in die Schule.

Dieters Eltern suchen nach Auswegen für ihre Kinder – der älteste Sohn ist bereits in England, wohin sich nun die ganze Familie orientiert. Doch zunächst werden Dieter und einer seiner Brüder 1934 nach Schottland geschickt, in eine Internatsschule in Edinburgh. Der Junge ist noch keine zehn Jahre alt, als er das Klassenzimmer in Schottland betritt, und auf englisch kann er nur *please, thank you, yes* und *no* sagen. Doch legt er sich derart ins Zeug, daß er Ende des zweiten Halbjahres der Klassenbeste in Englisch ist. Problemlos lebt er sich im Internat fern des Elternhauses ein. Sein Bruder hingegen vergeht fast vor Heimweh.

Hoffnung und Illusion der in Deutschland zurückbleibenden Juden haben indes noch einen anderen, einen fast paradoxen Grund: Mit dem Machtantritt Hitlers ist eine jüdische Gegenkultur entstanden. Schon im September 1933 wurde ein verzweigtes Netzwerk sozialer und kultureller Einrichtungen ins Leben gerufen, das jüdische Mitbürger vor gesellschaftlicher Ausgrenzung schützen und die Folgen möglicher Verarmung und Isolation mildern sollte.

Auch zieht der inzwischen zur Staatsdoktrin erklärte Antisemitismus eine Reflexion deutsch-jüdischer Identität nach sich. Empfand vor 1933 nur noch etwa die Hälfte der deutschen Juden eine starke innere Bindung zum Judentum, so änderte sich dieses fast über Nacht. Am 28. April 1933 konstatierte die »Jüdische Rundschau«: »Das Problem, mit dem die Juden hundert Jahre lang spielten, die Frage des persönlichen Jude-Seins, existiert nicht mehr. Es ist entschieden, bis ins dritte Geschlecht. In niemandes Belieben steht es mehr, für sich persönlich die Frage zu beantworten, ob er Jude sein will oder nicht. Unsere Aufgabe ist es nun, dieser unserer von außen erfolgten Abstempelung als Juden einen Sinn und einen Inhalt zu geben.«

Der Schock einer schroffen Ablehnung führt nun zu einer oftmals positiv interpretierten Rückbesinnung auf jüdische Wurzeln, jüdische Gemeinschaft. Die Synagogen füllen sich, viele beginnen, ihren familiären Wurzeln nachzuforschen, lernen Hebräisch und erkunden die Traditionen des Judentums. Und blieb die jüdische Presse vor 1933 auf einen eher marginalen Leserkreis beschränkt, so liest nun fast jede jüdische Familie eine der mehr als 60 jüdischen Zeitungen und Zeitschriften, die zu dieser Zeit noch in Deutschland erscheinen. Die Ausgrenzung schweißt die Bedrängten zusammen.

Auch über das Kulturleben wird versucht, die Menschen vor Zermürbung und Isolation zu bewahren und der wachsenden Diffamierung Menschenwürde entgegenzusetzen. Im Januar 1934 ist der Kulturbund deutscher Juden, der von der Gestapo überwacht wird, bereits auf 20 000 Mitglieder angewachsen. Das Netzwerk fängt Schauspieler, Regisseure, Sänger und Musiker auf, die durch die Nationalsozialisten aus ihren Berufen gedrängt wurden.

3. Von »Halbjuden« und »Ostjuden«

Als der 13jährige Peter Dane aus Berlin-Friedenau im Friedrich-Wilhelm-Gymnasium einen »Ariernachweis« erbringen muß, entdeckt er, daß seine Großeltern mütterlicherseits jüdischer Abstammung sind. Er ist völlig überrascht: Juden spielten in seinem Umfeld nie eine Rolle; die gesamte Familie ist christlich getauft. Seit Generationen sind Peters Vorfahren aktiv in der evangelischen Kirche, der Großvater sitzt im Friedenauer Kirchenvorstand.

Peter Dane ist der Sproß einer Anwaltsfamilie: Sein Vater ist Anwalt, ebenso die beiden Großväter. Der berühmteste unter ihnen ist der Großvater mütterlicherseits, der Justizrat Doktor Bruno Marwitz, der als der Experte im deutschen Urheberrecht gilt. In den zwanziger Jahren gewann er einen Prozeß für Adolf Hitler, bei dem es um die Rechte an »Mein Kampf« ging. Großvater Marwitz ist in der gleichen Freimaurerloge wie der Reichsbankpräsident Hjalmar Schacht, der wiederum der Patenonkel von Peters Tante ist. Und nun soll Großvater plötzlich Jude sein – und nichts als ein Jude?

Seine offizielle Anwaltstätigkeit hat Bruno Marwitz bereits aufgeben müssen, eine Zeitlang arbeitet er noch im verborgenen weiter. Doch ist die Welt für ihn zusammengebrochen, seit einer seiner Freunde, ebenfalls ein älterer Herr, zu Jahresbeginn in eine Kaserne verschleppt und dort von der SA tagelang mißhandelt wurde.

Auch Peter Dane hat den Gepeinigten am Schreibtisch seines Großvaters weinen sehen, ein Bild, das er nicht vergessen kann.

Nicht weit entfernt von Peters Zuhause wohnt die zwei Jahre jüngere Gabriele Herrmann. Von Halle an der Saale, wo ihr Vater, ein Theaterschauspieler, die Liebhaberrollen gab, ist die Familie nach Berlin-Lichterfelde gezogen. Der Vater hat hier auf Gesangspädagogik umgeschult. Wie Peter ist das aufgeweckte Mädchen in seinem Lyzeum als evangelisch eingetragen. Daß sie jedoch eine jüdische Mutter hat, weiß Gabriele seit einem Vorfall aus der Volksschulzeit, bei dem sie – ohne zu begreifen, worum es überhaupt ging – von einem Mitschüler als »Judenweib« beschimpft wurde.

Während die assimilierten Juden, die schwerlich von ihren christlichen Mitbürgern zu unterscheiden sind, weitgehend im Westen Berlins leben, wohnen die »Ostjuden« am Alexanderplatz und im Prenzlauer Berg. Ostjuden nennt man die etwa 12 000 aus Osteuropa Eingewanderten, das sind vor allem Russen, Rumänen und Galizier. Nach und nach haben sie sich im Scheunenviertel angesiedelt, schon zu Beginn des Jahrhunderts verwandelte sich dieser Kiez in eine Art *Schtetl*, wie man in Osteuropa ein überwiegend jüdisch geprägtes Stadtviertel nennt: Es wird jiddisch gesprochen, Kinderscharen tummeln sich, es gibt zahlreiche Betstuben und koschere Lokale und mehr Rabbiner, Schächter, Kantoren, Thoraschreiber und hebräische Schriftsetzer als im übrigen Berlin.

Die 15jährige Minna Kohane ist in Berlin-Prenzlauer Berg aufgewachsen. Der Prenzlauer Berg grenzt an das Scheunenviertel, vor allem Juden aus Galizien wohnen hier neben alteingesessenen Berliner Arbeiterfamilien.

Auch die Kohanes sind galizischer Herkunft: Minnas Mutter stammt aus dem schlesischen Kattowitz, der Vater aus dem galizischen Tarnów. Pindas Kohane, ein Tuchhändler und streng orthodoxer Jude, ist schon kurz nach der Jahrhundertwende in Berlin eingetroffen; er hat die Synagoge in der Rykestraße noch mit aufgebaut. Seine sechs Kinder sind alle in Berlin geboren.

Die achtköpfige Familie Kohane teilt sich eine bescheidene Zweizimmerwohnung in der Metzer Straße. Doch Platz spielt für Minna keine Rolle – ihre Familie führt ein frommes, aber lautes und fröhliches Leben, Jiddisch und »Berliner Schnauze« wechseln sich ab. Familie Kohane lebt nach dem Rhythmus des jüdischen Kalenders, Religion ist der Mittelpunkt.

Die ganze Woche freut sich das Ehepaar Kohane samt seinen sechs Kindern auf den Sabbat – er ist Unterbrechung, Höhepunkt und Vollendung der Woche zugleich. Freitagabend beginnt mit Sonnenuntergang der heilige Tag, der bis zum Sonnenuntergang des Samstagabends andauert und für den die Familie regelmäßig schon ab Dienstag zu sparen beginnt: Auf dem mit weißem Linnen gedeckten Tisch brennen dann zwei Kerzen in silbernen Leuchtern. Am Platz des Vaters liegen, noch verhüllt, *Challot* und *Barches*, zwei besondere, von der Mutter gebackene Weißbrote, um den Sabbat zu empfangen – die Königin der Tage. Daneben steht ein Silberbecher mit Wein. Gewaschen und festlich gekleidet, setzt sich Minna mit Bruder Siegfried und ihren Schwestern Helena, Anna, Regine und Margot zu Tisch. Vater und Mutter erteilen ihren sechs Kindern einzeln den Segen, dann spricht der Vater über dem Wein den *Kiddusch*, den Weihesegen des Sabbat. Es folgt das von

Gesängen unterbrochene Festmahl, meist gibt es »gefillte Fisch«. Ein Tischgebet beschließt die häusliche Freitagabendfeier; mit dem Verlöschen der Kerzen wird es still, man geht ins Bett.

Auch der Samstag ist der Familie gewidmet. Der Vater besucht zunächst den Gottesdienst, der restliche Tag wird gemeinsam verbracht; die Familie singt Lieder und betet gemeinsam, es gibt ein zweites Festmahl, die Kohanes studieren *Torah* und *Mischnah* und tauschen sich über die wöchentlichen Erlebnisse aus. Ab Sonntag beginnt dann wieder das, was die Familie »Sechs-Tage-Rennen« nennt. Von diesem Wochenrhythmus ist Minnas Leben geprägt.

Selbstverständlich führen Kohanes als orthodoxe Juden einen koscheren Haushalt. Für eine achtköpfige Familie zu kochen, in einer Wohnung, in der es nicht einmal warmes Wasser gibt, bedeutet einen ungeheuren Aufwand. Unter dem großen Küchentisch befinden sich, streng getrennt, je ein Brett für milchige und eines für fleischige Speisen, auch die verwendeten Geschirrteile werden getrennt abgespült.

Eines der Hauptgerichte bei Kohanes ist Hühnersuppe, die gilt zugleich als Medizin für dieses und jenes. Und während es Anfang der dreißiger Jahre schon wieder einfacher ist, ein Huhn zu ergattern, erinnert sich Minna noch heute an die Zeit der Inflation, in der lebende Hühner fast nur auf dem Schwarzmarkt zu bekommen waren. Lebendig mußten sie sein, weil man sie nur koscher geschlachtet essen durfte: »Es gab damals in der Grenadierstraße viele koschere Geschäfte, und meine Eltern haben mich losgeschickt, damit ich dort ein Huhn besorge. Damals war ich zehn Jahre alt. In einer

Tasche habe ich dann ein gackerndes Huhn nach Hause gebracht. Nun brauchten wir natürlich noch einen jüdischen Schlachter. Wir als Orthodoxe durften ja nicht einfach so ein Huhn schlachten. Das Tier mußte auf eine bestimmte Art getötet werden, eine bestimmte Ader mußte aufgeschnitten werden, damit es sofort tot war. Denn wenn es litt, war es nicht mehr koscher. Zu Hause haben wir die Federn entfernt und die Innereien herausgenommen – und Gott behüte, es blieb auch nur ein winziges Teil der Innereien drin, dann war es ebenfalls nicht mehr koscher.

Einmal, als wir das Huhn schon ausgenommen hatten, haben wir entdeckt, daß die Leber ein bißchen eingerissen war. Ich mußte zum Rabbi gehen, um ihn zu fragen, ob das Huhn nun noch koscher sei. Er sagte, ich solle das Huhn anlecken, um zu überprüfen, ob es bitter schmecke. Ich wollte erst nicht und bat ihn: ›Nein, lecken Sie!‹ Aber ich mußte es dann doch selbst anlecken. Alles war in Ordnung, das Huhn war nicht bitter, und meine Mutter hat eine wunderbare Hühnerbrühe gekocht.«

1934 schließt Minna die Schule ab. In der ersten und zweiten Klasse war sie noch mit ihren christlichen Freundinnen zusammen, getrennt verlief zu dieser Zeit lediglich die morgendliche Religionsstunde: Die Katholiken gingen in ein Klassenzimmer, die Protestanten in ein anderes, die Juden in das nächste. Mit dem dritten Schuljahr ist sie dann in die jüdische Schule in der Rykestraße gewechselt – so wie ihre Geschwister.

Nun würde sie am liebsten Kindergärtnerin lernen – im jüdischen Krankenhaus auf der Exerzierstraße, wo ein kleiner Kindergarten eingerichtet wurde, um den Nachwuchs der Patientinnen betreuen zu können. Aussichtslos ist ihr Wunsch nach dieser Lehrstelle nicht, allerdings mit etwas Wartezeit verbunden. Minna Kohane will warten; bis es soweit ist, wird sie sich in einem jüdischen Haushalt als Kindermädchen ausprobieren.

Die Zukunft für das zierliche, quirlige Mädchen könnte rosig aussehen, verschlechterte sich nicht fast täglich die Stimmung um sie herum. Vor allem im Haus der Kohanes ist das zu spüren: Bis 1933 lebten die Nachbarn harmonisch miteinander, einer respektierte den anderen. Daß Kohanes die einzigen Juden in der Metzer Straße 11 waren, hat zuvor niemanden gestört: Man war mit allen befreundet, die Kinder spielten mal in dieser Wohnung, mal in jener. Doch diese idyllischen Zeiten scheinen vorbei zu sein: Die Tochter des Bäckers im Erdgeschoß hat sich mit einem NSDAP-Mitglied verlobt; der zischt jetzt »Saujude«, wenn man einander im Flur begegnet. Die Bäckerstochter darf nicht mehr mit ihnen sprechen. Auch der Alltag einer orthodoxen Familie wird von Tag zu Tag mühevoller, koscheres Essen mehr und mehr zum Problem.

Die Eltern wollen nicht glauben, daß sie sich in ernsthafter Gefahr befinden. Andere Juden verlassen das Land, doch wo sollen sie hin mit ihren sechs Kindern? So versucht man, einander Mut zu machen. Über eine Geschichte aus dem »Metzer Eck«, der Kneipe gegenüber, kann die Familie 1934 sogar noch herzlich lachen: Dort versammeln sich immer die Nazis. Über der Kneipe aber liegen Wohnungen, und einer der Mieter ist ein sehr frommer Jude – mit dem typischen langen Bart und den auffallenden Schläfenlöckchen. Eines Abends kommt er nach Hause und merkt, er hat seinen Haustürschlüssel vergessen. Er pfeift und pfeift, doch seine Familie hört ihn oben nicht. Er steht also hilflos auf der Straße – es ist mitten im Winter und kalt – und weiß nicht, wie er ins Haus gelangen soll. In seiner Not nimmt er all seinen Mut zusammen und geht quer durch die Kneipe, um zum Hintereingang zu gelangen. Irgendwie kommt er unbeschadet durch den ganzen Pulk von biertrinkenden Nazis hindurch. Oben angelangt, schimpft er mit seiner Familie: »Zum Donnerwetter, habt ihr mich nicht gehört, ich mußte durch die Kneipe gehen!« Worauf eine seiner Töchter erschrocken sagt: »Bist du verrückt, Papa, durch die Kneipe zu gehen? Du als Jude – da sitzen doch lauter Nazis drin!« Und er antwortet: »Na, habe ich denen etwa gesagt, daß ich Jude bin?«

Reuel Lochore, der junge Neuseeländer, ist nun bereits das vierte Jahr in Deutschland. Derzeit promoviert er an der Bonner Universität, zugleich bereist er voller Neugier das Land. Doch in seiner Wahrnehmung dominieren die großen Menschheitsideen, von denen auch seine Erziehung geprägt ist, und jene politische Naivität, der 1934 noch viele Menschen verfallen: Der junge Neuseeländer erfaßt nicht die tatsächliche Situation in Deutschland. Er unterliegt dem Einfluß derer, denen er begegnet – vor allem dann, wenn die ihn emotional zu berühren verstehen. Sozialisten und Kommunisten sind aus der Öffentlichkeit verschwunden, die »Bekennende Kirche« bleibt ihm verborgen. Zu jüdischen Familien oder anderen Verfolgten hat er keinen Kontakt. Die Nationalsozialisten aber, die den wißbegierigen jungen Mann vom anderen Ende der Welt zu ihren Veranstaltungen und Versammlungen einladen, verkünden große Ideen und erscheinen ihm energiegeladen und dynamisch ...

4. Im Land Mussolinis

In den ersten Jahren der nationalsozialistischen Herrschaft in Deutschland wird für viele Italien zum Zufluchtsort. Vor allem Schriftsteller, Maler und Kunsthistoriker fühlen sich von dem Land angezogen, das nach Renaissance und Antike schmeckt und in dem sich das Exil ertragen läßt – wenn man nicht gerade zu den Ärmsten gehört. Antisemitismus und Fremdenfeindlichkeit sind noch selten in der italienischen Gesellschaft; sehr präsent ist hingegen die Unterdrückung der Meinungsfreiheit, der Gewerkschaften, der oppositionellen Parteien. Das Italien unter Benito Mussolini ist schließlich auch eine Diktatur. Rassenideologie, vor der die deutschen Juden fliehen, spielt 1934 noch keine Rolle, auch von Bücherverbrennungen und staatlichen Kontrollen ist das mediterrane Land weit entfernt. Und die facettenreiche italienische Kultur entschädigt für vieles.

Peter Muenz aus Chemnitz ist mittlerweile mit Mutter und Schwester von der Schweiz nach Florenz übergesiedelt. Die Stadt gilt 1934 als Fluchtoase für Emigranten aus Deutschland und Österreich, jüdische ebenso wie nichtjüdische. Familie Muenz hat sich in einem Anwesen auf einem Hügel etwas außerhalb von Florenz einquartiert, von ihrer Villa Salviati aus hat man einen wunderbaren Blick auf die Stadt. Hungern muß die Familie nicht, doch da es immer schwieriger wird, Geld aus Deutschland herauszubekommen, entlastet Peters Mutter das Familienbudget durch die Vermietung von Gästezimmern.

Ebenso wie Dieter Adam ist Peter Muenz ein Junge, den der Nationalsozialismus sozusagen in die Welt hinausgezwungen hat. Und während Dieter von seinen Eltern in ein schottisches Internat gebracht wird, kommt Peter Muenz nun in einem Landschulheim in der Nähe von Bozen unter, im Norden Italiens. Es ist eine reformpädagogisch orientierte Schule – stark italienisch geprägt. Doch wird hier in deutscher Sprache unterrichtet. Während der Schulferien kehrt Peter nach Florenz zurück.

Auch der Dichter Karl Wolfskehl trifft 1934 in Florenz ein, und auch er verfügt über ausreichende Mittel, um seinen Lebensunterhalt zu bestreiten. In den frühen zwanziger Jahren hatte Wolfskehl hier eine Zeitlang gelebt, er hat einen Freundes- und Bekanntenkreis, der sich nun durch zahlreiche Emigranten erweitert.

In seinem schriftstellerischen Wirken vollzieht sich durch das Exil unterdessen ein tiefgreifender Wandel, der einhergeht mit einer Neubesinnung auf sein Judentum und dessen kultureller Geschichte. Wolfskehl stürzt sich mit Hilfe eines Judaisten in die Übertragung mittelalterlicher Poesie aus dem Hebräischen ins Deutsche, zugleich assistiert er bei der Übertragung von Gedichten des von ihm noch immer tief verehrten Stefan George ins Italienische.

Einer seiner Essays wird plötzlich in einer faschistischen Zeitung nachgedruckt, der Schriftsteller protestiert nicht dagegen. Schwingt bei dieser mangelnden

Gegenwehr noch das frühe Sympathisieren einiger Intellektueller mit dem Faschismus der frühen zwanziger Jahre mit? Mussolinis entschiedener »Marsch auf Rom« im Oktober 1922 hatte damals auch bei Wolfskehl Eindruck hinterlassen.

Auch den jungen Ernst Neuländer aus dem schlesischen Breslau hat es nach Italien verschlagen, nach Turin. Doch daß er als Jude nun vorübergehend Mitglied der *Partito Nazionale Fascista (PNF)*, der Nationalen Faschistischen Partei Mussolinis, wird, ist eine eher skurrile Geschichte: Ernst Neuländer ist 24 Jahre alt und will Arzt werden. Doch er gehört nicht zu den Begüterten. Noch in Breslau mußte er das Gymnasium vorzeitig verlassen, weil sein Vater plötzlich erkrankte und er als ältester Sohn dazuverdienen mußte, um die Familie zu ernähren. So machte er eine Ausbildung als Bauzeichner, legte seine Gesellenprüfung ab und holte nach der Arbeit das Abitur in der Abendschule nach. Dann begann er sein Medizinstudium an der Breslauer Universität. 1933, Ernst Neuländer hat fast vier Semester im Fach Medizin absolviert, fiel ihm in der Zeitung plötzlich eine Annonce des Italienischen Konsulats ins Auge: Der italienische Staat vergab Stipendien an junge Leute, die in Italien studieren wollten – was als großmütige Geste daherkam, sollte zwar vor allem Mussolinis Faschismus attraktiv machen, doch Ernst Neuländer schickte sofort einen Antrag ans Konsulat. Er hatte Glück und bekam per Los eines der Stipendien! Der Preis dafür war allerdings der Parteibeitritt in die *PNF*. Da man unter den Universitäten auswählen konnte, entschied sich der Breslauer Student für Turin: Dort gab es die wenigsten

Ausländer, und Ernst wollte gezwungen sein, so schnell wie möglich Italienisch zu lernen.

Er erinnert sich auch Jahrzehnte später noch ganz genau an seine Ankunft in der neuen Heimat, bei der es jedoch erst ein paar Hindernisse zu überwinden galt: »Ich bin mit dem letzten Geld losgefahren, das ich hatte. Ich mußte in Venedig umsteigen und hatte dort einige Stunden Aufenthalt. Es war noch ganz früh am Morgen, als ich ankam, etwa halb fünf. Ich habe meinen Koffer abgegeben und bin zu Fuß in die Stadt gegangen. Und komme an eine Stelle, von der aus mir plötzlich der Markusplatz zu Füßen lag. Mir liefen die Tränen übers Gesicht, vor mir lag die Basilica di San Marco ...

Als ich dann in Turin ankam, standen drei, vier Jungs mit ihren Fahrrädern vor dem Bahnhof, und ich fragte in gebrochenem Italienisch nach der Universität. Sie haben mich hingeführt. Ich ging dort in das Büro, wo mich der Zuständige fragte, was ich wolle. Ich sagte: ›Studieren, ich habe ein Stipendium.‹ Er fragte mich nach meinem Namen, den ich ihm nannte, ging nach hinten, kam nach drei Minuten zurück und bemerkte: ›In diesem Jahr sind Sie noch nicht dran.‹ Ich war perplex. Sie schickten mich einfach weg. Das hieß, ich mußte am nächsten Morgen wieder zurück nach Breslau fahren, wo ich noch ein weiteres Semester absolvierte, bevor ich einen Stempel in mein Anmeldebuch bekam: ›Nicht arisch‹. Das bedeutete zwar das Aus für mein Studium in Breslau, doch meldete ich mich ja 1934 wieder in Turin. Dort wartete auf mich dann der Parteibeitritt: Als ich an der Universität die Papiere bekam, lagen ein Ausweis der *PNF*, ein Informationszettel über die Kosten des Mitgliedsbeitrages und das Parteiabzeichen dabei.«

Ernst Neuländer wird sich hüten, das am Revers zu tragen. Doch wenigstens kann er nun sein Studium fortsetzen, und er braucht keine Studiengebühren zu bezahlen. Den Lebensunterhalt allerdings – Bücher, Quartier und Essen – muß er selbst finanzieren. Das ließe sich verkraften, herrschte für Gaststudenten nicht das Verbot, in Italien Geld zu verdienen. Wie soll er sich über Wasser halten? Die Eltern können ihm monatlich zehn Reichsmark schicken, doch davon kann er trotz aller Sparsamkeit nicht leben. Heimlich versucht er, Schülern Nachhilfeunterricht zu geben. Doch kaum hat er einen Schüler, ist drei Tage später schon die Polizei da, und er muß den Job wieder aufgeben. Lange läßt sich das nicht durchhalten.

Als das Jahr 1934 zu Ende geht, sind Mussolini und Hitler sich zum erstenmal begegnet, hat Österreich seinen ersten nationalsozialistischen Putsch erlebt. Zwischen Deutschland und dem benachbarten Polen ist ein Nichtangriffspakt geschlossen. Und in Deutschland selbst? Wenige Tage nach der Zerschlagung der Gewerkschaften wird die Deutsche Arbeitsfront gegründet, eine Zwangsgemeinschaft von Arbeitnehmern und Arbeitgebern, die später die größte Massenorganisation im Deutschen Reich sein wird und unter ihrem Reichsleiter Robert Ley auf nahezu alle Bereiche der nationalsozialistischen Wirtschafts- und Sozialpolitik Einfluß zu nehmen sucht. Am 30. Juni ist beim sogenannten Röhm-Putsch die gesamte Führung der SA, darunter auch ihr Stabschef Ernst Röhm, liquidiert worden. Nach dem Tod des Reichspräsidenten Paul von Hindenburg am 2. August 1934 wird die Reichswehr in einem folgenschweren Akt auf die Person Adolf Hitlers vereidigt.

Während die Nazis in Deutschland also ihre Machtposition beständig erweitern und festigen, ist in Neuseeland die faschistisch geprägte *New Zealand Legion* schon wieder in Auflösung begriffen. Die wirtschaftliche Situation ist nach wie vor miserabel, doch geht es wenigstens mit der Infrastruktur bergauf: Am Waitaki River entsteht der erste Staudamm des Landes. Ein »Likör-Gesetz« soll den Genuß von Alkohol eindämmen, und so startet in einem Wellingtoner Tanzlokal unter ironischer Orchesterbegleitung die erste Alkohol-Razzia. Nein, Neuseeland schaut weniger nach Europa als zum Nachbar-Dominion Australien – dort wird nach Expansionsversuchen Japans, das auf die Beherrschung Asiens zielt, gerade ein Dreijahresplan zur Aufrüstung erstellt.

1935

1. »Spontaner Volkszorn«

1935 läßt sich der Vater Peter Danes von seiner jüdischen Frau, der Tochter des Justizrates Bruno Marwitz, scheiden. Immerhin kauft er für sie und die beiden Kinder ein Grundstück in Lichterfelde-Ost und läßt darauf ein Haus bauen. Manchmal kommt er noch, um im Garten Unkraut zu jäten. Der 14jährige Peter fühlt sich nicht mehr zu Hause in diesem Land, doch es ist nicht so einfach, seine Wurzeln zu kappen und wegzugehen ...

Hansi Silberstein aus Berlin-Steglitz wechselt die Schule. Statt zum Lyzeum um die Ecke zu laufen, muß die Elfjährige nun täglich mit der S-Bahn ins Stadtzentrum fahren: Auf der Joachimsthaler Straße gibt es eine private jüdische Volksschule, die man bis zum 14. Lebensjahr besuchen kann. Hansi ist froh über den Wechsel, endlich fallen die NS-Rituale und der morgendliche »Heil Hitler«-Gruß weg. Auch die Lehrer sind anders: In der jüdischen Joseph-Lehmann-Schule sammeln sich Pädagogen, die an anderen Schulen nicht mehr unterrichten dürfen. Andere wurden aus ihren bisherigen Berufen verdrängt, so wie Hansis Klassenlehrerin, die eigentlich Architektin ist. Jungen und Mädchen werden zusammen unterrichtet, und nicht zufälligerweise lernen sie hier bereits englisch.

Das Mädchen kommt nun in der Stadt herum. Der Sportunterricht zum Beispiel findet während des Sommers im Grunewald statt, wo die Schüler auf einem

Sportplatz der jüdischen Gemeinde weit- und hochspringen, kugelstoßen und 100 Meter laufen.

Hansi Silbersteins Bruder Fred ist erst acht Jahre alt, er besucht noch eine katholische Schule in Berlin-Steglitz. Nach dem Unterricht gehen die beiden Silberstein-Kinder in das Geschäft ihrer Eltern, das direkt am S-Bahnhof »Botanischer Garten« liegt und diesen idyllischen Standort auch im Namen trägt: »Kaufhaus Boga«. Unten, im Souterrain des Ladens, gibt es zwei große Räume, die als Lager genutzt werden und in denen die Kinder immer ihre Schularbeiten machen, bevor sie nach Hause gehen.

Hansi und Fred verleben 1935 noch ein glückliches Jahr ihrer Kindheit. Manchmal fahren sie auf Besuch zu Angehörigen nach Oberschlesien. Doch auch die Verwandtschaft in Berlin ist sehr umfangreich, was sich an jüdischen Feiertagen zeigt: Dann kommt die ganze Familie bei Silbersteins zusammen, es wimmelt von Cousins und Cousinen, mit denen man spielen kann. Silbersteins leben nicht so orthodox wie die Kohanes im Prenzlauer Berg, doch am *Pessach*-Fest gibt es auch bei ihnen Matze, die kosheren Brotfladen der jüdischen Küche. Die Familie geht hin und wieder in die Synagoge, und Hansi und Fred besuchen zusätzlich eine jüdische Schule, in der sie Religionsunterricht haben und Hebräisch lernen.

Daß sich in ihrer Umgebung jedoch etwas in der Haltung gegenüber Juden verändert hat, merken die Kinder schon daran, daß sie das Friseurgeschäft nebenan nicht mehr betreten dürfen, seit sich dessen Besitzer als strammer Nazi entpuppt hat. Doch Silbersteins »Kaufhaus Boga« hat noch immer genügend Kunden, Existenzsorgen scheinen in weiter Ferne.

Anderen geht es zu diesem Zeitpunkt bereits deutlich schlechter: Ein Drittel aller Juden in Deutschland ist 1935 auf Unterstützung angewiesen. Das jüdische Wohlfahrtswesen gewinnt immer mehr an Bedeutung; durch Arbeitsvermittlung und Berufsumschichtung versucht man, Arbeitslose wieder ins Wirtschaftssystem einzugliedern. In Frage kommen allerdings nur noch jüdische Betriebe, wie der, in dem auch der Schöneberger Hans Jottkowitz als Färberlehrling untergekommen ist.

Während die Zahl der Arbeitslosen in Deutschland auf 1,75 Millionen zurückgeht, Hitler das erste Teilstück der Reichsautobahn eröffnet und die nationalsozialistische Propaganda bei immer mehr Deutschen Wirkung zeigt, werden die jüdischen Mitbürger weiter aus der Gesellschaft gedrängt. Immer mehr Berufsverbände und Organisationen, von den Apothekern bis zu Fußball- oder Schützenvereinen, führen den »Arierparagraphen« ein und grenzen jüdische Mitglieder aus. Badeanstalten und Schwimmbäder verbieten Juden den Eintritt. Hotels, Gast- und Vergnügungsstätten geben durch Schilder und Anzeigen bekannt, daß Juden dort unerwünscht sind. »Spontane« Ausbrüche von »Volkszorn« werden inszeniert, auch in Berlin organisiert das Regime im Juli fünf Tage antisemitischer Demonstrationen. In Dortmund werden Leuten, die in jüdischen Geschäften eingekauft haben, Zettel mit der Aufschrift »Ich bin ein Volksverräter, habe soeben beim Juden gekauft« auf den Rücken geklebt. Unter diesen Umständen geben immer mehr Juden ihre Geschäfte auf. Mitte 1935 hat bereits ein knappes Viertel der von Juden unterhaltenen Betriebe die Arbeit eingestellt oder den Besitzer gewechselt.

Die Radikalisierung antisemitischer Politik findet ihren ersten Höhepunkt im September, als auf dem Reichsparteitag der NSDAP in Nürnberg die sogenannten »Nürnberger Rassegesetze« verkündet werden, darunter das berüchtigte »Gesetz zum Schutze des deutschen Blutes und der deutschen Ehre«, das deutschen »Ariern« die Eheschließung und den außerehelichen Verkehr mit Juden verbietet, sowie das »Reichsbürgergesetz«, das Juden ihrer staatsbürgerlichen Gleichberechtigung beraubt und sie nun offiziell zu Menschen zweiter Klasse degradiert.

Jedem, der die Augen offenhält, müßte spätestens jetzt klarwerden, daß Enteignung und »Arisierung« jüdischen Besitzes nur noch eine Frage der Zeit sind. Der Vater von Fred und Hansi aber meint, so schlimm werde es für das »Kaufhaus Boga« schon nicht kommen – schließlich war er Frontkämpfer im Weltkrieg.

Die jüdischen Unternehmer im benachbarten Österreich und der Tschechoslowakei verfolgen diese Entwicklungen im Deutschen Reich mit zunehmender Beunruhigung – so auch der 28jährige Unternehmersohn Frank Briess im mährischen Olmütz. Familie Briess entstammt einem Kaufmannsgeschlecht, das seit Jahrhunderten im ehemals habsburgischen Mähren siedelt. Sie betreibt ein Großhandelsunternehmen für Gewürze und Getreide, das in fast alle Teile der Erde liefert. Im Zentrum von Olmütz besitzt die Familie ein Geschäfts- und ein Warenhaus: Ob Erbsen, Gerste, Dünger, es gibt kaum etwas im Agrarbereich, das bei Briess nicht zu finden ist. Dem Familienunternehmen unterstehen 14 Fabriken, die das berühmte Hana-Malz produzieren, sowie

21 Getreidemühlen. Das Geschäft floriert, bisher noch. Droht nun Gefahr aus Deutschland?

Familie Briess ist mit Mähren und seiner Geschichte, die ebenso wie die Geschichte Böhmens stets eine besondere war, verwachsen. Sie hat die Identität ihrer Bewohner geprägt: Anders als in Deutschland war das Leben hier immer durch slawische und germanische Einflüsse geprägt.

Zweisprachigkeit war stets an der Tagesordnung, die Leute sprachen tschechisch und deutsch. Daß in der Habsburgermonarchie Deutsch als Amtssprache galt, lag an der verbreiteten Identifikation mit der deutschen Kultur, die viele der gebildeten Juden Mitteleuropas prägte. Doch Deutsch war auch die Sprache des Handels und der Verwaltung unter den Habsburgern. Juden waren verpflichtet, deutschsprachige Schulen zu besuchen und ihre Geschäftsbücher auf deutsch zu führen: Modernisierung in der Habsburgermonarchie war fast identisch mit Germanisierung. Die Karlsuniversität in Prag war deutschsprachig, und als Prag 1860 den ersten tschechischen Bürgermeister bekam, bildeten sich in Böhmen zahlreiche deutsche Vereine zur Wahrung von Sprache und Kultur. Juden stellten hier nach der Jahrhundertwende knapp die Hälfte der Mitglieder in diesen Vereinen und zahlreiche prominente Funktionäre.

In Mähren sah es ähnlich aus: Die jüdischen Gemeinden verwalteten sich selbst, wobei Deutsch ebenfalls Amtssprache war. In der Wahl ihrer Bildungseinrichtungen neigten jüdische Schüler und Studenten in Mähren noch mehr als ihre Glaubensgenossen in Böhmen dem Deutschen zu. So gab es an der deutschen Technischen

Hochschule in Brünn 1905 insgesamt 166 jüdische Studenten, in der tschechischen nur einen einzigen.

Diese Präferenzen verschoben sich nach dem Zusammenbruch der Habsburgermonarchie zunehmend, und war das Bündnis der böhmischen und mährischen Juden mit den Deutschen stets etwas fragil gewesen, so insistierten sie seit 1933 zunehmend darauf, Tschechen zu sein.

Familie Briess lebt seit langem im Gleichgewicht zwischen der deutschen und der tschechischen Kultur. Seit Generationen ist die Unternehmerfamilie in beiderlei Hinsicht verflochten mit dem ökonomischen, kulturellen und sozialen Leben in Olmütz. Seit Jahren beliefert sie unter anderem die tschechische Armee. Briess' unterstützen den nationalen und lokalen Eishockey-Club, sie stellen den Vorsitzenden des Fußball- und des Tennisvereins. Und der 28jährige Frank, einer der Erben des Unternehmens, sieht sich als zweisprachiger Tscheche, auch wenn zu Hause deutsch gesprochen wird.

Doch für die Juden Böhmens und Mährens stellt sich nun immer stärker die Frage, wie lange es noch dauern wird, bis die nationalsozialistische Diskriminierung auch außerhalb der Reichsgrenzen um sich greift. Erst im Mai haben in der Tschechoslowakei Parlamentswahlen stattgefunden: Die nationalsozialistisch orientierte »Sudetendeutsche Partei« von Konrad Henlein, die den Anschluß des Sudetenlandes an das Deutsche Reich fordert, hat dabei 70 Prozent aller deutschen Stimmen erhalten und ist als stärkste Kraft aus den Wahlen hervorgegangen.

Sollen die böhmischen und mährischen Juden nun alles stehen- und liegenlassen und in die Emigration gehen? Frank Briess und seine Familie sind unentschlossen.

2. Ein neuseeländischer Handelsmissionar

Während sich die Politik innerhalb Deutschlands immer weiter radikalisiert, sendet man nach außen ganz andere Signale: Hitler verkündet in einer Reichstagsrede ein »Friedensprogramm«, General Göring verkauft vor der internationalen Presse die schlagkräftige deutsche Luftwaffe als »Element des Friedens«. Deutsche Frontsoldaten besuchen England, mit der Sowjetunion schließt man ein Wirtschaftsabkommen.

Noch immer wird eine Verbesserung der deutsch-neuseeländischen Handelsbeziehungen angestrebt. Im März 1935 ist erneut eine deutsche Wirtschaftsdelegation in Wellington eingetroffen, um Kompensationsgeschäfte auszuloten, mögliche Tauschgeschäfte von deutschen Waren gegen neuseeländische Wolle. Die Reise hat zwar keinen offiziellen Charakter, doch vertritt die Delegation eine Reihe führender deutscher Wirtschaftsunternehmen wie den Deutschen Stahlverein oder die A.E.G. Berlin und wird vom Reichswirtschaftsministerium und dem Auswärtigen Amt in jeder Hinsicht gefördert. Deutschland visiert einen Handelsvertrag an, der die große Währungsspanne zwischen Reichsmark und neuseeländischem Pfund berücksichtigt – und es versucht, auf den Partner Druck ausüben, sich entweder zu einem gegenseitigen zollpolitischen Abkommen für Güteraustausch durchzuringen oder den deutschen Markt als Absatzgebiet zu verlieren. Auch der Ankauf von Wolle und anderen Erzeugnissen lasse sich nur fortsetzen, wenn er mit einer größeren Ausfuhr deutscher Waren nach Neuseeland verrechnet würde.

An der Reise der deutschen Wirtschaftsdelegation hat ein junger Mann seinen Anteil, der am Rande der Handelsdebatte mitmischt – Reuel Lochore, der neuseeländische Gaststudent in *Germany*. Lochore hat zwar gerade im beschaulichen Bonn bei einem Romanisten promoviert, sich aber zugleich zum Wirtschaftsspezialisten und Vorkämpfer der deutsch-neuseeländischen Handelsbeziehungen gemausert. In fließendem Deutsch und mit missionarischem Eifer griff er schon zuvor als Vermittler ins Geschehen ein: »Als einer der wenigen in Deutschland lebenden Neuseeländer«, schrieb er schon im September 1934 an den Reichswirtschaftsminister Hjalmar Schacht in Berlin, »erlaube ich mir, Ihre Aufmerksamkeit auf die Möglichkeit zu lenken, bessere Handelsbeziehungen zwischen unseren beiden Ländern herbeizuführen. Da ich im Laufe meines vierjährigen Studiums in Deutschland die deutschen Verhältnisse und die schwierigen weltwirtschaftlichen Nöte Deutschlands kennengelernt habe und zugleich die ernste Lage unserer neuseeländischen Nationalwirtschaft kenne, möchte ich – obwohl selbst kein Nationalökonom oder Volkswirtschaftler – zur Besserung der wirtschaftlichen Lage und Beziehungen unserer beiden Länder beitragen.«

Der fast sechsseitige Brief des Neuseeländers kreiste um eine Rede Hjalmar Schachts auf einer Messe in Leipzig, die Austauschgeschäfte mit rohstoffliefernden Ländern in den Mittelpunkt rückte.

Hauptauslöser des Engagements von Reuel Lochore war jedoch ein Besuch beim Hochkommissar für Neuseeland in London, der die deutsch-neuseeländischen Handelsgespräche mit Interesse verfolgte. Und selbstverständlich ging es dem jungen Mann aus Taranaki in erster Linie um Neuseeland und die Bewältigung der dortigen Wirtschaftskrise. Doch auch an Deutschland war ihm gelegen, das ihn nach wie vor tief beeindruckte und das man über das Mittel des Handels vielleicht wieder in »zivilisiertere Bahnen« lenken könnte.

Lochore hat sich kundig gemacht, er kannte die Import-Export-Zahlen und wußte um die seit Jahren schiefe Handelsbilanz: »Wir importierten von Deutschland Stoffe und fertige Kleidungsstücke, Eisen-, Elektrizitäts-, Schreib-, Glas-, Leder-, Photo- und Spielwaren, Uhren, Kunstdünger und Musikinstrumente. Wir exportierten vor allen Dingen Kreuzzuchtwolle, gefrorenes Hammel- und Lammfleisch, Butter, Käse, Talg, Felle, Obst, Honig, Flachs und Kauri-Harz«, listete er auf, um dann auf die Hintergründe der Einfuhrbeschränkungen und das Abkommen von Ottawa aus dem Jahr 1932 einzugehen, die Übersättigung des englischen Binnenmarktes und den Sturz des neuseeländischen Preisniveaus. »Weiter müssen wir jährlich etwa acht Millionen Pfund Sterling im Dienst unserer auswärtigen Anleihen nach London befördern – eine schwere Sorge für unsere kleine Bevölkerung«, so bat er den NS-Reichswirtschaftsminister um Verständnis.

Schließlich signalisierte Lochore – offenbar im Auftrag des Hochkommissars in London – die Bereitschaft Neuseelands, neue Wege zu gehen und direkte Handelsbeziehungen mit Deutschland zu knüpfen, ohne die Vermittlung Großbritanniens: »Neuseeland hat als Dominion das Recht, selbständige Handelsverträge zu schließen, und der eventuelle Widerstand der yorkshirschen Wollinteressenten, die große Mengen unserer Wolle nach Deutschland weiterexportieren, könnte sicherlich überwunden werden.«

Abschriften dieses Briefes verschickte der eifrige Neuseeländer ans Auswärtige Amt in Berlin und die Außenhandelsstelle für das Rheinland. Das zuständige Referat des Wirtschaftsministeriums nahm die Anregung wiederum dankend auf und bat noch vor Jahresfrist das Auswärtige Amt um Handelsberichte der deutschen Vertretungen in Sydney und Wellington. Insofern dürfte Reuel Lochore einen gewissen Anteil am Aufbruch der deutschen Wirtschaftsdelegation nach Wellington im März 1935 gehabt haben.

Die Bemühungen fruchten allerdings nicht viel: Nach Rückkehr der Delegation informiert die Siemens & Halske AG das Auswärtige Amt und das Wirtschaftsministerium, sie seien in Neuseeland auf die in Öffentlichkeit und Handelskreisen verbreitete Ansicht gestoßen, das Land sähe keine Veranlassung, in größerem Umfang Waren aus Deutschland zu beziehen. Der dortige Handel stehe, ebenso wie der in Australien, dem deutschen Kaufmann noch immer sehr mißgünstig gegenüber. Es sei somit zu erwägen, insbesondere die Wolleinfuhr auf Länder umzustellen, die deutsche Waren in größerem Umfang aufzunehmen bereit sind.

Die Wolleinfuhr wird nun etwas gedrosselt, die Handelsdebatte reißt damit nicht ab. Im April 1935 telegraphiert der deutsche Konsul aus Wellington nach Berlin, Premier Forbes und sein Wirtschaftsminister Joseph Gordon Coates seien nach London abgereist, um dort eine Lösung für Absatzprobleme neuseeländischer Produkte zu finden. Die deutsche Botschaft in London nutzt die Gelegenheit zu Gesprächen mit dem Minister. Um Wolle geht es bereits nicht mehr, doch immerhin noch um Butter, Käse, Äpfel und Flachs. Coates gibt sich kooperationsbereit, die schwere Wirtschaftskrise des pazifischen Staates läßt Empfindlichkeiten nicht zu. Die Verhandlungen um eine Handelsentspannung gestalten sich schwierig: Die Deutschen verweisen auf die Wirtschaftsdirektiven der letzten Rede des »Führers«, die Neuseeländer auf den Vertrag von Ottawa, der das Land verpflichtet, die Zollspanne von 20 Prozent zwischen britischen und nichtbritischen Waren zu stabilisieren.

Ein deutsch-neuseeländisches Abkommen kommt am Ende dennoch zustande, wenngleich es nicht sehr umfangreich und zunächst nur für ein halbes Jahr gültig ist. Die englische Präferenz bleibt unberührt, doch werden ein paar kleinere Geschäfte statt über London nunmehr direkt mit Neuseeland abgewickelt, dazu einige Einfuhrzölle geringfügig gesenkt. Der Qualität neuseeländischer Äpfel kommt nun zugute, daß sie statt über London gleich Richtung Hamburg abgefertigt werden.

Während deutsches Bier, deutsche Pianos, Koffer, Kameras oder Feldstecher mit nunmehr fünf Prozent weniger Einfuhrzoll belastet auf den neuseeländischen Markt kommen, gerät der in Wellington stationierte, noch aus Weimarer Zeiten stammende deutsche Konsul ins Visier der Nationalsozialisten: Ihm wird die Schuld an der Verweigerungshaltung des neuseeländischen Handels gegenüber den Deutschen angelastet.

Reuel Lochore bricht unterdessen 1935 seine Zelte in Deutschland ab und kehrt in sein Heimatland zurück. Im Gepäck hat er Papiere für die neuseeländische Regierung, zur Unterstützung des Handelsabkommens mit Deutschland. Um Deutschland stärker in den Blickpunkt neuseeländischen Interesses zu rücken, hält er nun Vorträge und wirbt auf diese Weise für ein Land, das sich fest im Griff der Nationalsozialisten befindet, als handele es sich um eine etwas aus den Fugen geratene Demokratie, bei der allein freundliches Entgegenkommen die brutalen diktatorischen Auswüchse korrigieren könnte: »Deutschland ist heute verrückt«, schreibt er. »Wir halfen dem Land, verrückt zu werden. Falls wir irgendein Christentum in uns haben, müssen wir versuchen, seine Zurechnungsfähigkeit wiederherzustellen. Der Weg, den wir zu gehen haben, ist, dem Land unsere Freundschaft anzubieten. Das ist auch der Weg, den Terror in Deutschland zu beenden. Oft wird ein Ratschlag von einem aufrichtigen Freund akzeptiert, aber niemals von einem Moralisten, der vom Podest eines Pharisäers predigt ... Ich habe aus Zuneigung für eine große und noble Nation geschrieben und aus dem Willen, Ordnung in die Weltereignisse zu bringen«, so umreißt Lochore seine nicht eben bescheidenen Absichten.

Eine solche, fast schon an Kollaboration grenzende Naivität erntet bei einigen neuseeländischen Anhängern nationalsozialistischer Erweckung Wohlwollen, bei der Mehrheit der Öffentlichkeit provoziert sie jedoch heftigen Protest. Zwar ist der Heimkehrer wohl kaum zum Nazi mutiert, doch haben ihm das häufige Wandern in NS-Camps und seine Neuseeland-Vorträge auch vor SA-Gruppierungen sichtbar die Perspektive verschoben. Er nimmt – etwa bei einem Besuch in München – die Hetztiraden des berüchtigten »Stürmer«-Herausgebers Julius Streicher durchaus wahr und weigert sich daraufhin, einen Laden zu betreten, an dessen Tür steht: »Kein Zutritt für Juden!« Doch hat er sich andererseits auch anstecken lassen vom »Mythos der deutschen Seele«, von dem die Bonner Studentenschaft in Lochores Umgebung infiziert ist, von Patriotismus und der »Besinnung auf die eigenen Kräfte« nach dem »demütigenden« Versailler Vertrag, vom Kamerad- und Gemeinschaftsgefühl in den Lagern der Hitler-Jugend.

Diese Begeisterung gerade für die Jugendbewegung teilt der 32jährige zu dieser Zeit noch mit einer ganzen Reihe von Diplomaten und Auslandskorrespondenten, die Lager und Veranstaltungen der HJ besuchen. Noch drei Jahre später wird der Korrespondent der Londoner »Daily Mail« über die deutsche Jugend als »die glücklichste Jugend der Welt« berichten.

3. Hochzeit in Jerusalem

Der kleine Berliner Dieter Adam ist vom schottischen Internat in ein Tagesgymnasium in London gewechselt. Inzwischen sind auch seine Eltern mit der Schwester in London eingetroffen. Familie Adam ist damit wieder vereint, wenn auch im Exil.

Der nun 66jährige Dichter Karl Wolfskehl hat sich über die Sommermonate in ein idyllisch gelegenes Fischerdorf südlich von Genua zurückgezogen. Der Erlaß der »Nürnberger Rassegesetze« wühlt ihn jedoch derart auf, daß er nicht nach Florenz zurückkehrt, sondern sich unweit von Genua in der kleinen Stadt Recco ansiedelt. Er wird von einem starken Bedürfnis nach Abgeschiedenheit beherrscht und findet in Recco einen Zufluchtsort, der voller Reize ist: Der Ort liegt in jener Biegung der italienischen Riviera, wo die Landzunge des Portofino-Gebirges weit ins Meer hinausgreift. Hier ist Wolfskehls Haus malerisch eingebettet in einen Berghang, Oliven- und Feigenbäume geben den Blick aufs Meer frei, über allem liegt eine Ruhe, die den Dichter schöpferisch inspiriert.

Der Breslauer Ernst Neuländer, der nun in Turin Medizin studiert, vermag sich finanziell nicht länger zu behelfen. Er gibt sein Studium auf – schweren Herzens, denn er hat sich, wie die meisten Emigranten, in Italien sehr wohl gefühlt. Noch versucht er, sich im Land zu halten, indem er eine Stelle in Triest annimmt. Doch die politische Lage in Italien verschlechtert sich, in der deutschen Heimat sowieso, und er denkt zunehmend daran, nach Palästina aufzubrechen, wie so viele deutsche Juden in dieser Zeit.

Ernst Neuländer mag nicht nur die italienische Lebensart, er hat sich auch in die junge Sängerin Herta aus Breslau verliebt, vor allem in ihren Mezzosopran – die 20jährige ist hochbegabt. Aber auch Herta stammt aus einer jüdischen Familie; sie hat gerade ihre ersten Engagements in Berliner und Freiburger Kabaretts angetreten, als die Nazis an die Macht kamen. Damit war ihre Karriere, bevor sie richtig begonnen hatte, schon wieder zu Ende. Und nun fragt Ernst seine Freundin, ob sie nicht Lust habe, mit ihm nach Palästina auszuwandern. Herta willigt ein.

Nachdem das europäische Ausland, das seit 1933 einen starken Zustrom jüdischer Emigranten zu verkraften hat, allmählich seine Einwanderungsbestimmungen verschärft, verlagert sich die Auswanderung nach Übersee und verstärkt sich noch einmal in Richtung Palästina, das bisher bereits 30 Prozent der deutsch-jüdischen Emigranten aufgenommen hat. Die britische Mandatsregierung begrenzt inzwischen die Einwanderungsgenehmigungen, je nach ihrer Einschätzung der wirtschaftlichen Aufnahmefähigkeit des Landes. Die Zahlen wechseln halbjährlich. Kriterien für die Auswahl der Bewerber aus Deutschland sind 1935 die individuelle Eignung für ein Leben in Palästina sowie die Nützlichkeit für den Aufbau des Landes.

Ernst gehört zu den Geeigneten – er ist jung und nicht nur Medizinstudent, sondern auch gelernter Maurer und Bauzeichner. Im Mai 1935 bricht Ernst also nach Jerusalem auf, Herta folgt ihm im August.

Die beiden finden ein Zimmer bei einer Russin, im arabischen Viertel. Und Ernst bekommt zunächst eine Stelle, an die er sich heute noch gern erinnert: »Ich wurde als Hilfsorganisator für osteuropäische Emigranten eingesetzt, die nach Palästina kamen, meist junge Leute aus Polen, Rumänien oder Litauen. Sie landeten gewöhnlich in Haifa. Ich mußte nun alle vierzehn Tage an die Grenze zu Jugoslawien zu fahren, wo nachts ein Zug mit jüdischen Emigranten eintraf, die ich dann in Empfang nehmen sollte. Die Züge waren versiegelt. Sie wurden an der Grenze für mich geöffnet, woraufhin ich dann von Abteil zu Abteil gehen und die Pässe durchsehen mußte. Dabei habe ich die verschiedensten Leute kennengelernt und auch zum ersten Mal einen sowjetischen Paß gesehen. Ich begleitete die Leute aufs Schiff und sorgte dafür, daß es keine Probleme gab. In Haifa habe ich mit den anderen das Schiff verlassen. Diese Fahrten waren immer sehr schön, ich konnte bei einem Zwischenstopp sogar Alexandria besuchen.«

Später beginnt Ernst Neuländer, als Landvermesser zu arbeiten. Noch 1935 heiraten er und Herta in Jerusalem. Es ist eine einfache Trauung, und für Flitterwochen fehlen dem jungen Paar ohnehin Zeit und Geld – sie haben noch nicht einmal einen Trauzeugen und müssen einen Fremden, den sie auf der Straße ansprechen, bitten, mit ihnen zum Rabbiner zu kommen.

4. Die Zeit von Labour bricht an

Ende des Jahres 1935, Reuel Lochore ist vor ein paar Monaten nach Neuseeland zurückgekehrt, gewinnt zum erstenmal in der Geschichte des Landes die Arbeiterpartei neuseeländische Parlamentswahlen. Mit einer Zunahme ihrer Stimmen wurde in der Öffentlichkeit gerechnet, nicht aber mit einem solchen Paukenschlag. Von 1905 an wurde das Votum für die *Labour Party* ständig stärker, doch an die Macht geschafft hatte die Partei es nie.

Nach dem Krieg, zur Wahl 1919, war Labour mit einem »rotglühenden« Programm für eine sozialistische Gesellschaft herausgekommen. Es beinhaltete die 40-Stunden-Woche, kostenlose medizinische Betreuung, die Verstaatlichung von Banken, dem Schiffahrtswesen und Fabriken und sogar von Farmen. Die politischen Gegner warfen Labour damals Sympathien für die Sowjetunion vor, schlimmer noch, die Partei wurde verdächtigt, »prodeutsch« zu sein, weil sie gegen den Friedensvertrag von Versailles protestiert hatte. Die Presse wertete diesen

Protest als höchst unpatriotisch, als Beweis der Illoyalität gegenüber dem Empire, man bezichtigte Labour der Sympathie für die »kriminellste Nation der Welt«, gemeint war Deutschland. Damals errang die Arbeiterpartei ein Viertel der Stimmen. Bei den Wahlen von 1935 nun schnellen ihre Mandate von 24 auf 53 hoch – die Partei erringt die absolute Mehrheit von 80 Sitzen.

Sie profitiert von der anhaltenden wirtschaftlichen Depression, die bei vielen Neuseeländern Fragen nach den Ursachen auslöste. Und Labour bietet dazu eben die populärsten Lösungen. Eine ihrer Zauberformeln sind Sozialkredite, die eine intelligente Nutzung öffentlicher Kredite verkörpern. Gerade der Gedanke einer Kreditreform läßt viele Farmer, die bisher stets konservativ-liberal gewählt haben, für Labour votieren.

Mit dem Machtwechsel ändern sich die Grundlinien der Politik in Neuseeland, auch wenn die *Labour Party* die alten sozialistischen Parolen längst über Bord geworfen hat. Die neue Regierung führt nun in das konservative Dominion eine neue Sozialgesetzgebung ein sowie eine neue Integrationspolitik, die darauf abzielt, den Lebensstandard der Weißen auf die Maori auszudehnen, die unter hoher Arbeitslosigkeit und einer schlechten medizinischen Versorgung leiden. Außerdem gibt es Verstaatlichungsmaßnahmen in der Wirtschaft, wie etwa die Übernahme des zentralen Kreditwesens und die staatliche Kontrolle der Preise, um zu garantieren, daß »jede Person, die fähig und willig ist zu arbeiten, mit genügend Einkommen versorgt wird, um ihr und den von ihr abhängigen Menschen ein Zuhause zu ermöglichen im besten Sinne des Wortes«. Neuseeland wird der erste Wohlfahrtsstaat der Welt.

Die außenwirtschaftliche Zielsetzung mutet etwas naiv an, sie lautet: Isolierung. Die eigene Wirtschaft und damit auch die kleinen Farmer sollen damit vor den überseeischen Preissprüngen und den Tücken des Weltmarktes geschützt werden. Für Farmer ist eine garantierte Preisbindung geplant, wobei der Staat die landwirtschaftlichen Erzeugnisse aufkaufen und den Vertrieb selbst übernehmen will. Vom Erlös würde innerhalb eines Jahres eine Reserve geschaffen, die dann bei einem Preissturz zur Verfügung stünde …

Das alles klingt hoffnungsvoll. Neuer Premierminister wird der ehemalige Bergarbeiter Michael Joseph Savage – ein Mann, dessen Ausstrahlung eher an einen Pfarrer erinnert als an einen Barrikadenkämpfer. Savage gehört zu den wenigen neuseeländischen Politikern, die von ihren Anhängern nicht nur geschätzt, sondern wohl tatsächlich auch geliebt werden.

Außenpolitisch gibt sich die neue Regierung selbstbewußt: Im Unterschied zur Wirtschaft soll der politische Einfluß Neuseelands außerhalb seiner Grenzen ausgedehnt werden. Offen bleibt dabei zunächst die Frage nach der Gestaltung der Beziehungen zum nationalsozialistischen Deutschland.

1936

1. Olympischer Frieden

Wie fast alle politischen Führer in Diktaturen es tun, versuchen auch die Nationalsozialisten zunächst, den Charakter ihres Regimes nach außen hin zu verschleiern. Und so engagiert die NS-Propaganda internationale Künstler, um Weltoffenheit zu demonstrieren, initiiert sie die verschiedensten Veranstaltungen, um den braunen Terror farbenfroh zu übertünchen. Das Jahr 1936 bildet mit den Olympischen Spielen, einer Deutschland-Ausstellung, der »Olympischen Kunstausstellung«, den »Internationalen Tanzwettspielen« und einem Festspiel namens »Olympische Jugend« den Höhepunkt »friedlicher« Selbst- und Außendarstellung des Dritten Reiches. Ein Feuerwerk der Superlative wird gezündet, das den Blick der Welt auf Deutschland zieht. Und hier überwiegt das Wohlwollen, der internationale Zulauf ist enorm.

Eine der wenigen, die sich in diesem Zusammenhang eindeutig gegenüber den Nationalsozialisten positioniert, ist die amerikanische Tänzerin Martha Graham. Ihre Einladung zu den »Internationalen Tanzwettspielen« zu Beginn des Jahres 1936 in Berlin beantwortet sie mit einem Brief an Joseph Goebbels: »Es ist mir nicht möglich, zum gegenwärtigen Zeitpunkt in Deutschland zu tanzen. So viele Künstler, die ich respektiere und bewundere, sind verfolgt worden, sind aus nichtigem und nicht gerechtfertigtem Grund mit Arbeitsverbot belegt worden, so daß ich nicht in der Lage bin, mich durch Annahme der Einladung mit einem Regime zu identifizieren, das derlei Dinge ermöglicht. Hinzu kommt, daß einige meiner Ensemblemitglieder in Deutschland nicht willkommen sind.«

Solche Stimmen verhallen meist ungehört im Sog deutscher Attraktionen. Beim Festspiel »Olympische Jugend«, das im Juli in der Reichshauptstadt mit über 10 000 Mitwirkenden zur Aufführung kommt, führt der frühere Bühnendirektor der *Metropolitan Opera New York* die Regie. Die 140 teilnehmenden deutschen Tänzer müssen im vorhinein eidesstattlich versichern, »arischer Abstammung« zu sein; wer das ablehnt, wird durch einen anderen ersetzt.

Absoluter Höhepunkt dieser nationalsozialistischen Selbstinszenierung sind schließlich die Olympischen Sommerspiele in der deutschen Reichshauptstadt. Victor Klemperer notiert am 13. August 1936 in sein Tagebuch: »Die Olympiade ist mir verhaßt, weil sie nicht eine Sache des Sports ist – bei uns meine ich – sondern ganz und gar ein politisches Unternehmen. ›Deutsche Renaissance durch Hitler‹ las ich neulich. Immerfort wird dem Volk und den Fremden eingetrichtert, daß man hier den Aufschwung, die Blüte, den neuen Geist, die Einigkeit, Festigkeit und Herrlichkeit, natürlich auch den friedlichen, die ganze Welt liebevoll umfassenden Geist des Dritten Reiches sehe …«

Auch Heinrich Mann bezeichnet vom Pariser Exil aus Berlin als den derzeit »ungeeignetsten Ort auf diesem Planeten«, um eine Olympiade abzuhalten. Diese Stimmen repräsentieren jedoch nicht die Mehrheit der Deutschen, und auch die meisten internationalen Künstler und Sportler nehmen die Einladungen der Deutschen mit Freude an.

Wie kaum ein zweites Instrument der Propaganda dient ausgerechnet die Olympiade dazu, das Ansehen der Nationalsozialisten aufzupolieren und Deutschland als aufstrebende, friedliebende und gastfreundliche Nation zu präsentieren: Gigantischer als jemals zuvor fallen im August die Teilnehmer-, Wettbewerbs- und Besucherzahlen aus. Auch die deutsche Olympiamannschaft ist erfolgreicher denn je. 1800 Pressevertreter aus 59 Ländern begleiten die Spiele, dazu 42 Rundfunkgesellschaften – selbst das Medienereignis Olympiade übertrifft in seinen Dimensionen alles bisher Dagewesene.

Bereits am Eröffnungstag wird in den Medien wohlwollend vom Konzert eines Wehrmachtsorchesters berichtet, von der Gästebetreuung durch die Organisation »Kraft durch Freude«, der Begrüßung des Olympischen Feuers durch die Hitler-Jugend im Lustgarten, mit der die Spiele ihren »völkerverbindenden Verlauf« nehmen. Die Welt hat teil an der Eröffnungsrede Adolf Hitlers, am Überreichen des Ölzweigs von Athen an den Führer der Deutschen, am Aufstieg von 30 000 Brieftauben im Olympiastadion. Rundfunkhörer erleben die Premiere der Olympiahymne von Richard Strauss, vom Meister selbst dirigiert.

Den Journalisten entgeht, daß fast zeitgleich mit den Olympischen Spielen vor den Toren Berlins das KZ Sachsenhausen errichtet wird, daß die in Berlin lebenden »Zigeuner« schon im Vorfeld der Spiele in einem Lager in Marzahn verschwunden sind und mit Massenverhaftungen ein drohender Streik verhindert wird. Negative Kommentare dringen in diesen Sommertagen fast nur aus den Vereinigten Staaten herüber.

Die letzten kritischen Stimmen aus Neuseeland verstummen am 6. August: An diesem Tag gewinnt der Landsmann John Lovelock in einem fulminanten Endspurt über die letzte Runde und in neuer Weltrekordzeit den 1500-Meter-Lauf der Männer. Fast das gesamte sportbegeisterte Neuseeland hockt daheim vor dem Rundfunkempfänger. Der Start war, um die Anwesenheit Adolf Hitlers zu ermöglichen, ein paar Minuten verzögert worden. Und als dann der BBC-Kommentator Harald Abrahams, ein Freund des Läufers, ins Mikrophon brüllt: »Come on, Jack! Come on, Jack! My God! He's done it!«, bricht die Bevölkerung am anderen Ende der Welt in Jubel aus. Der Sieg John Lovelooks zählt zu den spektakulärsten Höhepunkten der Olympiade.

So wie der neuseeländische Läufer kehren die meisten Sportler mit einem Gefühl der Begeisterung heim, der politische Alltag in Deutschland bleibt unterdessen auch bei ihnen weitgehend unreflektiert. Begegnungen mit Hitler und anderen NS-Größen werden als Höhepunkte wahrgenommen; das Erlebnis sportlicher Gemeinschaft und das Zusammentreffen mit anderen Nationen hat sie ebenso beeindruckt wie die Gestaltung und die Trainingsmöglichkeiten im Olympischen Dorf oder der Komfort der Unterkünfte.

Der Eindruck, den die Spiele hinterlassen, ist so nachhaltig, daß dem Neuseeländer Reuel Lochore, der mittlerweile mit schwärmerischen Vorträgen über deutsche Wirtschaft und Kultur durch seine Heimat reist, in der Folgezeit von 1936 nur noch wenig Kritik an Deutschland entgegenschlägt.

Nach diesem enormen Zuwachs an Ansehen für Nazi-Deutschland verstärken die NS-Funktionäre ihre Positionen auf diplomatischem Parkett. Für die außenpolitischen Beziehungen zu Neuseeland bedeutet dies zunächst, daß das bisherige Wahl- durch ein Berufskonsulat ersetzt wird, zuständig auch für das Mandatsgebiet West-Samoa. Der der nationalsozialistischen Führung unbequeme deutsche Konsul wird abberufen, an seine Stelle rückt ein ideologisch gefestigtes Doppelteam aus Konsul und Stellvertreter.

Kaum sind die beiden im Amt, erbittet das Auswärtige Amt Berlin die in Neuseeland geltenden Einwanderungsbestimmungen für Nicht-Briten. Diesen wird – zur streng vertraulichen Kenntnisnahme – vom neuen Konsul eine Liste jener 38 Reichsdeutschen beigefügt, die seit den frühen dreißiger Jahren eine Einreisegenehmigung erhalten haben, ergänzt durch den Vermerk, es handele sich bei den Einwanderungen seit 1934 in der Hauptsache um Juden. Genau die will das Deutsche Reich loswerden.

Beim Aufstellen der deutschen Mannschaft für die Olympiade wird 1936 ein Sportler aus Fürstenwalde nicht berücksichtigt – Heinz Eisig. Der junge Mann, Lehrling in der Import-Export-Firma Hecht & Pfeiffer in Kreuzberg, fährt Morgen für Morgen mit dem Zug zu seinem Arbeitsplatz nach Berlin; abends nach seiner Rückkehr und am Wochenende trainiert er im »Turnverein Eiche« auf dem Flugplatz Fürstenwalde. Denn in erster Linie ist Heinz Eisig Sportler – ein hochbegabter Leichtathlet, dessen Spezialität der 100-Meter-Sprint ist. Eisig war stets eine feste Größe in der deutschen 4-x-100-Meter-Staffel. Seine religiöse Zugehörigkeit hat bisher keine Rolle gespielt, Heinz Eisig ist bei seinen Trainingskameraden beliebt und fährt Siege ein. Er hatte gute Chancen, sich auf der Sprintstrecke für das Olympische Finale zu qualifizieren. Doch dann wurde seine Nominierung plötzlich revidiert, weil er Jude ist. Wofür hat er all die Jahre trainiert? Das Jahr 1936 läßt den jungen Brandenburger begreifen, daß er keinerlei sportliche und wohl auch sonst keine Zukunft in Deutschland mehr hat.

Endgültig in Verzweiflung gerät der 28jährige, als sich seine Mutter das Leben nimmt. Die Eltern waren vor Jahren aus Oberschlesien eingewandert und hatten in Fürstenwalde ein kleines Geschäft für Weißwaren eröffnet. Bis 1933 lief es gut, doch nach der Aufforderung zum Boykott sind immer mehr Kunden weggeblieben. Es gab zwar ohnehin nur wenige Juden in der brandenburgischen Kleinstadt – Heinz erinnert sich an gerade drei jüdische Mitschüler in seinem Gymnasium –, doch der Antisemitismus hatte längst auch Fürstenwalde im Griff. Daß sie von ihren Nachbarn und Bekannten mehr und mehr geschnitten wurden, hat Heinz' Mutter schwermütig gemacht. Nach ihrem Selbstmord hält den jungen Sportler aus Fürstenwalde nichts mehr in Deutschland. Noch 1936 läßt sich Heinz Eisig auf die Auswanderungsliste einer jüdischen Hilfsorganisation setzen. Doch wohin soll er gehen, um ein neues Leben zu beginnen – nach Palästina?

Damit sieht es zu diesem Zeitpunkt schlecht aus: Nachdem in den ersten drei Jahren des Nationalsozialismus bereits 26 000 Juden nach Palästina ausgewandert sind, hat die britische Mandatsregierung die Aufnahmequoten scharf gedrosselt. Die Orientierung der Auswanderungswilligen richtet sich bereits nach Übersee: Kanada, die Vereinigten Staaten, Südamerika …

Für Heinz Eisig gibt es noch eine weitere Option: Aus Fürstenwalde ist vor zwei Jahren eine jüdische Familie nach Neuseeland emigriert – mit Hilfe eines jüdischen Ingenieurs, der ebenfalls aus Fürstenwalde stammt, jedoch schon seit vielen Jahren im neuseeländischen Auckland lebt und dort über gute Beziehungen zu den Behörden verfügt. Die Voraussetzung für die Einwanderungspapiere: Der Antragsteller mußte Farmer sein! Also hatte sich der Fürstenwalder Kürschner Julius Fürst, zugleich ein enger Verwandter der Familie Adler in Hildesheim, notdürftig zum Landwirt umschulen lassen, bevor er mit Frau und Kind nach Neuseeland aufbrechen durfte. Auch Heinz Eisig sieht in diesem Weg nun eine Chance für sich. Er ist gesund, kräftig und fleißig – wer sollte es schaffen, wenn nicht er? Während die »arischen« Athleten Deutschlands sich auf die Olympiade vorbereiten, beginnt der Sportler aus Fürstenwalde, sich landwirtschaftlich zu qualifizieren.

Ein ganzes Netz von Berufsumschichtungszentren für Ausreisewillige haben jüdische Organisationen während der letzten Jahre aufgebaut. Zur Auswahl stehen eine Gartenbauschule bei Hannover, ein Arbeitslager für Bauberufe in Waidmannslust, eines in Berlin-Niederschönhausen, das Landgut Steckelsdorf bei Rathenow, ein Vorbereitungslager in Rüdnitz und das Landwerk Neuendorf bei Fürstenwalde. Auf diesem Landgut, das schon 1932 von der jüdischen Wanderfürsorge angekauft wurde, werden zur Zeit etwa 150 auswanderungswillige junge Leute zu Landwirten und Gärtnern umgeschult, darunter nun auch Heinz Eisig. Es gibt in Neuendorf Kuh-, Schweine- und Hühnerställe, ein Gewächshaus, Obstplantagen, Gemüse- und Roggenfelder. Das Lesen und Hören der Berichte über die Olympiade versucht er zu vermeiden.

2. Einwanderer – Ja oder Nein?

In Neuseeland werden nach einer langen Phase wirtschaftlicher Depression erste Zeichen von Aufbruchsstimmung sichtbar. Mit dem Machtwechsel soll sich nun auch der Blickwinkel auf die Frage der Immigranten verändern; ohnehin laufen die Bestimmungen des Einwanderungsgesetzes von 1931, die aufgrund der hohen Arbeitslosenzahlen sogar die Immigration britischer Bürger gedrosselt hatten, mit dem Jahr 1936 aus. Und der abzusehende ökonomische Aufschwung läßt ein Wachstum der Bevölkerung angeraten erscheinen.

Viele Neuseeländer erkennen diese Zusammenhänge. Dominierten bisher quer durch alle Schichten der Bevölkerung Ressentiments gegenüber der Einwanderungsfrage, so schlägt die Stimmung jetzt um: Im ganzen Land schießen Gesellschaften aus dem Boden, die sich für einen Bevölkerungszuwachs stark machen. Ein »Fünf-Millionen-Club«, der die Zahl der Neuseeländer mehr als verdoppelt sehen will, macht mit Veranstaltungen auf sich aufmerksam, eine *Dominion Settlement Association* tritt in Aktion. Doch woher rührt diese plötzliche Weltoffenheit?

Schon immer war die neuseeländische Einwanderungspolitik ein Kapitel für sich, in keinem anderen Land der Welt wurden Einwanderer so sorgsam und nach so strengen Kriterien ausgewählt: Alter, Beruf, Besitzverhältnisse, Religion und Rasse galten stets als gängige Bewertungsmerkmale. Britische Siedler wurden dabei immer bevorzugt – kulturelle Homogenität war das Markenzeichen der britischen Kolonialgesellschaft. Und die ging einher mit Intoleranz gegenüber nichtbritischen

Einwanderern, besonders gegenüber den wenigen Chinesen, die ins Land kamen. Es herrschte eine ausgeprägte Favorisierung der angelsächsischen Kultur und Herkunft, und noch immer gilt es als Selbstverständlichkeit, daß die meisten erwünschten Neuankömmlinge britischer Herkunft sind – oder zumindest aus einem Land kommen, das dem britischen Kulturkreis so ähnlich wie möglich ist, womit Nordeuropäer auf der Auswahlliste ganz oben stehen, Asiaten jedoch ganz unten. Die Deutschen rangieren irgendwo dazwischen.

Da Immigranten trotz der Größe des Landes immer wieder auch als Konkurrenz und Bedrohung für den persönlichen Wohlstand gesehen wurden, gab es jedoch von Zeit zu Zeit Proteste, bei denen sich die bereits etablierten Siedler gegen jegliche Gruppen neuer Einwanderer stemmten.

Und nun kündigt sich, fast über Nacht, ein Gesinnungswechsel an. Er hat gleich mehrere Gründe: Zum einen hat die wirtschaftliche Depression die Bürger schmerzhaft spüren lassen, wie abhängig das Land von überseeischen Märkten ist – ein Anwachsen der Bevölkerung wäre also schon deshalb angeraten, um eine Ausdehnung der heimischen Märkte zu erreichen. Der zweite Grund steht in Verbindung mit bevölkerungsreichen Nachbarländern, bei denen das nur spärlich besiedelte Neuseeland Begehrlichkeiten wecken könnte. Hierbei evoziert Japan die größten Ängste: Würde dort ein Anwachsen der neuseeländischen Bevölkerung zur Kenntnis genommen, ließe sich der Status quo im pazifischen Raum leichter aufrechterhalten. Die befürchteten japanischen Expansionsgelüste ziehen den dritten Grund nach sich, denn bei einem Angriff wäre eine angemessene

Verteidigung Neuseelands nur möglich bei einer großen Gruppe verfügbarer Kampf- und Arbeitskräfte.

Neben all den pragmatischen Überlegungen sprechen schließlich auch humanitäre Gründe für eine Öffnung der Tore. Die spielen allerdings nur für eine Minderheit eine Rolle, vorrangig für Intellektuelle und Vertreter kirchlicher Einrichtungen, die das Geschehen in Deutschland genauer verfolgen und sich der existentiellen Notlage der Flüchtlinge bewußt sind.

Trotz dieses Stimmungswechsels in der Bevölkerung zögert die neue Labour-Regierung, die Einwanderungsbeschränkungen zu lockern. Ihre Abwehrhaltung liegt zunächst im Charakter von Labour selbst: Die Partei steht für eine traditionell feindselige Haltung gegenüber der Konkurrenz, die landeseigenen Arbeitern durch Einwanderer erwachsen könnte. Die Erfahrungen der Weltwirtschaftskrise haben zudem die Entschlossenheit erhärtet, eine Überbevölkerung in Neuseeland zu vermeiden. So fühlt sich die Regierungspartei zwar den Arbeitern und ihren Belangen verpflichtet, kann aber andererseits die neuen Strömungen, die für einen Bevölkerungszuwachs werben, nicht einfach ignorieren. Nicht zuletzt fühlt man sich moralisch und außenpolitisch verpflichtet, den demokratischen Staaten der Welt bei der Lösung des wachsenden Flüchtlingsproblems beizustehen. Setzte man also die Restriktionspolitik fort, stieße man nicht nur die Pro-Populationsbewegung vor den Kopf, sondern auch die Regierungen der Großmächte, vor allem die britische, die bereits begonnen hat, Druck auszuüben. Andererseits: Ließe man Flüchtlinge hinein, wären die eigenen Parteianhänger brüskiert ... und jene Neuseeländer, die zwar eine Einwanderung gutheißen, doch in erster Linie eine von Briten. Die Flüchtlinge im Jahr 1936 aber sind vorwiegend Deutsche, meist auch noch Juden.

Die Regierungserklärung, die Labour nun abgibt, ist dementsprechend vage: Eine Einwanderung sei nur dann wünschenswert, wenn die ökonomische Lage dies erlaube. Und die Lösung, die schließlich gefunden wird, ist nicht mehr als ein beschämender Kompromiß – insgesamt 84 deutsche Flüchtlinge finden 1936 Aufnahme in Neuseeland, etwa die Hälfte davon Frauen und Kinder. Bevorzugt für eine der wenigen Einreisegenehmigungen, die begehrten *Permits*, werden Ärzte und Zahnärzte. Diese Vorliebe für Mediziner hat Tradition in Neuseeland: Unter den wenigen deutschen Juden, die das Land zwischen 1933 und 1935 aufnahm, war fast die Hälfte der 16 männlichen Erwachsenen Arzt oder Zahnarzt. Bei den anderen handelte es sich um Farmer oder Geschäftsleute.

3. Die Hatz auf Ärzte

Die Bevorzugung von Ärzten bei der Erteilung von Einreisegenehmigungen alarmiert schon bald die neuseeländischen Mediziner. Fünf deutschen Ärzten und zwei Zahnärzten gelang zwischen 1933 und 1935 die Einreise – sie waren den einheimischen Kollegen nicht willkommen. Nicht nur, daß die antisemitische Propaganda längst über den Rand des europäischen Kontinents bis hin nach Neuseeland gedrungen war, daß eine gewisse Voreingenommenheit gegenüber den Menschen herrschte, von denen die deutsche Führung verbreitete, sie seien Nutznießer der übelsten Sorte. Es landete da auch eine zwar winzige, doch lästige Konkurrenz.

Bereits 1934 begann der Berufsverband der Mediziner ängstlich die Konsequenzen dieser Ankunft zu diskutieren. Und noch bevor der erste Flüchtling neuseeländischen Boden betreten hatte, annoncierte der Präsident der Dependance der *British Medical Association* in Auckland, es seien Schutzmaßnahmen gegen einen Zustrom jüdischer Ärzte zu ergreifen. Die *New Zealand Dental Association*, die Vereinigung der Zahnärzte, beschränkte sich nicht nur auf die Forderung an die Regierung, den Flüchtlingskollegen den Zutritt zu Neuseeland zu verwehren – sie appellierte offen, den Eintritt von »Nicht-Ariern« aus Deutschland zu verhindern.

Die sieben Ärzte und Zahnärzte, die zu diesem Zeitpunkt schon eingereist waren, wurden schließlich – wenn man ihre Berufsausübung schon nicht ganz verhindern konnte – verpflichtet, für ein Jahr an der *Otago Medical School* in Dunedin die Schulbank zu drücken, bevor sie überhaupt praktizieren durften.

Der 40jährige Arzt Alfred Heppner aus Berlin weiß nichts von den Querelen am anderen Ende der Welt. Er trägt sich mit dem Gedanken einer Auswanderung nach Neuseeland, weil dorthin bereits seine Schwester mit ihrem Mann emigriert ist: Sein Schwager gehörte zu den besagten sieben Ärzten, er ist Zahnarzt. Von den Mißstimmungen im fernen Dominion, der unterschwelligen, teils sogar offenen Ablehnung, mit der Ärzte dort empfangen werden, schreiben Schwester und Schwager nichts. Und die beruflichen Perspektiven Alfred Heppners, der eine Praxis als Allgemeinarzt in Berlin-Weißensee führt, sind 1936 bereits extrem schlecht.

Zwar haben die neuseeländischen Mediziner keine wirkliche Vorstellung davon, was mit ihren Kollegen im fernen Deutschland geschieht. Doch ist ihre Haltung auf gewisse Weise jener der »arischen« Ärzte in Deutschland vergleichbar: Lästige berufliche Konkurrenz wird einfach ausgeschaltet. Was die Neuseeländer jedoch erst einfordern, hat den Deutschen bereits der NS-Staat abgenommen.

Gerade im medizinischen Bereich wurden schon in der Frühphase der nationalsozialistischen »Revolution« scharfe Maßnahmen durchgepeitscht: Jüdische Ärzte, 1933 etwa elf Prozent aller deutschen Mediziner, gehörten zu den ersten, die sie zu spüren bekamen. So hatte bereits am 23. März 1933 der Nationalsozialistische Deutsche Ärztebund, eine Organisation der NSDAP, die Hatz auf jüdische Kollegen eröffnet: »Es gibt wohl keinen Beruf«, schrieb der Ärztebund im »Völkischen Beobachter«, »der für die Größe und Zukunft der Nation so bedeutungsvoll ist wie der ärztliche … Aber keiner ist auch so verjudet wie er und so hoffnungslos in volksfremdes Denken hineingezogen worden. Jüdische Dozenten beherrschen die Lehrstühle der Medizin, entseelen die Heilkunst und haben Generation um Generation der jungen Ärzte mit mechanistischem Geist durchtränkt. Jüdische ›Kollegen‹ setzten sich an die Spitze der Standesvereine und Ärztekammern; sie verfälschten den ärztlichen Ehrbegriff und untergruben arteigene Ethik und Moral.«

Die Stunde der Rassehygieniker war angebrochen: An den Universitäten wurden Juden von ihren Lehrstühlen vertrieben, »vaterländisch gestimmte« Mediziner an deren Stellen gesetzt. Zugleich wurde die Gleichschaltung des Gesundheitswesens forciert: Die Ärztekammern der einzelnen Länder wurden nacheinander aufgelöst, um einer zentralen Reichsärztekammer Platz zu machen. Auch die Standesverbände befanden sich bereits im April 1933 unter NS-Kuratel. Im Gesundheitswesen beschäftigte jüdische Beamte wurden in den Ruhestand versetzt, die ersten Kassenärzte verloren ihre Zulassung. An bayerischen und württembergischen Krankenhäusern durften jüdische Ärzte schon bald nur noch jüdische Patienten behandeln und nur noch die Leichen von Juden sezieren. In ganz Deutschland pflanzten sich SA-Männer vor jüdischen Praxen auf, um »arische« Patienten zu warnen. Seit 1935 sind die Länderregierungen nun angewiesen, keine Approbationen mehr an »nichtarische« Mediziner, Veterinäre oder Apotheker zu vergeben.

Und die Ärzte? Nur wenige stellten sich den verfemten Kollegen zur Seite. Die große – sich unpolitisch wähnende – Mehrheit hat sich dem neuen Regime relativ problemlos angepaßt, zum eigenen Vorteil. Viele störten sich zwar zunächst an der barbarisch anmutenden Hetze gegen Juden und andere Verfolgte, an Spektakeln wie der Bücherverbrennung, dem theatralisch aufgezogenen Reichstagsbrand. Man verweigerte sich punktuell, macht inzwischen aber im großen und ganzen mit.

4. Himmlisches Jerusalem

Ernst und Herta Neuländer aus Breslau sind von den Tücken neuseeländischer Einwanderungspolitik noch nicht betroffen. Sie sind 1936 noch dabei, sich in Palästina einzurichten, im arabischen Viertel Ost-Jerusalems, wo das Leben für sie am billigsten ist. Obschon vom zionistischen Pioniergeist angesteckt, haben sie sich nicht für das Leben in einem Kibbuz entschieden, sondern für die Heilige Stadt mit ihrem uralten, orientalischen Rhythmus. Die beiden finden Jerusalem faszinierend – trotz drückender Hitze und nie endendem Lärm, trotz der Bettler und der bitteren Armut.

Verliebt streifen sie durch das Gewirr der Gassen, durch das die goldene Kuppel des Felsendoms leuchtet, schauen vom Ölberg hinab über die schroffe Steinwelt der Wüste Judäa und schlendern nachts über die Via Dolorosa. Neugierig mischen sie sich unter syrische Katholiken und griechische Orthodoxe, unter Araber, Juden und Armenier und spazieren zwischen Schläfenlöckchen und Schleiern entlang ...

Die jungen Eheleute, die zunächst bei einer russischen Emigrantin untergekommen waren, haben inzwischen eine Wohnung mit Küchenecke und Bad gefunden. Das einzige Zimmer ist winzig klein, und Ernst findet sich des Nachts zu Füßen seiner Liebsten: Das Bett besteht aus zwei Teilen, dessen unterer auf Rädern unter dem oberen hervorgezogen werden muß. Doch sie sind in Sicherheit, haben ein neues Zuhause, stecken voller Idealismus. Und sie lieben einander. Von der Verschärfung des jüdisch-arabischen Konflikts im Sommer 1936, bei dem die Araber gegen die immer zahlreicheren jüdischen Einwanderer und die britische Mandatspolitik protestieren, bekommen Ernst und Herta in ihrem Viertel anfangs nicht viel mit; noch herrscht in den quirligen Gassen Ost-Jerusalems friedliche Koexistenz. Der Freitag gehört den Muslimen, der Sabbat den Juden und der Sonntag den Christen.

Die beiden Schlesier stellen sich rasch auf die neue Kultur und Lebensweise ein: Sie handeln und feilschen, lernen mühsam Hebräisch und jene Brocken Arabisch, die sie aus dem Gewusel um sich herum aufschnappen und ohne die sie im Alltag nicht auskommen.

Angespannt ist lediglich ihre finanzielle Lage. Herta, die begabte Mezzosopranistin, hat mit der Heimat auch ihre Aussichten auf eine Karriere als Sängerin verloren. Sie kann am jüdischen Konservatorium jungen Leuten Gesangsausbildung geben, meist Kindern von anderen Einwanderern aus Deutschland, doch Geld verdient sie damit nicht; und auch Ernsts Gehalt als Landvermesser ist niedrig.

Nach Palästina zieht es auch Siegmund, den Bruder der orthodoxen Jüdin Minna Kohane aus Berlin-Prenzlauer Berg. Siegmund mußte als jüdischer Schüler kurz zuvor das Cöllnische Gymnasium verlassen. Nun will er aufbrechen – entgegen den Mahnungen des Vaters, nichts zu überstürzen. Doch Siegmund Kohane hat ein besseres Gespür für die Zeichen der Zeit als sein Vater: Die Briten geben derzeit kaum noch Einwanderungsgenehmigungen für Palästina heraus. Daher will er sich rasch zum Tischler ausbilden lassen, ein Beruf, mit dem man noch einreisen darf.

Seine Schwester Minna hat zwar inzwischen ihre Lehrstelle als Kindergärtnerin im jüdischen Krankenhaus in der Exerzierstraße angetreten, doch niemand weiß, wie lange das Krankenhaus seinen Betrieb noch aufrechterhalten darf. Die 17jährige vertraut ihrem Vater – und der will zunächst bleiben. In ihrer Synagoge gibt es vorausschauende Rabbiner, die ihre Gemeindemitglieder in ihren Predigten warnen und sie auffordern, das Land zu verlassen. Doch das ist für eine Familie mit sechs Kindern leichter gesagt als getan, und so spielt Pindas Kohane die politische Lage immer wieder herunter.

Natürlich sinnt der Vater über Möglichkeiten nach, wenigstens die Mädchen in Sicherheit zu bringen, falls sich die Situation weiter verschlimmern sollte. Seine Tochter Regina hat bisher bei einem jüdischen Arzt als Kindermädchen gearbeitet; der wiederum gehört zu den wenigen, die 1936 eine Einreisegenehmigung für das ferne Neuseeland erhalten. Als er aufbricht, verspricht er den Kohanes, sich direkt nach seiner Ankunft um ein Einreisevisum für Regina zu bemühen.

5. Die »Arisierung«

Während die Reichshauptstadt im Rausch der Olympischen Spiele versinkt, verschärft sich in den anderen Städten des Landes die Lage. Unaufhaltsam mahlen die Mühlen der Rassenfanatiker. Seit 1933 wurden bereits einige hundert antijüdische Gesetze und Verordnungen erlassen, welche Juden aus der Gesellschaft ausgrenzen. Vor allem ihre wirtschaftliche Existenz soll vernichtet werden, um sie in die Emigration zu treiben.

Die Definition aber, wer oder was eigentlich jüdisch sei, war bisher noch recht verschwommen. Etliche Behörden fanden es aus Bequemlichkeit einfacher, weiterhin mit verläßlichen jüdischen Firmen zusammenzuarbeiten, statt nach »rassisch einwandfreien« Alternativen zu suchen. Das soll sich jetzt ändern. Direkt nach dem

Erlaß der »Nürnberger Rassegesetze« begann man die Definitionslücken zu schließen, mündete das »Reichsbürgergesetz« in eine systematischere und staatlich kontrollierte Enteignung jüdischen Besitzes. Geplant wird 1936 eine Art Verrechnungsstelle, die den Aufkauf jüdischer Firmen durch eine zentrale Institution sowie die Verteilung an »arische«, politisch zuverlässige Geschäftsleute vorsieht. Millionen von Informationen werden bereits in ein Lochkartensystem eingespeist, Namen über Generationen hinweg verglichen … Adreßänderungen, Stammbäume und Standesamteintragungen. Banken und Sparkassen sehen sich verpflichtet, der Reichsbank ausführliche Informationen über ihre Kunden zu liefern. Querverweise zwischen Kontonummern und Volkszählungsdaten werden gezogen, das ganze nach Berufen und Branchen sortiert.

Auch im niedersächsischen Hildesheim ist dieser Prozeß der »Arisierung« bereits in Gang gesetzt worden, arbeitet die Industrie- und Handelskammer daran, die Wirtschaft der Stadt »judenfrei« zu machen. Nationalsozialistische Funktionäre erhöhen den Druck: Antisemitische Boykottwachen werden verstärkt und Familien bedroht, nächtliche Besuche von Schlägertrupps sollen die »Bereitschaft« der Betroffenen fördern, die Stadt zu verlassen.

Soweit will es Familie Adler-Rothschild, Besitzer des Gemischtwarenladens »Magazin Rothschild«, nicht kommen lassen. Noch zögert die Familie bei dem Gedanken, auszuwandern, doch auch ihr Geschäft steuert im Zuge der Repressionen unaufhaltsam auf den Ruin zu.

Die Schikanen treffen auch die Kinder. Die siebenjährige Ruth Adler besucht die jüdische Grundschule der Stadt, ihre ältere Schwester Inge geht auf eine katholische Schule. Und war die Schuleinführung für Ruth noch ein Freudentag mit Zuckertüte und Rollschuhen, so fühlt sich das Mädchen nun von Monat zu Monat unsicherer. An der Badeanstalt steht plötzlich »Juden nicht erwünscht!«, und die Kinder in der Straße, mit denen sie immer gespielt hat, beginnen Steine nach ihr zu werfen. Die schwarzweißrote Fahne, die an Feiertagen aus dem Fenster hing, dürfen die Eltern nicht mehr hissen.

Doch das ist noch das kleinere Übel, denn eines Abends, als die Eltern aus dem Kino nach Hause kommen, werden sie von einer Gruppe Hitler-Jungen attackiert. In letzter Sekunde können sie sich noch im Haus verbarrikadieren, doch der Schock sitzt tief. Schließlich setzt sich die Mutter bei ihrem zögernden Mann durch, und die Ausreise der Familie ist beschlossen – doch wohin?

Seit drei Jahren lebt Ruths Tante Hilde mit ihrem Mann, dem Kürschner aus Fürstenwalde, auf einer Farm in Neuseeland. Die Mutter schreibt ihr einen Brief und bittet um Hilfe, woraufhin sich die Verwandten sofort bemühen, bei der neuseeländischen Regierung eine Einreisegenehmigung für die vierköpfige Familie aus Hildesheim zu erwirken. In Ruths Umgebung hat noch nie jemand etwas von Neuseeland gehört.

Auch in der Reichshauptstadt hält der Taumel von Kunst- und Sportrekorden, Wirtschaftsaufschwung und sinkender Arbeitslosigkeit nicht länger an. Wer zu den Ausgestoßenen gehört, macht immer bedrückendere

Erfahrungen, und was im internationalen Scheinwerferlicht noch vermieden wird, geschieht hinter den Kulissen dafür um so skrupelloser.

Gabriele Herrmann, die 1936 noch die Mittelstufe im Berliner Dürer-Lyzeum besucht und eine jüdische Mutter hat, spürt die ersten Anfeindungen. Als für eine Theateraufführung in der Schule die Rolle des Schneewittchens besetzt werden soll, wählt die Klasse die schauspielerisch begabte, schwarzhaarige Gabriele als Darstellerin aus. Doch die Lehrerin untersagt es – ohne Begründung. Die Mitschüler sind sich einig: »Sie hat es verboten, weil du nicht ›arisch‹ bist!« Und das ist nur der Auftakt: Kurz darauf gibt es einen Elternabend, bei dem das Mädchen am Klavier ein Stück von Schubert spielen soll. Gabriele nimmt mit ihren Noten in der ersten Reihe Platz, ihre Eltern sitzen im Publikum. Sie wartet auf ihren Auftritt. Plötzlich steht eine der Studienrätinnen auf und sagt: »Es tut mir sehr leid, aber Gabriele Herrmann ist krank.« Die Schülerin erstarrt, sie beginnt zu weinen, die anderen Mädchen schauen erschrocken zu ihr herüber. Die 13jährige sitzt in der Aula ihres Gymnasiums mit dem Gefühl, am Pranger zu stehen. Die Lehrerin hat sie nicht einmal vorgewarnt.

Zu den wenigen, die 1936 noch positive Erfahrungen mit der deutschen Bevölkerung machen, gehört der Berliner Färberlehrling Hans Jottkowitz. Die Färberei, in der er arbeitet, ist eine jüdische Enklave: Hatte sie anfangs nur zwei jüdische Lehrlinge, so sind es jetzt schon ein Dutzend. Zu ihrer Überraschung bekommen die Lehrlinge das Angebot eines mehrwöchigen Praktikums im Labor der IG Farben. Hans nutzt die Gelegenheit und verbringt mehrere Wochen in Hoechst und Leverkusen, um sich weiterzuqualifizieren. Erstaunt nimmt er hier die antisemitischen Parolen wahr, die – anders als in Berlin – zu diesem Zeitpunkt bereits überall in den Straßen zu lesen sind. Doch im Betrieb der IG Farben selbst wird er ganz offen und freundlich aufgenommen.

Im selben Jahr müßte der Färberlehrling bei der Handwerkskammer eigentlich seine Gesellenprüfung ablegen – sie wird schon nicht mehr genehmigt. Hans Jottkowitz arbeitet nun ohne Abschluß weiter, sieht aber keine weitere Gefahr auf sich zukommen. Als einer der nichtjüdischen Färbermeister Hitlers »Mein Kampf« liest und die jüdischen Lehrlinge anschließend warnen will, nimmt ihn keiner ernst.

In Hans Jottkowitz' Alltag dominieren nach wie vor die positiven Erlebnisse, so zum Beispiel auch in der Berufsschule, in der die Rassentrennung noch keine Rolle zu spielen scheint und die Lehrer noch keine Unterschiede zwischen jüdischen und nichtjüdischen Schülern machen.

6. Ausreise aus Wien

Nicht nur in Deutschland, auch im benachbarten Österreich verschärft sich der Antisemitismus. Karl Raimund Popper hat am Pädagogischen Institut Wien studiert, das reformpädagogischen Traditionen folgt, anschließend promovierte er mit einem mathematischen Thema bei dem Psychologen und Sprachtheoretiker Karl Bühler. Seit Ende der zwanziger Jahre unterrichtete er dann an verschiedenen Schulen, unter der Ägide des Psychiaters Alfred Adler auch geistig und sozial benachteiligte

Schüler. Karl Popper gilt als fähiger Lehrer. Vor allem aber ist er dem berühmten »Wiener Kreis«, einer Gruppe von Philosophen und Wissenschaftstheoretikern, die den »Logischen Positivismus« propagieren, durch eine Art inoffizielle Gegenposition verbunden und steht in reger wissenschaftlicher Diskussion und Konfrontation mit dessen Mitgliedern.

Das Judentum hat für ihn und seine Eltern nie eine große Rolle gespielt: Trotz der jüdischen Abstammung ist Popper getauft und wurde protestantisch erzogen. Nun holt ihn die halb schon vergessene Herkunft ein. Seine Hoffnung auf eine akademische Karriere an einer österreichischen Universität kann er begraben: Studieren und Lehren ist für Juden 1936 in Wien kaum noch möglich, die Hochschulgremien stehen bereits unter Kontrolle der österreichischen Nationalsozialisten. Und längst haben Gruppen junger Leute mit Hakenkreuzbinden am Arm die Straßen Wiens erobert, durch die Habsburger Metropole hallen gegrölte Nazi-Lieder.

Im Gegensatz zu vielen Wiener Akademikern gehört Popper zu den politisch Weitsichtigen. Schon früh hat er Hitlers »Mein Kampf« gelesen: Er rechnet mit einer baldigen Annexion Österreichs, er rechnet auch mit einem Krieg Hitlers gegen den Westen. Karl Popper fühlt, daß er sein Land so schnell wie möglich verlassen sollte.

Doch was für Folgen wird die Emigration für ihn haben? Popper ist ein starker und unabhängiger Geist, ein großer Denker, doch davon ist 1936 außerhalb Österreichs noch wenig bekannt. Der 34jährige hat gerade erst ein Buch verfaßt, die »Logik der Forschung«. Das allerdings ist von bahnbrechender Qualität und hat ihm bereits die Anerkennung von Koryphäen wie Albert Einstein, Niels Bohr und Bertrand Russell eingebracht: Popper hat hier den erfolgreichen Versuch unternommen, die analytischen Verfahren der Naturwissenschaft auf die Philosophie zu übertragen – Jahrzehnte später wird seine Wissenschaftstheorie, die er hierbei entwirft, als Grundlage moderner wissenschaftlicher Arbeit gelten.

Karl Popper nimmt Kontakt zum *Academic Assistance Council* auf, einer britischen Organisation, die sich bemüht, vom Nationalsozialismus verfolgte Wissenschaftler ins Ausland zu vermitteln. Er bittet darum, ihm beim Verlassen Österreichs behilflich zu sein, und gibt im November seine Lehrerstelle auf, um die Unterstützung des *Council* in Anspruch nehmen zu können.

Dann informiert ihn ein englischer Freund, das *Canterbury University College* im neuseeländischen Christchurch, das mit etwa 100 000 Einwohnern die größte Stadt der neuseeländischen Südinsel ist, habe sowohl eine Dozentur als auch eine Professur für die Bereiche Erziehungswissenschaften und Philosophie ausgeschrieben – beides feste und dauerhafte Anstellungen! Popper bewirbt sich und holt dafür hochkarätige Referenzen von Albert Einstein, Niels Bohr, Bertrand Russell und einigen Mitgliedern des »Wiener Kreises« ein.

Am Weihnachtsabend 1936 hält er ein Telegramm aus Christchurch in den Händen: Zwar nicht die Professur, doch immerhin die Dozentenstelle ist ihm zuerkannt worden, er könnte dort als Philosoph arbeiten. Fast zeitgleich erreicht ihn ein eventuelles Angebot für eine Gastdozentur im englischen Cambridge. Nun hat er sogar die Wahl ... Cambridge scheint ihm eine unsichere Sache. Neuseeland wiederum ist sehr weit entfernt – für ihn »zwar noch nicht der Mond, aber nach dem Mond der wohl weiteste Platz auf der Welt!«. Von diesem weitesten Platz winkt immerhin eine feste Anstellung.

Karl Popper entscheidet sich für Christchurch und bereitet sich auf die Emigration nach Neuseeland vor.

1937

1. Antisemitismus in God's own country?

Die wirtschaftliche Lage in Neuseeland hat sich inzwischen stabilisiert. Energiegeladen baut die Labour-Regierung unter Premier Savage und seinem Kabinett das Land zum Wohlfahrtsstaat um – Wirtschaft und Wohlfahrt werden dabei zusammengedacht. Die Ökonomie soll »insuliert« und damit weniger anfällig vom Weltmarkt gemacht werden. Die Konjunktur wird weiter angekurbelt; Gehälter werden wieder aufgestockt. Zugleich startet ein großes öffentliches Beschäftigungsprogramm, um wieder Arbeit zum vollen Lohn bereitzustellen statt kurzfristiger Hilfsarbeiten. Der Anspruch der Arbeitnehmer auf einen Mindestlohn wird gesetzlich fixiert. Invalidenrenten werden eingeführt, auch finanzielle Unterstützungen für verlassene Frauen. Ein staatliches Wohnungsbauprogramm, das niedrige Mieten garantiert, folgt. Und im Zuge all dieser sozialen Bestimmungen gibt es schließlich ab 1937 ein Programm, das Schülern kostenlose Milchrationen zusichert ...

Auch außenpolitisch beginnt das Land allmählich ein eigenes Profil zu entwickeln, nicht mehr automatisch im Kielwasser der britischen Regierung zu schwimmen. Spannungen mit London gibt es vor allem in Fragen des Bürgerkriegs, der derzeit in Spanien tobt; grundlegende Meinungsverschiedenheiten gab es aber auch zur Abessinienkrise, in deren Rahmen Neuseeland als einziges Land des Commonwealth die Anerkennung der Eroberung Abessiniens, des heutigen Äthiopiens, durch Italien verweigerte. Neuseeland ist dabei, sich in der Weltgemeinschaft einen Platz als ernstzunehmender, glaubwürdiger Partner zu erarbeiten. Wäre es da nicht an der Zeit, das Land auch für verfolgte Flüchtlinge zu öffnen?

Das Gegenteil ist der Fall: Auch 1937 bleiben die Tore bis auf einen kleinen Spaltbreit geschlossen. Vor allem gegenüber jüdischen Antragstellern herrschen Ressentiments vor, die sich bis in Regierungskreise ziehen. So antwortet Walter Nash, dem neben seiner Funktion als Finanzminister zeitweise auch die Einwanderungspolitik untersteht, auf eine Anfrage zu Neuseelands Flüchtlingspolitik: »Die Flüchtlinge, die in dieses Land kommen, sollten vom Typus der leicht Assimilierbaren sein. Um der Flüchtlinge selbst willen muß diese Überlegung Priorität haben. Die Frage der Anpassung ist möglicherweise die schwierigste. Wir dürfen nie eine Situation schaffen, in der sich irgendeine wie auch immer geartete Feindschaft in unserem Land gegenüber Flüchtlingen ergibt, die an unseren Küsten landen.«

Hiermit sind vor allem jüdische Flüchtlinge gemeint, die man für schwer integrierbar hält. Die Geschichte der neuseeländischen Juden selbst liefert jedoch keinen Anlaß für diese Einschätzung: Seit Pionierzeiten waren fast alle Juden britischer Herkunft gewesen, bei den meisten handelte es sich um die Nachfahren früher Siedler. Viele waren es ohnehin nie, um die Jahrhundertwende wurden gerade einmal 1611 Juden auf der Doppelinsel gezählt, und dementsprechend klein waren die jüdischen Gemeinden, dementsprechend winzig auch deren Synagogen, sofern es überhaupt welche gab.

Dort aber, wo ein Gemeindeleben stattfand, ging es zwischen Juden und Christen harmonisch zu: Man lud einander zu religiösen Festen ein, und vereinzelten antisemitischen Ressentiments stand stets eine Dominanz christlicher Toleranz gegenüber. Jüdische Geschäftsleute, die in der neuseeländischen Gesellschaft oft bedeutende Stellungen innehatten, erbauten Krankenhäuser, Sanatorien oder Kinderheime und waren kommunal äußerst aktiv. Christen spendeten für zionistische Zwecke und Juden für anglikanische. Auch war das Verhältnis solidaritätserprobt: Als auf der Südinsel eine der abgelegenen kleinen Synagogen brannte, rettete ein christlicher Rugby-Spieler die *Sifre Torah* und ließ sie der Jüdischen Gemeinde in Christchurch zukommen. Als eine Flut ein anderes abgelegenes Bethäuschen heimsuchte, wurde das *minute book*, in das eine Gemeinde ihre Beschlüsse und besonderen Festlegungen schreibt, von anglikanischen Anwohnern in Sicherheit gebracht.

Dieser offene und friedfertige Umgang miteinander verflüchtigte sich Anfang der dreißiger Jahre, als erstmals die antisemitische Propaganda aus dem fernen Deutschland hereindrang. Sie fiel zunächst nur bei vereinzelten NS-Sympathisanten auf fruchtbaren Boden. Doch tauchten plötzlich antisemitische Publikationen auf und wurden im Land verbreitet. Juden wurden als Ausbeuter und Nutznießer bezeichnet. Eine Einzelhandelsfirma mit diversen Zweigstellen warb in der »New Zealand Financial Times« mit der Nachricht, in ihrer Firma gebe es keine Juden in Führungspositionen. In manchen Buchläden lag hie und da eine antisemitische Schrift herum, vereinzelt landete NS-Propaganda in Briefkästen. Es war jene kleine Dosis Gift vom anderen Ende der Welt, das sich in eine Gesellschaft von weitgehend freundlichen Nachbarn geschlichen hatte.

Als jedoch 1933 Hitler an die Macht kam und die ersten Nachrichten über Greueltaten aus Deutschland herüberdrangen, reagierten die Neuseeländer geschockt. Angesichts der »preußischen Verfolgungen« am anderen Ende der Welt verfaßte eine Gruppe christlicher Minister in Wellington eine Resolution, in der sie die jüdischen Mitbürger ihrer Freundschaft und ihrer Gebete versicherte. Eine bereits völkisch »infizierte« Firma entfernte die eingeführten Hakenkreuze wieder vom Briefpapier.

Inzwischen ist die Gesellschaft in *God's own country* etwas polarisiert: Zum einen gibt es ein demonstrativ projüdisches Engagement. Als der deutsche Konsul behauptet, »Captain Göring« habe in Berlin der repräsentativen Presse versichert, Juden würden nicht diskriminiert, ihre Freiheit in Deutschland nicht eingeschränkt, unterbindet die neuseeländische Presse derartige Falschmeldungen. Ausführlich werden die Leser nun an die jüdischen Leistungen für das Empire erinnert, an die überwältigende Anteilnahme der Bevölkerung am Tod eines Rabbis, an jüdische Zuwendungen zugunsten nichtjüdischer Organisationen, an den Myers Park, die Aucklander Kunstgalerie, das besondere Engagement für die Fünf-Tage-Woche oder die landesweit großen Leistungen jüdischer Gruppierungen. Die Nachkommen der jüdischen Pioniere, so schließt der umfangreiche Artikel, unterschieden sich in nichts von anderen Neuseeländern – mit der Ausnahme, daß, proportional gesehen, viele unter ihnen ein hohes Ansehen in der Gesellschaft genössen. Der Autor des Artikels schlägt schließlich die Einrichtung eines Hilfsfonds für jüdische Flüchtlinge aus Deutschland vor.

Das, wie gesagt, ist die eine Seite. Wahr ist auch: Die

Nazi-Propaganda hat im Unterbewußtsein etlicher Bürger bereits ihre Spuren hinterlassen. Während also viele Christen 1937 unbeirrt für den jüdischen Hilfsfonds spenden, sprechen andere von Juden als »Nutznießer der übelsten Sorte«.

Der 29jährige Sportler Heinz Eisig aus dem brandenburgischen Fürstenwalde stößt bei seiner Ankunft in Neuseeland auf keine nennenswerte Ablehnung. Daß er nach seiner Umschulung vom Leichtathleten zum Landwirt zu den erfolgreichen Kandidaten für eine Einreisegenehmigung gehörte, hat einen plausiblen Grund: Noch immer herrscht in Neuseeland die Landflucht. Viele der Farmer, die 1918 als Kriegsheimkehrer auf dem Hinterland der Nordinsel angesiedelt wurden, dem sogenannten *back country*, gaben irgendwann den Kampf verloren gegen Farn und Manuka, die das Kleegras der Weiden überwucherten und sich immer wieder in vernichtendem Tempo über Hügel und Täler breiteten. *Back country*, das bedeutet weit auseinander liegende Farmhäuser, Abgeschnittensein von der Außenwelt und – wenn man Pech hat – keinen elektrischen Strom.

Von der Härte neuseeländischer Farmarbeit ahnt Heinz Eisig, der seinen neuen Beruf auf einem eher gemütlichen Brandenburger Gut erlernt hat, wenig. Auch weilt er mit seinen Gedanken noch weitgehend in Deutschland: Der Abschied von seinem Vater fiel ihm schwer, Heinz ist das einzige Kind. Auch seine Sportkameraden fehlen ihm – vor allem aber seine 25jährige Freundin Dorothea, eine Stenographin.

Auch Dorothea ist Jüdin, sie wohnt mit ihrer Familie auf dem Gelände der Fürstenwalder Synagoge. Die beiden hatten sich im Turnverein kennengelernt, Heinz war Dorotheas Trainer. Das junge Paar will zusammenbleiben, und so beantragt Heinz Eisig, kaum in Neuseeland eingetroffen, die Eheschließung mit seiner Freundin Dorothea.

Aus der Landarbeit wird erst mal nichts: Nach seiner Ankunft in der Hafenstadt Auckland wird dem Brandenburger Arbeit in einer Gerberei zugewiesen. Er hält sie nicht lange aus: Die Luft im Gebäude ist von scharfen Dämpfen geschwängert, sie greift Eisigs Gesundheit an. Sollte er nicht aufs Land? Eine für ihn bezahlbare Farm ist derzeit nicht in Sicht. So verdingt sich Heinz zunächst als Gehilfe auf anderen Farmen – möglichst nicht weit entfernt vom Wohnort des hilfreichen Ingenieurs aus Fürstenwalde gelegen, der den Neuankömmling nach Kräften unterstützt.

Der Österreicher Karl Popper wird in Neuseeland freudig begrüßt. Ende Januar haben er und seine Frau Hennie sich in England auf dem Frachter »Rangitata« eingeschifft und fünf Wochen später Christchurch erreicht. Grob ist Karl Popper über das abgelegene pazifische Land informiert, über seine dünne Besiedelung – auf einer Fläche von der Größe Großbritanniens sollen weniger als zwei Millionen Menschen leben. Und das Dominion soll alle Vorzüge Englands bündeln – eine grandiose Natur, die Institutionen der britischen Demokratie –, nicht aber dessen Nachteile geerbt haben, wie zum Beispiel die scharfen Klassenschranken.

Christchurch, die Hauptstadt Canterburys, wirkt bei seiner Ankunft auf Karl Popper wie eine Schwester Cambridges: Mitte des 19. Jahrhunderts von anglikanischen Siedlern gegründet, hat sich die Stadt eine Art englischen Charme bewahrt, mit einer anglikanischen Kathedrale im Stadtzentrum, der neugotischen Architektur des *University College* und den herrlichen Parks, dem Linksverkehr und dem britischen Habitus seiner Bürger. In Christchurch wird es sich aushalten lassen.

Nach kurzem Aufenthalt im Hotel mieten sich Karl und Hennie Popper in ein Haus in Nähe der Universität ein. Die Umstellung vom turbulenten Wien auf das kolonial wirkende Landstädtchen fällt ihnen leicht. Und da sie zu diesem Zeitpunkt noch nicht beabsichtigen, die neuseeländische Staatsbürgerschaft zu beantragen, bleiben ihnen auch die üblichen bürokratischen Demütigungen der Flüchtlinge erspart.

Der mit dem Wechsel nach Christchurch verbundene Dozentenstatus bedeutet für Karl Popper einen sozialen Aufstieg. Für ihn ist es die erste akademische Festanstellung überhaupt: Das *University College of Canterbury* ist Teil der *University of New Zealand*, die sich mit ihren verschiedenen *Departments* über die großen Städte des Landes verteilt. Als College unterscheidet sich die Institution jedoch von der mitteleuropäischen Universität mit ihrem Humboldtschen Ideal der Einheit von Forschung und Lehre – der Lehrbetrieb hier ist recht verschult, was für den bisherigen Hauptschullehrer zunächst kein Problem darstellt. Schwerer wiegt da schon, daß es hier keine Forschungstradition gibt, auch werden die Abschlußarbeiten zur Korrektur nach England geschickt. Und die College-Bibliothek fällt mit ihren etwa 15 000 Bänden kaum größer aus als die Privatbibliothek seines Vaters.

Obwohl Popper also nicht unbedingt in einem akademischen Schlaraffenland gelandet ist, fügt er sich engagiert in den neuseeländischen Lehrbetrieb ein. Zugleich nimmt er seine philosophischen Forschungen über Probleme der Logik und Wahrscheinlichkeitstheorie wieder auf. Sein erstes Jahresgehalt von 500 neuseeländischen Pfund erachtet der Österreicher zwar als für nicht ausreichend, doch immerhin kann er sich, während seine Kollegen mit einem Fahrrad vorliebnehmen, schon im ersten Jahr ein Auto leisten.

2. Aufpoliertes Deutschtum

Eifrig bemüht sich der deutsche Konsul in Wellington, das »Deutschtum« Neuseelands wieder zum Erblühen zu bringen. Unmittelbar nach seinem Amtsantritt im vergangenen Jahr hat er eine »Reichsdeutschenkartei« angelegt, die Einwanderungsbehörde gewährte ihm dabei großzügig Einblick in ihre Listen. Viele Deutsche lassen sich hier am Ende der Welt allerdings nicht finden: 5000 Deutschstämmige waren 1886 in Neuseeland registriert, und bis 1914 gab es einen zwar kontinuierlichen, aber dünnen Einwanderungsfaden. Der riß mit dem Ausbruch des Weltkrieges völlig ab; zwischen 1914 und 1934 sind weniger als 200 Deutsche ins Land gekommen. Die meisten der alten Siedler sind inzwischen verstorben, gerade noch 1300 Deutsche wurden 1935 registriert, dazu ein paar Dutzend Volksdeutsche aus Osteuropa – Siebenbürger Sachsen, Sudetendeutsche, Wolgadeutsche und Balten –, insgesamt meist ältere Leute, die kaum noch in Kontakt mit der alten Heimat stehen. Die Juden wiederum, die seit 1933 eingereist sind, kommen für eine »deutsche Erweckung« wohl kaum in Frage.

Und dann sind da noch ein paar ganz schwarze Schafe: »Nachdem jetzt Neuseeland gelegentlich wieder von deutschen Frachtschiffen angelaufen wird«, kabelt der Konsul dem Auswärtigen Amt in Berlin, »gibt es hier leider auch wieder direkte deutsche Deserteure. So verließen vor zwei Wochen drei Heizer in militärpflichtigem Alter den Dampfer »Anhalt«. Daraus ergibt sich, daß hier die Zuwanderung, die überall, wo Deutsche siedeln, erforderlich ist, um das ansässige Deutschtum aufzufrischen und in Verbindung mit der Heimat zu erhalten, im wesentlichen aus unerwünschten Elementen besteht.«

Es gibt ein paar Organisationen als Anlaufpunkt für »völkisch« Geprägte, wie den Deutschen Verein in Auckland mit 78 Mitgliedern, dessen Präsident ein begeisterter Anhänger des Dritten Reiches ist, und einen Stützpunkt der NSDAP in Auckland. Auch in Wellington existiert ein Deutscher Verein, bestehend aus zwölf Volksdeutschen, drei Schweizern und 55 Briten; den Verein leitet Freiherr von Zedlitz, ein emeritierter Professor, der sich wacker für das »Deutschtum« schlägt. Darüber hinaus finden sich noch gleichnamige Vereine in Christchurch und Dunedin – die aber sind lediglich Treffpunkte für Deutschlehrer, die ihre Sprache vervollständigen wollen statt das Germanentum zu beschwören.

Nicht etwa, daß deutsche Einflüsse und Kultur in Neuseeland ignoriert würden: Bei vielen ist das Interesse an der deutschen Sprache wiedererwacht, auch an den Universitäten hat sich der Zustrom zu deutschen Sprachkursen verdoppelt. Die Studentenschaft der Rechtswissenschaftlichen Fakultät der Universität Wellington und ein paar Jugendorganisationen hatten den deutschen

Konsul sogar eingeladen, einen Vortrag über den Aufbau des nationalsozialistischen Staates zu halten – danach entschlossen sich etliche junge Leute, Deutschland zu bereisen. Doch alles in allem kommen die Bemühungen des Konsuls um eine ideologische Indoktrinierung deutschstämmiger Neuseeländer kaum voran, so daß er Berlin um größere Unterstützung für seinen einsamen und weit entfernten Posten bittet.

Rückenstärkung erhält der Konsul schließlich von Reuel Lochore, dem glühenden Verehrer deutscher Sprache und Kultur. 1936, als Lochore nach Neuseeland heimgekehrt war, konnte er sich noch Hoffnungen auf einen hohen Posten im Regierungsdienst machen, da ein Mitarbeiter im *New Zealand House* in London ihn Finanzminister Gordon Coates empfohlen hatte. Doch der Machtwechsel zu Labour durchkreuzte die Pläne des ehrgeizigen jungen Mannes: Der neue Finanzminister hieß nun plötzlich Walter Nash, und Reuel Lochore hing in der Luft. Er begann durchs Land zu reisen, um von Deutschland zu schwärmen, das er für mißverstanden hält. Lochore ist Christ und ein Mann mit einer liberalen Grundhaltung – geschlagen ist er allerdings mit einer für seine hohe Intelligenz bedrückenden politischen Naivität. Er ist tief davon überzeugt, Deutschland werde zu einem zivilisierten Verhalten zurückfinden, wenn die internationale Gemeinschaft nur ihren Handel und die kulturellen Verbindungen zu Deutschland aufrechterhalte. Seine flammenden prodeutschen Vorträge brachten ihm bereits scharfe Kritik und mitunter den Vorwurf ein, selbst ein Faschist zu sein.

Inzwischen ist der Empire-Experte und Deutschland-

Freund Reuel Lochore wieder als Lehrer an sein altes College in Wellington zurückgekehrt. Und er ist in die *Labour Party* eingetreten. Gelegentlich schreibt er nun für das eher linksgerichtete Journal »Tomorrow«.

3. Mit NSDAP-Mitgliedern auf Reisen

Es scheint, als haben sich die Sympathien des westlichen Auslands gegenüber dem Dritten Reich im Jahr nach der Olympiade noch vertieft. Und Reuel Lochores Konzept ähnelt zumindest der *Appeasement*-Politik Großbritanniens im Jahr 1937: Im Mai wird Neville Chamberlain britischer Premierminister – der aber ist ein Vertreter der Friedens- und Beschwichtigungspolitik gegenüber dem Feind aus Weltkriegstagen. Die deutsch-englischen Flottenverhandlungen kommen wieder in Gang; Gruppen der Hitler-Jugend reisen mehrfach nach England, englische Jugendliche im Gegenzug nach *Germany*. Im Oktober brechen der Herzog und die Herzogin von Windsor zu einem zwölftägigen Deutschlandbesuch auf. Sie besichtigen Betriebe, spenden für das Winterhilfswerk und werden vom Führer auf dem Obersalzberg empfangen. Beeindruckt kehrt das Paar auf die britische Insel zurück. Im Monat darauf folgt die Visite des britischen Würdenträgers und früheren Außenministers Lord Halifax: Im Tenor der Freundschaft wird mit Hitler, Göring und Reichsaußenminister Konstantin Freiherr von Neurath das deutsch-englische Verhältnis besprochen.

Über BBC können 1937 auch die neuseeländischen Bürger zwischen Invercargill und Cape Reinga hören, daß sechs Millionen Deutsche wieder Arbeit gefunden haben und es aufwärts geht mit *Germany* – daß Autobahnetappe für Autobahnetappe eingeweiht wird, diesmal 400 Millionen Reichsmark an Spenden für das Winterhilfswerk zusammengekommen sind und daß in Berlin Friedenskundgebungen mit 100 000 Kriegsveteranen stattfanden, bei denen 14 ausländische Delegationen zugegen waren. Je freundlicher britische Medien über das Hitler-Regime berichten, desto schwerer haben es die Mahner in Neuseeland, gehört zu werden.

Nicht allein England hilft Hitler, seine Macht international zu festigen, Staatsmänner aller Couleur machen dem Führer ihre Aufwartung. Belgien bekommt eine deutsche Beistandszusage für den Fall, daß es Ziel einer Invasion werden sollte. Ein deutsch-französischer Handelsvertrag wird geschlossen, auch ein zweiter deutsch-englischer Flottenvertrag.

Es gibt auch kritische Beobachter. So notiert der in Berlin lebende amerikanische Journalist William S. Shirer im Herbst 1937 in seinem Berliner Tagebuch: »Vieles von dem, was hier vorgeht und vorgehen wird, könnte das Ausland in ›Mein Kampf‹ nachlesen, zugleich Bibel wie Koran des Dritten Reiches. Seltsamerweise existiert jedoch keine vernünftige Übersetzung ins Englische oder Französische, und Hitler würde auch keine offizielle erlauben, da sie wohl viele im Westen schockieren würde. Wie vielen durchreisenden Großmäulern habe ich erklärt, daß das Endziel der Nazis die Weltherrschaft ist. Einzige Antwort war ein Lachen.«

Von der vorgetäuschten Friedensliebe und Weltoffenheit der Nazis profitiert 1937 der junge Berliner Färber Hans

Jottkowitz. Hans reist gern, dafür hat er stets sein Lehrlingsgeld gespart. In Schweden war er bereits, noch mit einer jüdischen Reisegruppe, und vor zwei Jahren auch in der Schweiz. Nun zieht es ihn wieder hinaus, und umsichtig hält er diesmal Ausschau nach einer eventuellen Arbeitsmöglichkeit im Exil. Sein Vater hört von einem deutschen Frachtschiff, das die Ostsee durchqueren soll, und organisiert seinem Sohn ein Ticket. Also startet Hans Jottkowitz seine Reise in Stettin, von wo aus es nach Reval ... dem späteren Tallinn gehen soll, später nach Vijborg und Kotka.

Am Anfang ist ihm etwas mulmig, denn unter den Passagieren befindet sich ein NS-Gauleiter. Hans selbst muß seine Kabine mit einem SS-Mann teilen: »Denen habe ich natürlich nicht auf die Nase gebunden, daß ich Jude bin, es hat mich auch niemand danach gefragt. Und im Reichspaß war ja 1937 noch nicht das ›J‹ reingestempelt. Also, da war ich nun die ganze Zeit unter strammen Parteigenossen. In Vijborg nahmen wir uns gemeinsam ein Taxi, damit sind wir für einen Tag nach Finnland rüber. In Reval bin ich allerdings in die Jüdische Gemeinde gegangen, um herauszufinden, wie in Estland die Lage für Juden ist. Ich habe mich dort schon mal in einer Färberei umgesehen.« Nach seiner Rückkehr tauscht Hans brieflich noch Fotos mit den NSDAP-Mitgliedern aus.

Hans Jottkowitz ist ein Optimist. Natürlich spürt auch er die Veränderungen im täglichen Leben, doch das muß man eben gelassen nehmen. Natürlich sind die Bälle und Empfänge, zu denen seine Eltern eingeladen werden, drastisch zurückgegangen, doch bleibt der Familie immer noch das Kino, die Oper, das Theater – gerade

erst haben sie sich gemeinsam Gustaf Gründgens als
»Hamlet« angesehen ...

Daß es schwieriger wird, das registriert auch die Familie Jottkowitz. Und man weiß nicht, was noch kommt. So beginnen die Eltern 1937, Ausreisepläne für ihren Sohn zu schmieden. Und wieder stellt sich die Frage: Wohin? Verwandte von ihnen sind schon nach Südafrika gegangen, auch Amerika wäre eine Möglichkeit. Ein Cousin, dessen Frau einflußreiche neuseeländische Verwandte hat, will demnächst dorthin auswandern. Man wird das alles abwägen.

Auch Peter Dane, der Enkel des Anwalts Bruno Marwitz, denkt daran, Deutschland zu verlassen. Der 16jährige Schüler kann die Geschichte des alten Mannes nicht vergessen, der vor drei Jahren weinend im Anwaltsbüro seines Großvaters saß, nachdem die SA ihn tagelang mißhandelt hatte. Er sieht seine geliebten Großeltern leiden, mit denen ihn eine innige Beziehung verbindet und in deren Garten in Berlin-Friedenau er häufiger anzutreffen ist als zu Hause. Vor kurzem hat er eigentlich noch an einem nationalen Sportwettbewerb teilnehmen sollen: Sein Gymnasium hatte ihn bereits nominiert, doch dann galt Peter aufgrund seiner jüdischen Abstammung als nicht mehr wettbewerbsfähig. Die Lehrer baten ihn schließlich, am Tag des Wettbewerbs »krank« zu werden. Nein, er fühlt sich nicht mehr zu Hause in Deutschland.

Gabriele Herrmann weint, wenn sie nach der Schule am »Stürmer«-Kasten vorbeikommt und die Juden dort mit soviel Haß verzerrt dargestellt sieht. Die Mutter sagt, sie solle nicht hinschauen. Ja, wie denn? Fährt die Familie mit dem Rad durch den Grunewald, steht sogar auf den Toiletten: »Juden unerwünscht!« Was sind das für Menschen, die sie und ihre geliebte Mutter »Ungeziefer« nennen?

Die 13jährige beginnt, die Bibel zu lesen, auch das Neue Testament. Sie ringt mit sich und möchte schließlich getauft und konfirmiert werden. Zu dieser Zeit gibt es allerdings nur noch sehr wenige Pfarrer, die bereit sind, einen »Mischling« zu taufen. Ein einziger in den umliegenden Kirchen wagt es – er tauft Gabriele und auch ihre Mutter.

Es sind die Nadelstiche, die mehr und mehr auch den jüdischen Kindern und Jugendlichen zusetzen. Hansi und Fred Silberstein besuchen die jüdische Volksschule in der Joachimsthaler Straße. Hansi ist jetzt 13 Jahre alt, im gleichen Alter wie Gabriele Herrmann, und auch sie spürt die zunehmenden Schikanen. Die Angestellten im Geschäft ihrer Eltern, dem »Kaufhaus Boga« am Botanischen Garten, sind schon seit einem Jahr weg, es gibt keine Verkäuferinnen mehr. Hansi selbst wollte Ärztin werden, doch auch daran ist nicht mehr zu denken. Die Welten von »Juden« und »Deutschen« driften immer weiter auseinander: »Die deutschen Mädchen gingen in den BDM, wo man ihnen das Feindbild ›Juden‹ aufdrückte. Wir jüdischen Kinder hatten nun unsere eigenen Gruppen, Sportvereine und so weiter. Das lief so nebeneinander her, ich hatte 1937 kaum noch Kontakt zu nichtjüdischen Kindern. Eines Tages bin ich dann meiner ehemaligen Freundin begegnet – die hat mich mitten auf der Straße angespuckt.«

Ihr drei Jahre jüngerer Bruder Fred macht ähnliche Erfahrungen. Auch seine alte Spielkameradin ist wie verwandelt, seit sie im Jungvolk ist: Manchmal stellt sie sich vor das Geschäft seiner Eltern und brüllt: »Dreckige Juden!« Den Leuten, die dort einkaufen gehen wollen, ruft das kleine Mädchen zu, was es gelernt hat: »Kauft nicht bei den Juden, die unserem deutschen Volk schaden!«

Fred sieht seine ehemalige Gefährtin durch das Schaufenster, wie sie dort steht und schreit, und er versteht nicht, wovon sie redet.

Mit wachsender Unruhe verfolgen auch die Juden der deutschen Nachbarländer die staatsbürgerliche Entrechtung ihrer Glaubensgenossen nach den »Nürnberger Gesetzen«.

Im mährischen Brünn findet im Juni 1937 eine jüdische Hochzeit statt: Die 25jährige Medizinstudentin Alice Loewy und der vier Jahre ältere Unternehmersohn Frank Briess geben sich das Ja-Wort – und schon über der Hochzeitsfeier schwebt die Frage: bleiben oder gehen?

Die Braut stammt aus Lundenburg, einer Kleinstadt in der Nähe von Brünn. Alices Vater, ein bekannter Chirurg, ist 1934 gestorben, und eigentlich wollte die Tochter in seine Fußstapfen treten, seit vier Jahren schon studierte sie in Prag Medizin. Nun hat sie kurz vor dem Examen ihr Studium abgebrochen, um Frank Briess zu heiraten. Das Paar siedelt nach der Hochzeit ins 70 Kilometer entfernte Olmütz über, in ein neues Haus, das Franks Vater gebaut hat. Hier lebt Familie Briess nun zusammen – auf einer Etage die Eltern, auf der nächsten das junge Paar und unter dem Dach Franks Bruder. Das über die Landesgrenzen hinaus bekannte Gewürz- und Getreideunternehmen der Familie liegt nicht weit vom Haus entfernt.

Familie Briess' Lebensstandard ist recht hoch, mit Hausangestellten und einem ansehnlichen Vermögen. Doch all das scheint nicht mehr gesichert. Immer drastischer verschärft sich das politische Klima, immer rigoroser fordert die »Sudetendeutsche Partei« den Anschluß des Sudetenlandes an Hitler-Deutschland. Es steht zu befürchten, daß deutsche Truppen in einem solchen Fall gleich bis Prag durchmarschieren könnten.

Selbst die Atmosphäre in ihrer unmittelbaren Umgebung hat sich verschlechtert, nichtjüdische Freunde beginnen sich zu distanzieren. Freunde im Ausland wiederum legen ihnen nahe, die Tschechoslowakei zu verlassen, bevor es zu spät ist. Was also tun ... Emigration, ja oder nein? Der Riß geht durch die Familie. Für die Eltern kommt eine Auswanderung nicht in Frage. Franks Cousin und dessen Frau dagegen haben sich gerade nach London abgesetzt. Seine beiden Geschwister wiederum wollen bleiben, sie schätzen die Lage optimistischer ein.

Und er selbst? Noch schwankt Frank Briess. Alice und er sind jung, sie könnten irgendwo in der Welt eine neue Existenz aufbauen, und seine Frau Alice hat gerade eine Kosmetikausbildung abgeschlossen. Doch immerhin ist Frank bereits in das jahrhundertealte, florierende Familienunternehmen eingestiegen – er müßte seine Arbeit stehen- und liegenlassen.

4. Stationen in Palästina und Europa

Ganz Deutschland scheint 1937 »national« bewegt: Ahnenspiegel und Abstammungsnachweise beherrschen das alltägliche Leben, »zersetzende« politische Tendenzen sind kaum noch sichtbar. Dankbar ist, wer sich bereits in Sicherheit gebracht hat, wie der 13jährige Berliner Dieter Adam in England. Nach der Zeit auf dem schottischen Internat wohnt der Junge nun mit seiner Familie in London und fühlt sich wohl, niemand fragt ihn hier nach seinem Stammbaum.

Dennoch hat sich die Lebenssituation der Familie Adam drastisch verschlechtert: Dieters Vater hat nach der Emigration versucht, in London eine Import-Export-Firma aufzubauen, doch im Jahr nach seiner Ankunft ist er plötzlich verstorben. Die Mutter, eine Frau mit starker Willenskraft, hat sich daraufhin entschlossen, Zimmer ihres Hauses an Pensionsgäste zu vermieten, um die drei jüngeren Kinder ernähren zu können.

Ernst und Herta Neuländer aus Breslau wohnen noch immer im arabischen Viertel Jerusalems. Gerade erst ist ein Container mit Hausrat aus der schlesischen Heimat bei ihnen eingetroffen. Im Gegensatz zu deutschen Juden, die in andere Länder emigrieren, genießen diejenigen, die nach Palästina auswandern, einen nicht unbedeutenden Vorteil: Nach Geheimverhandlungen zwischen führenden Zionisten und der NS-Führung im Jahr 1933 dürfen sie einen Teil ihres Eigentums ins Gelobte Land mitnehmen. Das Kalkül der Nazis bei diesen Verhandlungen ist, deutschen Juden die Emigration nach Palästina schmackhaft zu machen. Für das junge Paar ist die Ankunft ihrer Töpfe, Gardinen und Möbel indes eine große Entlastung – es lebt noch immer von der Hand in den Mund. Herta gibt nach wie vor ohne Bezahlung Gesangsunterricht, das Einkommen von Ernst als Landvermesser fällt bescheiden aus.

Doch sind sie in Jerusalem wirklich in Sicherheit? Inzwischen spüren die beiden, daß sie nicht im biblischen Land Kanaan gelandet sind, sondern im spannungsgeladenen Eretz Israel des 20. Jahrhunderts. Daß die Magie des Ortes mit seinen Christen, Juden und Muslimen zu schwinden, ihre romantische Orientbegeisterung zu bröckeln beginnt. Zwischen Klöstern, Synagogen und Karawansereien ist Nüchternheit eingekehrt. Und Angst. Denn der in Palästina herrschende arabisch-jüdische Konflikt hat die beiden jungen Leute aus Breslau eingeholt; vor allem Ernst hat während seiner Landvermessungen im Grenzgebiet am Toten Meer die blutige Dimension der Unruhen bereits erfahren.

Und plötzlich müssen die beiden Breslauer auch ihr Haus im arabischen Viertel verlassen – das Viertel wird nun von Arabern gegen Juden verteidigt, mit Herz und Blut und martialischen Gesängen. Und wieder stellt sich die Frage, wohin sie gehen könnten. Nach Tel Aviv? Vielleicht fänden sie dort mehr Sicherheit, Arbeit vermutlich kaum. Ernst und Herta beschließen zu bleiben, ziehen aber nun nach Rechavia, in einen der jüdischen Vororte. Die Gefahr ist damit noch keineswegs gebannt, und so muß Ernst Neuländer, der ehemalige Medizinstudent, nun auch noch schießen lernen: In den jüdischen Stadtbezirken bildet sich zum Selbstschutz eine Art Bürgerwehr, die mit den britischen Truppen kooperiert. In dieser jüdischen militärischen Organisation, der

Hagana, Verteidigung, werden die Männer für polizeiliche Aufgaben und zur Abwehr arabischer Attacken ausgebildet. Gewehre und Position werden den Männern, die in kleinen Gruppen patrouillieren, zugeteilt. Sie haben des Nachts dafür zu sorgen, daß es keinen Durchbruch und keinen Angriff auf die Siedlung gibt. Ernst geht nun zwei- bis dreimal pro Woche auf Wache.

In dieser Zeit verliert er seinen Job als Landvermesser. Es trifft nicht nur ihn: Je mehr die Unruhen zunehmen, desto mehr Landvermesser werden gekündigt – ohne Gefahr für Leib und Leben können Juden nicht mehr raus aufs Land.

Die Situation der Juden in Italien – wo sich auch Karl Wolfskehl und Peter Muenz noch in Sicherheit wähnen – ist 1937 bei weitem nicht so schlimm wie die ihrer Glaubensgenossen in Deutschland. Mussolinis Regime der »Schwarzhemden« hat seine beste Zeit hinter sich – jene zwanziger Jahre, in denen der Staatshaushalt saniert, die Industrieproduktion um 50 Prozent gesteigert wurde. Doch längst ist die Bevölkerung eingetaktet in gestaffelte Organisationen, die Arbeitswelt in den faschistischen Zuschnitt, die Freizeit in einen »Kraft-durch-Freude«-ähnlichen Rhythmus. Trotz Einschränkungen der Pressefreiheit und Verbot der Oppositionsparteien ist eine Mehrheit noch weitgehend einverstanden mit dem Regime.

Für die aus Deutschland geflohenen Juden ergeben sich daraus noch keine Nachteile. Was sie mittlerweile allerdings beunruhigt, ist die offensichtliche Annäherung Mussolinis an Hitler: Noch 1934 war von gegenseitigem Einvernehmen wenig zu spüren, wollte der *Duce* den Konkurrenten aus dem Deutschen Reich bei dessen Vormarsch bremsen, wenn nötig, auch mit militärischer Gewalt. Doch am 1. November 1936, nur wenige Wochen nach dem gemeinsamen Eingreifen im Spanischen Bürgerkrieg, sprach Mussolini zum erstenmal offen von einer »Achse Berlin–Rom«.

Aufmerksam hat der deutsche Dichter Karl Wolfskehl die Wende im deutsch-italienischen Verhältnis verfolgt: Man scheint zueinander gefunden zu haben, und das verheißt nichts Gutes.

Seit zwei Jahren lebt Wolfskehl nun schon in seinem bezaubernden Zufluchtsort Recco, zusammen mit seiner Sekretärin und Vertrauten Margot Ruben – auch sie aus jüdischem Haus. Besucher sind ihm eine willkommene Abwechslung, Wolfskehl selbst bricht ab und zu in die benachbarte Schweiz auf, auch nach Genua oder Florenz. Er braucht den Kontakt zur Außenwelt, und wenn er nicht reist, diktiert er Margot Ruben lange Briefe.

Der deutsche Dichter hat sein Ausgestoßensein als Jude angenommen, doch er leidet darunter und setzt sich literarisch mit diesem Lebensbruch auseinander. Vor allem schreibt er wieder Gedichte. Sein religiöser Zyklus »Die Stimme spricht« ist in einem kleinen jüdischen Verlag sogar noch in Deutschland erschienen und war so rasch vergriffen, daß es noch eine zweite, erweiterte Auflage gab. Er hat also noch Leser in Deutschland – und offenbar auch im amerikanischen Exil, von wo aus Thomas Mann ihm zu dem Band gratuliert. Nun hat Wolfskehl begonnen an einem Zyklus zu arbeiten, der um christliche Themen kreist. Und nach wie vor widmet er sich der hebräischen Poesie des Mittelalters, die er mit Hilfe sprachkundiger Freunde ins Deutsche überträgt.

Finanziell gehört der halbblinde Dichter zu den wenigen Italien-Immigranten, die nicht von täglichen Existenzsorgen umgetrieben werden: Er hat nach wie vor die deutsche Staatsangehörigkeit und besitzt noch einige finanzielle Reserven in Deutschland. Vor allem aber hat er sich, schweren Herzens, von seiner in München zurückgebliebenen Privatbibliothek getrennt. Sein jüdischer Verleger hat sie erworben, Wolfskehl weiß sie also in guten Händen. Er lebt bescheiden, dennoch schrumpfen auch seine Geldmittel allmählich zusammen.

Mehr als materielle Probleme belasten den Dichter die Ächtung, die er als Jude erfährt, und sein Ausschluß aus dem öffentlichen literarischen Leben in Deutschland. Auch schmerzt ihn der Verlust vieler Freunde, die gestorben oder über die Welt versprengt sind. Was wird kommen? Seit einiger Zeit treiben ihn Umsiedelungspläne um. Europa scheidet allmählich aus, denn über Europa breitet sich der »Faszismus«, wie Thomas Mann es nennt, die europäische Kultur scheint damit dem Untergang geweiht. Für Palästina aber fühlt er sich zu alt. Bei einem Freund erkundigt sich Wolfskehl nach Mexiko ...

Der 16jährige Peter Muenz, der seit 1937 nun ein italienisches Gymnasium in Florenz besucht, fühlt sich hier wie ein Fisch im Wasser – er hat Freunde gewonnen und spricht bereits fließend italienisch. Mit Mutter und Schwester bewohnt Peter Muenz noch immer die großzügige Villa Salviati.

Natürlich verfolgt auch er mit Sorge die Wandlung im deutsch-italienischen Verhältnis. Doch sieht sich der Schüler wegen seiner jüdischen Herkunft bisher nicht attackiert. Im Gegenteil: »In der italienischen Schule war das schon merkwürdig – die Lehrer und Schüler mochten mich, weil ich Deutscher war, die mochten alle Deutschen. Und als sich dann Mussolini und Hitler zusammentaten, wurde ich besonders gefeiert, weil ich Deutscher war. Ich habe dann in der Schule diese faschistischen Hymnen mitgesungen. Ich war natürlich kein Faschist, aber es hat mich auch nicht weiter gestört. Im Inneren war ich aber weiter Kommunist.«

Bestärkt wird er darin von seinem Griechisch-Nachhilfelehrer, einem deutschen Student namens Immerwahr, der ihn nicht nur in die Schriften Platos, sondern auch in das Werk Karl Marx' einführt. Eine Zeitlang will Peter für seine Überzeugungen mit der Waffe in der Hand im Spanischen Bürgerkrieg kämpfen – so wie seine Tante! Es gelingt seiner Mutter, ihn von diesem Vorhaben abzuhalten.

Eines Tages schneit ein Brief in die Villa Salviati, der weitreichende Folgen für Familie Muenz haben sollte: Ein mit ihnen befreundeter Florentiner Postdirektor weiß, daß die Familie englisch spricht. Deshalb bringt er einen Brief von einem Mädchen aus Methven in Neuseeland vorbei. Methven ist ein kleiner Ort in der Nähe von Christchurch, und das Mädchen sucht eine Brieffreundin. Die Mutter bittet Peters Schwester, den Brief zu beantworten.

Im Verlauf des Jahres 1937 wird das Bündnis zwischen Hitler und Mussolini kontinuierlich enger. Als dem kleinen Italiener mit den cäsarischen Gebärden im September bei einem Staatsbesuch in Berlin zwischen römischen Kaiserbüsten und Lorbeerspalieren ein triumphaler

Empfang bereitet wird, beginnen die ersten jüdischen Emigranten in Italien, ernsthaft über einen Wechsel ihres Zufluchtsortes nachzudenken. Karl Wolfskehl entscheidet sich in diesem Moment endgültig, Europa zu verlassen.

1938

1. Eine Hochzeit in Wien

Im März 1938 ziehen die Deutschen unter dem Jubel der österreichischen Bevölkerung in Wien ein. Am 15. März steht Adolf Hitler auf dem Balkon des früheren Kaiserpalastes, um als Führer und Reichskanzler nunmehr »vor der Geschichte« den »Anschluß« seines Geburtslandes ans Deutsche Reich zu verkünden. Hunderttausende begeisterter Wiener, die auf dem Heldenplatz zusammengeströmt sind, heißen ihn willkommen. Österreich wird nun zur Ostmark. Karl Popper, bereits seit einem Jahr im neuseeländischen Exil, hat mit seiner düsteren Vision von der Zukunft seines Landes recht behalten.

Für die österreichischen Juden hat diese Entwicklung katastrophale Folgen. Bereits vor dem Einmarsch der deutschen Truppen kam es zu pogromartigen Ausschreitungen. Nun bricht sich der »arische Rausch« endgültig Bahn. Als wollten die Bewohner der einst kosmopolitischen Stadt verlorene Zeit wettmachen, legen sie eine Grausamkeit gegenüber der jüdischen Bevölkerung an den Tag, die jene in Deutschland noch zu übersteigen scheint: Zwei Tage nach der Ansprache Hitlers zwingen Nazis jüdische Bürger unter dem Gejohle der Passanten, mit Hand- und Zahnbürsten Protestsprüche gegen den »Anschluß« vom Straßenpflaster zu entfernen. Jüdische Wohnungen, Läden und Betriebe werden geplündert. Am 1. April verhaftet man 60 renommierte Wiener Juden, darunter bekannte Professoren und Unternehmer, und transportiert sie ins KZ Dachau. Eine zweite Verhaftungswelle dieser Art folgt im Mai. Zwischen dem Einmarsch der Deutschen im März und den Pogromen im November 1938 fliehen etwa 50000 Juden aus Österreich, darunter die überwiegende Mehrheit des berühmten »Wiener Kreises«.

Kurz nach der ersten Verhaftungswelle in Wien schließt ein junges jüdisches Paar die Ehe: Lilly und Fritz Bruell. Sie heiraten überstürzt und dabei so unauffällig wie möglich. Ein Freund Lillys, der als Friedhofsgärtner arbeitet, hat ein paar Blumen vom Friedhofsgelände gepflückt – Lillys Brautstrauß, den sie unter ihrem Mantel versteckt.

Der Bräutigam Fritz Bruell ist ein deutschsprachiger Tscheche aus Brünn, der schon so lange in Linz als Handelsvertreter in der Papierwarenfabrik seines Onkels Sigmund Sommer arbeitet, daß er sich beinahe selbst als Österreicher fühlt. Nie wäre er auf den Gedanken gekommen, nach Brünn zurückzukehren, doch der »Anschluß« Österreichs an Nazi-Deutschland hat alle Gewißheiten auf den Kopf gestellt. Nun erweist es sich als Vorteil, einen tschechischen Paß zu besitzen: Fritz und Lilly wollen den Wohnort wechseln, sich in die noch sicher wirkende Tschechoslowakei zurückziehen.

Denn Fritz ist jetzt doppelt gefährdet: Er ist nicht nur Jude, sondern auch Mitglied der Sozialdemokraten, die mit ihrer Flüchtlingshilfe politisch und »rassisch« Verfolgte ins Ausland schleusen. Und Lilly? Die 24jährige Schneiderstochter kommt aus einer orthodox-religiösen Familie, die um die Jahrhundertwende von Galizien nach Österreich auswanderte, sie selbst ist bereits in Wien geboren.

Zwischen den damaligen Hochzeiten der Habsburgermonarchie und dem Österreich des Jahres 1938 liegen Welten. Damals, das war das goldene Zeitalter, in dem sich – offiziell wenigstens – Toleranz wie ein Schutzschirm über den Vielvölkerstaat spannte, in dem Wien die kosmopolitischste Stadt Europas war und seine Bürger sich unter liberaler Verwaltung in befruchtender Koexistenz miteinander befanden.

Um die Jahrhundertwende lebten im habsburgischen Niederösterreich, in Böhmen, Mähren, Schlesien, Galizien und der Bukowina noch mehr als eine Million Juden, zwei Drittel davon in Galizien. Hier war die Armut am größten, denn hier standen ihnen nur geringe Erwerbsmöglichkeiten offen. Um dem Elend zu entgehen, brachen ganze Scharen nach Übersee auf, wanderten andere ins Deutsche Reich aus oder siedelten in jene Teile des habsburgischen Reichs über, in denen bessere Lebensbedingungen winkten. Die stärkste Anziehungskraft hatte dabei Wien, auch für Lillys Eltern, die sich hier eine Schneiderei aufbauten.

Wurde nicht vieles verklärt? Hatten sie nicht bemerkt, daß der Antisemitismus bereits über Wien hing, als Hitler noch ein gewöhnlicher Anstreicher war? Viele der Ostjuden tauchten in Wien als Bettler, Hausierer und kleine Händler auf; man nannte sie »Luftmenschen«, weil sie im Freien arbeiteten und mit ihren Karren und Säcken von Tür zu Tür zogen. Sie waren nicht gern gesehen, und je mehr kamen, desto weniger wurden sie geschätzt. Sie bevölkerten die ärmlichen Viertel der Stadt und schienen mit ihrer jiddischen Sprache, den Gebetslocken, Pelzkappen und Kaftanen aus einem völlig anderen Volk zu stammen als ihre Glaubensbrüder aus der

Mittelschicht, die in der Welt der Zeitungsredaktionen, Anwaltskanzleien oder Arztpraxen aufgingen, sich weitgehend assimiliert hatten und oft sogar zum Christentum konvertiert waren wie die Eltern Karl Poppers. Doch gleich welcher Art – ob mit Krawatte oder Kaftan –, daß Juden längst zu einem bedeutenden Faktor der österreichischen Kultur und Wirtschaft geworden sind, kommt sie nun teuer zu stehen.

Kurz nach der Trauung wechseln Lilly und Fritz den Wohnort und gehen nach Brünn. Dort setzt Fritz seine Schleusertätigkeit fort: Mit Hilfe seines Passes und der Papiere seiner Frau können Verfolgte, die den beiden Bruells ähneln, fliehen. Ein Kurier bringt dann jeweils die Pässe wieder zurück, worauf das ganze von vorn beginnt.

Frank Briess hat für das Kommende ein feines Gespür. Der junge Gewürz- und Getreideunternehmer im mährischen Olmütz fällt nun endgültig die Entscheidung für die Emigration. Denn nicht nur in Österreich, auch im tschechischen Mähren hat sich die Lage zugespitzt, steht die Bedrohung für den jüdischen Teil der Bevölkerung wie ein Menetekel an der Wand. Eine dritte Verordnung zum Nürnberger »Reichsbürgergesetz« wird in Deutschland erlassen; sie definiert nun genau, welcher Betrieb als jüdisch zu gelten hat. Und daß die Nazis irgendwann auch in die Tschechoslowakei einfallen werden, daran zweifelt Briess nicht länger. Nur wenige Tage vor dem umjubelten »Anschluß« Österreichs hat er noch Geldanlagen der Familie aus Wien geholt.

Als Hitler dann im Mai, wie befürchtet, deutsche

Truppen an der Grenze zur Tschechoslowakei zusammenziehen läßt und die Prager Regierung daraufhin ihre Truppen mobilisiert, meldet sich Frank Briess noch als Freiwilliger. Doch längst treibt ihn die Frage um, wie es ihm gelingen könnte, sein Vermögen ins Ausland zu schaffen, bevor es von den Nazis konfisziert wird.

2. Ein italienisches Rassegesetz

Das Jahr 1938 bereitet sämtlichen Illusionen ein Ende, es werde letztlich so schlimm nicht kommen. Nach dem »Anschluß« Österreichs radikalisiert sich das Dritte Reich, und nun geht es Schlag auf Schlag: Ein endgültiges Berufsverbot erfaßt jüdische Ärzte und Rechtsanwälte, ein Studienverbot jüdische Studenten. Jüdische Gemeinden werden zu »privaten Vereinen« erklärt. Ab Juli verbietet eine neue Gewerbeordnung Juden die Ausübung zahlreicher Berufe, in denen sie bisher noch arbeiten durften. Jüdischen Kindern ist von nun an der Besuch deutscher Schulen untersagt. Von August an gilt die Kennzeichnungspflicht: Jüdische Frauen müssen fortan den zusätzlichen Namen Sara annehmen, jüdische Männer den Vornamen Israel. Und zwei Monate später erhalten sie besondere, mit einem roten »J« bedruckte Reisepässe, die sie verpflichtet sind bei allen mündlichen und schriftlichen Anträgen vorzulegen. Der Umgang mit Juden gilt nun offiziell als Verrat an der »Volksgemeinschaft«.

Außenpolitisch konzentriert sich die NS-Regierung auf die Sammlung ihrer europäischen Kohorten. Hitler, seit Februar Oberster Befehlshaber der Wehrmacht, festigt Arrangements mit seinen Bündnispartnern: Es ist ein herrlicher Maitag im Jahr 1938, als der deutsche Reichskanzler zum Staatsbesuch in die Ewige Stadt Rom einzieht, flankiert von großem NS-Gefolge. Der Besuch stellt die Visite Mussolinis vom vergangenen Jahr in Berlin noch in den Schatten – Rom versinkt in einem Meer von Hakenkreuzfahnen.

Entsetzt verfolgen die nach Italien geflohenen Juden über Rundfunk und Presse die prunkvollen Aufmärsche, das Bankett im *Palazzo Venezia* – bei dem sich Hitler vom *Duce* freie Hand für den Anschluß des Sudentenlandes an Deutschland holt –, die für den Reichskanzler arrangierte Flottenparade in Neapel, die triumphierenden Rundfahrten führender Nazis durch Florenz.

Karl Wolfskehl fühlt sich durch den Besuch Adolf Hitlers in all seinen Vorahnungen bestätigt; er sitzt bereits auf gepackten Koffern, um Italien, das ihm vier Jahre lang Heimat gewesen ist, zu verlassen. Er wird Europa und dem »Untergang des Abendlandes« den Rücken kehren und nach Neuseeland gehen, bis auf weiteres. Die Entfernung ist auch als symbolische Geste zu verstehen: Der Inselstaat im Südpazifik ist für den Dichter das Land, das von Europa aus »mehr Ferne darstellt, als irgendein anderer Wohnpunkt auf diesem Globus«, wie er nach Kriegsende einem Freund schreiben wird. Ein letztes Mal hat Wolfskehl noch Florenz besucht, um sich zu verabschieden, nun schaut er nach vorn. Gemeinsam mit seiner Vertrauten Margot Ruben besteigt er am 21. Mai in Marseille ein Schiff, das ihn zunächst nach Sydney bringt; eine Woche später reist er mit einem Touristenvisum für einen sechsmonatigen Aufenthalt in Neuseeland ein.

Es ist das erste Mal, daß Wolfskehl die nördliche Hemisphäre verläßt – »allein, entrückt, gemieden« – und daß er ins Ungewisse aufbricht, in eine »Ferne, da kein Gott dich kennt«. Er fühlt sich wie Hiob. Was wird ihn erwarten?

Als er Anfang Juli mit Margot Ruben, die er von nun an als seine »Nichte« vorstellt, um Aufsehen wegen ihres großen Altersunterschiedes zu vermeiden, in Neuseeland eintrifft, hat sich Wolfskehl bereits entschieden, in Auckland zu bleiben. Die Hafenstadt empfängt ihn winterlich kühl und regenreich. Und obwohl ihn hier kaum jemand kennt, erscheint am nächsten Tag im »New Zealand Herald« ein Artikel mit Foto, der Karl Wolfskehl als deutsch-jüdischen Dichter vorstellt.

Was ist Neuseeland – Exil? Nein: Karl Wolfskehl mit seinem Touristenvisum sieht sich in einer Art Dichter-Asyl angekommen, schließt eine Rückkehr nach Italien nicht aus, irgendwann.

Nur zwei Monate später fällt diese Option in sich zusammen: Im September 1938 erläßt Mussolini eine Art Rassegesetz. Darin wird in einem besonderen Dekret ein Touristenvisum für ausländische Juden eingeführt, das seine Gültigkeit sechs Monate später verliert – wer binnen dieses Zeitraums Italien nicht verlassen hat, wird dorthin ausgewiesen, wo er ursprünglich herkam. In Wolfskehls Fall hieße das die erzwungene Rückkehr in das nationalsozialistische Deutschland.

Der Dichter bemüht sich nun sofort um eine dauerhafte Aufenthaltserlaubnis in Neuseeland. Die erforderlichen Gebühren – 400 Pfund für zwei Personen, ein Betrag doppelt so hoch wie das durchschnittliche neuseeländische Jahreseinkommen – wäre er zwar noch in der Lage aufzubringen. Was er allerdings zusätzlich noch dringend braucht, um seine Chancen für eine Bewilligung des Antrags zu erhöhen, sind Referenzen.

Die jüdischen Emigranten in Italien geraten nach dem Erlaß des Rassegesetzes in Panik: Wo sollen sie hin, welches Land nimmt sie noch auf? Für Familie Muenz findet Peters Onkel eine Lösung: Bereits 1924 nach Palästina ausgewandert, arbeitet er für die *Jewish Agency*, eine internationale Verbindung von Zionisten, die trotz der Aufnahmebeschränkungen von britischer Seite versucht, weiterhin verfolgte Juden aus Deutschland und seinen Nachbarländern nach Palästina zu holen. Es gelingt dem Onkel, eine Einreisegenehmigung für seine Schwester und die beiden Kinder zu besorgen.

Doch die drei zeigen sich nicht begeistert von diesem Plan, sie favorisieren eine andere Variante: Neuseeland! Was sie von diesem Land am anderen Ende der Welt hören, klingt ungeheuer spannend. Otti Lilienthal, Nichte des berühmten Fliegers Otto Lilienthal, eine Freundin von Peters Mutter und ebenfalls im italienischen Exil, will mit ihrem Mann Paul Binswanger nach Neuseeland aufbrechen – Verwandte von ihr betreiben dort eine Farm, in Timaru auf der Südinsel. Dorthin würde auch die Familie Muenz gern gehen. Peters Schwester hat ja inzwischen eine Brieffreundin in Methven, das liegt auf der Südinsel, und bei ihr haben Mutter und Schwester sich bereits nach Einwanderungsmöglichkeiten erkundigt.

Postwendend kommt eine Antwort vom Vater des Mädchens, einem Bauunternehmer, der enge Kontakte zur regierenden *Labour Party* hat und sich für die Familie

Muenz einsetzen will. Das klingt verheißungsvoll, und Neuseeland wäre ihnen wirklich lieber als das krisengeschüttelte Palästina. Doch wird das Bemühen des Bauunternehmers Erfolg haben? Da Familie Muenz Italien dringend verlassen muß, wird sie Anfang 1939 zunächst nach Palästina übersiedeln.

3. Neuseeländische Härte

In der Flüchtlingspolitik Neuseelands hat sich zu diesem Zeitpunkt nicht viel geändert. Noch immer bringt die Regierung ihre großen Sympathien für die jüdischen Flüchtlinge zum Ausdruck, und noch immer tut sie wenig, um deren Los zu erleichtern. Für die überschaubaren Aufnahmefälle gelten noch immer die harten Einwanderungsbestimmungen der frühen dreißiger Jahre – mindestens ein Kriterium davon, möglichst aber mehrere sind von den Antragstellern zu erfüllen: Die Einwanderer müssen eine verläßliche Beschäftigungsgarantie in Neuseeland oder eine vom Einwanderungsministerium beglaubigte Vertragsurkunde vorweisen können, auf der eine oder mehrere in Neuseeland ansässige Personen bestätigen, daß für den Unterhalt des Einwanderers in jedem Fall gesorgt sein wird. Sie müssen im Besitz einer beachtlichen Summe Kapital sein oder im Besitz von Wissen oder von Fertigkeiten, die es ihnen ohne weiteres ermöglichen, beruflich selbständig zu sein, und zwar ohne einen Nachteil für neuseeländische Bürger. Dies bleiben die Prämissen der Labour-Regierung, auch wenn sie derzeit öffentlich so konsequent nicht formuliert werden.

Mit dem Einmarsch der Nazis in Österreich und der drohenden Sudetenkrise nimmt die Verzweiflung der Hilferufe zu: An fast jede offizielle oder inoffizielle, jüdische oder nichtjüdische Hilfsorganisation ergehen inzwischen dramatische Appelle. Hochqualifizierte Flüchtlinge aus allen Berufssparten betteln um Einwanderungszertifikate, gekoppelt an das Versprechen, jede Art von körperlicher Arbeit zu verrichten. Auch die neuseeländischen Hilfsorganisationen wenden sich mittlerweile händeringend an die Labour-Regierung.

Die Jahreskonferenz des *Dominion Council* verabschiedet 1938 eine Resolution, in der sie die Regierung im Namen der Humanität dringend bittet, mit den Einwanderungsquoten großzügiger zu verfahren und angesichts der außergewöhnlichen Umstände auch den Zwang finanzieller Garantien aufzuheben. Gleichzeitig nimmt der Druck auf die Regierung auch von kirchlicher Seite zu: Der Bischof von Wellington ruft einen »Tag des Gebets« für die deutschen Juden aus und kündigt die Hilfe der Kirchen an. Die Wellingtoner Synode der Methodistischen Kirche verabschiedet eine Resolution, in der sie ihre tiefste Sympathie gegenüber den Verfolgten zum Ausdruck bringt und die Regierung aufruft, ihnen Neuseeland als Zufluchtsort anzubieten. Von England aus fordert der Bischof von Chichester das gleiche …

Das Koordinationskomitee für Flüchtlinge versucht, vermittelnd zu wirken, und betont, von den derzeit eineinhalb Millionen Flüchtlingen seien lediglich ein Drittel jüdischer Herkunft; die Mehrheit bestehe aus Christen jüdischen Ursprungs beziehungsweise solchen, die nicht jüdischer Abstammung seien. Von allen Seiten wird an die Verantwortung Neuseelands als Mitglied des britischen Empire appelliert und gemahnt, daß das Land noch geeigneter als Australien sei, Flüchtlinge aufzunehmen, da es im Verhältnis zu kultivierbarem Land eine kleinere Bevölkerungspopulation habe als der Nachbar.

All diese Appelle bewirken keine Lockerung der Restriktionen, die Labour-Regierung bleibt hart. Als der in London sitzende Hohe Kommissar für Neuseeland nach der Sudetenkrise seinem mitleidigen Botschaftspersonal die Aussage gestattet, das pazifische Dominion sei bereit, so viele tschechische Flüchtlinge aufzunehmen, wie es die Situation des Landes erlaubt, muß er diese Aussage sofort zurücknehmen und auf den Satz beschränken, »lediglich Einzelfälle könnten kommen«. Dabei dachte der Kommissar nicht etwa an Tausende, er dachte an Hunderte. Doch schon das war zuviel. Die Labour-Regierung lehnt zudem die Veröffentlichung bisheriger Flüchtlingszahlen ab. Der Grund: Die Zahl ist beschämend klein, gerade 151 Deutsche und vier Österreicher durften 1937 nach Neuseeland einreisen. Premierminister Michael Joseph Savage begründet die unerbittliche Haltung seiner Regierung mit dem knappen Satz: »Unsere vorrangige Pflicht gilt den britischen Bürgern.« Die Antwort auf die Frage, wie ein Land, das unterbevölkert ist und über riesige leere Flächen verfügt, ein Land also, das theoretisch sehr viel mehr Menschen aufnehmen könnte, ohne die britischen Bürger des Landes zu beeinträchtigen, wie so ein Land durch die Aufnahme einiger tausend Männer und Frauen in existentieller Not und Lebensgefahr aus der Balance geraten könnte, bleibt er schuldig. Labour lasse, so wettern die Hilfsorganisationen daraufhin, im armseligen Versuch, das materielle Wohlergehen Neuseelands zu schützen, alle religiösen und geistigen Werte fallen, die die Grundlage eines demokratischen Landes bilden sollten.

Heinz Eisig, der es – als Nicht-Brite und Jude – noch 1937 geschafft hat, in Neuseeland einreisen zu dürfen, ist unterdessen endlich in der Lage, eine Farm zu übernehmen. Die Jüdische Gemeinde von Auckland leistet dabei Starthilfe. Bei der Farm handelt es sich um ein verlassenes Areal im *back country*, einem der vielen über die Nordinsel verstreuten, regenreichen und wintermilden Küstentiefländer. Es liegt im Umkreis von Mercer, einem hügeligen Gelände zwischen Auckland und Hamilton. Das Farmland ist erschwinglich, dafür liegt es weitab von der nächsten Stadt, weitab auch von den nächsten Nachbarn. Die übrigens sehen völlig anders aus als der Brandenburger – Heinz Eisig ist in einem Maori-Gebiet gelandet. Immerhin, die Nachbarn wirken freundlich.

Mit Schafen ist Neuseeland übersät wie der Himmel mit Sternen. Doch kurbelt das Land nun seit Jahren auch die Rinder- und Schweinehaltung an; der deutsche Neuling bekommt also den Auftrag, eine Milchfarm aufzubauen. Heinz Eisig krempelt die Ärmel hoch und beginnt, das verlassene und verwilderte Gelände urbar zu machen. Er düngt den Boden, kauft Rinder und ein paar Schweine, baut einen Stall und installiert eine Melkanlage. Zwar hat er bereits seine landwirtschaftliche Ausbildung, doch die neuen Lebensumstände erfordern ein extremes Maß an Pioniergeist.

Im *back country* ist er völlig auf sich gestellt. Und während seine Lebensumstände und die Ausstattung seines Hofes primitiv sind, ist der Standard der neuseeländischen Agrarwirtschaft hoch: Verkehrstechnisch ist die Region durchaus erschlossen, das Straßennetz ausgebaut, die Schlachthäuser regional angesiedelt. Es gibt ein Kühltransportsystem, die Zuchtmethoden stehen unter Kontrolle, es herrscht eine überprüfbare Auslese. Ein Maßstab, dem er in nicht allzu ferner Zeit gerecht werden sollte.

Zu den ersten Lernschritten Heinz Eisigs als Farmer gehört, das ungewohnte Klima zu verstehen und für sich zu nutzen: Es herrschen regenreiche Westwinde, also darf der Melkschuppen nur nach Osten hin offen sein. Es gibt keinen Wechsel kalter Winter und heißer Sommer wie in Europa – die Temperaturen sinken selten unter zehn Grad Celsius, wodurch er das Vieh ganzjährig weiden lassen kann. Und statt des vertrauten sandigen Bodens in Brandenburg findet er hier fruchtbare Erde vor: Die Verdunstung fällt, da die Temperaturen stets im mäßigen Plusbereich bleiben, selbst nach schweren Regenfällen gering aus, die Feuchtigkeit bleibt dem Boden erhalten. Verstärkt wird die Wachstumswirkung wiederum durch den Wechsel zwischen starken Regenfällen und einer intensiven Sonneneinstrahlung.

Was Heinz Eisig fehlt, ist ein Auto – ohne ein solches sind die neuseeländischen Distanzen kaum zu bewältigen. Doch daran ist vorerst nicht zu denken: Die Starthilfe der Jüdischen Gemeinde hat gerade für Dünger und den Kauf der Tiere gereicht. Neben der kräftezehrenden Farmarbeit beginnt der Neufarmer, ein Haus zu bauen, seine zukünftige Frau soll schließlich nicht zwischen Baumstümpfen und Stammresten wohnen. Sofort nach seiner Ankunft hat er die Eheschließung mit Dorothea beantragt – nun wartet er. Er fühlt sich einsam, und ein

Telefon gibt es nicht auf seiner Farm im neuseeländischen Hinterland. Hoffnungsvoll schaut er, sobald er ein Motorgeräusch hört, auf, ob nicht vielleicht das Postfahrzeug zur Wendeschleife seines Schotterweges heraufkommt, um ihm eine Nachricht aus Deutschland zu bringen.

Im *back country* trifft 1938 auch die inzwischen neunjährige Ruth Adler ein: Im Juni hat das Schiff, auf dem das Mädchen mit seiner Schwester und seinen Eltern die letzten zwei Monate verbracht hat, im Hafen von Auckland angelegt. Bevor sie aufgebrochen sind, haben die Eltern von einer schönen großen Reise geschwärmt, weswegen Ruth die traurige Stimmung beim Abschied von der Großmutter Jenny Rothschild, bei dem die Erwachsenen weinen und so merkwürdig »Auf Wiedersehen« sagen, nicht versteht. Sie freut sich auf das bevorstehende Abenteuer: Erst reist Familie Adler mit dem Zug durch Holland, dann per Schiff nach England, wo sie die Nacht in einem Londoner Hotel verbringt, bevor sie schließlich die sechswöchige Reise übers Meer antritt.

Es ist alles sehr aufregend. Auf dem Schiff »Remuera« stürmt es manchmal tage- und nächtelang so stark, daß ständig die Koffer durch die Kabine fliegen. Wie die meisten Leute auf dem Schiff werden auch Ruths Eltern und ihre Schwester seekrank – nur sie selbst nicht. Im Frühlingsmonat April sind sie in Deutschland aufgebrochen; als sie aber nun im Juni in Auckland von Bord gehen, herrscht plötzlich Winter. In Empfang genommen werden sie von Ruths Onkel, dem Kürschner aus Fürstenwalde, und seiner Frau. Das Paar lebt in Riverhead, etwa eine Autostunde nördlich von Auckland, auf einer Farm.

Während Ruths Eltern versuchen, in Auckland einen passenden Laden mit Wohnung zu finden, bleiben sie und ihre Schwester vorerst bei Onkel und Tante auf der Farm. Es ist eine große Umstellung für die Mädchen. Sie sind das Stadtleben aus Hildesheim gewohnt, leiden nun unter Heimweh und sehnen sich nach ihren Eltern. Das Farmhaus ist nur ein winziges Häuschen: Ruth hat kein eigenes Bett und schläft in einem improvisierten Nachtlager, aus dem sie nachts immer wieder auf den Boden purzelt.

An das Farmleben muß sich Ruth erst noch gewöhnen, vor allem an die Schweine: »Auf der Farm gab es keine Umzäunung, die Schweine liefen überall rum, es stank entsetzlich. Und wenn es kalt war, krochen sie zum Schlafen unters Haus. Sie haben es sich also nachts direkt unter den Dielen, auf denen meine Sessel standen, gemütlich gemacht. Nun schlafen Schweine ja immer auf dem Haufen, und wenn sich das unterste bewegte, quiekte und rappelte der ganze Pulk. Und plumpste ich zwischen den Sesseln runter, haben sie wieder gequiekt. Also, geschlafen habe ich dort kaum.«

Ruths Eltern wollen in Auckland einen Gemischtwarenladen wie in Hildesheim eröffnen, und als sie endlich in der Karangahape Road ein leeres Geschäft mit einer darübergelegenen Wohnung gefunden haben, ist Ruths Landaufenthalt beendet. Die Familie muß nun völlig von vorn anfangen. Da die finanziellen Reserven nach den Kosten der Schiffspassage und den Einreisegebühren erschöpft sind, müssen Adlers das Geld für Miete und Einrichtung des Ladens erst einmal borgen.

Während sich die Regale allmählich mit Geschirr, Spielzeug und Schreibwaren füllen, erwartet Ruth das nächste Abenteuer – die neue Schule. Für ihre Mitschüler ist das Mädchen aus Deutschland eine Art Weltwunder: Sie ist die erste Ausländerin in der Klasse, die erste, die eine fremde Sprache spricht. Sie umringen Ruth und bitten sie, etwas auf deutsch zu sagen, um sich dann über die fremden Laute halbtot zu lachen. Ebenso verrückt wie Ruths Sprache finden sie ihre Kleidung: Das deutsche Mädchen trägt ein Dirndl.

Trotz leichter Anfangsschwierigkeiten erinnert sich Ruth Adler gern an ihre erste Zeit in Neuseeland: »Alles in allem habe ich mich wohlgefühlt in der Schule. Ich war eben anders als meine Mitschüler. Das hat aber weder mich noch sie gestört. Außerdem hatten wir eine Lehrerin, die sich meiner annahm. Sie machte es sich zur Aufgabe, mir den deutschen Akzent abzugewöhnen. Vor allem das ›th‹ hat sie mit mir ständig geübt, mir gezeigt, wie ich die Zunge zwischen die Zähne zu schieben habe – ›wittthhh‹ und ›ttthhhe‹ statt ›wiss‹ und ›sse‹. Mit ihrer Hilfe habe ich in sehr kurzer Zeit gut englisch gelernt. Zu Hause in der Familie wurde allerdings nach wie vor nur deutsch gesprochen.«

Im Juni 1938 trifft auch der Berliner Arzt Alfred Heppner mit Frau und kleinem Kind am Ende der Welt ein. Seine Eltern sind bereits ein halbes Jahr früher hier angekommen. Vater Hugo Heppner war Inhaber eines Kaufhauses in Berlin-Weißensee, das er kurz vor der Enteignung an die Berliner Sparkasse verkaufte – zwangsläufig weit unter Wert. Der Erlös reichte für Schiffspassage und Einreisegebühren. Zudem griff Hugo Heppner zu einem Trick, der von den deutschen Zollbehörden unbemerkt blieb: Noch war es Juden erlaubt, einige Habseligkeiten mit in die Emigration zu nehmen, Wertsachen jedoch schon nicht mehr. Also packte er mehrere seiner Tischlampen ein, nachdem er deren Lampenständer aus Blei durch goldene ersetzt und die wiederum mit bleigrauer Farbe überstrichen hatte. Damit rettete er einen Teil des Familieneigentums und schuf eine finanzielle Reserve, die die Familie in der neuen Heimat nun dringend braucht.

Ein paar Monate später folgt ihm sein Sohn Alfred Heppner: Seine Arbeitssituation als Arzt hatte sich dramatisch verschlechtert. Auch er war in der Lage, die kostspielige Überfahrt für sich, seine Frau und den erst wenige Monate alten Sohn Kim selbst zu finanzieren – in zwölf Arbeitsjahren hatte er soviel verdient, daß er den neuseeländischen Behörden als »einreisewürdig« galt. Zurück in Deutschland bleibt die Familie seiner Frau – ihre Eltern, die im schlesischen Oppeln leben und der Bruder, der an Multipler Sklerose leidet.

Die Reise ans andere Ende der Welt war strapaziös für Familie Heppner, sie dauerte mehr als ein halbes Jahr. Nach seiner Ankunft erwartet nun den Arzt aus Berlin, wie schon die vor ihm eingewanderten Kollegen, ein medizinisches »Nachsitzen«, das sich inzwischen von einem auf drei Jahre verlängert hat. Familie Heppner wird nach Dunedin auf die Südinsel dirigiert – in eine Stadt am südöstlichen Ende Neuseelands, deren parkähnliche Gärten und imposante Herrenhäuser in der Architektur der viktorianischen, edwardianischen und flämischen Renaissance noch von ihrem einstigen Reichtum künden.

Alfred Heppner hat dafür zunächst keinen Blick. Gemeinsam mit zehn anderen jüdischen Ärzten, die aus Deutschland, Österreich und der Tschechoslowakei emigriert sind, soll er nun hier für drei Jahre die Schulbank der *Medical School Otago* drücken – eine absurde Veranstaltung für einen 40jährigen Arzt, der seit zwölf Jahren praktiziert. Die *re-qualification*, wie sich die Maßnahme in der Amtssprache nennt, ist zwar kostenfrei, doch gibt es keinerlei Unterstützung für den Lebensunterhalt. So kann sich die Familie während der Zeit nur mit Hilfe der Eltern und der Jüdischen Gemeinde über Wasser halten.

4. Warten aufs Exil

Im Herbst 1938 hat die Flüchtlingswelle ein schwindelerregendes Ausmaß erreicht: Zwischen 33 000 und 40 000 Menschen verlassen bis Ende 1938 das Deutsche Reich, bis zum Kriegsausbruch werden es noch einmal fast 80 000 sein. Die Nationalsozialisten treiben vor allem Juden an die Ränder Europas, von wo ihnen als Fluchtziel meist nur noch ein Land in Übersee bleibt. Wer aber jenseits der Meere niemanden hat, der für seine Einreise kämpft, ist in einer unheilvollen Lage.

Für die Emigranten hat sich die Welt inzwischen in Orte geteilt, an denen sie nicht mehr leben können, und solche, die sie nicht betreten dürfen. Die meisten der Entwurzelten erleben daher nach dem Trauma der Verfolgung nun die Demütigungen derer, die um Aufnahme bitten müssen.

Um den Ansturm jüdischer Flüchtlinge auf Palästina zu stoppen, öffnet 1938 Großbritannien ein wenig seine Tore – Glück für Ernst und Herta Neuländer. Die beiden haben sich entschlossen, Palästina zu verlassen und nach England zu gehen: Jerusalem, seit König Davids Tagen vor 3000 Jahren die Hauptstadt des Judentums, ist für die schlesischen Flüchtlinge nicht zur Heimat geworden. Herta hält die Angst, die Schußwechsel und Bomben, nicht mehr aus. Und wovon sollen sie leben? Seit ihm sein Job als Landvermesser gekündigt wurde, fand Ernst nur noch ab und an Gelegenheitsarbeiten, durfte er von Zeit zu Zeit für Bauunternehmen Beton transportieren oder Ziegel. Dieser Zustand hält jetzt fast schon ein ganzes Jahr an – so geht das nicht weiter. Einer seiner Brüder ist nach London geflohen, ihm wollen sie folgen.

Die Neuländers verkaufen ihren Hausstand in Jerusalem, und Ernst reist voraus, um die Ankunft Hertas vorzubereiten. Auf dem Weg nach England, der ihn auf einem französischen Schiff über Marseille führt, haust er mit Eseln und Pferden zusammen im Schiffsrumpf. Nach seiner Ankunft findet Ernst Zuflucht bei einer Organisation namens *Jews' Shelter*, die im Londoner Eastend Juden unterstützt. Dank ihrer Hilfe hat Ernst bald ein Dach über dem Kopf und bekommt schließlich auch eine Aufenthaltsgenehmigung – gekoppelt an die Bedingung, daß er ausschließlich körperliche Arbeit annimmt. Er wird von einer Baufirma als Maurer engagiert und findet schließlich auch ein möbliertes Zimmer. Nun kann seine Frau nachkommen.

Angesichts der immer katastrophaleren Lage der Flüchtlinge beruft der amerikanische Präsident Franklin D.

Roosevelt im Juli 1938 im französischen Evian-les-Bains eine internationale Flüchtlingskonferenz ein. Mehr als 30 eingeladene Nationen schicken Delegierte, darunter Großbritannien, Frankreich, die Niederlande, Belgien, Schweiz, Schweden, Irland und Dänemark aus Europa, nahezu alle nord- und südamerikanischen Staaten sowie Australien und Neuseeland. Polen und Rumänien entsenden Beobachter. Doch der Mißerfolg der Konferenz ist vorprogrammiert: Bereits im Einladungsschreiben wurde betont, man erwarte weder Änderungen der geltenden Einreisebestimmungen noch die Aufnahme von mehr Flüchtlingen, als es die Gesetzgebung des jeweiligen Landes zuließe.

Nach dieser Konferenz, und unter neuerlichem Druck aus London, erklärt sich Neuseeland schließlich bereit, etwa 1000 Flüchtlinge aufzunehmen – insgesamt natürlich, und etliche davon sind ja schon da.

Die neuseeländische Labour-Regierung hat näherliegende Sorgen. Voller Bangen schaut man beispielsweise auf Japan, das bereits Shanghai und Nanking besetzt hat, das amerikanische Kanonenboote versenkt und britische Schiffe beschießt. Das Land Hitlers auf dem fernen europäischen Kontinent stellt derzeit keine Drohkulisse dar, noch nicht einmal für das britische Mutterland.

Neuseeland, das pazifische Dominion, mag eine extreme Blockadehaltung in puncto Flüchtlingsaufnahme an den Tag legen, allein steht es damit nicht. Auch das dünnbesiedelte Kanada verweist auf alle nur erdenklichen Einschränkungen, um so wenige Menschen wie möglich aufnehmen zu müssen – am Ende des Zweiten Weltkrieges werden es gerade einmal 5 000 Immigranten sein, vorwiegend sudetendeutsche Sozialdemokraten, die dort Zuflucht gefunden haben. Australien erklärt sich immerhin, gestaffelt über drei Jahre, zur Aufnahme von 15 000 Menschen bereit, wobei die Einwanderung mit Ausbruch des Krieges abrupt gestoppt wird. Wie zu erwarten war, bleibt das Resultat der Konferenz von Evian also dürftig: Nach einer Vielzahl grundsätzlicher Absichtserklärungen zeigen sich wenig konkrete Ergebnisse. Selbst Nordamerika schöpft seine gesetzliche Quote für Einwanderer aus Deutschland nicht annähernd aus: Bis zum Sommer 1938 beträgt die Zahl der Einwanderer lediglich 45 000 – nach den bestehenden Einwanderungsvorschriften aber hätten 150 000 einreisen dürfen. Der Grund scheint wahltaktischer Natur: Umfragen zufolge sind 80 Prozent der amerikanischen Bevölkerung gegen die Aufnahme von Flüchtlingen – Präsident Franklin D. Roosevelt aber will die Chancen für seine Wiederwahl im Jahr 1940 nicht gefährden.

Während des vollmundigen internationalen Zauderns verschärft sich die Lage in Deutschland weiter. Heinrich Himmler, Chef der Deutschen Polizei und Reichsführer SS, ordnet im August 1938 – im Einklang mit dem Auswärtigen Amt – ein sofortiges Aufenthaltsverbot, Abschiebehaft und anschließende Ausweisung für alle in Deutschland lebenden Juden polnischer Staatsangehörigkeit an. Im Deutschen Reich werden daraufhin etwa 17 000 Menschen verhaftet, in Gefängnissen und Sammellagern interniert und dann in Sonderzügen an die polnische Grenze gebracht.

Mit dieser Vertreibungsaktion bricht das Unglück auch über Familie Kohane im Prenzlauer Berg herein. Als Ende Oktober die polnischen Juden Berlins plötzlich abgeholt werden, ist darunter nicht nur der Bäcker von gegenüber, sondern auch der Mann von Minnas Schwester Anna. Den Vater Pindas Kohane können die Töchter noch warnen; während die Gestapo nach ihm sucht, versteckt er sich im Haus. Danach huscht er jeden Tag von einer Wohnung in die andere. Die Nachbarn wissen Bescheid, niemand denunziert ihn.

Doch am 28. Oktober erwischt es auch Pindas Kohane. Er nimmt seinen Gebetsschal und seine Schachtel mit den Zehn Geboten, dann wird er gemeinsam mit anderen Juden im Güterwaggon in seine ursprüngliche Heimatstadt in Galizien transportiert. Als er auch ein halbes Jahr später noch nicht zurück ist, macht sich die Mutter mit der jüngsten Tochter zu ihrem Mann auf – ins Ghetto von Tarnów.

Kurz vor der Abreise erreicht sie ein Brief, der vom Tod ihres Sohnes Siegmund berichtet – vor zwei Jahren nach Palästina ausgewandert, ist er im Kampf gegen die Araber gefallen. Diese seelische Last wird Minnas Mutter nicht mit ihrem Mann teilen.

In Deutschland bleiben die drei halbwüchsigen Töchter der Familie Kohane zurück. Sie müssen fliehen, weg aus Deutschland, bevor es auch für sie zu spät ist. Doch wohin? Polen, Ungarn, Rumänien und das Baltikum scheinen keine Sicherheit mehr zu bieten; in Spanien, Portugal und Griechenland herrscht die Diktatur; in England kennen sie niemanden, der ihnen helfen könnte, in Frankreich auch nicht …

Lediglich Minnas Schwester Regina hat es bisher geschafft, auszureisen, sie befindet sich bereits auf dem Weg nach Neuseeland. Wie versprochen, hat der Arzt, bei dem sie als Kindermädchen arbeitete, sich nach seiner Ankunft in der Hauptstadt Wellington um eine Einreisegenehmigung für sie bemüht. Der Antrag wurde zwar abgelehnt, doch immerhin erhielt Regina Kohane ein Besuchervisum, gekoppelt an die Auflage, Neuseeland nach ein paar Wochen wieder zu verlassen.

Das Flüchtlingsdrama spitzt sich mit der Sudetenkrise noch weiter zu. Das Münchner Abkommen vom 29. September 1938 besiegelt das Ende einer 1000jährigen gemeinsamen Geschichte von Tschechen und Sudetendeutschen – mit dem Einverständnis Englands und Frankreichs und unter deutschem und sudetendeutschem Jubel wird das Sudetenland ans Deutsche Reich abgetreten.

Dieser neuerliche Machtzuwachs der deutschen Nationalsozialisten schlägt sich unmittelbar im Flüchtlingsstrom nieder: Etwa 20 000 Flüchtlinge kommen auf einen Schlag hinzu – tschechische Juden, sudetendeutsche Sozialdemokraten, Christen oder Kommunisten.

Auch für Frank Briess, den jungen Gewürz- und Getreideunternehmer aus dem benachbarten Mähren, gibt es jetzt zur Emigration keine Alternative mehr. Doch wohin? In jedem Fall so weit weg wie möglich! Frank läßt seinen Finger über den Globus kreisen, um das Land herauszufinden, das am weitesten von Europa entfernt liegt – er stößt auf Neuseeland. Genau dorthin werden sie gehen!

Bleibt die Frage, wie es ihm gelingen könnte, wenigstens ein Teil seines Vermögens ins Ausland zu retten. Ein normaler Geldtransfer über offene Handelswege ist kaum mehr möglich. Hinzu kommt: Im Rahmen der

Beschlagnahmung jüdischen Eigentums werden die Pässe des bisherigen Besitzers entwertet. Wer nun emigrieren will, muß eine »Fluchtsteuer« in Höhe von 25 Prozent des Besitzes entrichten. So bleiben Frank und Alice Briess nur noch jene illegalen Transaktionen, die sich mittlerweile zu einer regelrechten Branche ausgeweitet haben, in der manche an der Not der Menschen gut verdienen. Ein international operierendes Netzwerk ist entstanden, in das bestechliche Nazi-Behörden ebenso involviert sind wie Anwälte, Banker, Juweliere und Briefmarkenhändler. Die Kosten solcher Transfers von Geldern und Wertbesitz steigen und fallen wie Aktienkurse. Noch verhältnismäßig günstig sind Einwanderungspapiere für den Schmuggel von Kindern aus Österreich und Deutschland, die Kosten für den illegalen Transport von Geld, Juwelen, Goldbarren, Radium, Briefmarken und allen anderen Wertgegenständen schwanken. Immobilien gelten bereits als verlorene Werte.

Was soll's, Frank Briess kann sich seine Verbündeten nicht mehr aussuchen. Auch Alice Briess fährt jetzt von Zeit zu Zeit nach London zu Franks Cousin – dabei trägt sie stets Teile des Familienschmucks bei sich, eingenäht in ihre Kleider.

Der Blick der meisten Flüchtlinge richtet sich nach Übersee. Doch längst nicht alle sind in der Lage, die Kosten für eine Schiffspassage oder die Einreisegebühren für eines der begehrten Länder aufzubringen. Not und Verzweiflung schweißen die Betroffenen zusammen: Als eines Tages in einem Café in Prag ein völlig Fremder Frank Briess bittet, ihm eine größere Summe Geld für die Ausreise seiner Familie nach Bolivien zu »leihen«, tut er dies ohne Zögern.

5. Ein sächsischer Graf in Neuseeland

In Auckland läuft in diesen Tagen des Jahres 1938 ein holländischer Logger ein, die »Seeteufel«. An Bord des umgebauten Fischereifahrzeugs befinden sich der wohl berühmteste deutsche Abenteurer dieser Zeit – Graf Felix von Luckner – und seine Gattin. Von Luckner ist ein aus Dresden stammender Seeoffizier, der sich im Weltkrieg durch tollkühne Taten hervorgetan hat. Empfangen werden die Gäste vom deutschen Konsul, der extra aus Wellington anreiste, und von Bewunderern Deutschlands wie Reuel Lochore, der mit dem Grafen über ein Jahr lang in Briefverbindung stand und maßgeblich zu dessen Ankunft in Neuseeland beigetragen hat. Denn fast wäre der Besuch nicht zustande gekommen, schon seine Ankündigung hat großen Wirbel verursacht: Felix von Luckner ist nicht irgendein Deutscher – der schillernde Seemann mit dem außergewöhnlichen Erzähltalent personifiziert geradezu die Konfrontation der jüngeren deutsch-neuseeländischen Geschichte. Jeder ältere Neuseeländer erinnert sich an ihn, die meisten allerdings eher im Zorn ...

Im Weltkrieg hatte von Luckner als Kommandant der »Seeadler«, eines Segelschiffs, durch legendäre Störmanöver der alliierten Flotte geglänzt, hatte die britische Seeblockade durchbrochen, feindliche Schiffe gekapert und versenkt. Seine Tollkühnheit aber soll sich mit Edelmut gepaart haben: Bei den Hasardeurstücken des Sachsen soll es lediglich ein einziges Todesopfer gegeben, von Luckner die Gekaperten anständig behandelt und sie anschließend in sichere Häfen entlassen haben.

Der Ruhm des Abenteurers mehrte sich noch, als er

vor Neuseeland in Kriegsgefangenschaft geriet und ihm ein spektakulärer Ausbruchsversuch von der Gefangeneninsel Motuihe Island gelang – wenn auch nur für wenige Tage. Damals, im Jahr 1917, mußte Graf Felix von Luckner vor einer aufgebrachten Menge geschützt werden, die forderte, man solle den Kerl hängen. Doch irgendwie war er auch so etwas wie ein Heros geworden.

Und nun kehrt er noch einmal zurück. Läuft bei seiner zweijährigen Kreuzfahrt durch den Pazifik auch Neuseeland an, um den ehemaligen Feinden von seinen Abenteuern zur See zu erzählen, so spannend und witzig, wie Reuel Lochore es schon einmal in Nürnberg erlebt hat. Reuel Lochore war tief beeindruckt von dem Mann mit der imposanten Statur, seinem Erzähltalent, seiner Biographie. Und so meinte er, gerade von Luckner könnte den Neuseeländern als lebendes Beispiel dafür dienen, daß die Deutschen eben nicht die Barbaren und Sadisten sind, als die sie nun dargestellt werden.

Leidenschaftlich hat Lochore für diesen Besuch gesammelt – schließlich hat sich von Luckner auf seinen bisherigen Vortragsreisen nach Amerika stets für Frieden und Völkerverständigung eingesetzt. Doch dann schien alles schiefzulaufen: Kurz vor dem Auslaufen der »Seeteufel« wurde der Törn in der Berliner Presse als Propagandatour für das nationalsozialistische Deutschland angekündigt. Prompt titelte eine neuseeländische Tageszeitung: »Graf von Luckner auf Nazi-Propagandareise – Besuch von Neuseeland und Australien!« Was folgte, war eine heftige öffentliche Debatte, in der sich etliche Neuseeländer vehement gegen den Besuch eines vermeintlichen Nazis aussprachen und dessen Verteidiger Reuel Lochore heftig attackierten. Erst als sich ein neuseeländischer Kriegsveteran auf die Seite Lochores schlug und sich für die politische Integrität von Luckners verbürgte, begannen sich die Wogen zu glätten.

Als Felix von Luckner im Februar 1938 schließlich im Hafen von Auckland eintrifft, wird er von der Presse nicht mehr als Nazi-Propagandist geschmäht, sondern als »Botschafter des Friedens« begrüßt. Knapp ein Vierteljahr liegt die »Seeteufel« vor Anker: Der Graf reist durchs Land und zieht ein begeistertes Publikum in den Bann seiner Seeabenteuer, bevor ihn seine Reise weiter nach Australien, Java und Ceylon führt.

Alles könnte harmonisch verlaufen, gäbe es da nicht diesen Schönheitsfehler: Von Luckners zweijährige Kreuzfahrt durch die Südsee wird tatsächlich von der deutschen Regierung mitfinanziert! Sowohl Propagandaminister Joseph Goebbels als auch Adolf Hitler selbst haben ein Faible für den berühmten Haudegen, und so findet sich neben den Spenden aus Wirtschaft und Bevölkerung auch eine respektable Summe des Führers auf dem Reisekonto. Das Propagandaministerium ist gar mit 15 000 Reichsmark dabei und hat Felix von Luckner im Gegenzug mit reichlich Propagandamaterial auf deutsch, englisch und portugiesisch eingedeckt, die er auf seinen pazifischen Stationen verteilen soll.

Ist der tolle Seemann ein Nazi? Was wollen die Journalisten von ihm, die ihn plötzlich nach seiner Meinung zum Anschluß von Österreich fragen? Natürlich findet er den gut – so wie die meisten seiner Landsleute und die überwiegende Mehrheit der Österreicher. Doch ist er deshalb ein Nazi? Was Felix von Luckner zu diesem Zeitpunkt noch nicht weiß: Er hat einen Spitzel der Gestapo an Bord. Der wird ihn nach der Rückkehr genüßlich denunzieren und berichten, wie der Graf aus der Propagandamission einen Vergnügungstörn gemacht und den Großteil des Propagandamaterials einfach über Bord geworfen hat. Der große sächsische Abenteurer wird nach seiner Rückkehr nicht nur in Ungnade fallen, er schrammt auch haarscharf an einem Prozeß vorbei.

Das macht ihn noch nicht zum Widerstandskämpfer. Tatsächlich sind die Landgänge des Deutschen in Neuseeland und Australien 1938 verheerende politische Signale, gerade weil sie den Anschein von Unabhängigkeit erwecken. Felix von Luckner wird zum Boten eines kraftvollen, positiv funkelnden NS-Deutschland. Aufgewertet wird das entfernte Dominion Neuseeland nun auch in der deutschen Diplomatie: Noch 1938 erhält Wellington ein eigenständiges Deutsches Generalkonsulat.

6. *Hans im Glück*

Auch der 30jährige Berliner Färber Hans Jottkowitz bricht 1938 Richtung Pazifik auf, er verläßt Deutschland Anfang November. Bis zu seinem Lebensende wird er sich als »Hans im Glück« bezeichnen, weil ihm viele der schmerzlichen Erfahrungen seiner jüdischen Mitbürger auf wundersame Weise erspart blieben: Er hatte zurückhaltende Berufsschullehrer, war auf kulante IG-Farben-Angestellte gestoßen und reiselustige Nazis, die allerdings nicht wußten, daß der blonde junge Mann Jude ist.

Selbst die Umsetzung seiner Auswanderungspläne vollzieht sich für ihn auf erstaunlich einfache Weise: Im Frühjahr 1938 fallen ihm die notwendigen Papiere, um die sich zur selben Zeit Hunderttausende vergeblich bemühen, sozusagen in den Schoß – sein Cousin, dessen Frau die einflußreichen Verwandten in Neuseeland hat, erhält für sich und seine Familie Einreisegenehmigungen, entschließt sich dann aber kurzerhand, doch nach Australien zu gehen. Es gelingt, die *Permits* auf andere Familienmitglieder umschreiben zu lassen, und eines davon lautet nun also auf den Namen Hans Jottkowitz.

Nun muß er sich nur noch um eine Schiffspassage nach Neuseeland kümmern, was sich schon schwieriger gestaltet, weil alle Fahrten ausgebucht sind. Schließlich bekommt er noch einen Platz, doch sein Schiff soll erst im November ablegen und gehört außerdem zu der teuersten Liniengesellschaft, der *Canadian Pacific*. Hans' Eltern reservieren das Ticket für ihren Sohn, obwohl sie nicht wissen, woher sie das viele Geld nehmen sollen.

Als Hitler dann im September das Sudetenland besetzt, erfaßt die Eltern Panik – der Junge soll sofort nach England ausreisen, von wo das Schiff auslaufen wird. Hans bekommt aber zunächst kein Visum, weil die Visa-Vergabe plötzlich zum Stillstand kommt. Und es taucht noch ein weiteres Problem auf: Da die Zweite Klasse auf dem Liner überbucht ist, bleibt ihm nur die Chance für eine Überfahrt in der Ersten Klasse – was das Budget der Eltern jedoch endgültig übersteigt. Nun muß der Jüdische Hilfsverein tief in die Tasche greifen – Begeisterung, einem jungen Mann eine Flucht der Luxusklasse zu finanzieren, kommt dabei nicht auf.

Je länger Hans auf seine Abfahrt mit dem Schiff wartet, desto bedrohlicher wird die Situation in Deutschland. Als im Oktober das »J« in die Reisepässe jüdischer Bürger gestempelt wird, geraten seine Eltern erneut in Panik. Und zwei Wochen vor seiner endgültigen Abreise bekommt Hans noch eine Vorladung von der Gestapo. Sein Paß sei ungültig, heißt es. Doch nach der Überprüfung seiner Papiere lassen die Beamten Hans wieder gehen und machen ihn noch freundlich und mit deutscher Gründlichkeit darauf aufmerksam, daß er nicht vergessen soll, sich vor seiner Auswanderung polizeilich abzumelden ...

Genau eine Woche, bevor sein Schiff in Liverpool ausläuft, bekommt Hans Jottkowitz endlich ein Visum für England. Er beginnt zu packen: Kleidung, ein paar Bücher, darunter ein englisch-deutsches Wörterbuch und Farbkarten von der IG Farben sowie eine Bestätigung, daß er in ihrem Labor gearbeitet hat. Das ist alles. Dann kommt ein Zollbeamter, begleitet von einem NSDAP-Funktionär, um das Gepäck aufzulisten, anschließend wird alles versiegelt. Als Hans noch die Gebühren bezahlt, wünscht ihm der Zollbeamte alles Gute und erzählt von seinen Verwandten, die nach Australien ausgewandert sind.

Auf dem Flughafen Berlin-Tempelhof verabschiedet sich Hans von seinen Eltern – nicht ahnend, daß er sie nie wiedersehen wird. Es ist der 5. November 1938.

Am 10. November 1938 kommt Gabriele Herrmann wie jeden Morgen ins Berliner Fichte-Lyzeum, doch in ihrer Mädchenklasse herrscht Aufregung. Eine völlig aufgelöste Mitschülerin erzählt, ihr Vater habe mitten in der Nacht einen Anruf bekommen. Kurz danach habe ihre Mutter begonnen, furchtbar zu weinen, und den Vater festgehalten, als er seine SA-Uniform anzog. Der Vater habe gesagt: »Ich muß es tun, das ist unser Auftrag, ich kriege sonst große Schwierigkeiten.« Die Mutter habe sich an ihn geklammert, er sei aber trotzdem fortgegangen. Und als er gegen Morgen zurückkam, habe er von der Zerstörung jüdischer Schaufenster erzählt und von Pelzmänteln, die auf dem Trottoir gelegen hätten und die sie anzünden mußten.

Wohl nur wenige der Ehefrauen der SA-Männer werden versucht haben, ihre Männer von jenen Pogromen zurückzuhalten, die in der Nacht vom 9. zum 10. November ganz Deutschland und Österreich mit Terror und Schrecken überziehen.

Bereits in den Sommer- und frühen Herbstmonaten sind Synagogen in Brand gesteckt und jüdische Friedhöfe geschändet worden. Auch willkürliche Verhaftungen jüdischer Bürger gibt es bereits im Sommer, so im Juni in Breslau, wo einige hundert Ahnungslose verhaftet und für vier Wochen zur Abschreckung in ein Konzentrationslager gesteckt werden. Was sich in Form von Einzelaktionen also bereits abzeichnete, bricht sich nun in einer reichsweiten Pogromnacht mit aller erdenklichen Brutalität Bahn. Die sogenannte »Reichskristallnacht« vom 9. November, für die die Ermordung eines NS-Botschaftssekretärs durch einen 17jährigen Juden in Paris als Vorwand dient, verleiht dem mörderischen Haß der Nationalsozialisten auf alles Jüdische eine neue Dimension.

Ein Großteil der im Deutschen Reich noch bestehenden Synagogen geht in Flammen auf, vermutlich werden in dieser Nacht weit über 1000 Synagogen und jüdische Betstuben vollständig zerstört. Schaufenster und Warenlager von etwa 7500 jüdischen Geschäften fallen dem Terror zum Opfer, Tausende jüdischer Privatwohnungen. Es wird geplündert, gemordet, auch vergewaltigt. Am 10. November dann setzt eine Verhaftungswelle ein, bei der über 30 000 männliche Juden von Gestapo und SS verhaftet und in die Konzentrationslager Buchenwald, Dachau und Sachsenhausen verschleppt werden. Viele von ihnen kommen dort zu Tode.

Hans Jottkowitz erfährt in Liverpool vom Reichspogrom. Als er sich, bevor er an Bord geht, eine Zeitung kauft, stockt ihm der Atem: »In Deutschland brennen die Synagogen!« liest er und starrt entsetzt auf die dazugehörigen Fotos. Ihm wird bewußt, daß er »wie von Engeln« aus diesem Land getragen wurde, bevor die Mordmaschine einsetzte. Doch nun hat er große Angst um seine Eltern.

Per Zug kommen plötzlich noch etwa 200 jüdische Emigranten aus Deutschland und Österreich an, die Einschiffung verzögert sich. Die meisten der Hinzugekommenen sind, da sie ahnungslos durch Deutschland fuhren, über die Synagogenbrände noch nicht informiert.

In Berlin steigt die 14jährige Hansi Silberstein am 10. November wie jeden Morgen in die S-Bahn, um zur jüdischen Volksschule in der Joachimsthaler Straße zu gelangen. Noch heute erinnert sie sich genau an diesen Tag: »Ich mußte in Schöneberg, wie immer, umsteigen. Dort habe ich dann ein paar Mitschüler getroffen. Als wir Richtung Wilmersdorf fuhren, konnte man von der S-Bahn aus die Synagoge in der Prinzregentenstraße sehen. Einer meiner Mitschüler sagte plötzlich: ›Guckt mal, die Synagoge brennt!‹ Wir waren erschrocken, sahen aber schon bald die nächste Synagoge brennen, in der Fasanenstraße, da fuhr die S-Bahn ganz dicht daran vorbei. Und wir sahen, wie die Feuerwehrleute zwar die Nachbarhäuser löschten, aber nicht die Synagoge. Wir sind dann am Zoo ausgestiegen und zur Joachimsthaler Straße gegangen. Es gab dort eine Reihe jüdischer Geschäfte, große und kleine – und überall waren die Fensterscheiben eingeschlagen. Die Gehsteige lagen voller Glasscherben. An den Geschäften war über die Namen der Inhaber ›Sara‹ oder ›Israel‹ gepinselt worden – in weißer Farbe, so daß man es von weitem sehen konnte.«

In der Schule ruft der Direktor sämtliche Schüler zusammen: Sie sollen ganz schnell wieder nach Hause fahren und sich keinesfalls in den Straßen aufhalten. Hansi Silberstein setzt sich sofort wieder in die S-Bahn, um zum Geschäft ihrer Eltern zu gelangen. Noch hofft sie, daß dort nichts passiert ist – der Botanische Garten liegt immerhin ziemlich weit draußen.

Doch das erste, was sie bei ihrer Ankunft sieht, sind die zerschlagenen Schaufensterscheiben. Es ist das einzige jüdische Geschäft auf dem Platz. Ihre Eltern und der jüngere Bruder Fred sitzen im Laden, völlig verzweifelt.

Entsetzt schauen die Kinder zu, wie die Eltern den Gehweg fegen; zitternd helfen sie ihnen, alles nach drinnen zu tragen, was Nazis aus dem Laden geworfen haben. Der Friseur von nebenan, der seine ausgestellten Perükken mit Hakenkreuzfahne dekoriert, verläßt in regelmäßigen Abständen seinen Salon, um die verstörten Silbersteins als »dreckige Juden« zu beschimpfen. Schon bald werden Hansis Eltern ihr Geschäft nur noch betreten dürfen, um die Schaufenster zu vernageln.

Am Tag darauf steht der elfjährige Fred mit seinem Vater auf einem nahegelegenen Holzplatz, um Bretter zu suchen: »Und da kam meine Schwester angelaufen und rief: ›Papa, du sollst zurückkommen, da ist einer, der will mit dir sprechen!‹ Das war die Gestapo, die unseren Vater abgeholt hat. Er kam dann einfach nicht wieder. Ich stand nur da wie gelähmt, ich verstand überhaupt nichts ...«

In England nimmt Hans Jottkowitz Abschied von Europa. Noch Jahrzehnte später erinnert er sich seiner Unruhe: »Bevor das Schiff auf die See hinausfuhr, legte es im schottischen Lennox an. Dort wurde die letzte Post aus Europa an Bord gebracht. Ich bekam eine Karte aus Berlin von meiner Mutter, die war noch vor dem 9. November geschrieben und klang ganz hoffnungsvoll. Die Karte war nur drei Tage von Berlin nach Lennox unterwegs gewesen, doch inzwischen hatte die Geschichte bereits eine furchtbare Wendung genommen. Das sind Momente, die ich nie vergessen kann.«

Nach einer Woche erreicht das Schiff unterhalb von Québec den kanadischen Sankt-Lorenz-Strom. Der Anblick, der sich Hans bietet, als sich der riesige Ozeandampfer langsam Richtung Montréal schiebt, vermag die Sorgen um die Eltern zeitweise zu verwischen – die Dörfer rechts und links des Schiffes wirken wie Spielzeug, und man hat einen herrlichen Blick über die Landschaft ... Der junge Färber aus Berlin sitzt in seiner Luxuskabine und schreibt den Eltern Briefe, in denen er seine Eindrücke überschwenglich schildert.

Als das Schiff verspätet in Montréal eintrifft, ist der Zug auf die andere Seite Kanadas bereits abgefahren. Ein

Sonderzug wird bereitgestellt, um die 200 jüdischen Flüchtlinge nach Vancouver zu bringen. Doch die fremden Passagiere haben kaum Geld, und so reisen sie zwar bequem, doch mit knurrendem Magen.

Hans Jottkowitz ist aufgekratzt: »Für die Kanadier waren wir eine kleine Sensation – Juden aus Deutschland! Alle wollten von uns Auskunft über die ›Reichskristallnacht‹ haben, das Thema lief seit Tagen durch die kanadischen Zeitungen und den Rundfunk. Also haben die Reporter uns belagert, wollten alles mögliche wissen. Aber wir wußten ja selbst nichts! Im übrigen wollten wir auch nicht allzu viel sagen, um unsere zurückgebliebenen Verwandten nicht zu gefährden. Wir sind also mit dem Sonderzug quer durch Kanada gefahren, und von überall her kamen nun die dort ansässigen Juden, um uns etwas zu essen zu bringen – die jüdischen Gemeinden hatten zu Lebensmittelspenden aufgerufen, weil der Zug zwar über zwei Speisewagen verfügte, wir Passagiere aber kein Geld hatten. Und so brachten uns die kanadischen Juden Kisten mit Obst und andere Lebensmittel an die Bahnhöfe. Russische Juden zum Beispiel, die schon im 19. Jahrhundert nach Kanada ausgewandert waren, fuhren Hunderte von Kilometern durch Schnee und Eis, um uns zu sehen. Es war unglaublich.«

In Vancouver besteigen sie wieder einen Ozeandampfer, von hier aus geht es über Honolulu nach Neuseeland und Australien. Und nun füllt sich das Schiff mit Passagieren, die freudig dem pazifischen Frühling entgegenfahren. Im Dezember feiert Hans an Bord seinen 20. Geburtstag, und wenn jetzt noch seine Eltern bei ihm wären, könnte es fast eine Urlaubsreise sein. Doch der Kontakt ist abgerissen. Und so weiß Hans Jottkowitz nicht, daß sein Vater zu denen gehört, die am 10. November ins KZ Sachsenhausen gebracht werden.

Dorthin hat man auch Berthold Silberstein verschleppt, den Vater von Hansi und Fred. Wochenlang hört die Familie nichts von ihm. Niemand gibt Auskunft, wohin er gebracht wurde. Verzweifelt fährt Hansis Mutter zur Gestapo-Zentrale auf den Alexanderplatz. Dort teilt man ihr lediglich mit, sie könne Lebensmittel für ihren Mann abgeben. Sofort bringt die Mutter ein Paket zum Alexanderplatz, der Vater wird es nie erhalten.

Auch der Vater von Hansis Freundin wurde verhaftet. Und deren Mutter erhält eines Dezembertages eine Urne zugestellt – in ihr befindet sich die Asche ihres Mannes.

Als Hansi davon erfährt, bricht sie in Tränen aus. Sie erinnert sich der Worte ihres eigenen Vaters, als er abgeholt wurde: »Du bist die Ältere«, sagte er ihr noch. »Kümmere du dich um die Mutter.« Die Mutter hat gerade eine Operation hinter sich und ist noch sehr geschwächt, der Bruder Fred eben noch recht klein. Die Familie ist enteignet und damit ohne Lebensgrundlage. »Falls irgend etwas mit mir passiert, mußt du auf die Familie aufpassen«, waren die letzten Worte ihres Vaters. Hansi ist 14 Jahre alt und mit einemmal erwachsen.

Es ist ein Sonntagabend, als das Schiff aus Vancouver in den Hafen von Auckland einläuft. Am Kai steht der Rabbi von Auckland, um die Juden zu empfangen, die hier von Bord gehen. Viele sind es nicht – von den 200 verlassen lediglich 20 das Schiff, die anderen fahren nach Sydney weiter. Hans Jottkowitz setzt sich in den Zug nach Wellington. Dort empfängt ihn Bill van Staveren von der *New Zealand Jewish Welfare League*, die eine finanzielle Bürgschaft sowie 200 Pfund Einreisegebühr für Hans übernommen hat.

Erst jetzt erfährt der Berliner vom Schicksal seines Vaters: Georg Jottkowitz soll inhaftiert worden sein. Kurz darauf erreicht Hans ein Brief aus London, von einem Geschäftsfreund seines Vaters: »Lieber Herr Jottkowitz, wie Sie aus beiliegender Kopie eines Briefes ersehen, befindet sich Ihr Vater seit längerem in Deutschland im Gefängnis. Setzen Sie sich sofort mit Herrn van Staveren in Verbindung und retten Sie Ihren Vater, damit er so schnell wie möglich aus dem Gefängnis und aus Deutschland herauskommt. Ihm kann nur geholfen werden, wenn er eine Einreisebewilligung bekommt. Ich stehe jeden Tag mit Ihrer Mutter in schriftlicher Verbindung und ersuche Sie, wenn nur irgendwie möglich, telegraphieren Sie an mich, damit ich von hier aus alles Nötige veranlassen kann.«

Die Freude, in der neuen Welt angekommen zu sein, wird von der Sorge um seinen Vater erstickt. Hans versucht sofort, Kontakt zu den Einwanderungsbehörden herzustellen – doch er wird vertröstet. Und nun erreicht ihn auch eine Nachricht der Mutter, aufgegeben Ende November, ein Brief, der die deutsche Zensur passieren mußte und in dem das Schicksal des Vaters vage mit einer »Reise« umschrieben wird. Die Mutter hofft, daß Hans die Eltern nachkommen lassen kann.

Ende Dezember, das *Chanukkah*-Fest wird gerade gefeiert, schickt Frau Silberstein ihre Tochter Hansi in ein Lebensmittelgeschäft, in dem Juden noch bedient werden: »Und auf dem Rückweg ging ich am S-Bahnhof Botanischer Garten entlang. Vor mir lief plötzlich ein Mensch, besser gesagt, schlich ein Mensch entlang, mit einem sehr zerknitterten Mantel und einer Aktentasche in der Hand ... Ich erkannte meinen Vater! Ich habe den Schritt beschleunigt und ihn ganz vorsichtig an der Schulter gefaßt – mein Vater ist furchtbar zusammengezuckt. Wir sind dann zusammen zum Geschäft gegangen. Meine Mutter konnte zunächst nicht glauben, daß er vor ihr steht. ›Ich bin von den Toten zurückgekommen‹, sagte mein Vater. Und dann noch: ›Frag mich niemals, was dort passiert ist.‹«

II. TEIL: 1939–1945

1939

1. Das Ende der Tschechoslowakei

Aufgewühlt verfolgen die Juden in Böhmen und Mähren, wie das Ende ihres Vielvölkerstaates naht, wie nach Österreich und dem Sudetenland nun auch noch der Rest der Tschechoslowakei ins Visier der Deutschen gerät. Die tschechischen Grenzen sind zugegebenermaßen ein Konstrukt des Versailler Vertrags, doch herrscht im Land immerhin eine parlamentarische Demokratie. In Böhmen und Mähren fühlten sich Juden bisher noch einigermaßen sicher, doch sind sie seit der Sudetenkrise nun alarmiert. Für viele ist es nur eine Frage der Zeit, bis sich die Nationalsozialisten auch die verbliebenen Regionen einverleiben. Wird ihnen jemand zur Seite stehen, wenn die Hitler-Truppen Richtung Osten vorrücken? Chamberlain, der britische Premierminister, hat die Tschechoslowakei bereits ein Gebilde von »Fetzen und Flicken« genannt ... Das läßt nichts Gutes ahnen.

Frank Briess rechnet für sich und seine Familie im mährischen Olmütz mit dem Schlimmsten. Er hat sich entschieden: Raus, so schnell wie möglich! Längst hat er begonnen, die Bankschließfächer zu leeren, Bargeld und alle beweglichen Wertsachen zusammenzutragen und das ganze bei einem langjährigen Freund zu deponieren, auf einem Dorf etwa zehn Kilometer von Olmütz entfernt. Der Freund vergräbt die Schätze in seinem Garten – auf illegalem Wege soll versucht werden, Geld und Wertsachen nach und nach aus dem Land zu schmuggeln.

Hinter der Grenze zeichnen sich bereits Truppenbewegungen ab, im Land selbst kommt es zu ersten Konfrontationen zwischen Tschechen, Volksdeutschen und Slowaken. Unter keinen Umständen will Frank Briess seine Abreise nach England verzögern, und so besteigen er und seine Frau Alice am 13. März 1939 einen Zug nach England.

Der Aufbruch geht am Ende überstürzt vonstatten, doch ist Frank der einzige der Familie Briess, der sich rechtzeitig und mit umsichtiger finanzieller Planung zum Aufbruch entschließen konnte. Zurück bleiben sein Bruder, der sein Zögern später mit dem Leben bezahlt, und seine Schwester, die im Sudetenland lebt und der es in buchstäblich letzter Sekunde gelingen wird, sich zu retten. Zurück bleiben Mutter und Vater, die Mutter von Alice und Dutzende jüdischer Verwandter, die es nicht mehr schaffen, das Land zu verlassen.

Frank Briess hat die richtige Entscheidung getroffen: Am Morgen des 15. März 1939 überschreitet die deutsche Reichswehr die südmährische Grenze, um neun Uhr wird Prag besetzt, am Tag darauf das »Reichsprotektorat Böhmen und Mähren« ausgerufen.

In Paris notiert der amerikanische Journalist William L. Shirer in sein Tagebuch: »An diesem eisigen Frühlingstag hat die deutsche Armee Böhmen und Mähren okkupiert, vom Schloß Hradschin in Prag aus hat Hitler mit einer billigen theatralischen Geste den Anschluß an das Dritte Reich proklamiert ... Totale Apathie heute abend in Paris angesichts von Hitlers Coup. Frankreich wird keinen Finger rühren. Chamberlain ging heute nachmittag vor dem Britischen Unterhaus sogar so weit, davon zu sprechen, er verurteile strikt jegliche

Vorwürfe eines Vertrauensbruchs seitens Hitlers. Guter Gott!«

Im mährischen Brünn sitzt unterdessen Lilly Bruell fest, die sich erst im vergangenen Jahr mit ihrem Mann Fritz von Wien dorthin gerettet hat.

Auch in Brünn ändern sich mit dem 15. März die Verhältnisse rasant. Nur wenige Stunden nach dem Einmarsch der Deutschen ist die Stadt abgesperrt, lediglich Fahrzeuge der Wehrmacht kommen noch hinein und heraus. Studenten der deutschen Technischen Hochschule ziehen mit Sturmmützen und Hakenkreuzbinden am Arm durch die Stadt und verbreiten die Hitler-Proklamation »Die Tschechoslowakei hat aufgehört zu existieren«. Immer mehr Leute bekennen sich als Nazis, während Juden und politische Gegner in der Falle sitzen. Nun wird es kaum noch jemandem gelingen, für irgendein Land der Welt ein Einreisevisum zu ergattern. Panik breitet sich aus unter den Eingeschlossenen; verzweifelte Menschen springen aus den Fenstern, weil sie keine Chance zur Emigration mehr sehen.

Fritz Bruell ist an diesem 15. März bereits nicht mehr in der Stadt. Wochenlang haben er und seine Frau Lilly auf ihre Ausreise gewartet, den bescheidenen Hausrat und die etwa 1000 Bücher haben sie längst verkauft. Dann, kurz vor dem Einmarsch der Deutschen, wurde den Sozialdemokraten, bei denen Fritz sich in der Flüchtlingshilfe engagiert, plötzlich eine Liste mit Personen zugespielt, die als erstes verhaftet werden sollten. Auf dieser Liste stand auch Fritz Bruell. Nun ging alles ganz schnell: Die Bedrohten wurden in den nächsten Zug nach England gesetzt, ihre Frauen sollten kurz darauf nachfolgen.

Daraus wird nun nichts mehr. Lilly Bruell sieht sich vom Einmarsch überrascht, die Grenzen sind plötzlich geschlossen. Fritz drängt sie von London aus, die Tschechoslowakei sofort zu verlassen, doch das ist leichter gesagt als getan: Lillys Paß ist zu diesem Zeitpunkt gerade in Paris, er wurde gebraucht für die Flucht einer anderen Frau. Lilly setzt sich also nach Prag ab, um sich ans Britische Konsulat zu wenden. Doch das existiert bereits nicht mehr. Wo soll sie hin? Deutsche Soldaten und Waffentransporte strömen ins Stadtzentrum, das Prager Parlament wird gerade aufgelöst. Im jüdischen Gemeindezentrum wird der 25jährigen schließlich eine Fluchtroute offeriert: Sie muß es über die polnische Grenze schaffen, in Katowice arbeitet noch ein Britisches Konsulat, das ihr bei der Einreise nach London helfen könnte.

Lilly wagt es. In Mährisch-Ostrau an der polnischen Grenze angekommen, wird sie von der Jüdischen Gemeinde bei einem älteren Ehepaar untergebracht, dessen Söhne zu den Fluchthelfern gehören. Es herrscht eine verdeckte, fast hektische Betriebsamkeit – kommunistische Funktionäre und Sozialdemokraten schleichen hier herum, jüdische Zeitungsredakteure, jüdische Schauspieler – alle in der Hoffnung auf einen Platz im Waggon eines Kohlezuges. Es ist die Stunde der Eisenbahner. 200 Kronen kostet die Flucht pro Kopf, in etwa der Wochenlohn eines gelernten Arbeiters. Das Geld stammt aus Hilfsfonds und wird den Flüchtlingen von der Jüdischen Gemeinde ausgehändigt.

In England, dem einzigen Land, das zu dieser Zeit politisch Verfolgte aufnimmt, wartet Fritz Bruell unruhig auf seine Frau. Er arbeitet beim *Czechoslovakian Trust Fund*, dem tschechischen Flüchtlingshilfskomitee in

London, eine Organisation, die von britischen Bürgern nach der Sudetenkrise ins Leben gerufen wurde, um Juden und Sozialdemokraten aus dem Sudentenland zur Emigration nach Übersee zu verhelfen. Nun kommen auch noch die Flüchtlinge aus Böhmen und Mähren hinzu.

Zwischen zwei Fluchthelfern wagt Lilly Bruell den Gang durch den nächtlichen Wald an der polnischen Grenze. Ziel ist das Rangiergelände eines tschechischen Güterbahnhofs. Wochenlang hat Lilly auf diesen Moment warten müssen, nun ist es soweit. Sie trägt zwei Pullover übereinander; Gepäck durfte sie nicht mitnehmen, so hat sie lediglich eine Dose Nivea-Creme, Nähzeug und eine Tube Schuhpolitur in ihrer Handtasche – Lilly haßt schmutzige Schuhe.

Im Wald werden die drei plötzlich von Polizisten gestoppt – die Flucht ist gescheitert.

Die junge Frau wird verhört und dann in eine völlig überfüllte Zelle gesteckt. Doch sie hat Glück: Noch haben die Deutschen das Gefängnis nicht übernommen, und die tschechischen Wachleute behandeln sie gut. Drei Wochen später sitzen bereits 1000 fluchtwillige Frauen im Gefängnis von Mährisch-Ostrau und doppelt so viele Männer. Als das Gebäude aus den Nähten zu platzen droht, entscheidet sich tschechisches Wachpersonal zur Fluchthilfe.

Auf einem der Lastwagen, die sich im nächtlichen Dunkel auf den Weg machten, sitzt auch Lilly Bruell: »Wir wurden an die polnische Grenze gebracht. Dort sagte man uns: ›Vor euch liegt Niemandsland. Geht in diese Richtung, und orientiert euch an den Sternen!‹ Wir bildeten kleine Gruppen. In meiner waren eine schwangere Frau und zwei Männer, einer davon war Journalist. Wir begannen, in die Nacht zu laufen, durchquerten Felder und einen Fluß ... Und während der ganzen Zeit kreisten Suchscheinwerfer über dem Grenzgebiet – wenn sie näher kamen, legten wir uns flach auf den Boden. Wir liefen und liefen. Und dann, es war nach ein Uhr morgens, kamen wir an eine Straße und einer der Männer sagte: ›Ich spreche etwas polnisch. Dort drüben kommt jemand, den frage ich, wo wir sind.‹«

Und wieder hat Lilly Pech: Zwar befinden sie sich bereits auf polnischem Gebiet, doch sind sie an einen Polizisten geraten, der in Zivilkleidung Streife läuft. Die vier werden mit dem Zug zurück in die Tschechoslowakei gebracht, zum Glück jedoch nicht an die Deutschen ausgeliefert.

Beim nächsten Fluchtversuch führt sie ein Pole, und wieder geht es durch den nächtlichen Wald. Nach einigen Kilometern wird sie einem polnischen Grenzer übergeben, der nun mit der Waffe hinter der Fremden herläuft. Irgendwann stürzt er sich auf die junge Frau und vergewaltigt sie. Lilly schreit, und plötzlich hallen Schüsse durchs Gebüsch – der Wald ist voller Waffenschmuggler –, der Grenzer springt auf und läuft davon.

Diesmal gelingt ihr die Flucht. Lilly schlägt sich nach Katowice durch, wo sie sich auf dem Britischen Konsulat meldet. Und wieder vergehen Wochen, bis es weitergeht, eine Zeit, in der die 25jährige Jüdin aus Wien von der Suppenküche der Synagoge lebt. Mit dem letzten Flüchtlingstransport vor der Schließung des Konsulats bringen die Briten 25 jüdische Frauen in Sicherheit, darunter Lilly. Sie werden in die polnische Hafenstadt Gdynia gebracht und dort nach England eingeschifft.

2. London – Wartesaal für Übersee

Im *Immigration Department* des tschechischen Flüchtlingshilfskomitees arbeitet Fritz Bruell wie besessen – die Zahl der Menschen, die 1939 in Europa auf der Flucht vor den Nazis sind, ist rasant in die Höhe geschnellt. Nach den ersten sudetendeutschen Flüchtlingen treffen nun auch noch Juden aus allen Teilen der Tschechoslowakei in London ein. Ihre Ansiedelung in Übersee ist zu organisieren, Hilfsgelder der englischen Regierung müssen bereitgestellt werden, Tickets für Schiff und Bahn zu den jeweiligen Zielorten. In Großbritannien dürfen nur die wenigsten bleiben, das Land versteht sich als Transitland.

Ein großer Teil der aus tschechischem Gebiet Fliehenden wird nach Kanada geschickt – in abgelegene Siedlungen von Sasketchewan oder British Columbia, wo die kanadische Eisenbahn plant, Schienennetze aufzubauen. Zwölf Schiffe sollen zwischen April und Juli die Häfen von Liverpool und Southampton in Richtung Kanada verlassen. Fritz Bruell hat also alle Hände voll zu tun. Er arbeitet und arbeitet und fühlt sich dennoch wie gelähmt: Fritz leidet unter dem Schuldgefühl, seine Frau leichtsinnig in Brünn zurückgelassen zu haben.

Es ist Juni, als er Lilly endlich in London in die Arme schließen kann. Und auch für die beiden stellt sich nun die Frage, wohin. In England können sie nicht bleiben, wie die meisten verfügen auch sie nur über ein Transitvisum. Also nach Kananda? Besser nicht. Zwar hat sich die kanadische Regierung unter Premierminister William Lyon Mackenzie King, der im Ruf steht, antisemitische Auffassungen zu vertreten, bereit erklärt, 5000 Flüchtlinge einreisen zu lassen, doch gilt diese – bei einem so großen Land nicht gerade überwältigende – Aufnahmebereitschaft in erster Linie für politisch Verfolgte, wie eben die sudetendeutschen Sozialdemokraten, und nicht für Juden.

Auch Frank und Alice Briess als Olmütz sind mittlerweile in London eingetroffen, dem großen Wartesaal nach Übersee. Sie haben sich für Neuseeland entschieden und bemühen sich nun um das nötige *Permit* – bisher vergeblich. Und Frank Briess ist weiterhin damit beschäftigt, sein Vermögen – das in diesen Zeiten immer lebensnotwendiger wird – über verschiedene, natürlich illegale Kanäle aus seinem Heimatland herauszuschaffen. Die ersten Transaktionen sind bereits gelungen, einiges an Bargeld und Wertgegenständen aus dem Garten des Freundes ist schon wieder ausgegraben und in England eingetroffen. Außerdem hat Alice ja ihren Familienschmuck herausgeschmuggelt. Mit diesen Sicherheiten könnten sie sich in Neuseeland eine neue Existenz aufbauen, nun müßte man ihnen nur noch die Einreise erlauben ...

Bedrückt schleichen Menschen durch London, deren Tage bisher sinnvoll ausgefüllt und die in ihren Heimatländern meist angesehene Mitglieder der Gesellschaft waren. Plötzlich sind sie ohne Geld und ohne Arbeitserlaubnis, auf britische Almosen angewiesen, sollen irgendwohin. Ernst Neuländer, der mit seiner Frau Herta von Palästina ins Londoner Exil übergewechselt ist, hat großes Glück: Er darf als Maurer arbeiten, weil Maurer gerade dringend gebraucht werden. Zwar ist der Job nur vorübergehend, doch damit verfügen die Neuländers in London nun über ein bescheidenes Einkommen. Die beiden Schlesier wissen, daß sie auf Dauer nicht in England bleiben können, denn auch sie verfügen nur über ein Transitvisum.

Eines Tages trifft Ernst auf der Straße einen Architekten, den er von einem gemeinsamen Bauprojekt aus Jerusalem kennt. Ernst Neuländer erinnert sich noch gut an diese schicksalhafte Begegnung: »Der Architekt war überrascht, mich in London zu sehen, und fragte: ›Was machen Sie denn hier? Sie wollten sich doch in Sicherheit bringen – Sie können nicht hier in England bleiben, es kann jeden Tag der Krieg gegen Deutschland ausbrechen. Gehen Sie weg! Gehen Sie so weit weg wie möglich!‹ Ich war plötzlich alarmiert und fragte ihn, was denn am weitesten weg sei. Er antwortete: ›Gehen Sie nach Neuseeland. Ich kenne dort einen Mann in Christchurch, der kann Ihnen weiterhelfen.‹ Ich hatte überhaupt keine Vorstellung von Neuseeland, doch der Architekt erzählte mir, daß es dort zur Zeit ein großes staatliches Bauprogramm gäbe – dafür sei ich als Maurer der richtige Mann.«

Sofort stellt Ernst im Neuseeländischen Konsulat einen Antrag auf Einreise – er wird abgelehnt. Zwei Monate später reicht er einen zweiten Antrag hinterher, der erneut abgelehnt wird. Die beiden Breslauer werden unruhig, denn inzwischen ist Herta schwanger.

Eines Tages, im Frühsommer, erhält Ernst dann plötzlich doch noch einen Brief vom Neuseeländischen Konsulat, in dem er aufgefordert wird, mit seinem und dem Paß seiner Frau zu erscheinen. Nach dem, was sie im Konsulat hören, haben die Behörden in Wellington auf

Druck des Hohen Flüchtlingskommissars der Vereinten Nationen in Genf die Erteilung von fünf Einreisegenehmigungen zugesagt – fünf Visa für ein so großes und so dünn besiedeltes Land wie Neuseeland. Und nun erfahren Ernst und Herta Neuländer, daß sie zwei dieser *Permits* bekommen! Daß Ernst zu diesen Auserwählten gehört, hat er allein seinem Beruf des Maurers zu verdanken.

Im Juli 1939 bricht das Ehepaar aus England auf, Herta ist mittlerweile im vierten Monat schwanger, was glücklicherweise noch kaum zu sehen ist, denn sonst hätte man sie womöglich die Reise nicht antreten lassen. Auf dem Passagierdampfer namens »Remuera«, auf dem schon Ruth Adler nach Neuseeland gelangt ist, starten sie in Richtung Curaçao, von wo aus sie nach einem kurzen Aufenthalt erst Panama und dann die Fidschi-Inseln anlaufen. Ernst und Herta sind neben einer jungen Frau die einzigen Juden an Bord.

Drei Tage vor dem Überfall Deutschlands auf Polen erreicht die »Remuera« den Hafen von Wellington. Herta und Ernst stehen am Fuß des Landestegs und wissen nicht, wohin. Schließlich hilft ihnen die Jüdische Gemeinde weiter, man bringt sie in einer Wohnung direkt hinter der alten Synagoge von Wellington unter. Dort wohnt bereits eine Flüchtlingsfamilie mit zwei Kindern, es sind Juden aus Ungarn, die nun gebeten werden, eines der beiden Zimmer vorübergehend an die Neuländers abzutreten. Im Dezember bringt Herta ihren Sohn Oliver zur Welt.

3. Kindertransporte

Mehr als 60 000 Flüchtlinge werden 1939 noch bis zum Kriegsausbruch aus »Großdeutschland« – womit nun auch Österreich und die Tschechoslowakei gemeint sind – auf der britischen Insel eintreffen. Die meisten von ihnen sind Juden. Nach dem Terror der »Reichskristallnacht« hat sich die britische Regierung zu einer zusätzlichen Rettungsaktion entschlossen: 10 000 jüdische Kinder sollen aufgenommen werden – angesichts der beschämend geringen internationalen Bereitschaft, jüdischen Flüchtlingen die Tore zu öffnen, ein Akt großzügiger Hilfeleistung. Die Sache hat nur einen Haken: Lediglich die Kinder sollen aufgenommen werden, nicht aber ihre erwachsenen Angehörigen. Im Winter und Frühjahr 1939 werden nun in Berlin, Prag und Wien im Rekordtempo Züge bereitgestellt. Begleitet werden diese von NS-Stellen genehmigten Kindertransporte von jüdischen Jugendleitern, die anschließend zurückkehren müssen.

Wie ein Lauffeuer eilt die Nachricht von einer jüdischen Familie zur nächsten. Der inzwischen 15jährigen Gabriele Herrmann aus Berlin bietet sich durch Zufall eine Chance: Ein Platz war für ihren 13jährigen Cousin aus München vorbestimmt. Der Junge will aber plötzlich bei seiner Großmutter bleiben – eine anrührende, jedoch folgenschwere Entscheidung, denn er wird später gemeinsam mit ihr nach Theresienstadt deportiert. Als der freie Platz Gabrieles Eltern angeboten wird, stimmen sie sofort zu, und auch das Mädchen will fahren.

Wenige Stunden bevor Gabriele im Mai 1939 ihre Eltern verlassen soll, bekommt sie noch besorgte Ratschläge von der Mutter, die ihre Tochter in letzter Minute noch über den »Umgang mit Männern« aufklären will. Doch das Mädchen hat jetzt wirklich andere Sorgen.

Der Abschied von den Eltern ist ein traumatisches Erlebnis: »Gegen vier Uhr morgens mußten wir uns am Anhalter Bahnhof einfinden und mit den Eltern in einer Reihe antreten. Ich war eine der Ältesten unter den Kindern, und einige Mütter baten mich flehend, sich unterwegs ihrer Kinder anzunehmen. Die Kleinen hingen weinend an ihren Müttern, es war eine furchtbare Atmosphäre. Plötzlich gab es eine Lautsprecheransage, in der die ›Arier‹ unter den Eltern gebeten wurden, sich hinter eine Glastür zurückzuziehen. Das bedeutete, Abschied von meinem Vater zu nehmen. Ich habe ihn sehr geliebt, er hat fast immer gespürt, was ich fühle. Er war spontan und manchmal auch sehr theatralisch, doch nun war er ganz still. Dann sah ich ihn nur noch hinter der Glasscheibe stehen. Zehn Minuten später mußte sich dann auch meine Mutter verabschieden. Wir umarmten uns innig. Das alles geschah wie in einem Alptraum. Jetzt begannen auch noch sämtliche Kinder um mich herum loszuweinen, weil sie plötzlich ohne Eltern dastanden. Auch für meine Eltern war es schwer, wegzugehen – ich war ja ihr einziges Kind.«

Später zieht der Begleiter des Zuges von Abteil zu Abteil, um die größeren Kinder zu fragen, ob sie auf die kleineren aufpassen könnten, unter denen viele weinen und sich kaum beruhigen lassen. Gabriele erklärt sich sofort dazu bereit und wird eine Art Abteilmutter, damit läßt sich ihr eigener Trennungsschmerz ein wenig verdrängen. In Rotterdam wechseln die Kinder auf ein Schiff. Die Schar aus Gabrieles Abteil klammert sich an sie. Ein kleines Mädchen weint fast die ganze Nacht hindurch. Irgendwann nimmt Gabriele es auf ihren Schoß und streichelt es, bis es einschläft.

In London angekommen, verteilt man die Kinder auf verschiedene Orte und Familien. Für Gabriele ist eine Stelle als Au-pair-Mädchen in Plymouth vorgesehen, doch kommt sie kaum dazu, darüber nachzudenken, wo Plymouth liegt: Plötzlich steht Peter Dane vor ihr, der Sohn einer befreundeten Familie aus Berlin-Lichterfelde!

Peter Dane kam nicht mit einem der Kindertransporte, der 17jährige Gymnasiast ist mit Hilfe des Berliner Propstes Heinrich Grüber aus Deutschland ausgereist. Grüber, zuständig für die sogenannten »nichtarischen Christen«, konnte das *German Emergency Committee*, eine Hilfsorganisation der Quäker, überzeugen, den Jungen als Flüchtling aufzunehmen. So ist es gelungen, Peter Dane in einer Arbeiterfamilie unterzubringen, eine kirchliche Organisation bringt das weitere Schulgeld für den Deutschen auf. Von seiner Mutter in Deutschland erfuhr Peter, daß nun auch Gabriele auf dem Weg nach England ist. Die beiden können nur eine gemeinsame Stunde verbringen, danach muß das Mädchen einen Zug nach Plymouth besteigen.

Gabriele und Peter setzen sich in eine Hafenkneipe und starren zunächst verlegen auf den Pfeffer- und Salznapf. Dann erzählt Peter von seiner Mutter und seiner Schwester. Propst Grüber hat sich bemüht, auch den beiden aus Deutschland herauszuhelfen: Mutter und Tochter sollten als Köchin und Stubenmädchen bei einer auf dem Land lebenden neuseeländischen Familie unterkommen. Doch Neuseeland liegt am Ende der Welt, wo man keine Menschenseele kennt. Peters Mutter Elisabeth Marwitz, eine Frau von geradezu ätherischer Schönheit, intelligent, aber nicht ganz von dieser Welt, zögert – sie liebt Ballett, Konzerte und elegante Kleider. Und nun soll sie in primitive Verhältnisse fliehen, dorthin, wo es vermutlich noch nicht einmal Elektrizität gibt? Propst Grüber bemerkt ihr Zögern und sagt, sie müsse nicht gehen, da seien viele andere, die das Angebot mit Freuden akzeptieren würden. Und plötzlich versteht die Mutter, daß es nichts mehr auszuwählen gibt, daß sie sehr froh über diese Gelegenheit sein muß. Sie beginnt zu packen, die mühseligen Vorbereitungen der Auswanderung übersteigen fast ihre Kräfte. Als es dann losgehen soll, die Koffer bereits plombiert sind, entschließt sie sich, mit der Tochter in Berlin zu bleiben ...

Verlegen erzählt Peter Dane Gabriele diese Geschichte. Dann muß sie aufbrechen, Peter schreibt ihr noch seine Londoner Adresse auf. Gegen Mitternacht kommt das 15jährige Mädchen in Plymouth an, wo es von ihrer Gastfamilie abgeholt wird.

Gabriele fällt es schwer, sich dort einzuleben. Die Leute, bei denen sie nun lebt, sind zwar freundlich, aber kühl, und auch die britischen Sitten und Gebräuche – wie zum Beispiel Frühstück mit *bacon and eggs* – sind ihr fremd. Das Mädchen beginnt, jeden Tag einen Brief an ihre Eltern in Berlin zu schreiben.

4. Die Tore schließen sich

Das Flüchtlingsproblem hat sich seit der Konferenz in Evian dramatisch zugespitzt: 1939 verlassen fast 80000 jüdische Auswanderer das Deutsche Reich. Etliche, die bereits in ein Nachbarland Deutschlands geflohen waren, befürchten nun für ihr Exilland ein ähnliches Schicksal wie das Österreichs oder der Tschechoslowakei und fassen deshalb ein weiter entferntes Ziel ins Auge. Wo sollen all die Menschenmassen hin? Nach Palästina kommt man fast nur noch illegal. Die Vereinigten Staaten von Amerika sind inzwischen bevorzugtes Emigrationsziel geworden, doch für die Einreise in die USA sind bürokratische Hürden von beträchtlichem Ausmaß zu überwinden. Auch erreicht die Aufnahmekapazität der USA mit fast 30000 Flüchtlingen in diesem Jahr allmählich ihre Grenzen.

Weil die meisten Länder 1939 ihre Tore schließen, wird nun der ganze Erdball zum Fluchtziel. Eine weltweite Streuung vor allem jüdischer Flüchtlinge setzt ein, wie sie die Menschheit bisher nicht gekannt hat. Angesteuert wird nun fast jedes Land, das bereit ist, wenigstens ein paar Emigranten aufzunehmen. Deutsche und ausländische Reedereien richten Sonderreisen zum Transport von Auswanderern ein – doch nicht alle Visa haben auch Gültigkeit, manche Schiffe kreuzen wochenlang von Hafen zu Hafen, bevor die Passagiere irgendwo an Land gehen dürfen.

Noch immer haben Nobelpreisträger und andere Berühmtheiten die weltweit besten Aufnahmechancen, dazu Fabrikbesitzer, die ihr Kapital rechtzeitig ins Ausland zu retten vermochten. Davon gibt es nicht mehr viele, das Heer der Namen- und Mittellosen aber möchte man möglichst draußen halten.

1939 landen 20 000 Deutsche, Österreicher und Bewohner Böhmens und Mährens in der chinesischen Hafenstadt Shanghai. Die ist zwar seit 1937 von Japan besetzt, doch werden die internationalen Niederlassungen des Hafens von elf Ländern verwaltet – Shanghai ist derzeit der weltweit einzige Ort, in den man ohne Visum oder ein vergleichbares offizielles Dokument einreisen darf. Eine zweite Flüchtlingswelle schwappt nach Mittel- und Südamerika. Allein in Argentinien treffen schätzungsweise 40 000 Mitteleuropäer ein, in Brasilien knapp die Hälfte davon, in Chile 14 000. Kuba und Bolivien gelten als aufnahmebereite Übergangsländer für eine spätere Weiterreise in die USA. Einige Auswanderer verschlägt es in exotische Gefilde wie Malawi in Südostafrika oder die Mandschurei im Nordosten Chinas. Während die Türkei eher handverlesene Flüchtlinge aufnimmt, finden etliche Wissenschaftler in Indien Zuflucht.

Und die Dominions des britischen Commonwealth? Sie halten sich trotz des Drucks der britischen Regierung auch 1939 zurück in ihrer Aufnahmebereitschaft: Australien und Neuseeland, Kanada und Südafrika – allesamt ausgedehnte und dünnbesiedelte Regionen – nehmen insgesamt nicht so viele Hilfesuchende auf wie das bereits übervölkerte Shanghai. Die Gründe sind altbekannt: Politiker sehen die Arbeitsplätze der Einheimischen gefährdet und damit die eigenen Wahlchancen, man fürchtet sich vor kultureller Überfremdung oder ökonomischen Nachteilen. Der Widerwille, die Tore für Fremde zu öffnen, hat mit der weltweiten Dringlichkeit eher zu- als abgenommen, auch in Neuseeland. Hier herrscht die Sorge, man könnte überrannt werden von Chinesen, Juden, Deutschen und Italienern. Dabei leben 1939 nicht mehr als 8000 Ausländer im Land ... bei einer Gesamtbevölkerung von 1,6 Millionen Einwohnern.

Die Labour-Regierung in Wellington aber läßt sich auf keine Quote festlegen – im Unterschied zum benachbarten Australien. Die neuseeländische Regierung will diejenigen, die sie für geeignet hält, selbst auswählen können. Viele sind das nicht: In den Jahren zwischen 1936 und 1938 wurden nicht mehr als 727 deutschsprachige Antragsteller als einreisewürdig erachtet, davon mehr als die Hälfte Frauen und Kinder. Einer der Gründe für diese Abwehrreaktion liegt wohl in den Bestrebungen der ersten Labour-Regierung Neuseelands, sich in außenpolitischen Fragen explizit vom britischen Mutterland zu emanzipieren – leider auf Kosten von Menschen, die sich in einer äußerst verzweifelten Lage befinden.

Die Abwehrhaltung bekommt auch Karl Popper in Christchurch zu spüren. Nach dem Anschluß Österreichs hat er mit einem Universitätskollegen ein Flüchtlingsnotkomitee ins Leben gerufen: Es lebt von Spenden und macht sich vor allem für die Aufnahme österreichischer Bürger stark. Zäh wird um jedes *Permit* gerungen, mit dürftigem Erfolg. Die Initiative aus Christchurch hat schon bald Ableger in Wellington, Auckland und Dunedin, Palmerston North und Timaru. Denn obwohl die neuseeländische Bevölkerungsmehrheit in puncto Einwanderung das rigide System der Regierung noch immer gutheißt, finden sich zunehmend auch kritische Stimmen. Mehr und mehr Initiativen bitten jetzt die

Regierung angesichts der politischen Lage in Europa um eine Lockerung der Einwanderungsbeschränkungen: Auf einer Diözesan-Synode der Anglikanischen Kirche, die in Wellington tagt, herrscht Fassungslosigkeit darüber, daß eine solche Situation in der christlichen Welt existiert. Die Handelskammer von Canterbury beklagt die Systemlosigkeit des Auswahlverfahrens. Eine Initiative macht sich für die Aufnahme von Handwerkern und Farmern stark. Flüchtlingsnotkomitees wie das von Karl Popper bieten ihre Hilfe an, und der Rabbi kommt regelmäßig von Auckland in die neuseeländische Hauptstadt gereist, um weitere *Permits* für europäische Flüchtlinge zu erbitten.

Die Labour-Regierung gerät in Erklärungsnot. Im Sommer 1939 hat der öffentliche Druck dann so zugenommen, daß die Angelegenheit vor den *Executive Council* kommt. Die verantwortlichen Politiker leugnen und wiegeln ab und versuchen wortreich den Bürgern klarzumachen, daß das Flüchtlingsproblem viel komplexer sei, als der gemeine Neuseeländer sich dies vorstelle. Intern hat die Labour-Regierung jedoch nach wie vor klare Präferenzen: So wenig Juden wie möglich, jüngere Menschen eher als ältere, dringend benötigte Berufsgruppen eher als überflüssige … Während Maurer und Farmer also noch minimale Chancen haben, sieht es für Ärzte und Rechtsanwälte jetzt schlecht aus.

Heinz Eisig, der Leichtathlet aus Fürstenwalde, hat seinerzeit die richtige Entscheidung getroffen, sich zum Farmer umschulen zu lassen. Und er hat es mittlerweile auch geschafft, ein *Permit* für seine Freundin Dorothea zu bekommen, deren Ankunft er sehnlich erwartet. Am

1. Juli 1939 trifft sie endlich im Hafen von Auckland ein. Die beiden müssen nun rasch heiraten, da Dorotheas Einreisegenehmigung an die Hochzeit mit Heinz gekoppelt ist ... Ab dem 4. Juli beginnt aber die Zeit zwischen *Passover* und *Shavuot*, in der nach jüdischem Brauch Hochzeiten für eine Dauer von 49 Tagen nicht erlaubt sind. Nach der Trauung folgt Dorothea ihrem Ehemann auf die Milchfarm nach Mercer, ins neuseeländische Hinterland.

Dem Rabbi der Jüdischen Gemeinde Wellington ist eine kleine Sensation gelungen: Er hat es geschafft, der neuseeländischen Regierung eine zweijährige Aufenthaltserlaubnis für vier deutsche Dienstmädchen abzuringen! Der Preis: Der Rabbi mußte dafür bürgen, daß die Mädchen dem Staat während dieser zwei Jahre nicht zur Last fallen. So hat er in der Gemeinde herumgefragt, wer für diese Zeit ein Dienstmädchen aufnehmen würde. Immerhin vier Familien erklärten sich bereit, damit lassen sich vier Mädchen aus der Gefahrenzone herausholen. Sind sie erst mal in Neuseeland, wird man weitersehen.

Die 20jährige Minna Kohane aus Berlin ist einer dieser vier Glückspilze. Daß sie auf der Liste steht, hat sie ihrer Schwester Regina zu verdanken, die bereits in Neuseeland lebt. Regina Kohane hält sich noch immer in Wellington auf, obwohl ihr Besuchervisum längst abgelaufen ist. Nun hat sie ihre Überzeugungskraft aufgeboten, die kleinere Schwester Minna nachzuholen.

Als das Mädchen im Juni 1939 den Zug nach Holland besteigt, bleiben noch zwei ihrer Schwestern in Deutschland zurück. Ihre Eltern und die jüngste Schwester befinden sich bereits im jüdischen Ghetto von Tarnów.

Behütet ist Minna aufgewachsen, beschützt von den festen Regeln einer jüdisch-orthodoxen Erziehung. Nun ist sie zum erstenmal völlig auf sich allein gestellt. In Rotterdam besteigt sie ein Schiff nach Australien, von dort wird es dann weiter nach Neuseeland gehen.

Auf See kommt die junge Frau in Kontakt mit Sprache und Kultur ihres neuen Gastlandes, was für sie eine zwiespältige Erfahrung ist: Sie hat große Probleme mit der englischen Sprache, die Küche erscheint ihr miserabel und ist außerdem nicht koscher; auch anglophone Redewendungen wie die Frage »*How are you?*« irritieren sie, weil die Frager gar nicht wissen wollen, wie es ihr geht.

Ausgehungert kommt Minna im August 1939 in Neuseeland an. Am Kai von Wellington wird sie von ihrer Schwester und dem Arzt aus Berlin, bei dessen Familie Regina als Kindermädchen lebt, empfangen. Dann wird Minna als Köchin zu einem Ehepaar namens Myer geschickt. Es ist eine sehr reiche jüdische Familie, die einen sehr britisch geprägten Lebensstil hat. Das Haus hat 27 Zimmer, es gibt ein Stubenmädchen, einen Chauffeur, einen Gärtner und nun noch eine Köchin – die ihr Handwerk allerdings nicht beherrscht: Mehr als Wasser hat Minna in ihrem Leben noch nicht zum Kochen gebracht. Sie arrangiert sich mit dem Stubenmädchen, das für sie kocht, während sie ihm beim Putzen hilft. Bald gibt es jedoch die ersten Konflikte, so daß Minna das Ehepaar Myer schließlich verläßt und eine Stelle als Küchenhilfe in einem Jungeninternat in Wellington antritt.

5. Am Rand des Erdkreises

Für Karl Wolfskehl, den Hünen aus Deutschland mit der dröhnenden Stimme und dem sanft-hypochondrischen Wesen, ist Neuseeland zum Emigrationsort geworden. Er wird erst einmal hier bleiben, verbannt an den »Rand des Erdkreises«, doch er findet sich damit ab. Karl Wolfskehl ist jetzt fast 70 und inzwischen glücklicher Besitzer eines *Residence Permits*, was nicht einfach zu erhalten gewesen ist. Wie Karl Popper hat man auch ihm geraten, sich Referenzen und prominente Fürsprache zu sichern. Die kann er unter anderem von Thomas Mann vorlegen, der Karl Wolfskehl als renommierten Dichter, Kulturkritiker und vielschichtigen Denker preist. Und als sich dann auch noch ein Aucklander Rechtsanwalt für ihn engagiert, zeigen sich ihm die Einwanderungsbehörden gewogen – immerhin kann der Deutsche seinen Lebensunterhalt selbst bestreiten. Im Januar 1939 bekommen Karl Wolfskehl und Margot Ruben die Daueraufenthaltsgenehmigung für jenes Land zuerkannt, das er, noch auf offener See, sein »letztes Thule« nannte.

Die Eingewöhnung fällt ihm schwer. Noch fühlt er sich fremd, fehlen ihm die Begegnungen und der Gedankenaustausch mit Gleichgesinnten. Doch er hat eine Wohnung in Aucklands Vorort Mount Eden, in einem Häuschen mit Garten. Und er hat eine vertraute und geliebte Person an seiner Seite. Das Wichtigste aber ist, daß er wieder schreiben kann, wie er brieflich einer Freundin berichtet: »Bis heute ist es noch nicht still geworden in mir, die Verse strömen, die Gebilde formen sich, und auch noch Anderes entsteht.«

Zerrissen fühlt sich der junge Hans Jottkowitz. Hans ist von Wellington aus auf die Südinsel gegangen, nach Dunedin, wo er Arbeit in einer Färberei fand. Seine Gedanken kreisen oft um Berlin. Seit seiner Ankunft ringt Hans um ein Permit für seine Eltern – die Nachrichten aus der Reichshauptstadt, die stets erst Wochen später in Neuseeland eintreffen, sind so düster wie einige der Farbmuster, die Hans mit ins Exil genommen hat. Sein ehemaliger Chef in Deutschland ist einem Herzinfarkt erlegen, nachdem seine Färberei »arisiert« worden ist. Sein Vater ist inzwischen aus dem Konzentrationslager entlassen worden – mit der strikten Auflage, Deutschland so schnell wie möglich den Rücken zu kehren. Doch das ist leichter gesagt als getan: Hans' erster Antrag wurde von den Einreisebehörden abgelehnt – mit der Begründung, seine Eltern seien bereits über 50 Jahre und damit zu alt. Wegen seiner Großmutter, so ließ man ihn wissen, brauche er gar nicht erst nachzufragen.

Sofort nach der Ablehnung hat Hans den zweiten Antrag eingereicht. Die Zeit drängt: Seine Eltern sitzen ohne Einkommen in Berlin. Schon vor den November-Pogromen durfte der Vater, ein Handelsvertreter für Posamenten, seinen Beruf nicht mehr ausüben. Für einige Wochen ist er in Betriebe gegangen, um dort während der Arbeitspausen an Angestellte Tischdecken und ähnliches zu verkaufen, doch inzwischen ist auch das untersagt. Im Juli 1939 sitzen die Eltern im brütend heißen Berlin und nähen in Schwarzarbeit Mäntel, bis zur Erschöpfung, um die Tickets nach Übersee bezahlen zu können, wenn es endlich soweit ist. Am anderen Ende der Welt läuft Hans durchs winterliche Dunedin, um Kontakte zu jedem zu knüpfen, der ihn einer

Einreisegenehmigung für seine Eltern näherbringen könnte.

In der Färberei in Dunedin ist der junge Berliner an einen Ausbeuter geraten: Er erhält unverhältnismäßig wenig Lohn, so daß er momentan noch nicht einmal für den Unterhalt seiner Eltern aufkommen könnte, falls sie jetzt einreisen dürften. Doch obwohl er das genaue Gegenteil davon in seinem Antrag an die Einwanderungsbehörde angegeben hat, wird auch sein zweiter Antrag abgelehnt. Hans Jottkowitz ist fassungslos. Bei seinen Eltern in Berlin sinkt die Hoffnung, noch rechtzeitig aus Deutschland herauszukommen.

In Dunedin haben die Quäker die deutschen Immigranten unter ihre Fittiche genommen, die kümmern sich mehr um Hans als die Jüdische Gemeinde, die in drei Interessengruppen zerfallen ist – alteingesessene Engländer, Polen, die zur Zeit des Goldrausches in den sechziger Jahren des 19. Jahrhunderts in Central Otago eintrafen, und die neu angekommenen deutschen Flüchtlinge. Jede Gruppe ist vor allem mit sich selbst beschäftigt, das gefällt ihm nicht.

Familie Adler aus Hildesheim, deren Töchter zunächst auf der Schweinefarm eines Verwandten untergekommen waren, hat sich in Auckland erstaunlich schnell eingelebt. Ihr neues Geschäft am Ende der Karangahape Road fällt bescheidener aus als ihr »Magazin Rothschild« im gutbürgerlichen Hildesheim, doch es wird von den Kunden angenommen. Die Familie wohnt, inzwischen wieder vereint, über dem Geschäft. Mit Nachbarn und Mitschülern kommt Ruth, trotz der Sprachschwierigkeiten, gut zurecht, und die Leute sind freundlich. Allmählich beginnt sich die Angst zu legen, die in Hildesheim täglicher Begleiter war. Ruth, ihre Eltern und die Schwester sind in Sicherheit. Sie könnten aufatmen, wäre da nicht die lastende Sorge um Großmutter Jenny Rothschild, die in Hildesheim zurückbleiben mußte. Schon kurz nach der Ankunft haben auch Ruths Eltern weitere Einreiseanträge gestellt.

Hat der Name Rothschild die Beamtenstarre plötzlich aufgebrochen? Die niedersächsische Familie erhält drei weitere *Permits* bewilligt, so daß auch die 80jährige Großmutter 1939 aus Deutschland entkommt, in buchstäblich letzter Minute. Sie wird begleitet von zwei Onkeln Ruths, die nach der Nacht vom 9. November einige Wochen in Buchenwald interniert waren.

Doch die Entwurzelung verkraftet die alte Frau nicht mehr – ein Jahr nach ihrer Ankunft in Neuseeland stirbt sie, im Kreise ihrer Familie.

Sehnsüchtig warten auch Peter Muenz, seine Schwester und Mutter auf die *Permits* für Neuseeland, um die sich der Bauunternehmer aus Methven für sie bemüht. Dank Peters Onkel sind sie erst einmal in Palästina untergekommen, als sie Italien verlassen mußten. Nun sitzen sie in Haifa und warten, daß die Einreise nach Neuseeland klappt. Nach den Jahren im italienischen Florenz findet Peter in Palästina alles furchtbar, er vermag keine Beziehung zum Land seiner Vorväter aufzubauen. Genau das aber erwarten seine Verwandten von ihm. Einige Male war er im Kibbuz seines Onkels zu Besuch – diese Art des Gemeinschaftslebens hat ihm sehr gefallen.

Und Silbersteins aus Berlin-Steglitz, warum gehen sie nicht weg? Sie sind enteignet worden, ihr Kaufhaus

»Boga« gehört nun parteitreuen Nationalsozialisten. Seit seiner Entlassung aus dem KZ Sachsenhausen muß sich Berthold Silberstein regelmäßig bei der Gestapo melden. Arbeit hat er keine mehr, die Ersparnisse schmelzen zusammen. Die nationalsozialistische Politik setzt noch immer darauf, die deutschen Juden durch Entzug der wirtschaftlichen Existenz, durch Isolation und Brutalität zur Auswanderung zu zwingen. Dennoch zögert Berthold Silberstein mit der Ausreise. Er, der mit kahlgeschorenem Schädel und völlig verängstigt aus dem Lager zurückgekehrt war, weigert sich, Deutschland zu verlassen – noch immer unterschätzt der ehemalige Frontsoldat aus dem Weltkrieg das tödliche Ausmaß der Bedrohung.

Seine Tochter Hansi hat in der Schule ganz bewußt Englisch als Fremdsprache gewählt – und nun soll sie hierbleiben, wo man sich nur noch unter Angst bewegen kann? Hansi hat inzwischen als Helferin im jüdischen Kindergarten Schöneberg angefangen – es ist eine unentgeltliche Arbeit, man kann ihr lediglich das Fahrgeld für die S-Bahn zahlen. Doch der Einsatz gilt als Vorpraktikum für eine Ausbildung als Kindergärtnerin, wobei fraglich ist, ob sie eine solche überhaupt noch absolvieren kann. Das mit Hakenkreuzfahnen verhängte Berlin wird ihr immer fremder.

Eines Tages kommt ein SS-Mitglied und besichtigt die Wohnung der Silbersteins – sie gefällt ihm, Familie Silberstein muß ihre Wohnung verlassen. Als die Eltern Mitte des Jahres dann zur Zwangsarbeit verpflichtet werden, erwägen sie das erste Mal, vielleicht doch auszuwandern – nach Shanghai, wohin schon der Bruder des Vaters emigriert ist. Doch die vierköpfige Familie, die noch vor einem Jahr ein gutgehendes Geschäft besaß, muß nun feststellen, daß ihr das nötige Geld zur Auswanderung fehlt.

6. *Der Krieg bricht aus*

Frank und Alice Briess scheinen ein Gespür für den letztmöglichen Augenblick zu haben: Sie hatten den Familiensafe in Wien noch kurz vor dem Einmarsch der Deutschen geleert, sie haben genau zwei Tage vor dem Einmarsch der Deutschen in die Tschechoslowakei einen Zug Richtung England bestiegen – und jetzt ist es ihnen gelungen, genau drei Tage vor Kriegsausbruch zwei Plätze auf einem Schiff nach Neuseeland zu ergattern. Alice und Frank Briess besteigen in Southampton den Ozeandampfer »Akaroa«. Als Hitler unter einem Vorwand die Wehrmacht am 1. September 1939 in Polen einmarschieren läßt, sind sie unterwegs in Richtung Curaçao.

Am Sonntag, dem 3. September, versammelt sich spätabends im Parlament von Wellington das Ministerkabinett. Die Spitzenpolitiker Neuseelands lauschen, um einen Rundfunkempfänger geschart, den britischen Nachrichten. Gegen 22 Uhr erreicht sie die englische Kriegserklärung. Der Zweite Weltkrieg hat begonnen. In den Morgenstunden des folgenden Tags setzt die Regierung unter dem derzeit amtierenden Premierminister Peter Frazer eine Vielzahl von Notstandsmaßnahmen in Kraft. Am 5. September tritt Neuseeland an der Seite Großbritanniens in den Krieg gegen Deutschland ein. Das Flüchtlingsproblem hat sich damit zunächst erledigt

– mit Kriegsbeginn kommt die gesamte Einwanderung zum Erliegen.

Wenige Tage später sitzt Hans Jottkowitz mit anderen jüdischen Immigranten im Englischunterricht, in Dunedin auf der Südinsel. Sie alle sind aufgeregt, die Nachricht des Kriegsausbruchs verbreitet sich gerade in Neuseeland. Hans ist geschockt: Ob der Einwanderungsantrag für seine Eltern jetzt überhaupt noch eine Chance hat?

So wie ihm ergeht es all den anderen jüdischen Flüchtlingen, die ihre Verwandten und Bekannten zurücklassen mußten. Auch Karl Popper hat noch Onkel, Neffen und Cousinen in Wien – allein seine Schwester Annie hat sich rechtzeitig nach Paris retten können. Für den jungen Philosophen aus Österreich steht fest, daß er sich nun als Freiwilliger zur neuseeländischen Armee melden wird! Gleichzeitig gelingt es ihm und seinen Mitstreitern im Flüchtlingsnotkomitee von Christchurch noch, der Regierung für etwa 40 österreichische Flüchtlinge eine Einreiseerlaubnis abzutrotzen – angesichts der etwa 120 000 österreichischen Juden, die ihre Heimat verlassen mußten, scheint das jedoch ein Tropfen auf dem heißen Stein.

Frank und Alice Briess bekommen vom Kriegsausbruch kaum etwas mit, ihre Schiffsreise über die Weltmeere verläuft unbehelligt und in fröhlicher Gesellschaft von Briten und Neuseeländern.

Kurz nach Kriegsausbruch stirbt in Berlin der jüdische Rechtsanwalt Bruno Marwitz an plötzlichem Herzversagen. Sein Enkel Peter Dane in London glaubt nicht an einen natürlichen Tod. Hat der geliebte Großvater Selbstmord begangen?

Der 18jährige hat mit Deutschland gebrochen, und der Kriegsausbruch vertieft die Aversion gegenüber seiner alten Heimat. Als er von zu Hause aufgebrochen ist, hat er sich geschworen, für lange Zeit kein Deutsch mehr zu sprechen. Bisher hat er das auch durchgehalten: Peter Dane ist rundherum damit beschäftigt, die Sprache seiner neuen Heimat zu lernen, was ihm gut gelingt. In der Schule ist er in Englisch inzwischen fast der Klassenbeste. Deutsch gesprochen hat er hier nur ein einziges Mal – mit Gabriele Herrmann, an die er oft denken muß.

Und noch ein anderer Junge aus Berlin erlebt den Kriegsausbruch in London – der Unternehmersohn Dieter Adam, der mittlerweile 15 Jahre alt ist. Dieter ist bereits ein halber Brite geworden, er lebt nun schon seit fünf Jahren in England und kommt hervorragend zurecht. Das Eingangsexamen für die Universität hat er, nachdem er in der Schule ein Jahr überspringen durfte, bereits bestanden. Nur seinen deutschen Namen – in ganzer Länge heißt er Dietrich Götz Otto Werner – würde Dieter nur allzu gern ändern, vor allem jetzt.

Als die »Akaroa« am 8. Oktober 1939 im Hafen von Auckland einläuft, haben Deutschland und die Sowjetunion bereits Polen unter sich aufgeteilt. Während der Krieg über Europa hereinbricht, ist das Geschehen am anderen Ende der Welt für Frank und Alice Briess sehr weit entfernt. Sie fühlen vom ersten Moment an, daß ihre Entscheidung für Neuseeland richtig war. Ihre Ankunft liegt im Frühling: Überall sehen sie anheimelnde Holzhäuser inmitten blumenbeladener Gärten. Das Klima ist mild. Ihnen begegnen freundliche, offene Gesichter, und Alice begeistert sich besonders für die üppige Vegetation mit Palmen und Zitronenbäumen, die die Straßen säumen. Das junge Paar aus Mähren ist voller Pioniergeist, zögert nicht lange und entschließt sich schon bald, es mit einer Milchfarm zu versuchen: Ende Oktober sondieren sie die Umgebung Aucklands nach einem geeigneten Hof. Eifrig studieren sie Zeitungen und Literatur über neuseeländische Landwirtschaft, lassen sich von verschiedensten Fachleuten beraten und machen erste Erfahrungen auf der Milchfarm eines Bekannten.

1940

1. Der Vertrag von Waitangi

Trotz des Krieges zelebriert Neuseeland im Februar 1940 sein 100jähriges Bestehen. Gefeiert wird das Jubiläum jenes Vertrags, den die Weißen und die Jahrhunderte vorher aus Polynesien eingewanderten Maori am 6. Februar 1840 in Waitangi unterzeichnet hatten – einem Örtchen unweit von Russell, der damaligen Hauptstadt Neuseelands.

Es sollte ein folgenreicher Akt sein: Im Vertrag von Waitangi erklärten die Briten Neuseeland zur Kolonie, die Maori wurden britische Staatsbürger und traten im Gegenzug die Souveränität über das Land an die britische Krone ab. Aufgrund von Übersetzungsschwierigkeiten und unterschiedlichen Auslegungen des Vertrags kam es in der Folge von Waitangi allerdings zu wachsenden Spannungen. Während den Maori in dem Vertrag der Erhalt ihrer Besitzungen, also ihrer Wälder, Ländereien und anderer Toanga, Schätze, zugesichert worden war, begannen die europäischen Siedler mit ihrer systematischen Erschließung Neuseelands, was von 1845 bis 1872 schließlich in den Maori-Kriegen mündete.

Nun, 100 Jahre später, wird wieder vor Ort gefeiert. Die Unstimmigkeiten zwischen Maori und *Pakeha*, wie die Polynesier die Weißen nennen, halten sich mittlerweile in Grenzen. Und haben die Neuseeländer nicht Grund, stolz zu sein? Schließlich haben sie die langgezogene Doppelinsel während der vergangenen hundert Jahre von einer rauhen Wildnis in eines der fruchtbarsten Länder der Welt verwandelt! Alles in allem ist die Bilanz der noch jungen Nation positiv: Die Jahre der wirtschaftlichen Depression hat das Land hinter sich gelassen, der Wirtschaftstanker ist wieder flott. Dank Labour hat Neuseeland 1940 weltweit das beinahe höchste Pro-Kopf-Einkommen. Im Gegenzug sind die Steuern hoch, werden Preise und Löhne, Import und Export staatlich kontrolliert.

In ein gigantisches staatliches Bauprogramm, das nicht nur Tausende Wohnungen, sondern auch Arbeitsplätze schafft, ist inzwischen auch Ernst Neuländer als Bauzeichner eingetaktet. Herta hat ein gesundes Baby zur Welt gebracht – den beiden Neuankömmlingen geht es also gut. Was ihnen fehlt, ist ein eigenes Zuhause; denn noch immer teilen sich die beiden Schlesier mit einer Flüchtlingsfamilie aus Ungarn eine kleine Wohnung in Wellington. Eingebettet liegt die Hauptstadt Neuseelands zwischen einem Naturhafen und einer samtigsanften Hügellandschaft, die oft in malerische Küstenstreifen mündet. Genau hierhin zieht es Ernst und Herta mit ihrem Baby: Eines Tages beschließen sie, nach Plimmerton umzusiedeln – in einen idyllischen Vorort von Wellington, direkt am Meer gelegen. Dort wohnen sie zunächst in einem Zelt. Auf der Suche nach der preisgünstigsten Variante eines eigenen Heims entscheiden sie sich schließlich für ein Sommerhäuschen – es ist winzig klein und eiskalt, aber erschwinglich für sie. Die Lebensumstände in Plimmerton sind recht primitiv, es gibt keine Kanalisation und kein fließend Wasser, doch Ernst und Herta fühlen sich glücklich. Neue Freunde haben sie hier auch schon gefunden.

Im April 1940 wird Neuseeland von einem unvorhergesehenen Regierungswechsel erschüttert: Der bei der Bevölkerung überaus beliebte Premierminister Michael Joseph Savage stirbt plötzlich im Alter von 68 Jahren. Für Tage versinkt das Land in Trauer. Auch der Krieg lastet mehr und mehr auf dem Land. »Wo Britannien geht, da gehen auch wir – wo es steht, da stehen auch wir!« Mit dieser Parole war Britanniens treuester Verbündeter dem Mutterland an die Seite geeilt. Bereits in den ersten Tagen des Krieges hatten sich 5419 Freiwillige gemeldet, drei Wochen später standen bereits 15 000 Rekruten unter Waffen. Im Januar war das erste Kontingent von mehr als 6000 Soldaten und Offizieren von Auckland aus nach Ägypten verschifft worden. Neben Truppenkontingenten wird nun auch Munition in die Kampfgebiete geschickt, zudem verstärken neuseeländische Männer in Europa britische Polizeieinheiten. Sogar ein eigenes Maori-Bataillon bereitet sich auf den Einsatz in Übersee vor.

Die diplomatischen Beziehungen zum »Dritten Reich« waren schon unmittelbar nach der britischen Kriegserklärung, der Neuseeland sich anschloß, abgebrochen, das Deutsche Konsulat geschlossen worden. Deutsche Angelegenheiten regelt seitdem das Konsulat der neutralen Schweiz. Die wenigen bilateralen Kontakte zwischen Neuseeland und Deutschland laufen nun über die Schweizer Gesandtschaft in London oder die Deutsche Gesandtschaft in Bern.

2. Die deutsche West-Offensive

In einem handstreichartigen Feldzug, einer Kombination erfolgreicher See-, Land- und Luftmanöver, läßt Adolf Hitler im April 1940 Dänemark und Norwegen besetzen. Damit ist der deutsche Zugriff auf die schwedischen Erzlager gesichert und eine Operationsbasis im Kampf gegen England gewonnen. Die Unterjochung Skandinaviens ist jedoch nur eine Zwischenetappe auf dem Weg der Nationalsozialisten nach Westen: Im Morgengrauen des 10. Mai 1940 startet die Offensive gegen Holland, Belgien und Luxemburg. Der deutsche Angriff erfolgt mit aller Wucht und, wie schon in Skandinavien, ohne vorherige Kriegserklärung.

Bomben fallen nicht nur auf Rotterdam, auch in Antwerpen heulen die Sirenen. In der belgischen Bevölkerung breitet sich panische Furcht vor den *Boches* aus – noch zu tief sitzt die Erinnerung an das Wüten deutscher Soldaten im Ersten Weltkrieg, wo als Vergeltungsmaßnahmen Frauen und Kinder ermordet, ganze Dörfer verwüstet wurden. Und so strömen unmittelbar nach dem deutschen Überfall mit Gepäck beladene Menschenmassen zu den Bahnhöfen, sind in Kürze die belgischen Landstraßen von Autos und Fuhrwerken verstopft. Die Flüchtlingstrecks streben nach Nord, West und Süd: Etwa eine Million Belgier versuchten, den Deutschen zu entkommen – einige in Richtung England, der Hauptstrom jedoch wälzt sich in Richtung französischer Grenze. Es herrscht ein unbeschreibliches Chaos, und niemand weiß, bis wohin die *Boches* bereits vorgedrungen sind.

Unter denen, die 1940 in Richtung Frankreich zu entkommen suchen, sind viele deutsche Juden, geflohen nach den November-Pogromen ins vermeintlich sichere Belgien. Auch die ursprünglich aus Polen stammende Familie Grynbaum ist unter den Flüchtlingen.

Der dreieinhalbjährige Salomon Grynbaum, seine Eltern und sein Onkel versuchen zunächst, über die grüne Grenze nach Frankreich zu fliehen, um von dort aus in die Schweiz zu gelangen. Doch die Grenze wird bereits von deutschen Soldaten bewacht, sie müssen umkehren. Ein zweiter Fluchtversuch gelingt, sie schaffen es nach Paris, aber dort erwartet sie schon wieder die deutsche Wehrmacht, der es in wenigen Wochen gelungen ist, sowohl die kleinen Benelux-Staaten als auch Frankreich zu überrennen. Angesichts der völlig unübersichtlichen Lage entschließen sich die Grynbaums, wieder nach Hause zurückzukehren, man hofft auf ein baldiges Kriegsende.

Grynbaums besitzen in Antwerpen eine kleine Schneiderei. Werkstatt und Wohnung sind eins bei den Grynbaums, und so wächst der kleine Salomon zwischen Kundenbeinen, Zuschneidetisch und Nähmaschine auf. Flämisch wird über seinen Kopf hinweg gesprochen, ebenso jiddisch und polnisch. Einen wichtigen Platz nimmt die Religion in der Familie ein: Grynbaums sind gläubige Juden, aber offen gegenüber der christlichen Kultur.

Wie wird es für sie weitergehen? Antwerpen ist zwar nun voller deutscher Soldaten, doch die scheinen sich weitgehend anständig zu benehmen, selbst gegenüber der jüdischen Bevölkerung.

3. Die Stunde Winston Churchills

Nach der Einnahme Frankreichs wird Hitler von seinem militärischen Stab als größter Feldherr aller Zeiten bejubelt. Die militärischen Erfolge lösen in der deutschen Bevölkerung Hochstimmung aus, mit stürmischer Begeisterung werden die heimkehrenden Truppen empfangen.

Das okkupierte Europa dagegen ist wie gelähmt: 135 000 Gefallene sind bereits zu beklagen, auf der deutschen Seite nicht einmal ein Viertel davon. England hat seine Truppen vom Kontinent zurückziehen und seine Heeresrüstung an den Kanalhäfen zurücklassen müssen, lediglich die waffenlose Truppe konnte noch evakuiert werden.

Eine Wende zeichnet sich mit dem Machtantritt Winston Churchills ab: Am 10. Mai 1940, dem Tag des deutschen Überfalls auf die Benelux-Staaten, löst der konservative Politiker, der sich stets als scharfer Gegner der *Appeasement*-Politik Chamberlains positioniert hat, diesen als britischer Premierminister ab. Churchill wird zum Symbol des britischen Selbstbehauptungswillens. Mit dem neuen Premier findet Großbritannien auch seine Sprache wieder: »Wenn das britische Empire und sein Commonwealth nach tausend Jahren noch bestehen, sollen die Menschen sagen: ›Das war ihre größte Stunde.‹« bekräftigt Churchill vor dem Unterhaus am 18. Juni seine äußerste Entschlossenheit, weiterzukämpfen. Fieberhaft wird nun die Verteidigung der Britischen Inseln vor der befürchteten deutschen Invasion organisiert. Einen Frieden mit Hitler lehnt Churchill konsequent ab – England hat noch große Flottenkapazitäten und seine Luftwaffe.

Nur Wochen später beginnt die deutsche Luftwaffe mit dem Bombardement der britischen Küstenverteidigung, der Häfen und Flugplätze; ab September entfesselt sie einen wahren Bombenhagel über den englischen Städten, der am Ende des Jahres 1940 23 000 zivile Opfer gefordert haben wird, mehr als die Hälfte davon in London. Doch nun greifen die Briten selbst an, und das gesamte Commonwealth mobilisiert seine Truppen. Neuseeland beginnt größere Truppenkontingente nach Ägypten zu verschiffen, und noch im Juni 1940 wird in den Dominions die Wehrpflicht eingeführt. Neuseeländische Männer zwischen 18 und 46 Jahren werden nun flächendeckend gemustert, mehr als 300 000 von ihnen in den kommenden Jahren zum Militärdienst einberufen.

Die Welt ist in den zweiten großen Krieg des Jahrhunderts gestürzt, und dessen Schlachten dringen immer weiter ins alltägliche Leben der Menschen vor. Damit kommen auch wieder jene Lager zum Einsatz, in denen Angehörige gegnerischer Staaten festgehalten werden oder Menschen, die plötzlich als Sicherheitsrisiko gelten – vorzugsweise Männer im wehrfähigen Alter. Interniert wird meist in öden Landstrichen oder auf vorgelagerten Inseln. So finden sich nach dem Einmarsch der Deutschen in Frankreich Tausende deutscher Flüchtlinge, unter ihnen viele Juden, unter widrigsten Verhältnissen in französischen Internierungslagern wieder.

Selbst in England trifft es Flüchtlinge, die sich längst in Sicherheit wähnten, wie den 16jährigen Dieter Adam aus Berlin, dessen Familie schon 1935 emigriert war. Dieter besucht gerade seine ersten Vorlesungen für Nationalökonomie an der Londoner Universität, als eines Morgens zwei Polizisten bei den Adams klingeln: Er wird verhaftet und anschließend mit mehreren tausend Deutschen auf der Isle of Man interniert. Nach vier Wochen entläßt man den Jungen jedoch wieder.

Durch die britischen Internierungstribunale werden im Frühjahr 1940 über 20 000 Deutsche und Österreicher in Lager gebracht, hinter Stacheldraht finden sich plötzlich Kommunisten, Juden und Anhänger der Nationalsozialisten gemeinsam eingesperrt. Eine Maßnahme, die gerade bei jüdischen Flüchtlingen – etwa 90 Prozent der Internierten – blankes Entsetzen auslöst. Oft nur mit großen Mühen waren sie den deutschen Nazis entkommen, und nun werden sie mit ihren Verfolgern zusammengepfercht. So jedenfalls sieht es Peter Dane.

Noch immer wird der 18jährige Schüler von einer Hilfsorganisation der Quäker betreut, und noch immer lehnt er seine deutsche Herkunft rigoros ab, spricht er demonstrativ kein Deutsch. Ausgerechnet er wird nun als *Enemy Alien* eingestuft und interniert. Dabei hat Peter Dane besonderes Pech, denn er bleibt nicht auf der englischen Isle of Man, sondern wird mit 2000 Deutschen und Österreichern in die australische Wüste deportiert!

In Australien angekommen, transportiert man sie als Kriegsgefangene in ein riesiges Camp in der Nähe von Wagga Wagga, am Rand der australischen Wüste gelegen. Dort werden sie aufgeteilt, zu jeweils etwa 30 Mann pro Baracke.

Im fernen Neuseeland geht man deutlich gelassener mit Internierungen um: Nicht mehr als 80 Personen werden

1940 festgesetzt, in einem Lager auf Somes Island, einer kleinen Insel in der Meeresbucht unmittelbar vor Wellington, die zuvor schon als Quarantänestation diente. Im Vergleich zur australischen Wüste kann man das Leben hier geradezu komfortabel nennen. Zwar gelten auch auf Somes Island die Internierten als Kriegsgefangene, orientiert sich ihre Behandlung streng an den Vorgaben der Genfer Konvention von 1929, doch legen die Neuseeländer diese Konvention durchaus zuvorkommend aus: Stacheldraht umgibt die Wohnbaracken und ein Lagergefängnis gibt es selbstverständlich auch, doch stehen den Insassen des Lagers neben der Küchenbaracke, einer Waschküche, dem Spital und einer Werkstatt auch zwei Räume für Sport, mehrere Aufenthaltsräume sowie ein Schul- und Musikzimmer zur Verfügung. Die Gebäude sind wohnlich eingerichtet, jeder Gefangene hat einen separaten Schlafraum mit Feldbett, zumindest solange das Lager nur mäßig gefüllt ist. Die Küche ist geräumig, die Mahlzeiten bereiten sich die Internierten selbst zu: Fisch angeln sie direkt aus dem Meer, und für den täglichen Milchbedarf werden die fünf Lagerkühe gemolken, die auf dem Inselhang grasen.

Probleme gibt es allein mit den kälter werdenden Temperaturen: Im Mai kündet nasses Wetter den Winter an, es zieht ein scharfer Südwind durch die Ritzen der Holzhäuser, und die Gefangenen bangen um ihre Dächer, wenn der Wind orkanartig bläst.

4. Enemy Aliens

Sehr nahe rückt der Krieg an Neuseeland heran, er erreicht den pazifischen Raum: In der Tasman Sea versenkt ein deutscher Kreuzer ein neuseeländisches Handelsschiff, mehr als 50 Mann der Besatzung verlieren dabei ihr Leben. Am East Cape sterben Zivilisten bei einem deutschen Überfall auf einen Passagierdampfer.

Wer einen deutschen Namen trägt, hat es 1940 in Neuseeland schwer, fast schon so schwer wie zu Zeiten des Ersten Weltkrieges. Von Monat zu Monat verschlechtert sich die Stimmung gegenüber allem, was deutsch ist – und nicht jeder unterscheidet zwischen Nazis und den von ihnen Verfolgten. So gut es irgend geht, vermeiden die meisten jüdischen Flüchtlinge jetzt in der Öffentlichkeit, deutsch miteinander zu sprechen.

Und die offiziellen Behörden? Sie ordnen nun etwa 7000 Personen als *Enemy Aliens* ein: Neben einigen deutschstämmigen Einwohnern, die als Risikofaktoren gelten, geraten vor allem deutsche und österreichische Flüchtlinge auf die Liste sowie etwa 2600 Chinesen und die wenigen eingewanderten Sowjetbürger. Mit dem Kriegseintritt Italiens im Juni 1940 kommen noch 700 Italiener dazu. Immer genauer werden die Immigranten hinsichtlich ihrer Herkunft und der von ihnen möglicherweise ausgehenden Gefahr für die neuseeländische Sicherheit registriert und klassifiziert. Tribunale wie in Großbritannien werden eingerichtet, Flüchtlinge verhört und in Kategorien zwischen A und D eingeteilt – Buchstaben, die darüber entscheiden, ob man interniert wird oder nur gewissen Restriktionen unterliegt.

Viele der jüdischen Flüchtlinge hoffen, durch diese

Tribunalverfahren endlich ihre Loyalität gegenüber Neuseeland bestätigt zu wissen. Doch die meisten erleben im Laufe der nächsten Monate eine herbe Enttäuschung: Sie werden als *Enemy Aliens* klassifiziert! In der angespannten, fast schon hysterischen Atmosphäre des Jahres 1940 bedeutet das eine schwer erträgliche seelische Last für Menschen, die in ihrer Heimat bereits scharf stigmatisiert wurden. War es richtig, nach Neuseeland zu fliehen?

Alles kommt auf den Prüfstand – die Wohnlage, das Arbeitsverhältnis, der Besitz ... Und so verliert der junge Hans Jottkowitz seine Stelle in der Färberei in Dunedin, weil er Deutscher ist. Ein Tribunal entscheidet, daß er zwangsumgesiedelt werden soll, aufs Land. Hans, der immer nur in der Stadt gelebt und keinerlei landwirtschaftliche Erfahrung hat, muß nun für Monate in den Kuhstall und aufs Feld – eine Zeit, in der er sich unglücklich und sehr einsam fühlt.

5. *Die neuen Farmer*

Nicht alle Flüchtlinge fühlen sich unglücklich auf dem Land: Seit Januar 1940 führen Frank und Alice Briess eine Farm in Massey-Henderson, freiwillig und gut gelaunt. Die Farm liegt in den grünen Hügeln West-Aucklands und ist nur einen Steinwurf vom Meer entfernt. Das Gelände ist riesig – etwa 27 Hektar, der Boden fruchtbar, das Farmhaus geräumig. Den umfangreichen Tierbestand haben Frank und Alice vom Vorbesitzer übernommen: 32 Milchkühe, sieben einjährige Kühe, fünf Kälber, elf Schweine, zwei Pferde, dazu einen Hund sowie zahlreiche Hühner und Enten.

Zwar sind der junge Kaufmann und die ehemalige Medizinstudentin nicht aus freien Stücken nach Neuseeland gekommen, doch scheint es mittlerweile, als hätten Frank und Alice Briess hier ihre wahre Bestimmung gefunden. Die beiden Jung-Farmer schonen sich nicht: Noch vor dem Morgengrauen stehen sie auf und sinken spätabends todmüde ins Bett. In der Zwischenzeit melken sie die Kühe, trennen Sahne von Magermilch, füttern das Geflügel, sammeln Eier, melken wieder und bewirtschaften das Land. Das Arbeitspensum schreckt sie nicht. Sie fühlen sich glücklich und frei, auch wenn sie von der berühmten neuseeländischen Agrartechnik, die der Maxime folgt: »Üppiger Graswuchs plus günstiges Wetter plus weitgehende Ausschaltung menschlicher Arbeitskraft«, zur Zeit nur den üppigen Graswuchs haben.

Frank baut Zäune, Ställe und Scheunen, und schon bald haben sie fließendes Wasser. Bei all dem hilft ihm der Nachbar, mit dem sie sofort Freundschaft geschlossen haben. Alice sorgt sich derweil um das Haus und dessen Innenausstattung; sie legt Linoleum und streicht Wände und erledigt mit Freude all die Hausarbeiten, die in Olmütz noch Sache der Haushälterin waren. Sie stampft Sauerkraut ein, in Neuseeland etwas völlig Unbekanntes, und überrascht Nachbarn und Gäste zum Wochenende mit mährischen Spezialitäten.

Nein, es läuft nicht alles glatt: Sechs Schweine gehen ihnen ein, der Traktor läuft nicht und die Düngemaschine erweist sich als überflüssig, weil der Nachbar bereits eine hat. Doch der einzige Schatten über ihrem Landleben bleibt das Schicksal der Zurückgebliebenen: Seit ihrer Ankunft ringen sie um Einreisepapiere für ihre nächsten Angehörigen. Das *Permit* für Alices Mutter ist bereits zum dritten Mal abgelehnt worden. Auch die Anträge für Franks Geschwister scheitern. Die Korrespondenz mit Europa bricht zeitweise ab, und so erfahren Frank und Alice erst mit mehrmonatiger Verspätung, daß das Familienunternehmen Briess im mährischen Olmütz inzwischen von den Nazis konfisziert wurde.

Immer verzweifelter kämpfen auch Dorothea und Heinz Eisig bei den Behörden um *Permits* – eine leidvolle Erfahrung, die sie mit Minna Kohane, Hans Jottkowitz und all den anderen Flüchtlingen teilen, die ihre Eltern und Geschwister zurücklassen mußten. Immer häufiger hören sie seit 1940, es komme niemand mehr aus Deutschland heraus.

Heinz' und Dorotheas Arbeits- und Lebensbedingungen auf ihrer Farm im abgelegenen Mercer sind ungleich primitiver. Auch sie arbeiten hart, melken und helfen Kälbern auf die Welt, düngen und sensen. Doch zeigen sich bei ihnen schon früh die Folgen einer fast mittellosen Ankunft in Neuseeland: Sie konnten sich ihre Farm nicht aussuchen – die ihnen zugewiesene aber liegt weitab im Hinterland. Hier gibt es kein fließendes Wasser, und auch sonst geht es spartanisch zu: Sie besitzen kein Telefon und keinen Kühlschrank, geheizt wird mit Brennholz, die Wäsche mit Hand über ein Brett gerubbelt. Der Hausrat ist bescheiden. An ein Auto, um sich auf Viehmärkten auf dem laufenden zu halten, ist auch 1940 nicht zu denken.

Dem ehemaligen Leichtathleten und der Stenotypistin ist der Einstieg ins neuseeländische Farmleben sehr schwer gefallen – die harte Arbeit, die Einsamkeit … All das macht ihnen zu schaffen. Dorothea vermißt das Stadtleben, die Kultur, ihre Bücher. Und manchmal nehmen die Tücken des Alltags einfach überhand: Als eine Tierseuche ausbricht und mit einem Schlag sämtliche Kühe der Eisigs hinwegrafft, gerät das Ehepaar in eine existentielle Notlage. Der Schock sitzt so tief, daß sie fünf Jahre lang kein Rindfleisch mehr essen.

Mühsam beginnen Heinz und Dorothea wieder von vorn. Sie bereuen ihren Entschluß nicht und sind einander in Liebe verbunden. Als Dorothea schwanger wird, überkommt die beiden ein großes Glücksgefühl. Es ist eine andere Unruhe, die sie nicht losläßt: Heinz, dessen Mutter in Deutschland Selbstmord begangen hat, versucht, wenigstens seinen Vater zu retten. Noch vor Kriegsausbruch war es ihm tatsächlich gelungen, den neuseeländischen Behörden ein *Permit* für ihn abzuringen. Doch nun haben sie seit Monaten nichts vom Vater gehört. Hat er die Papiere überhaupt erhalten? Auch das Schicksal von Dorotheas Eltern bleibt ungewiß.

Im Sommer 1940 bringt Dorothea Eisig ein gesundes Mädchen zur Welt. Die Eltern nennen es Merle.

6. *Die letzten Flüchtlinge*

Nur noch 15 000 Juden schaffen es 1940, aus Deutschland herauszukommen. Damit sind sie noch längst nicht in Sicherheit: Überall schließen diplomatische Vertretungen, Schiffspassagen und andere Reisemöglichkeiten fallen plötzlich aus. Europa wird zu einer Festung, aus der ein Entkommen immer schwieriger wird. Wer sich zu retten vermochte, flüchtet nun an den äußersten

Rand Europas, um von hier aus den Atlantik zu überqueren – vor allem nach Lissabon. Andere versuchen, mit der transsibirischen Eisenbahn noch bis nach Shanghai durchzukommen ...

In Turbulenzen geraten nun auch immer mehr Menschen, die es bereits zu einer Zwischenstation geschafft hatten – Flüchtlinge wie Peter Muenz, der mit Mutter und Schwester aus Italien nach Palästina kam, um von hier aus nach Neuseeland auszuwandern. Ihr Aufbruch stand unmittelbar bevor, sie besaßen sogar schon neuseeländische Einreisegenehmigungen – doch dann brach der Krieg aus! Ihre Papiere waren nicht mehr gültig, und nun begann alles von vorn.

Nach einer schier endlosen Odyssee über Italien, Ägypten, Ceylon und Australien kommt die kleine Familie aus Chemnitz schließlich im Januar 1940 in Wellington an.

Ins Land eingelassen wird jetzt nur noch, wem bereits vor dem Krieg eine Einreisegenehmigung erteilt wurde. Ein paar Ausnahmen gibt es: Zu den allerletzten Flüchtlingen, die in Neuseeland eintreffen, gehört das österreichisch-tschechische Paar Lilly und Fritz Bruell. Ihre Arbeit im *Czechoslovakian Trust Fund* wurde nach Kriegsausbruch überflüssig, da sich die Tore für Emigranten nun endgültig schlossen. Dank der Hilfe von Nachbarn mit guten Beziehungen zum neuseeländischen Einwanderungsminister erhielten sie schließlich *Permits* für Neuseeland.

Über Geld verfügen Fritz und Lilly Bruell nicht, ihre Überfahrt wird vom tschechischen Flüchtlingshilfskomitee finanziert. Im Sommer 1940 besteigen sie die »Orcades«. Bevor sie jedoch in Neuseeland Fuß fassen dürfen, haben sie sich umfangreichen Verhören zu unterziehen – man will sichergehen, daß die beiden keine Spione sind.

Sehr wahrscheinlich, daß bei diesen Befragungen ein uns vertrauter Neuseeländer zugegen war: Reuel Lochore. Er, der mittlerweile mit einer Pianistin verheiratet ist, hat seit seiner Rückkehr nach Neuseeland beruflich nicht viel Glück gehabt. Nun aber, seit Krieg herrscht, findet sich endlich Verwendung für die Begabungen des 37jährigen, vor allem für sein polyglottes Sprachtalent: Lochore, der Deutsch und Französisch fließend beherrscht und lange genug in Übersee war, um sich in zentraleuropäischen Mentalitäten auszukennen, wird im neuseeländischen Innenministerium die »Leitung des Sprachendienstes« übertragen. Hinter dieser unscheinbaren Berufsbezeichnung verbirgt sich die geheime Überwachung von Immigranten. Reuel Lochore dient seinem Vaterland damit nicht nur als Sprachmittler, er ist zugleich oberster Zensor. Während der gesamten Kriegszeit wird er Polizeiberichte studieren und die Auslandspost der eingewanderten Flüchtlinge nach Verdächtigem durchforsten.

7. Bar-Mizwa *in Berlin*

Drei Wochen vor Weihnachten feiert der 13jährige Fred Silberstein in Berlin seine *Bar-Mizwa*, den Passageritus, bei dem die Aufnahme des Jungen in die Jüdische Gemeinde vollzogen wird. Vieles ist mittlerweile anders geworden in Freds Leben, vieles, was ihm sein Vater über Freundlichkeit und Respekt beigebracht hat, scheint in den Straßen Deutschlands nicht mehr zu gelten. Nachdem ihnen das Kaufhaus »Boga« weggenommen wurde, werden die Eltern zur Zwangsarbeit gezwungen: Die Mutter muß täglich in eine Gärtnerei nach Potsdam fahren, der Vater in einem Baubetrieb Steine tragen. Freds Schwester Hansi darf für ein Jahr ein Seminar für Kindergärtnerinnen in Wilmersdorf besuchen. Gleichzeitig bemüht sie sich, weiter Englisch zu lernen.

Die 17jährige bereitet sich noch immer aufs Exil vor, obwohl 1940 kaum noch jemand aus Deutschland herauskommt. Ob es bereits zu spät ist? Hansi Silberstein schwankt zwischen Hoffen und Bangen. Immer häufiger verschwinden nun einfach Menschen, und niemand weiß, wohin sie sind.

Am anderen Ende der Welt durchzieht immer wieder ein Zauberwort die Gespräche der jüdischen Flüchtlinge – *Permit*. Denn das bedeutet: Aufnahme ihrer zurückgebliebenen Angehörigen ins Gelobte Neuseeland. Noch wissen sie nicht um den Entschluß der Regierung, Flüchtlingen aus feindlichem Gebiet den Zutritt nun endgültig zu verwehren. Zu diesem feindlichen Gebiet gehören neben Deutschland und Italien auch das frühere Österreich, Böhmen, Mähren, die Slowakei und die Stadt Danzig.

Von nun an laufen alle Versuche von Hans Jottkowitz, Minna Kohane, Dorothea und Heinz Eisig, Frank und Alice Briess, Karl Popper und Alfred Heppner ins Leere, Eltern und Geschwister aus dem Machtbereich der Nazis zu retten. Der Entschluß der neuseeländischen

Behörden mag dem Selbstschutz geschuldet sein – für fast alle der Zurückbleibenden kommt er jedoch einem Todesurteil gleich.

Auch Karl Wolfskehl, den 70jährigen Dichter, belasten die Nachrichten aus der Heimat Europa. Er ist dankbar, daß ihn Neuseeland aufgenommen hat, doch fühlt er sich wie in einer »südantipodischen Sackgasse«. Noch immer hofft er auf eine Rückkehr in die alte, europäische Welt.

Bis dahin fügt er sich ins Gegebene. Dazu gehört diese ganze vom Britischen beherrschte Welt mit ihrer eher kühlen Mentalität – sie macht es ihm nicht leicht, sich heimisch zu fühlen. Schwer fiel ihm ohnehin der Wechsel aus den geräumigen Gemächern im italienischen Recco in eine eher bescheidene Drei-Zimmer-Wohnung in Auckland, doch mehr gab sein Säckel nicht her. Um das karge Budget etwas aufzubessern, erteilt seine Lebensgefährtin Margot Ruben private Unterrichtsstunden in Französisch und Deutsch.

Dennoch hat er keinen Grund zu klagen: Seine Wohnung liegt in einem Holzhaus am Fuße des Mount Eden, eines erloschenen Vulkans, der, von sattem Grün überwachsen und in sanften Bögen ruhend, dem Stadtviertel in Auckland seinen Namen gab. Umgeben ist sein Zuhause von einem wunderbar üppigen Garten, in dem es zu jeder Jahreszeit blüht und der voller Feigenbäume und Fantails ist, jener kleinen Vögel Neuseelands, die stolz ihre Fächerschwänze spreizen.

Der 70jährige hat ein paar Kontakte geknüpft – zur Jüdischen Gemeinde, zum Postboten, zum Milchmann und zu einem Nachbarn, der dem fast Blinden ab und an etwas vorliest. Doch manchmal fühlt er sich einsam – kaum einer kennt ihn hier als Dichter, noch nicht einmal die deutschen Emigranten. Andererseits: Es ist noch nicht still in ihm, die Verse fließen noch – das ist fast mehr, als er sich erhoffen kann in seinem Alter.

1941

1. Sehnsucht nach Nähe

Im Frühjahr 1941 wird an allen Fronten gekämpft: Im Nordatlantik versenken deutsche U-Boote britische Passagierschiffe; das britische Gibraltar-Geschwader beschießt Genua; in Eritrea liefern sich italienische und indische Truppen einen siebenwöchigen Zermürbungskampf. Die britische Armee am Nil erobert Benghasi; die Deutschen marschieren in Bulgarien ein; australische und neuseeländische Divisionen landen auf griechischen Inseln; das deutsche Afrika-Corps setzt von Neapel nach Tripolis über. Torpedos jagen durch die Tiefen der Dänemarkstraße, den Ärmelkanal, das Mittelmeer; Kriegsschiffe kreuzen vor Westafrika und den Seychellen. Noch immer auch tobt der deutsch-britische Luftkampf: Im Frühjahr 1941 wirft die deutsche Luftwaffe Bomben auf Portsmouth, Bristol und London; im Gegenzug bombardiert die *Royal Air Force* Köln, Hamburg, Kiel ...

In Warminster, nicht weit vom Ärmelkanal entfernt, wartet Gabriele Herrmann, die 1939 mit einem Kindertransport aus Deutschland gerettet wurde, seit mehr als einem Jahr sehnsüchtig auf ein Lebenszeichen von ihren Eltern. Die 17jährige wohnt inzwischen in einem Schwesternheim der Anglikanischen Kirche.

Es fiel ihr nicht leicht, sich in England einzuleben. Schon bald nach ihrer Ankunft als Au-pair-Mädchen in Plymouth wurde Gabriele von schwerem Heimweh geplagt: Jeden Tag schrieb sie nach Hause, und fast täglich erhielt sie Post aus Berlin. Doch seitdem der Krieg begann, ist die Verbindung zu ihren Eltern abgerissen.

Im vergangenen Jahr entschloß sich Gabriele, Krankenschwester zu werden, wodurch sie nun in Warminster im Schwesternheim gelandet ist. Doch das Leben hier ist ihr unerträglich: Für ein winziges Taschengeld muß sie Schwerstarbeit leisten, vom frühen Morgen bis halb in die Nacht. Die Schufterei hat bereits ihre Gesundheit angegriffen – Gabriele ist unterernährt, und es geht ihr von Woche zu Woche schlechter. Manchmal hustet sie ganze Nächte durch. Schlecht geht es ihr auch seelisch, sie fühlt sich mutterseelenallein und hat Sehnsucht nach einem Menschen, der ihr nahesteht.

Das Mißtrauen gegen sie, die Fremde aus Deutschland, hat sich mittlerweile gelegt. Doch die harte Führung der Nonnen und die unerbittlichen Strafen bei den nichtigsten Vergehen belasten Gabriele zunehmend. Sie sehnt sich nach ihren geliebten Eltern, nach der Vertrautheit mit ihnen, nach ihren Zärtlichkeiten. Kürzlich hat sie ein paar Sätze über Konzentrationslager aufgeschnappt, seitdem sorgt sie sich noch mehr um sie. Manchmal denkt sie auch an Peter Dane, den sie zuletzt in London gesehen hat – wohin wohl mag es ihn verschlagen haben?

Was Gabriele nicht wissen kann: Peter Dane ist noch immer in der australischen Wüste interniert, in einem höllischen Klima: »Es wurde manchmal wahnsinnig heiß dort am Tag, nachts dagegen war es sehr kalt. Und wenn es richtig heiß wurde – so kurz bevor der Regen kam –, lud sich die Luft elektrisch auf. Die Leute wurden dann sehr nervös, das ging bei manchen bis zur Mordbereitschaft: Einmal schleuderte der Koch eine riesige Bratpfanne nach einem, ein andermal hat er jemanden auf den glühenden Ofen gesetzt – ich habe den Mann sofort heruntergezogen. Ein drittes Mal ging ein Freund von mir auf einen anderen los und schlug ihm zwei Zähne aus ... Zwei ältere Männer unter uns – der eine war Arzt, der andere Chemiker – haben versucht, Selbstmord zu begehen. Wir Jüngeren haben sie danach mit Mühe überzeugt, daß es sich lohnt, am Leben zu bleiben.«

Viele der Gefangenen verstehen die Welt nicht mehr: Sie haben ihr letztes Geld, ihren ganzen Mut zusammengenommen, um Deutschland zu entkommen, und jetzt sind sie in die australische Wüste verbannt, als wären sie Aussätzige.

Peter Dane versucht, sich von den widrigen Lebensumständen abzukapseln. Der 20jährige nutzt die Zeit zum Lernen – und schafft es im australischen Camp, das Abitur nachzumachen! Fast fanatisch stürzt er sich nun in der *Camp School*, die Internierte selbst organisiert haben, auf Mathematik und Philosophie. Schließlich gelingt Peter sogar noch ein Abschluß in höherer Mathematik.

2. Verdächtige Deutsche

Auch im neuseeländischen Internierungslager auf Somes Island ist die Situation nicht mehr so entspannt wie zu Beginn des Krieges. Unter den Neuzugängen im Lager nehmen jene zu, die mit dem siegreichen Vormarsch der Armeen Hitlers von einer heftigen deutschnationalen Erweckung heimgesucht werden. Versammelt sind auf Somes Island im Jahr 1941 knapp 170 Insassen, neben

Deutschen auch Italiener, Japaner und Thailänder – die Zahl der Deutschen wird während der nächsten Monate auf 75 klettern. Unter den Internierten ist auch ein Maschinist aus Auckland – Hans Nathan, ein aus Hamburg geflohener Jude.

Wieso gerade er, ein überzeugter Gegner des NS-Regimes und Jude, interniert wurde, weiß er selbst nicht – weil in seinem deutschen Paß, mit dem er in Neuseeland eintraf, ein Hakenkreuz prangt? Und daß im Paß kein »J« eingestempelt ist, weil er zuvor schon nach England emigriert war, macht ihn jetzt offenbar zusätzlich verdächtig.

Im Lager sieht Hans sich mit einer Gruppe von Hitler-Anhängern konfrontiert, die – auf die Genfer Konvention pochend – schließlich durchsetzt, ihre politischen Überzeugungen frei artikulieren und repräsentieren zu dürfen. In den Gemeinschaftsräumen zieren bald darauf Hitler-Bilder die Wände, einige der Internierten tragen selbstgefertigte Hakenkreuze an der Kleidung. Der Jude Hans Nathan und andere Nazi-Gegner ersuchen den Lager-Kommandanten daraufhin dringend, separat untergebracht zu werden.

Hans Jottkowitz ist nicht interniert worden – ihn hat man zwangsweise aufs Land geschickt. Dort bewährt er sich nun im Stall und auf dem Feld. Genauer gesagt: Er bewährt sich nicht. Gerade ist er auf einer Farm im Landesinneren eingesetzt, in der Nähe von Cromwell. Dort muß der eher zart gebaute Städter 60 Kilogramm schwere Schafe hochwuchten, zur elektrischen Schermaschine ziehen und so zwischen die Beine klemmen, daß Widerstand zwecklos ist. Es will ihm nicht gelingen …

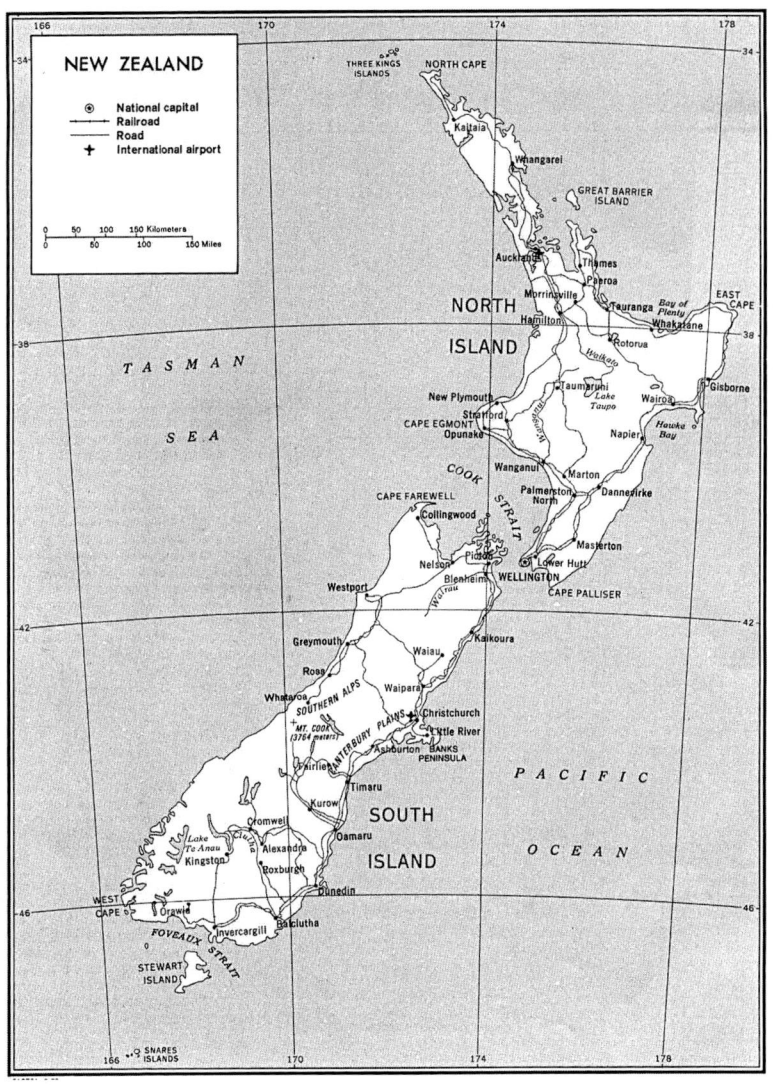

1 Karte von Neuseeland

2 Reuel Lochore, 1934 in Deutschland

*3 Karl Wolfskehl und Margot Ruben (rechts),
um 1940 in Auckland*

*4 Lilly und Fritz Bruell,
1938 bei ihrer Hochzeit in Wien*

5 Salomon Grynbaum (vorn rechts hockend), 1942 im jüdischen Kinderheim in Brüssel

6 a) Herta Neuländer und ihr Sohn Oliver, 1944 in Wellington
b) Ernst Neuländer als Soldat der New Zealand Army,
1942 in Wellington

7 a) *Feierlichkeiten zum* Victory Over Japan Day
am 15. August 1945 in Wellington
7 b) *Manpower in Neuseeland: Arbeiterinnen
während des Zweiten Weltkrieges*

8 Karl Popper, 1937

9 Dieter Adam (rechts) und sein Bruder Klaus als Soldaten der Royal Air Force, *1944 in London*

*10 a) Hans und Minna (rechts) Nathan
bei ihrer Hochzeitsreise 1947 in Rotorua*

*10 b) Hans Jottkowitz mit seinen Eltern Hans und Else
Jottkowitz, 1938 in Berlin*

11 Frank Briess mit seinen Continental Sausages, *1976 in Auckland*

12 a) Neujahrskarte von Fred Silberstein aus Berlin, 1947

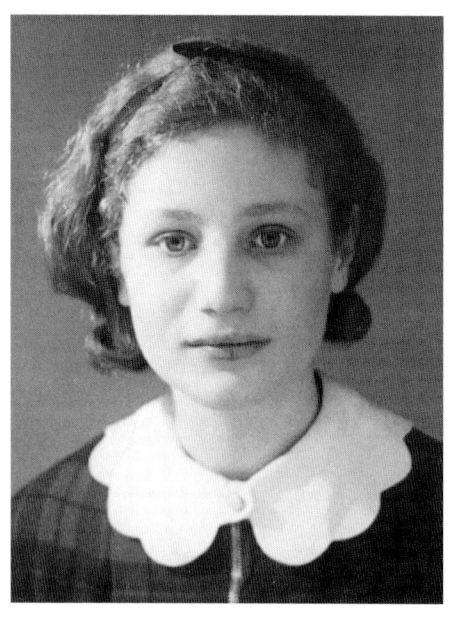

12 b) Hansi Silberstein, 1938

13 Heinz und Dorothea Eisig mit ihren Kindern Merle und Ron, 1946 auf ihrer Farm bei Mercer

14 a) Peter Munz, 1946

14 b) Lotte und Alfred Heppner in Berlin, etwa 1935

*15 Gabriele Herrmann und Peter Dane,
1947 in der Schweiz*

16 a) Ruth Adler, 1934

16 b) Sol Filler mit einem seiner Enkel in der Synagoge von Auckland, Mitte der neunziger Jahre

Auch belastet den 23jährigen immer stärker die Sorge um seine in Deutschland zurückgebliebenen Eltern, die von den Nazis zur Zwangsarbeit eingesetzt werden. Im Oktober 1941 händigt der Postbote von Cromwell ihm eine Rot-Kreuz-Nachricht aus *Germany* aus, die von seinen Eltern in den zugelassenen 25 Wörtern in Berlin verfaßt wurde – die Karte stammt vom Mai 1941, ist also ein halbes Jahr unterwegs gewesen. Darin schreiben die Eltern, es gehe ihnen gut – doch wie soll er wissen, ob das nun, ein halbes Jahr später, noch zutrifft?

Er spürt, daß er den Kampf um ein Einreisevisum für seine Eltern verloren hat – mit über 50 Jahren gelten sie als zu alt für die neuseeländischen Behörden, auch kommt zu diesem Zeitpunkt kaum noch jemand aus Deutschland heraus.

Minna Kohane, die ebenfalls als *Enemy Alien* klassifiziert wurde, ist mittlerweile ein Arbeitsplatz in einer Zigarettenfabrik zugewiesen worden. Der Grund dafür ist ein Regierungserlaß, nach dem Frauen jetzt kriegswichtige Arbeiten anzunehmen haben. Sind Zigaretten denn kriegswichtig? fragt sie sich empört. Andererseits: Ihr zweijähriges Aufenthaltsvisum als Dienstmädchen ist längst abgelaufen und sie will nicht riskieren, nach Deutschland zurückgeschickt zu werden! Es gelingt ihr wenigstens, sich von Wellington in eine Zigarettenfabrik in Auckland versetzen zu lassen. Dorthin ist ihre Schwester Regina gezogen, nachdem ihr Mann, ein Ingenieur, dort Arbeit gefunden hat.

Fritz Bruell und seine Frau Lilly sind als *Friendly Aliens* eingestuft worden, wodurch sie es etwas leichter haben, sich eine neue Existenz aufzubauen. Die beiden verfügen über keinerlei Besitz, doch über den festen Willen, erfolgreich zu sein in dem, was sie anpacken: Schon kurz nach der Ankunft findet die Schneiderstochter Lilly eine Anstellung als Designerin in einem Bekleidungsunternehmen. Auch Fritz kann an seine Berufserfahrung in der Papierwarenfabrik seines Linzer Onkels Sigmund anknüpfen – er wird Manager in einer erst kürzlich gegründeten Firma für Verpackungsmittel.

Den Berliner Arzt Alfred Heppner, der mit seiner Familie in Dunedin lebt, trifft die Klassifizierung als *Enemy Alien* hart. Wie auch die anderen deutschen und österreichischen Flüchtlinge, die sich trotz ihrer praktischen Erfahrung als Ärzte an der *Medical School* der Universität von Dunedin neu qualifizieren müssen, wird er als immerhin so verdächtig eingestuft, daß es ihm während der gesamten Kriegszeit nicht erlaubt ist, ein Radio zu besitzen, ebensowenig wie einen Fotoapparat – der Arzt fotografiert gern, doch nun wird seine vollständige Ausrüstung beschlagnahmt. Und es gibt noch absurdere Verbote: Als *Enemy Alien* seiner Kategorie darf er nicht in einem Haus wohnen, von dem aus man den Hafen überblicken kann – er könnte eventuell auftauchenden deutschen U-Booten Signale geben ...

Alfred Heppner trägt diese Verbote mit Würde. Wirkliche Sorge bereitet ihm die emotionale Verfassung seiner Frau Lotte, die noch immer – inzwischen ohne jede Aussicht auf Erfolg – verzweifelt um eine Einreiseerlaubnis für ihre Eltern und den Bruder im schlesischen Oppeln kämpft.

Gemeinsam mit einem knappen Dutzend aus Deutschland und Österreich geflohenen Ärzten schließt Doktor Alfred Heppner 1941 in Dunedin ein nochmaliges medizinisches Examen ab. Ein Teil der Flüchtlinge meldet sich freiwillig zur neuseeländischen Armee, darunter auch Alfred Heppner – er will im Kampf gegen die Nazis einen Beitrag leisten, ein Zeichen des Dankes und der Zugehörigkeit zum neuen Heimatland setzen. Die Offerte wird dankend abgelehnt: Das Mißtrauen gegenüber den *Enemy Aliens* sitzt tief in dieser Hochphase des Krieges; die Behörden fürchten, der eine oder andere könnte vielleicht doch als feindlicher Spitzel eingeschleust worden sein.

Ein anderes Angebot der Absolventen nimmt die Regierung jedoch an: Die Ärzte wollen dorthin gehen, wo das Gesundheitsministerium ihren Einsatz für notwendig hält. Also werden sie nun in alle Ecken des Landes verschickt – die meisten landen in einer extrem abgeschiedenen Gegend Neuseelands. Alfred Heppner aber hat Glück: Zusammen mit einem Kollegen aus Wien wird er nach Auckland abkommandiert. Ihr Einsatzgebiet wird Freemans Bay sein – ein sehr armes, baufälliges Viertel von Auckland, in dem vor allem Maori leben. Und genau die sollen die beiden Ärzte dort laut Regierungsanweisung auch behandeln. Die beiden Ärzte beschließen, eine gemeinsame Praxis zu eröffnen.

3. Im Kampf gegen die Nazis

Was Alfred Heppner nicht gelingt, das schafft Ernst Neuländer – er wird in die *New Zealand Army* aufgenommen. Mit dem kleinen Sohn Oliver leben er und seine Frau Herta inzwischen in Plimmerton – in einem Sommerhaus, direkt am Meer. Sie sind glücklich, doch die Nachrichten, die aus Europa herüberdringen, werden immer schlimmer. Und so meldet sich Ernst Neuländer eines Tages freiwillig zur Army. In der Einberufungskommission wird er verhört und nach seinen Motiven befragt, gegen seine Heimat kämpfen zu wollen. Ernst erklärt, daß Neuseeland ihm zur Heimat geworden ist – und die gelte es nun zu verteidigen. Man traut seiner Motivation, und der Breslauer ist von nun an Soldat der neuseeländischen Armee.

Im Jahr zuvor wurde in Neuseeland die allgemeine Wehrpflicht wieder eingeführt, das Land hat außerdem damit begonnen, größere Truppenkontingente nach Ägypten zu verschiffen. Dort liegt die Basis, von der aus die neuseeländischen und australischen Bataillone in die Schlacht auf dem Balkan oder zur Verteidigung britischer Stützpunkte auf Kreta und dem griechischen Festland geschickt werden.

Zu einer der opferreichsten Konfrontationen kommt es im April 1941, als Hitler seinen Balkanfeldzug unter dem betörenden Namen »Marita« startet und die Briten vom Kontinent drängt. An ihren Rundfunkempfängern zu Hause verfolgen die Neuseeländer erschüttert, wie ganze Truppenteile aufgerieben werden. Die schlecht ausgerüsteten Soldaten des Dominion haben den deutschen Maschinengewehrsalven und den berüchtigten Sturzkampffliegern nichts entgegenzusetzen; wer sich nicht rechtzeitig verstecken oder in Sicherheit bringen kann, wird niedergemäht. Bei ihrem Rückzug aus Griechenland werden 950 Neuseeländer getötet, etwa 4000 geraten in deutsche oder italienische Gefangenschaft.

Auch Dieter Adam in London will gegen die Nazis kämpfen, ihn packt der blanke Zorn bei den Siegesmeldungen der Deutschen. Nach seiner kurzen Internierung auf der Isle of Man gilt er nun als »risikolos«; die ganze Familie Adam ist inzwischen als *Friendly Aliens* klassifiziert worden, was dem 17jährigen Dieter die Chance auf eine militärische Laufbahn eröffnet. Sein Onkel und seine beiden älteren Brüder dienen bereits in britischen Einheiten, ihnen will er sich anschließen – er als Jude will dazu beitragen, Hitler zu besiegen. Er meldet sich bei der *Royal Air Force*, muß jedoch noch bis zu seinem 18. Geburtstag warten, bis er seine Fliegerausbildung beginnen darf.

4. Zu Besuch in Christchurch

Während 1941 der Krieg in der Welt tobt, ist für Karl Wolfskehl das eigene Leben fast schon Bürde genug. Seine lang anhaltende Erschöpfung scheint er jedoch – nicht zuletzt dank der Fürsorge Margot Rubens – überwunden zu haben. Der 71jährige Dichter fühlt sich stabil genug, seine Unterkunft am Fuße des Mount Eden zu verlassen und auf die Südinsel zu reisen – allein, trotz seiner fortschreitenden Erblindung. Per Zug durchmißt er fast die gesamte Längsachse Neuseelands, um schließlich das 1400 Kilometer von Auckland entfernte Dunedin zu erreichen.

Es wird eine ausgedehnte, fast zweimonatige Reise. Zwar mußte sich Wolfskehl als *Enemy Alien* polizeilich abmelden und angeben, wo und wie lange er sich aufzuhalten gedenkt, doch weitere Auflagen muß er nicht erfüllen. Einige Wochen bleibt er in Dunedin, wo er bei

Caesar Steinhof und seiner Familie wohnt, einem jüdischen Gelehrten und Denker, der als Vorbeter die hiesige Gemeinde leitet und eine kleine Religionsschule für jüdische Kinder eingerichtet hat. Wolfskehl trifft auch auf andere aus Europa geflohene Juden und nimmt, das Gespräch suchend, Kontakt zu Dozenten der Universität auf. Schmerzlich kreisen die Debatten um Deutschland, immer wieder, um die Verfolgung der Juden und den jeweils aktuellen Stand des Krieges. Dabei wechseln Triumph und Niedergeschlagenheit, Zorn und Ohnmacht einander fast übergangslos ab. Wie wichtig sind doch für Flüchtlinge diese Begegnungen – sie dämpfen das Gefühl der Isoliertheit in einem Land, dem man für die Aufnahme und Rettung dankbar ist ... und dessen kulturelle Tradition den meisten doch irgendwie fremd ist.

Während dieser Reise blüht Karl Wolfskehl auf. Und natürlich bleibt er nicht ständig in den Angeln der Politik hängen. Fast völlig erblindet, erspürt er mehr die kühle Landschaft der südlichen Südinsel: »Dunedin«, so schreibt er nach seiner Rückkehr einem Schweizer Freund, »liegt auch landschaftlich ganz besonders schön in einer Hügelgegend, deren Wellen fast schon am Strand des hier unendlich blauen, schon wie von der Antarktis angeglänzten Ozeans beginnen, mit Gärten und stehengebliebenen, freilich auch schon mit Eichen und Buchen gemischten Waldstücken durchsetzt, die Häuser, hier oft mehrstöckig, über die Kuppen gestreut oder in Mulden eingeschmiegt – das ganze erinnert genau an Bilder aus mittlerer, manchmal gar aus der Südschweiz, spricht also heimatlich an ...«

Einen Monat später trifft Wolfskehl in Christchurch ein, der zu dieser Zeit größten Stadt auf der Südinsel.

Christchurch ist ein idyllisches Universitätsstädtchen mit großzügigen, von Bäumen gesäumten Alleen, Flüssen und Kanälen, die sich mäanderartig durch die Stadt winden, mit gepflegten Gärten und Parks, die das ganze Jahr über in Blüte stehen. Hier erwarten den Dichter wiederum nahe Freunde – man kennt sich bereits aus Deutschland oder dem italienischen Exil –, mit denen sich ausgiebig disputieren läßt. Hier lernt Karl Wolfskehl auch den neuseeländischen Verleger Denis Glover kennen, der ihm ein Freund bis zum Lebensende sein wird.

Und er trifft mit jener Familie zusammen, die er ebenfalls bereits aus Italien kennt – Familie Muenz, die über Palästina und noch einmal Italien nach Neuseeland gelangt ist, in einer wahren Odyssee. Der 20jährige Peter Muenz, seine jüngere Schwester und seine Mutter sind völlig mittellos in Wellington angekommen. Sie hatten sich von vornherein für Christchurch entschieden – vor allem wegen ihrer deutschen Freunde, die schon vor Ort waren. Der Bauunternehmer aus Methven, ohne den sie Neuseeland nie erreicht hätten, hilft ihnen erneut: Peter darf am staatlichen Lehrer-College studieren, und er bekommt ein Stipendium von sieben Pfund im Monat. Sieben Pfund – das ist ungeheuer viel Geld in dieser Zeit, davon kann er sich, seine Mutter und seine Schwester ernähren.

Probleme gibt es mit dem deutschen Familiennamen: Muenz? Mag sein, daß die Vorfahren der Deutschen seit Jahrhunderten so heißen – doch wie soll man das auf englisch aussprechen? Familie Muenz nennt sich kurzerhand in »Munz« um, woraufhin sie dann allerdings sofort »Manz« gerufen wird. Für den Rest seines Lebens muß Peter nun auf der deutschen Aussprache »Munz« beharren.

Karl Popper, der ebenfalls in Christchurch lebt, ist an einem Zusammentreffen mit Karl Wolfskehl nicht interessiert – für ihn gehört der Dichter zu jenen »schwülstigen germanischen Intellektuellen«, die dem Nationalsozialismus erst den Boden bereitet haben. Und für Poesie hatte er noch nie einen Sinn. Weiter als Popper und Wolfskehl können zwei Menschen nicht voneinander entfernt sein. Und das liegt nicht nur daran, daß der kleine, etwas gedrungene Philosoph Karl Popper nur halb so alt ist wie der riesige Dichter Karl Wolfskehl – Popper ist auch nur halb so harmoniebedürftig. Genauer gesagt, der Wiener Philosoph ist berüchtigt für seine ätzende Art!

Die bekommen auch seine Kollegen an der Universität zu spüren: Popper gilt als kompromißunfähig, aggressiv, intolerant und egoman. Sein politisches Engagement indes betrifft das nicht: Im Flüchtlingsnotkomitee hat er sich selbstlos für die Rettung etlicher Flüchtlinge eingesetzt. Und auch er wollte der neuseeländischen Armee beitreten, um dem Land, das ihn aufgenommen hat, im Kampf gegen Hitler zur Seite zu stehen – er wurde abgelehnt, wie so viele andere Emigranten auch.

Während er sich im Jahr nach seiner Ankunft in Christchurch noch mit Logik und Wahrscheinlichkeitstheorie befaßte, zieht es den 37jährigen jetzt in die politische Philosophie. Seit einiger Zeit arbeitet er an einem Manuskript, das nach dem Krieg unter dem Titel »Die offene Gesellschaft und ihre Feinde« weltweit Furore machen wird – es ist eine Antwort auf Hitler und Stalin und eine Abrechnung mit »orakelnden Philosophen«

und Denkern wie Hegel, in deren »dialektischer« Methode er nichts weiter als den philosophischen Wegbereiter des Totalitarismus erkennt. Mit diesem Werk sollte er zu einem der einflußreichsten politischen Denker der letzten zwei Jahrhunderte werden.

Die Bedingungen seiner wissenschaftlichen Arbeit sind in Christchurch nicht die besten: Lehrmethoden und akademische Strukturen sind veraltet und überholt, vor allem aber muß sich Popper neben seinen Forschungen um den Lehrbetrieb im Fach Philosophie und um zahlreiche Studenten kümmern, wodurch er sich eingeschränkt fühlt. Dennoch: Seine Lebensumstände sind wohl besser, als er sie in seinen Briefen nach Europa beklagt. Er und seine Frau Henny haben gerade ein Haus gekauft – es liegt auf dem Cashmere Hill, in einer erstklassigen Wohnlage. Von hier aus hat man einen atemberaubenden Blick über die Canterbury-Ebene, an deren Horizont die schneebedeckten Gipfel der Süd-Alpen aufragen.

Davon abgesehen, daß Karl Popper sich ständig unterbezahlt fühlt und von nun an noch mehr in Geldnot ist, da er ja das Haus abzahlen muß, mag er Christchurch. Neuseeland ist für ihn ohnehin das von allen Ländern der Welt am besten regierte, wohl auch das am leichtesten zu regierende. Trotz allen Einvernehmens mit seinem Gastland blickt der Philosoph aus Wien aufmerksam nach Großbritannien hinüber, wo eher das Zentrum der internationalen Philosophie liegt als in Neuseeland. Karl Popper möchte irgendwann nach Europa zurückzukehren! Einen Antrag auf britische Staatsbürgerschaft haben er und seine Frau bereits gestellt – er wurde abschlägig beschieden.

5. *Der Davidstern*

1941 sitzt Familie Silberstein in Berlin-Steglitz in der Falle, eine Flucht ist nun unmöglich geworden. Ihre Situation verschlimmert sich von Jahr zu Jahr: Wurde ihnen 1938 das »Kaufhaus Boga« konfisziert und damit die Lebensgrundlage entrissen, so mußten Silbersteins mittlerweile auch noch ihre Wohnung räumen. Aus ihrem geräumigen Zuhause am Hindenburgdamm sind sie in eine kleinere Wohnung in der Nähe der Feuerbachstraße umgezogen, die ihnen von der Jüdischen Gemeinde vermittelt wurde. Ist diese Wohnung eine Wartestation? Die vorherigen Mieter wurden bereits deportiert.

Im November 1941 beginnt der Abtransport von Berliner Juden in ein Ghetto, das in einer nordböhmischen Garnisonsstadt errichtet wurde: Theresienstadt. Schon seit Oktober hat in den deutschen Konzentrations- und Vernichtungslagern die systematische Massentötung von Menschen begonnen.

Von diesen Dingen aber ahnen die Silbersteins noch nichts. Doch sie erleiden immer schmerzlichere Diskriminierungen in ihrem Alltag. Seit dem 1. September 1941 sind Juden in Deutschland gezwungen, den gelben Davidstern zu tragen. Hansi – so blond und blauäugig, wie die Herrscher des Dritten Reiches es bisweilen selbst gern wären – wird eines Tages von einem SS-Mann mit der Bemerkung angehalten, er fände es reichlich dumm, daß sie aus Solidarität mit »denen« einen Judenstern trage.

Um der Angst nicht zu erliegen, versucht die 17jährige, das Beste aus Situationen zu machen und trotz der Repressionen das Leben nicht zu vergessen: Das Verbot, das es Juden untersagt, ins Kino zu gehen, umgeht sie geschickt, indem sie an der Kinokasse den Davidstern mit ihrer Handtasche verdeckt. Auch die abendliche Sperrstunde übertritt sie mitunter, um sich noch mit Freunden zu treffen. Das aber ist riskant.

Mittlerweile gibt es spezielle Lebensmittelkarten für Juden, die das Angebot an Lebensmitteln stark einschränken. Und manchmal passiert es, daß ihr jemand in der S-Bahn unauffällig eine Lebensmittelmarke für »Arier« in die Tasche schiebt.

Trotz allem bleibt der Hunger, vor allem für ihren 14jährigen Bruder Fred, der ihn tapfer zu bezwingen versucht. Familie Silberstein hält fest zusammen in dieser Zeit, das macht vieles leichter. Fred passiert es jetzt immer öfter, daß ihn andere Kinder auf der Straße tyrannisieren, oft kommt er weinend nach Hause. Er besucht noch die Schule, während alle anderen bereits Zwangsarbeit leisten müssen: der Vater als Gleisarbeiter bei der Bahn, die Mutter beim Unkraut-Jäten auf dem Ufa-Gelände in Babelsberg. Und Hansi wurde inzwischen der Waffen- und Munitionsfabrik Borsigwalde im Norden Berlins zugeteilt, als Fließbandarbeiterin.

»Die Juden sind die Läuse der zivilisierten Menschheit«, schreibt Reichspropagandaminister Joseph Goebbels am 2. November 1941 in sein Tagebuch. »Man muß sie irgendwie ausrotten.« Dieses mörderische Programm haben er und seinesgleichen von Deutschland längst auf Europa ausgedehnt. Auch in Belgien greifen nun die antijüdischen Verordnungen des Berliner Reichssicherheitshauptamtes, sie unterscheiden sich kaum noch von denen des deutschen Reichsgebietes: Erfassung aller

Juden auf Einwohnermeldeämtern, Entlassung aus dem öffentlichen Dienst, Beschlagnahme des Vermögens. Dem Tragen des Judensterns folgt auch hier das nächtliche Ausgehverbot.

In Antwerpen erhalten plötzlich 3000 deutsch-jüdische Flüchtlinge einen Ausweisungsbefehl – sie haben sich zu einer vorgeschriebenen Zeit am Bahnhof einzufinden, dann werden sie auf verschiedene Dörfer verteilt. Andere wiederum sollen sich in großen belgischen Städten sammeln. Die Maßnahmen sind eine Art Test, um herauszufinden, wie die belgische Bevölkerung auf die Schikanen gegenüber Juden reagiert. Und sie sind der Vorbote einer späteren Massendeportation. In Antwerpen, wo die meisten jüdischen Einwanderer aus Polen und Galizien leben, hat sie bereits begonnen – angeblich sollen die Menschen zur Zwangsarbeit nach Deutschland gebracht werden.

Diese ersten Transporte treffen auch die Familie Grynbaum in Antwerpen. Der Abschied vom Vater bleibt für den damals vierjährigen Salomon bis heute unvergessen: »Mein Vater bekam Nachricht, daß ihn die Deutschen abholen würden, um ihn in der Rüstungsindustrie einzusetzen. Er müsse dort nur drei Wochen arbeiten und könne dann wieder nach Hause gehen. Eines Tages, um sechs Uhr morgens, kam tatsächlich ein Lastwagen, um meinen Vater abzuholen. An diesen Moment kann ich mich noch sehr genau erinnern. Bevor er mit den Deutschen runterging, nahm er mich in den Arm und sagte: ›Mach dir keine Sorgen, mein Junge, in drei Wochen bin ich wieder zurück.‹ Ich weinte, und er versuchte, mich zu beruhigen. Es war das letzte Mal, daß ich meinen

Vater sah. Ich habe später häufig über diesen Abschied nachgedacht – ich glaube, mein Vater hat damals geahnt, daß er nicht heimkehren würde. Er kam nie wieder. Er wurde in ein deutsches Lager für Zwangsarbeiter gebracht und später von dort aus nach Auschwitz deportiert.«

Für Salomons Mutter ist es nur noch eine Frage der Zeit, bis auch sie und ihr Sohn abgeholt werden. Mit Hilfe der *Association des Juifs en Belgique* gelingt es ihr, das Kind in ein jüdisches Waisenhaus in Brüssel zu bringen. Sie selbst taucht in Belgien unter.

Als sich das Jahr 1941 seinem Ende nähert, scheint nichts mehr den Vormarsch der deutschen Kriegs- und Vernichtungsmaschinerie stoppen zu können. Noch beherrscht die deutsche Marine den Atlantik, und inzwischen haben sich Hitlers Truppen auch gen Osten gewandt: Am 22. Juni 1941 begann der deutsche Angriff auf die Sowjetunion, innerhalb von sechs Tagen hatte die Wehrmacht Minsk und große Teile Litauens erobert, dazu Lettland und die Westukraine. Mit dem japanischen Überfall auf den amerikanischen Flottenstützpunkt Pearl Harbour am 7. Dezember 1941 weitet sich der Krieg nun endgültig auch in den Pazifik aus. Die Neuseeländer erfaßt ein tiefes Unbehagen.

1942

1. Japanischer Vorstoß

Am 8. März 1942 sehen die Bewohner von Wellington ein japanisches Aufklärungsflugzeug über ihrer Stadt kreisen. Fünf Tage später wird ein weiteres über Auckland gesichtet, zwei Monate später noch ein drittes. Panik kommt auf.

Die Angst vor einem japanischen Angriff ist berechtigt: Innerhalb weniger Monate hat Japan mit außergewöhnlicher Brutalität und taktisch überraschender Kriegsstrategie ein riesiges Gebiet erobert. Mitte des Jahres 1942 herrscht das kleine Land, das seit 1940 durch den Dreimächtepakt mit Deutschland und Italien verbündet ist, bereits über Territorien mit reichen Bodenschätzen und etwa 450 Millionen Einwohnern. Der Überfall auf Pearl Harbour hat zudem fast die gesamte amerikanische Pazifikflotte lahmgelegt. Kurz darauf werden zwei große englische Schlachtschiffe versenkt, wird der britische Stützpunkt Hongkong eingenommen.

Die Bewohner zwischen Invercargill und Cape Rheinga sind alarmiert. Seit Jahresbeginn melden Radio und Zeitungen ein erfolgreiches Vorrücken der Japaner an mehreren Fronten: Eine Richtung der Offensive gilt dem asiatischen Festland, vor allem Burma und Indien, eine andere Ozeanien, wo durch strahlenförmige Vorstöße inzwischen ganze Inselreiche erobert wurden. Die Hauptoffensive aber, die sogenannte »Südoperation«, richtet sich gegen die Philippinen und Niederländisch-Indien. Mit der Besetzung dieser Länder durch japanische Truppen im Februar und März 1942 stehen die Angreifer nun direkt vor den Toren Australiens.

Den Bewohnern Neuseelands wird plötzlich bewußt, daß ihr Land fast ohne Verteidigung dasteht: England, am anderen Ende der Welt gelegen, kann sie nicht mehr beschützen – der britischen Flotte fehlt es an Kapazitäten, parallel zu den europäischen Kriegsschauplätzen in Deutschland und Italien auch noch die Japaner im Pazifik zu bekämpfen. Die meisten der eigenen, der neuseeländischen Streitkräfte aber sind im Mittleren Osten eingesetzt. Angesichts dieses bedrohlichen Szenarios geraten die nichtbritischen Einwanderer und Flüchtlinge in Neuseeland erneut ins Blickfeld der Behörden. Wie man das von ihnen ausgehende Sicherheitsrisiko senken könnte, das beschäftigt Justizminister, Kriegskabinett und Sicherheitsausschuß nun über Monate. Erneut werden Berichte über Flüchtlinge verfaßt, die in Hafennähe wohnen; Polizisten inspizieren Einsichtswinkel und Reichweiten bei eventuellen Schußwechseln oder überprüfen die Möglichkeiten, Signale in Richtung gegnerischer Schiffe zu senden.

Auch die Kategorisierungen als *Enemy Alien* werden nun noch einmal präziser gefaßt: Die *Class A*, worin die »Gefährlichen und Unzuverlässigen« eingestuft werden, ist auch weiterhin generell zu internieren, *Class B* hingegen ist nur unmittelbar vor einer feindlichen Invasion zu internieren. *Class C* und *D* unterliegen gewissen Einschränkungen sowie zusätzlichen Sanktionen, die bei Bedarf verhängt werden können. *Class E* bedarf keiner weiteren Beobachtung – diese Gruppe schließt Personen ein, deren Wurzeln ursprünglich in Deutschland gelegen haben mochten, die jedoch bereits selbst in Neuseeland geboren sind, ihr ganzes Leben dort verbracht oder Söhne haben, die für das Land im Kriegseinsatz sind.

Am 15. April 1942 reicht das Justizministerium schließlich ein Memorandum an das Sekretariat für Nationale Sicherheit weiter, in dem unter anderem vorgeschlagen wird, »Ausländer feindlicher Herkunft« und unsichere Kandidaten aus der Nähe von Häfen, Flughäfen und militärischen Sperrzonen zu entfernen. Daraufhin beginnen die Sicherheitsbehörden die Melderegister für etwa anderthalb Millionen Bewohner des Dominions zu durchsuchen: Gezählt und präziser klassifiziert werden 2100 *Enemy Aliens*, 1600 *Non-Enemy European Aliens* sowie 4300 Chinesen und Assyrer. Sie alle werden hinsichtlich ihrer Wohnlage und Standortnähe zu sicherheitsempfindlichen Bereichen überprüft.

Diese Überprüfung hat weitreichende Folgen für Frank und Alice Briess: In der Nähe ihrer Farm in Massey-Henderson, in Whenuapai, befindet sich der Flughafen der Stadt Auckland. Sie können es kaum fassen: Die Farm ist mittlerweile ihr zweites Zuhause geworden: Das riesige Gelände ist endlich eingezäunt, der Boden so bearbeitet, daß nach 18 Monaten saftiges Gras die Weiden bedeckt, und zwar ganzjährig – Wiesengras im Sommer, Pampasgras im Winter. Sie planen gerade, den Tierbestand auf 50 Kühe, 500 Hühner und 200 Enten zu erweitern, das Baumaterial für die neuen Hühnerställe ist bereits angeliefert. Und jetzt, nachdem sie zwei Jahre lang geschuftet haben, sollen sie einfach weggeschickt werden? Doch die Aufforderung der staatlichen Behörden läßt keinen Zweifel: Den beiden jüdischen Flüchtlingen ist es von nun an nicht mehr erlaubt, innerhalb eines Radius von 15 Meilen zu einem Flughafen zu siedeln.

Alice und Frank Briess beschließen, das Beste aus ihrer Situation zu machen. Das junge Paar verkauft die Farm und zieht, schweren Herzens, erst einmal in eine Wohnung in der Stadt Auckland. Gegen aufkommende Niedergeschlagenheit helfen die Gedanken, am Leben und in Sicherheit vor den Nazis zu sein. Und haben sie nicht eine Menge gelernt in den vergangenen zwei Jahren?

Heinz und Dorothea Eisig dürfen auf ihrer Farm wohnen bleiben – sie liegt so weit ab, daß weder ein Flughafen noch ein Hafen oder eine militärische Sperrzone in der Nähe sind. Doch obwohl sie als *Friendly Aliens* eingestuft sind, unterliegen auch die beiden Brandenburger nun den wenig freundlichen Restriktionen, müssen sie sich – sobald sie die Farm verlassen – polizeilich abmelden und angeben, wohin sie wollen, wo sie sich aufhalten werden, wann sie zurückkommen. Vom Leben in der Stadt sind sie noch immer völlig abgeschnitten, sie haben weder Telefon noch Auto.

Das Farmleben der beiden Flüchtlinge aus Fürstenwalde gleicht noch immer einem Kampf ums Überleben, dem sie sich täglich mit Zähigkeit und Fleiß stellen müssen: Sie melken, füttern die Schweine, düngen den Boden und machen Heu. Sie leisten Geburtshilfe beim Kalben und Ferkeln, pflanzen an, backen Brot, kochen ein und sinken am Abend erschöpft ins Bett.

Doch auch dort kommen Heinz und Dorothea Eisig nicht wirklich zur Ruhe: Das befreiende Gefühl, selbst den Nazis entronnen zu sein, wird überschattet von einer quälenden Unruhe darüber, was ihren Angehörigen in Deutschland widerfahren sein könnte. Seit mehr als zwei Jahren warten sie auf Nachricht von Heinz' Vater, für den sein Sohn noch kurz vor Kriegsausbruch ein *Permit* erhalten hatte. Auch von Dorotheas Eltern trifft schon seit Monaten kein Lebenszeichen mehr ein. Statt dessen berichtet die *BBC* immer wieder über Deportationen von Juden in Richtung Osteuropa.

Heinz und Dorothea Eisig sitzen auf ihrem immergrünen Milchland, mit grasenden Kühen auf den Stubbenweiden, und schuften sich über eine wachsende Verzweiflung hinweg. Was ihnen Halt gibt, sind allein ihre Hoffnung und ihre kleine Tochter Merle, die inzwischen zwei Jahre alt ist.

Den wohl engsten Handlungsspielraum in den Jahren des Krieges hat der Hamburger Jude Hans Nathan – und er weiß noch immer nicht, wieso er als *Enemy Alien Class A* klassifiziert und interniert wurde. Auf Somes Island ist die Zahl der Gefangenen inzwischen auf 188 gestiegen – Deutsche und Italiener, auch ein paar Japaner und Thailänder, von denen kaum einer Englisch versteht. Das Lager ist damit fast überfüllt. Für die bei einem japanischen Überfall kurzfristig zu Internierenden der *Class B* – etwa 300 Personen, davon 60 Frauen – wäre im Notfall erst recht kein Platz vorhanden.

Ohne größere Ereignisse plätschern die Tage der Internierten dahin. Hungern müssen sie nicht. Im letzten naßkalten Winter haben sich Fälle von Rheuma gehäuft, so besitzt nun jeder eine Wolldecke mehr. Es gibt mehr Wannentage als in anderen Internierungslagern, weil großzügig mit heißem Wasser verfahren werden darf.

Sieht man vom Übel der Gefangenschaft ab, gibt es also kaum einen Grund zur Klage. In größeren Abständen treffen Inspektoren ein. Ebenfalls in größeren Abständen treffen »Liebesgabenpakete« von der Deutschen Hilfe in Shanghai ein: Die werden vom Kommandanten kontrolliert und dann vom deutschen Lagerführer von Zeddelmann gerecht aufgeteilt – zwischen Nazi-Anhängern und Nazi-Gegnern gleichermaßen.

Da das Lager auf Somes Island bei einem Angriff der Japaner direkt in der Schußlinie läge, wird schließlich beschlossen, es – zum Schutz der Insassen – Anfang Januar 1943 ins Inland zu verlegen.

2. Die Wannseekonferenz

Am 20. Januar 1942 findet in Berlin am Wannsee eine der wohl folgenschwersten Konferenzen der Weltgeschichte statt: 15 Funktionäre des NS-Regimes – hochrangige SS-Führer, Vertreter verschiedener Ministerien und Parteimitglieder – werden von Reinhard Heydrich empfangen, dem Leiter des Reichssicherheitshauptamtes. Die streng geheime Zusammenkunft dauert nur etwa anderthalb Stunden, im Mittelpunkt steht ein »Gesamtentwurf« für die Judenfrage. Heydrichs Vision: Die kommende »Endlösung der Judenfrage« soll mindestens elf Millionen jüdische Europäer umfassen, auch jene aus neutralen Ländern wie der Schweiz oder Schweden sowie dem erwartungsgemäß bald besiegten Großbritannien. Das Protokoll zur Konferenz verfaßt Heydrichs »Judenreferent« Adolf Eichmann. Noch geht es nicht um eine massenhafte Vernichtung – grundsätzlich werden im Januar

1942 Fragen bürokratischer Zuständigkeiten geklärt und eine Kooperation aller Ministerien beschlossen. Für die »Vertiefung« des Themas soll eine Nachfolgekonferenz anberaumt werden (die dann allerdings nicht mehr zustande kommt, weil tschechische Widerstandskämpfer am 27. Mai 1942 in der Prager Vorstadt Libeň ein Attentat auf Heydrich verüben, an dessen Folgen er stirbt).

Auch ohne eine zweite Wannseekonferenz hat der Massenmord längst begonnen: Als Hitler im Juni 1941 die Sowjetunion überfiel und die Rote Armee aus Ostpolen floh, fielen zunächst Ukrainer, Polen und Litauer über ihre jüdischen Nachbarn her, teilweise noch vor dem Eintreffen der Wehrmacht. Wenige Tage später begann die SS dann mit dem Erschießen jüdischer Männer. Und dabei blieb es nicht – Einsatzgruppen der SS, unterstützt von der Wehrmacht, ermordeten bereits 1941 einen Großteil der Juden im Baltikum, in Weißrußland und der Ukraine. In Kiew und Lemberg gab es Massaker, Pogrome und Massenerschießungen, ebenso in Białystok, Odessa, Rostow und in den riesigen Gebieten von Rumänien und Litauen. In Serbien ist um die Jahreswende von 1941 zu 1942 kaum noch ein jüdischer Mann am Leben.

»Arbeitseinsatz«, »Umsiedelung«, »Räumung«: Mit solch verschleierndem Vokabular wird die gezielte Vernichtung einer riesigen Menschengruppe zum Alltagsgeschäft. So begannen SS- und Polizeieinheiten noch im Dezember 1941 mit der »Räumung« des Rigaer Ghettos, um Platz zu schaffen für angekündigte Deportationszüge aus dem »Großdeutschen Reich«. »Räumung« nannte sich hier ein minutiös organisiertes Massaker, bei dem circa 24 000 lettische Juden im Wäldchen von

Rumbula erschossen wurden. Und als am gleichen Tag der erste Deportationszug mit knapp 1000 deutschen Juden aus Berlin eintrifft, werden auch diese vom Bahngleis unverzüglich in den Wald gebracht und dort erschossen.

1942 gestaltet sich die Vernichtungsmaschinerie der Nazis noch effektiver: Während in der Villa am Wannsee die bürokratische Zusammenarbeit koordiniert wird, sind in Riga bereits 19 weitere Transporte aus dem »Großdeutschen Reich« eingetroffen – aus Nürnberg, Stuttgart, Hamburg und Wien, aus Düsseldorf, Köln, Leipzig und Osnabrück. Bis Oktober 1942 werden allein aus Berlin noch acht Transporte im »Reichsjudenghetto Riga« eintreffen ... werden die Insassen der Waggons hingeschlachtet wie Vieh, noch immer weitgehend unbemerkt von der Weltöffentlichkeit. Im Wald von Bikernieki, dem zentralen Ort der Erschießungen, wird man ein halbes Jahrhundert später 55 Massengräber zählen. Bei Exekutionen von Juden im weißrussischen Pinsk sterben 1942 16 000 Menschen. Die mörderische Dynamik der Nazis ist also längst in Gang gesetzt.

Nach Kriegsende wird der Bauingenieur Friedrich Gräbe aus Wiesbaden beschreiben, was er in Dubno in der Ukraine gesehen hat, wo im Oktober 1942 täglich 1500 Juden ermordet werden: »Die von den Lastwagen abgestiegenen Menschen, Männer, Frauen und Kinder jeden Alters, mußten sich auf Aufforderung eines SS-Mannes, der in der Hand eine Hundepeitsche hielt, ausziehen und ihre Kleidung nach Schuhen, Ober- und Unterkleidern getrennt an bestimmten Stellen ablegen. Ich sah einen Schuhhaufen von schätzungsweise 800 bis 1000 Paar Schuhen, große Stapel mit Wäsche und Kleidern. Ohne Geschrei oder Weinen zogen sich diese Menschen aus, standen in Familiengruppen beisammen, küßten und verabschiedeten sich und warteten auf den Wink eines anderen SS-Mannes, der an der Grube stand und ebenfalls eine Peitsche in der Hand hielt.«

Im Ghetto von Warschau ist über die Kriegsjahre auf vier Quadratkilometern eine halbe Million Menschen zusammengepfercht, von denen in anderthalb Jahren 100 000 sterben; für die anderen beginnt 1942 der Transport in die Vernichtungslager. Auch durch Galizien und Lublin ziehen die Deutschen ihre Blutspur. Im Oktober 1942 gibt es bereits über 50 Ghettos in Polen; mit der Liquidierung des Ghettos Lublin setzen im März 1942 die Transporte in das mittlerweile fertiggestellte Vernichtungslager Bełzec ein. In Sobibór wird ein Todeslager errichtet, ebenso in Treblinka. »Umsiedlungen« aus dem Ghetto Łódź kosten weitere 55 000 Menschen das Leben.

»Die in den Städten des Generalgouvernements freiwerdenden Ghettos«, schreibt Joseph Goebbels am 27. März 1942 in sein Tagebuch, »werden jetzt mit den aus dem Reich abgeschobenen Juden gefüllt, und hier soll sich dann nach einer gewissen Zeit der Prozeß erneuern.«

Zu denen, die einen solchen Massenmord überleben, gehört der junge Pole Sol Filler aus dem Städtchen Brzozów im Süden Galiziens. Sol hat noch vier Brüder, seine Eltern besitzen eine Bäckerei. Als die Deutschen 1939 in Galizien einmarschierten, flohen zwei seiner Brüder über die nahe russische Grenze. Sol wollte mit ihnen gehen. Doch am Abend vor der geplanten Flucht bekam sein Vater, Bäckermeister Filler, von den Besatzern plötzlich den Befehl, eine irrwitzig hohe Anzahl Brote an die Deutschen zu liefern – wie sollte sein Vater das allein bewältigen? Sol Filler entschied sich, nicht mit seinen Brüdern zu fliehen und statt dessen dem Vater zur Hand zu gehen.

1942 werden Sol und sein 13jähriger Bruder Ben von den Deutschen zur Zwangsarbeit in ein Lager in der Nähe von Kraków verschleppt. Dort erfahren sie kurz nach ihrer Ankunft, daß alle Juden ihrer Heimatstadt Brzozów in einem nahegelegenen Wald erschossen wurden. Auch ihre Eltern sollen in diesem Massengrab liegen.

Sol und Ben Filler entschließen sich, die Flucht zu wagen. Doch wohin sollen sie sich wenden? Schließlich tauchen sie im Ghetto von Kraków unter. Das aber wird noch 1942 »geräumt«: Mit vielen anderen Juden werden Sol und Ben Filler nach Auschwitz deportiert. Die beiden erwartet »Vernichtung durch Arbeit«, man steckt sie in die Kohlegruben von Auschwitz-Birkenau.

Der 15jährige Fred Silberstein besucht zu dieser Zeit noch die Jüdische Schule in der Joachimsthaler Straße. Vom Botanischen Garten aus braucht er eine knappe Stunde mit der S-Bahn bis in die Stadt. An die alltäglichen Schikanen für Juden hat Fred sich schon beinahe gewöhnt – zum Beispiel darf er nur den letzten Waggon benutzen, den für Juden und Leute mit Hunden; ist der voll, muß er auf die nächste S-Bahn warten, auch dann, wenn die anderen Waggons kaum gefüllt sind. Eines Tages binden ihn mehrere Jungen an einem Zaun fest und schlagen ihn zusammen. Seine Eltern versuchen zu trösten: »Es wird nicht noch schlimmer werden, bald wird sich die Situation verbessern.« Kraft gibt ihm auch seine 18jährige Schwester Hansi, die noch immer in der Berliner Munitionsfabrik arbeitet, nun Seite an Seite mit polnischen Zwangsarbeitern und französischen Kriegsgefangenen.

Im Juli 1942 muß die jüdische Schule endgültig schließen. Für Fred aber ist sie schon ein paar Tage früher zu Ende: Als er aus dem Schulgebäude kommt, steht plötzlich ein Mann im Ledermantel vor ihm. Er zerrt den blonden, blauäugigen Jungen mit dem Judenstern am Hemd wortlos am Arm und drängt ihn in ein Auto. Sie fahren zum Gästehaus der SS am Großen Wannsee, dem Ort der Wannseekonferenz.

Auf diesem Gelände werden im Frühjahr 1942 etwa 35 Menschen gefangengehalten. Sie sollen Hitlers Elite bedienen – Juden mit möglichst »arischem« Aussehen. Sie tragen keine Häftlingskleidung, sondern ihre normalen Sachen. Untergebracht sind sie in Holzbaracken, und eingesetzt werden sie zu schweren Erd- oder leichteren Gartenarbeiten, im Heizhaus oder dem riesigen Gewächshaus mit der großen Heizung im Keller. Reinigungsarbeiten in den Gebäuden sind auszuführen, die Autos der SS zu waschen.

Fred Silberstein, diesem freundlichen Jungen von 15 Jahren, fehlt jede Vorstellung von den Monstrositäten, die hinter den Türen ausgeheckt werden, er hat keine Ahnung, worum es eigentlich geht, warum er hier ist. Wenn Fred eingeteilt ist, die Gärten und Wege des geschmackvoll gestalteten Anwesens in Ordnung zu halten, sieht er unter den geschäftigen grauen SS-Uniformen auch jene Männer, deren Konterfeis nach dem Krieg die internationale Presse füllen werden: Der Jurist Ernst Kaltenbrunner, der später bei den Nürnberger Kriegsverbrecherprozessen zum Tode verurteilt und hingerichtet wird, ist fast jeden Tag hier zu finden. Heinrich Himmler kommt in Abständen, sein Planungsstab geht täglich ein und aus. Und einmal pro Woche taucht Adolf Eichmann auf, den Fred als unangenehme Person in Erinnerung behält. Während Fred Silberstein auf dem Wannseegelände festgehalten wird, erhalten seine Eltern keinerlei Auskunft über den Verbleib ihres Sohnes – für sie ist er einfach von einem Tag auf den anderen verschollen.

Mit Unterstützung vieler Hilfswilliger sammelt die deutsche Herrenrasse Europas Juden ein, um sie wie Schafe zur Schlachtbank zu führen. Mittlerweile sind ihre Methoden des Mordens effizienter geworden: Erste Deportationszüge rollen im März 1942 aus der Slowakei in Auschwitz-Birkenau ein. Am Ende des Monats folgt der erste Transport französischer Juden. Im Juli trifft ein Zug voller Menschen aus Holland in Auschwitz ein, im August einer aus Belgien, schon kurz darauf einer aus Kroatien und im November schließlich ein Zug mit Juden aus Norwegen. Parallel dazu werden die Juden aus den deutschen Konzentrationslagern abgeschoben, so daß Anfang Oktober 1942 fast alle jüdischen Häftlinge das Vernichtungslager Auschwitz erreicht haben. Seit Juli 1942 werden hier Frauen, Kinder und Männer massenhaft vergast.

Doch während die Deutschen im europäischen Osten seit ihrem Überfall wahre Blutorgien veranstalten, gehen sie im Westen Europas etwas vorsichtiger zu Werke. Zwar wird im Sommer 1942 auch in Frankreich und

Holland der Judenstern eingeführt, kurz darauf in Belgien, doch testen hier die NS-Funktionäre nach jedem vollzogenen Schritt die Reaktionen der Bevölkerung.

In der Mitte des Jahres 1942 hat sich auch in Belgien die Situation für Juden deutlich verschärft. Das Straßenbild Brüssels wird längst vom Feldgrau deutscher Soldaten beherrscht, von Marschmusik und Siegesmeldungen, die aus den Lautsprechern der Innenstadt dröhnen. Das Reichssicherheitshauptamt, das in Belgien bereits 56 000 Juden erfaßt hat, läßt nun zunächst den Abtransport der 10 000 Juden nichtbelgischer Nationalität nach Auschwitz vollziehen – zur »Zwangsarbeit«, wie es offiziell heißt.

Straßenlärm dringt auch in ein Brüsseler Wohnhaus, das nach außen hin recht unauffällig wirkt – das jüdische Waisenhaus, hinter dessen Wänden zu diesem Zeitpunkt 35 Kinder leben. Von nun an sind sie in höchster Lebensgefahr.

Das jüngste von ihnen ist Salomon Grynbaum aus Antwerpen, jener kleine Junge, dessen Vater von den Deutschen abgeholt wurde und dessen Mutter untergetaucht ist, nachdem sie ihren Sohn hier abgeliefert hat. Salomon hat gerade seinen sechsten Geburtstag gefeiert. Er hat Sehnsucht nach seiner Mutter, von der er seit ihrem Weggang nichts mehr gehört hat. Salomon ist in einer anderen Welt gelandet. Was außerhalb der schützenden Mauern passiert, bleibt ihm verborgen. Er lebt mit drei anderen Jungen in einem Zimmer, es sind belgische und auch deutsche Flüchtlingskinder. Die älteren, vor allem die Mädchen, kümmern sich um die kleineren, machen ihnen die Betten und baden sie.

Geleitet wird das Waisenhaus von Jonah Tiefenbrunner, einem deutsch-jüdischen Emigranten, der auf eine orthodoxe Lebensweise achtet. Die Atmosphäre im Heim ist trotz der Bedrohung freundlich, die Gemeinschaft empfinden die Kinder wie eine große Familie. Die Jungen tragen im Haus eine Kopfbedeckung, und dreimal am Tag wird gebetet. Der Sabbat wird feierlich begangen, unter Einhaltung aller Gebote. Die Kinder spielen viel, werden natürlich unterrichtet, und die größeren von ihnen übernehmen Aufgaben im Haus: Die Jungs sind für die eher körperlichen Arbeiten zur Hausversorgung zuständig, die Mädchen für die Eßräume, fürs Bügeln und für die Wäsche.

Fast nächtlich finden jetzt in den Straßen Razzien statt. Tagsüber fahren Personenwagen mit dem Kennzeichen »POL« durch die Straßen, um jüdische Bürger aufzuspüren. Die Nachricht ist ins Kinderheim vorgedrungen, ein erster Deportationszug sei abgefahren – vom Sammellager Mechelen, dem idyllischen Bischofssitz zwischen Brüssel und Antwerpen.

Die Stimmung ist ernst, als Heimleiter Tiefenbrunner Davidsterne mit zweisprachigem Aufdruck verteilt: »Wir mußten nun alle den gelben Stern annähen, keiner durfte das Heim mehr verlassen, ohne diesen Stern sichtbar an der Kleidung zu tragen. Außerdem mußten wir – quasi von einem Tag zum anderen – unsere Namen ändern, um unsere jüdische Identität zu verschleiern. Ich hieß plötzlich nicht mehr Salomon Grynbaum, sondern Andrié Gautier – den Namen mußte ich auswendig lernen! Es blieb nur der Anfangsbuchstabe des Familiennamens: In meinem Falle ›G‹.«

Für die Deutschen haben die jüdischen Waisenhäuser

zu dieser Zeit eine Alibifunktion – sie dienen der Beruhigung des belgischen Königshauses. Sicher können sich die kleinen Heiminsassen jedoch keineswegs fühlen: Im Oktober 1942 läßt die Gestapo die Kinder des Heimes Wezembeek zur Deportation nach Mechelen bringen. Doch die belgische Regierung interveniert – ihr wurde versprochen, daß keine Juden belgischer Nationalität abtransportiert würden, und so dürfen die Kinder in ihr Heim zurück. Insgesamt bleiben 1942 die 4000 Juden belgischer Herkunft noch verschont.

Verschont bleiben das jüdische Waisenhaus in Brüssel sowie vier weitere Kinderheime und ein jüdisches Säuglingsheim: Sie stehen unter Aufsicht der *Association des Juifs en Belgique*, also des belgischen Judenrates, und zugleich unter der Protektion des Roten Kreuzes – und gelten damit als geschützt. Doch wie lange noch?

3. Interniert für 999 Tage

1942 darf der 21jährige Peter Dane die vor Hitze flirrende australische Wüste verlassen. Der Alptraum hat ein Ende: Nach und nach werden kleinere Gruppen von Gefangenen von Frachtdampfern aufgenommen und nach England zurückgebracht. Die Fahrten übers Meer sind längst nicht mehr ungefährlich: Einen Tag, bevor Peter Dane »sein« Schiff besteigen will, hat sich im Lager herumgesprochen, daß eben zwei solcher Frachtdampfer von feindlichen Torpedos versenkt worden sind. Andere Mitgefangene zögern, doch Peter Dane will raus aus der Hölle, will unter allen Umständen zurück nach England, selbst unter Lebensgefahr!

Peters Schiff passiert die Seewege unbeschadet. Doch selbst jetzt wird der Deutsche nicht entlassen, er wird erneut auf der Isle of Man interniert. Was soll's, allein die Rückkehr nach Europa mit seinem moderaten Klima gleicht schon dem Abwerfen einer schweren Last. Zum erstenmal seit Jahren liest der Berliner im Lager wieder deutsche Bücher, hört er Musik. Er muß oft an Gabriele Herrmann denken – ob sie wohl noch in Plymouth ist? Sorgenvoll denkt Peter auch an Mutter und Schwester. Weil seine Mutter 1938 die Chance hat verstreichen lassen, nach Neuseeland zu gehen, sitzt sie nun mit Peters Schwester in der Falle. Der Kontakt zu seiner Familie in Berlin ist längst abgerissen.

Was Peter Dane nicht weiß, weil die Post zwischen England und Deutschland fast völlig zum Erliegen gekommen ist: Im Herbst 1942 gelingt Mutter und Schwester die Flucht über die grüne Grenze in die Schweiz. Was er ebenfalls nicht weiß: Kurze Zeit später wagt auch seine geliebte Großmutter die Flucht, die Witwe des verstorbenen Bruno Marwitz, sie wagt es an der gleichen Stelle. Doch die alte Frau wird geschnappt. Seitdem gibt es von der Großmutter kein Lebenszeichen mehr.

Er selbst kommt, nach insgesamt 999 Tagen Internierung, endlich frei. Jetzt braucht er Zeit, um sich zu orientieren. Peter Dane entschließt sich, erst einmal auf eine englische Farm zu gehen.

Und Gabriele Herrmann? Ihr ist es unterdessen gelungen, das Schwesternheim in Warminster hinter sich zu lassen und damit auch die hartherzigen anglikanischen Schwestern. Das Mädchen darf eine Ausbildung als Krankenschwester beginnen und wird nun in einem nach

London evakuierten Hospital eingesetzt. Seit langer Zeit empfindet Gabriele zum erstenmal wieder Momente des Glücks: Endlich kann sie ihre Begabung im Umgang mit Menschen zeigen. Bald schon hat sich herumgesprochen, daß sie besonders gut mit Jugendlichen zurechtkommt, so wird sie nun vor allem auf der Kinder- und Jugendstation eingesetzt. Doch unbeschwert verlaufen die Tage der 19jährigen auch in London nicht – Gabriele quält die Ungewißheit über das Schicksal ihrer Eltern in Berlin. Vor allem sorgt sie sich um ihre jüdische Mutter.

Die Eltern von Gabriele werden 1942 ebenso zur Zwangsarbeit eingesetzt wie die Eltern von Fred Silberstein. Und sie leben in ständiger Furcht vor der Deportation in ein Konzentrationslager: Schon mehrfach wurde der »arische« Vater zur Gestapo bestellt und dort unter Druck gesetzt, sich von seiner jüdischen Frau scheiden zu lassen, um wieder ein »geachteter Deutscher« zu sein und nicht weiter in »Rassenschande« zu leben. Der Schauspieler antwortet aber jedesmal: »Es ist mir nicht gegeben, mich von meiner Frau scheiden zu lassen.«

Er und seine Frau haben große Sehnsucht nach ihrer Tochter. Doch der Vater hat sich entschlossen, seiner jüdischen Frau zu folgen, falls sie abgeholt wird.

Dem dritten Berliner im englischen Exil, Dieter Adam, bleiben das Mißtrauen der britischen Behörden und damit eine Internierung erspart, da bereits zwei seiner Brüder bei der *British Army* kämpfen. 1942 wird Dieter 18 Jahre alt und erreicht damit das Alter, in dem ihn die *Royal Air Force* zum Piloten ausbilden darf. Voller Entschlossenheit und mit kühnem Wagemut geht er nach

Rhodesien, wo er die Grundausbildung zum Kampfflieger absolviert.

Nachdem Dieter Adam seine *wings* als *fighter pilot* erhalten hat, wird er in Nordafrika eingesetzt – endlich kann der Deutsche an der Seite der Alliierten gegen die Nationalsozialisten kämpfen. Obwohl bereits viele seiner Kameraden abgeschossen wurden, hat Dieter keine Angst. Aus der Luft verteidigt er Briten, Australier, Inder und Neuseeländer, die hier gemeinsam gegen General Rommels Armee kämpfen. Dabei fliegt er anfangs *Spitfire*-Maschinen, britische Jagdflugzeuge, die mit der deutschen Messerschmitt Me 109 vergleichbar und mit jeweils zwei Bordkanonen und vier Maschinengewehren ausgerüstet sind. Doch schon bald wird er auf *Typhoons* umgesetzt, auf große einmotorige Flugzeuge, die mit jeweils vier Kanonen und acht Raketen bewaffnet sind.

4. Die Amerikaner kommen!

Eines Sommertages im Jahr 1942 entdeckt die neuseeländische Küstenwache am Horizont des Hauraki Gulfs ein graufarbenes Kriegsschiff. Es dauert nicht lange, und ein zweites taucht auf, dann noch eines und noch eines … am Ende sind es zehn! Doch nicht die gefürchteten Japaner steuern auf die Hafenstädte Neuseelands zu – es sind die *Marines* der Vereinigten Staaten von Amerika. Sie eilen den Verbündeten zu Hilfe.

Am 14. Juni drängen sich Menschenmassen am Aotea-Kai von Wellington, um die Truppen willkommen zu heißen. Innerhalb eines Monats landen 10 000 amerikanische *Marines* in Neuseeland, dessen Bewohner endlich aufatmen. Erst später sollen sich die politischen Konsequenzen der amerikanischen Präsenz auf dem fast schutzlosen Eiland abzeichnen: Der Rückgang der britischen Macht im Pazifik geht für sie einher mit einer neuen Abhängigkeit vom Schutz durch die Amerikaner. Doch erst einmal gilt es, den Krieg zu gewinnen, und da sind die Amerikaner äußerst willkommen! Auch Neuseeland selbst mobilisiert nun seine Kräfte: Das Kriegskabinett billigt die Errichtung eines *Women's Royal New Zealand Naval Service*, eines Marinedienstes, in dem während des Krieges nun etwa 500 Frauen als Köche, Fahrer, Techniker sowie in vielen anderen Bereichen dienen, einschließlich der geheimen Radarüberwachung.

Ende 1942 sind 104 500 Neuseeländer Angehörige der nationalen Streitkräfte, davon 3500 Frauen – eine für dieses kleine Land enorme Zahl. 50 100 Soldaten kämpfen zudem in Übersee an der Seite Englands. Dabei gelten die neuseeländischen Soldaten als Kämpfer mit großen physischen und psychischen Reserven. Schon im Ersten Weltkrieg hatten sie sich – trotz ihrer teils dürftigen Ausbildung und bescheidenen Ausrüstung – sehr schnell den jeweiligen Erfordernissen des Kampfes angepaßt und sich hervorragend in die alliierten Truppen integriert. Dennoch gibt es 1942 große Verluste unter den Soldaten, insbesondere bei der Infanterie. Im Gegensatz zu Australien läßt Neuseeland seine Hauptstreitkräfte, vor allem die *2. New Zealand Division*, im Mittleren Osten und in Italien stationiert, um hier die britischen Truppen zu unterstützen. In diesen Gebieten sind die Verlustquoten besonders hoch.

Neben den Toten und Verletzten an der Front gibt es auch die Tragödien: So trifft am 17. August 1942 ein Torpedo der alliierten Streitkräfte das italienische Transportschiff *Nino Bixio* – das aber transportiert gerade Kriegsgefangene von Nordafrika zum italienischen Festland. 326 Menschen werden in die Tiefe gerissen, darunter auch 120 neuseeländische Kriegsgefangene.

Mitte 1942 wendet sich das Blatt des Krieges im pazifischen Raum: Nach der »Schlacht im Korallenmeer« und mehr noch einer legendären »Schlacht um Midway«, bei der Anfang Juni starke japanische und amerikanische Streitkräfte aufeinandertreffen und die Asiaten insgesamt vier ihrer sechs großen Flugzeugträger sowie 3500 Mann verlieren, kann das japanische Vordringen gen Süden gestoppt werden. Im August dann startet die amerikanisch-australische Gegenoffensive.

In der neuseeländischen Regierung haben angesichts der zunehmenden Verluste ihrer Truppen Überlegungen an Bedeutung gewonnen, »zuverlässige« nichtbritische Einwanderer – also *Enemy Aliens Class C and D* – in die Streitkräfte aufzunehmen. Schweizer, Chinesen und Assyrer sowie die etwa 2100 *Enemy Aliens*, wozu vor allem jüdische Flüchtlinge und Italiener zählen, kommen für den bewaffneten Kampf nicht in Frage, könnten jedoch zu unterstützenden Arbeiten herangezogen werden. Zu beachten seien bei der Auswahl dieser Personen, laut Geheimreport des Kriegskabinetts vom 10. Juli 1942, die Frage der Sicherheit, die sich aus den Kriegsanstrengungen des Landes ergebenden Anforderungen, die Wahrung der Interessen der eigenen Leute, besonders der Soldaten, der Faktor der Moral sowie die Interessen der Fremden selbst.

Unter großer seelischer Spannung verfolgen auch die geflohenen jüdischen Mitbürger die Ankunft der amerikanischen Seestreitkräfte – Alfred Heppner, die Familie Adler aus Hildesheim, Fritz Bruell und seine Frau, Minna Kohane und der Dichter Karl Wolfskehl. Sie alle sehnen sich nach einem baldigen Ende des Krieges, denn dann bestünde vielleicht noch Hoffnung für ihre im Machtbereich Hitlers festgehaltenen Verwandten.

Karl Wolfskehl ist längst über das Alter eines kriegswichtigen Arbeitseinsatzes hinaus. Doch er hält ein auch in Kriegszeiten wichtiges Stück Zivilisation aufrecht, die Literatur. Während seines Aufenthaltes in Christchurch im Jahr zuvor hatte er freundschaftliche Bande zum Verleger Denis Glover geknüpft, dessen *Caxton Press* mittlerweile zum führenden Verlag der neuseeländischen Gegenwartsliteratur avanciert ist. Aus diesem Kontakt haben sich für Wolfskehl Begegnungen mit Aucklander Intellektuellen ergeben, darunter einem sehr belesenen katholischen Drucker und einigen jüngeren Autoren, von denen zumindest der Erzähler Frank Sargeson schon bald nationale Berühmtheit erlangt – neben Katherine Mansfield wird nicht zuletzt er es sein, der dazu beiträgt, die neuseeländische Literatur in der Welt bekannt zu machen.

Die jungen Neuseeländer können Karl Wolfskehls auf deutsch verfaßte Gedichte nicht lesen. Doch fasziniert sie der um starke Lebenserfahrungen reichere deutsche Dichter durch seine außergewöhnliche Erscheinung, das enorme literarische Wissen, die Vitalität. Und: Wolfskehl ist Kafka, Thomas Mann, Frank Wedekind und Rainer Maria Rilke noch persönlich begegnet … somit weht heftig Literaturgeschichte des europäischen Kontinents ins Land. Wolfskehl wiederum fühlt sein »etwas eingefrorenes Dasein« durch diesen Umgang mit den Jüngeren in Schwung gebracht.

Seine Hochstimmung hält nicht lange vor, sie weicht schon bald wieder dem für Wolfskehl typischen melancholischen Ton: Diesmal ist es ein Konflikt mit seiner um vieles jüngeren Lebensgefährtin Margot Ruben, der permanent schwelt und immer wieder ausbricht. Obgleich jeder um das Verhältnis der beiden weiß, stellt der 72jährige Dichter – in Deutschland hat er immerhin noch eine Ehefrau und zwei Töchter – Margot Ruben unbeirrt weiterhin als seine »Nichte und Mitarbeiterin« vor.

Im Frühjahr 1942 bietet sich dem Paar die Chance, in ihrem Vorort von Auckland ein anderes Sommerhaus zu mieten – heller, geräumiger und weniger feucht als das vorherige, in dem sie nun vier Jahre lang gelebt haben. Das Häuschen hat eine Veranda, auch gibt es einen Garten, in dem Margot Ruben Gemüse anbauen kann.

5. *Ein Land rückt zusammen*

Neuseelands Wirtschaft wird durch den Krieg sehr viel weniger belastet als befürchtet. Heimkehrende Soldaten staunen: Das Land blüht und gedeiht, die Wirtschaft boomt ... wenn auch unter strengen staatlichen Auflagen. Der Erfolg hat einen Namen: *Manpower*. Es ist die große Parole des Kriegsjahres 1942, sie schweißt die Neuseeländer noch mehr zusammen. *Manpower* bedeutet, daß Frauen und Männer an der »Heimatfront« nun kriegswichtigen Industrien zugeordnet und auf Arbeitsfelder von nationaler Bedeutung umgesetzt werden. Tatsächlich setzt *Manpower* ein riesiges Kräftepotential frei. Es erfaßt Männer zwischen 18 und 59 Jahren, dazu ältere Jahrgänge mit besonderen Bau- und Konstruktionsfertigkeiten. Es erfaßt ebenso Frauen zwischen 18 und 40 Jahren, denn *Manpower* meint auch *Womanpower*: Frauen übernehmen plötzlich Jobs in traditionellen Männerdomänen. Sie stehen am Radar, an der Drehbank, fahren Traktor und Lastkraftwagen.

Alles in allem mobilisierten die Regierungsdirektiven 170 000 Männer und Frauen, Ende des Jahres 1942 sind 40 Prozent der nationalen Arbeitskräfte in zentralen Industrie- und Wirtschaftszweigen beschäftigt.

Auch Minna Kohane ist längst im *Manpower* eingegliedert. Und obwohl es ihr mittlerweile gelungen ist, von einer Zigarettenfabrik in Wellington in eine andere nach Auckland zu wechseln, wo ihre Schwester Regine wohnt, ist Minna mit ihrer Situation keineswegs glücklich. Die Arbeit an einer Tabak-Schneidemaschine ist schlecht für ihre Gesundheit – nicht nur, daß es bestialisch stinkt, der 23jährigen wird auch regelmäßig übel. Außerdem ist ihre Tätigkeit sehr schlecht bezahlt, allein zwei Drittel ihres Lohnes muß Minna für die Miete ihres Apartments ausgeben. Sie lebt bescheiden, ernährt sich von Kartoffeln und Rühreiern. Ihre Gedanken kreisen in beständiger Sorge um Schwestern und Eltern, die in irgendeinem Lager in Polen sein sollen. Es macht sie fast verrückt, daß keine Post mehr zu ihnen durchdringt. Die einzige Ablenkung findet Minna, wenn sie mit ihren Freundinnen tanzen geht.

Die vermeintlichen *Enemy Aliens* Alice und Frank Briess leben inzwischen in Auckland, wo ihr Leben erneut im Zeichen kriegsbedingter Regierungserlasse steht: Im

Rahmen des *Manpower*-Programms muß Alice Heimarbeiten als Handschuhmacherin erledigen, während Frank Briess einer Gefrierfabrik zugeteilt wurde. Seine Arbeit wird zwar gut bezahlt, doch von der ständigen Kälte bekommt Frank so starke Kopfschmerzen, daß er schon bald versetzt werden muß: Frank Briess wechselt von gefrorenen Schafshälften zu recht warmblütigen Zeitgenossen – den in Auckland stationierten amerikanischen Marines! In sogenannten *R&R*-Baracken sollen sie *Rest and Recuperation* finden, Ruhe und Erholung. Doch weil die Verköstigung hier meist nicht gerade überragend ist, sollen Frank und Alice gemeinsam mit einem weiteren Ehepaar ein Restaurant für die Soldaten eröffnen.

Das ist nun mehr als *Manpower*, das ist eine kreative Herausforderung! Alice und Frank Briess werden Mitbegründer des ersten Soldaten-Restaurants in Auckland, *Centre Way* genannt. Und wie bereits auf der Farm, nehmen sie die Herausforderung an. Die beiden arbeiten sehr hart und fühlen, wie man sie braucht: Den ganzen Tag über sind sie von jungen Amerikanern umgeben, die den Wirtsleuten auch mal ihr Herz ausschütten wollen. Deren Essen findet ohnehin reißenden Absatz: Alice und Frank brillieren mit köstlichen böhmisch-mährisch-Gerichten. Noch Jahre nach dem Krieg werden sie zu Weihnachten mit Dankeskarten aus den USA eingedeckt.

Hans Jottkowitz, der inzwischen von der ungeliebten Farmarbeit in abgelegenen Provinzen nach Dunedin zurückkehren durfte, ist auf der Suche nach Arbeit. Nicht, daß er hungern müßte: Einmal pro Woche bekommt er vom Staat Arbeitslosenhilfe. Doch ist das ein Leben? Wie alle seine neuseeländischen Mitbürger hat er ein kleines, khakifarbenes Rationsbüchlein mit Coupons für den Bezug von Eiern, Fleisch, Butter, Zucker, Tee, Bettwäsche und Strumpfwaren. Nein, hungern muß er nicht – in einem Land mit 33 Millionen Schafen und mehr als vier Millionen Rindern stirbt niemand den Hungertod. Die Butterration ist sogar viermal so hoch wie jene in England. Doch Hans Jottkowitz will arbeiten ... und nicht dem Land, das ihn aufgenommen hat, auf der Tasche liegen.

Die Familie seiner Cousine ist inzwischen nach Milton umgezogen – eine Kleinstadt im Clutha District, etwa 50 Kilometer südlich von Dunedin, am Rande der landschaftlich atemberaubenden Region des Otago Coast Forest gelegen. Hans' Verwandte schreiben ihm, es gebe dort eine große Textilspinnerei, und sie bemühen sich so lange um eine Stelle für ihn, bis Hans Jottkowitz schließlich als Weber anfangen kann. Milton liegt zwar etwas ab vom Schuß; dafür gibt es hier eine Menge Schafe, und deren Wolle will verarbeitet sein ...

Doch obwohl er nun sogar Arbeit in seinem Fachbereich gefunden hat, leidet Hans, geht es ihm wie Minna Kohane und den meisten anderen jüdischen Flüchtlingen – der 24jährige findet keine Ruhe. Was passiert im Deutschen Reich, was in seiner Heimatstadt Berlin? Als *Enemy Alien* hat man ihm aus seinem kleinen Radio die Kurzwellentechnik ausgebaut und den Apparat versiegelt. So hat er nur in der Jüdischen Gemeinde die Chance, Nachrichten aus dem fernen Europa aufzuschnappen. Hans hat den Glauben verloren, seine Eltern aus Deutschland noch herausholen zu können.

Neben den nationalen Kraftakten läuft auch in Neuseeland der kleine Alltag weiter. In Christchurch nimmt der 21jährige Peter Munz aus Chemnitz, der hier am staatlichen Lehrer-College studiert, noch ein zusätzliches Studium am *Canterbury University College* auf. Er belegt Kurse in Geschichte, Deutsch und in Philosophie – sein Philosophie-Dozent aber ist niemand Geringerer als Karl Popper. Überrascht stellt Peter Munz fest, daß die Schriften des in Europa bereits etablierten und angesehenen Philosophen in Neuseeland noch völlig unbekannt sind. Unter den Studenten allerdings gilt Popper mittlerweile als charismatischer und beliebter Lehrer. Man fürchtet ihn allerdings auch: Ist er in schlechter Stimmung, neigt er dazu, die Studenten deutlich spüren zu lassen, daß sie seiner Meinung nach nichts taugen. Ansonsten führt er sie mit anschaulichen Bildern in die Ursprünge des europäischen Denkens ein, demonstriert, wie die Urväter der Philosophie und Naturwissenschaft Probleme durchdacht und gelöst haben. Er unterrichtet Logik, Ethik, Geschichte der Philosophie, Einführung in die Philosophie und Moralphilosophie.

Auch bei seinen Kollegen gilt Popper als herausragende, jedoch schwierige Gestalt. Einerseits bringt er frischen Wind in die Lehre, andererseits mangelt es ihm deutlich an Fingerspitzengefühl im Umgang mit anderen; seine forsch-aggressive Art, mit der er zum Beispiel das neuseeländische Bildungssystem und somit die Arbeit seiner Kollegen kritisiert, stößt in dem von britischem *Understatement* geprägten Kulturkreis auf wenig Gegenliebe.

Während Karl Popper am College gerade gegen Papiermangel und Unterrichtsüberlastung kämpft, führt er außerhalb der Uni ein Leben, das ganz auf seine Arbeit konzentriert ist. Noch immer unterzieht er in seiner Forschung die geistigen Väter des Totalitarismus, die »orakelnden Philosophen«, einer umfassenden Kritik – samt den ideologischen Traditionen, auf die sich die totalitäre Barbarei eines Hitler oder Stalin stützt. Sein Essay »Was ist Dialektik?«, in dem er das Herzstück der Hegelschen und Marxschen Philosophie attackiert, ist zu diesem Zeitpunkt bereits fertiggestellt, ebenso »Das Elend des Historizismus« – beides Schriften, die eng mit der »Offenen Gesellschaft« korrespondieren.

Karl und Henny Popper mögen Christchurch und seine malerische Umgebung. Von gelegentlichen Ausflügen in die Süd-Alpen mit ihren schneebedeckten Kuppen abgesehen, leben die beiden allerdings ziemlich zurückgezogen. Sie haben finanzielle Sorgen, da sie sich mit ihrem Haus auf dem Cashmere Hill ziemlich übernommen haben. Empfindet Karl Raimund Popper seine Lebensumstände als glücklich? Wohl eher nicht. Seine Frau Henny hat Heimweh nach Wien. Er selbst verfolgt sehr genau die Truppenbewegungen rund um die Welt. Eine Rückkehr ins alte Europa scheint ihm in weiter Ferne zu liegen.

Als Karl Popper den ersten Band seiner »Offenen Gesellschaft« abgeschlossen hat, sucht er nach einem Verlag in England oder den USA. Er wendet sich nun an Bekannte in der ganzen Welt – die Zeit für eine philosophische Veröffentlichung inmitten des Krieges ist allerdings denkbar ungünstig: Unzählige Soldaten gibt es, aber nur noch wenige Drucker. Vor allem herrscht extremer Papiermangel. Popper sitzt auf einem Manuskript, das hochaktuell ist – doch das erst viel später als großes Werk in die Geschichte eingehen wird.

6. Pfannkuchen für die SS

Ruth Adler aus Hildesheim, inzwischen 13 Jahre alt, freut sich auf die neuseeländischen Sommerferien. Die Grundschule hat sie abgeschlossen, nun besucht sie für vier weitere Jahre eine *Grammar School* in Auckland, eine Art Lyzeum. In ihrer Klasse gibt es noch zwei weitere Jüdinnen, man hat sich längst miteinander angefreundet.

Der Kontakt der Familie Adler nach Hildesheim ist mittlerweile völlig abgerissen. Und so ahnen Adlers nicht, daß die beschauliche Stadt in Niedersachsen Ende 1942 bereits »judenrein« ist, wie es die Nazis nennen: Längst gibt es kein jüdisches Geschäft mehr wie das »Magazin Rothschild« von Ruths Eltern. Wer nicht rechtzeitig fliehen konnte, wurde nach den November-Pogromen in »Judenhäuser« eingewiesen. Von hier aus begannen im Frühjahr 1942 die Deportationen ins »geräumte« Warschauer Ghetto oder das Ghetto Trawniki bei Lublin. Kaum einer dieser in den Osten Deportierten wird jemals zurückkehren.

Der Abtransport erfolgt stets über Hannover, und in den »vertraulichen« Anordnungen der Gestapo-Leitstelle Hannover vom 19. März 1942 liest sich die »Abwanderung von Juden« wie die logistische Bewältigung einer Bahnaktion: »Auf Weisung des Reichssicherheitshauptamtes findet die Abschiebung der noch in Hannover einschließlich Hildesheim verbliebenen evakuierungsfähigen Juden nunmehr am 31. 3. 1942 statt. Der Transportzug D a 6 (sogenannter Koppelzug) wird fahrplanmäßig am 31. 3. 1942 um 12.12 Uhr in Gelsenkirchen eingesetzt und trifft mit 400 Juden der Staatspolizeileitstelle Münster um 18.15 Uhr in Hannover ein. Hier erfolgt die Zuladung der für Hannover (Hildesheim) abzuschiebenden 500 Juden und die Einrangierung der benötigten Güterwagen und des B-Wagens für das Begleitkommando der Schutzpolizei. Um 19.36 Uhr fährt der Transportzug nach Braunschweig weiter und trifft dort um 20.05 Uhr ein. Die Staatspolizeistelle Braunschweig lädt die von ihr für den Transport vorgesehenen Juden (116) und das zugehörige Gepäck zu, so daß die endgültige Weiterfahrt des D a 6-Transportzuges nach Trawniki bei Lublin um 20.16 Uhr erfolgen kann.«

Ende 1942, Deutschland ist an allen Fronten im Krieg, herrscht in seinen Städten eine bedrohliche Atmosphäre. Allgegenwärtig lauert die Gestapo, und überall verschwinden Menschen. Doch wie in den Kriegsjahren zuvor werden auch diesmal Weihnachten und Neujahr gefeiert. Berlin liegt am Silvesterabend unter einer weichen Schneeschicht, und auf dem Gelände des Gästehauses der Sicherheitspolizei und des SD am Wannsee steht der 15jährige Jude Fred Silberstein in einer blitzblanken SS-Küche.

Die Monate zuvor mußte er im Heizungskeller arbeiten, die Autos der SS-Funktionäre waschen, schwere Erdarbeiten verrichten oder mit seinen Händen zwischen Würmern und Ameisen herumwühlen. Letzteres empfand er als besondere Qual, da schmutzige Hände bei Fred Silberstein den sofortigen Drang auslösen, sie zu waschen – eine Phobie, die er schon als Kind hatte und die ihn ein Leben lang begleiten wird.

Wollte er nicht Koch werden? Seit die SS im Herbst eine neue Küche bauen ließ, versucht der Jugendliche, irgendwie dorthin versetzt zu werden. Im Dezember hat er es endlich geschafft. Seitdem spült Fred Geschirr, putzt Silber oder scheuert die Küche.

Wie jeden Abend hält er sich auch in der Silvesternacht in der Küche auf. Er erinnert sich: »Der Sicherheitsdienst veranstaltete Neujahr 1942/1943 im Haus am Wannsee ein rauschendes Fest. Verantwortlich war der Chefkoch, auch ein SS-Mann, der vorher in Warschau ein großes Restaurant geführt hatte. Der Mann war mir unheimlich: Er hat mir mehrmals erzählt, wie er in Warschau, wenn ein Untergebener ihm eine unkorrekte Antwort auf eine Frage gab, diesem eigenhändig die Zunge herausgeschnitten hat. Ich wußte nie, ob das stimmt oder er mich nur einschüchtern wollte. Also, am Silvesterabend von 1942 zu 1943 war ich als Hilfskraft bei der Herstellung von Pfannkuchen eingesetzt. Ich wälzte die Teigklöße in riesigen Schüsseln mit Schweineschmalz, dann kam Marmelade in die Mitte rein und außen Puderzucker drauf. Und während dieser Vorarbeiten wurde der große Chefkoch immer betrunkener. Der war irgendwann so voll, daß er nicht mehr arbeiten konnte. Ein SS-Offizier kam in meine Küchenecke und befahl mir, alleine mit den Pfannkuchen weiterzumachen. Und dann habe ich – als Jude – bis zwei Uhr nachts Pfannkuchen für die SS gebacken. Ich wollte ja Koch werden und habe mich gefreut, daß sie so gut gelungen sind. Das war schon seltsam, daß ich als jüdischer Junge für eine Riesenschar SS-Offiziere, die gerade den Beschluß gefaßt hatten, Menschen wie mich zu töten, Pfannkuchen herstellte, die denen dann prima geschmeckt haben … Der Chefkoch kam übrigens nicht wieder, keine Ahnung, was sie mit dem gemacht haben.«

1943

1. Welten voneinander entfernt

In Stalingrad liefern sich seit August 1942 Wehrmacht und Rote Armee eine der blutigsten Schlachten der Weltgeschichte. Stalingrad wird zum Wendepunkt eines aberwitzigen Eroberungsplanes Hitlers: 1941 war die Wehrmacht mit drei Millionen Soldaten auf einer Länge von 1600 Kilometer gegen die »Bolschewisten« zu Felde gezogen – nun wollte der »Größte Feldherr aller Zeiten« die Ostfront auf über 4000 Kilometer ausdehnen, obwohl inzwischen mehr als eine Million deutscher Soldaten gefallen, verwundet oder vermißt war. Über sechs Monate wird sich das Gemetzel um Stalingrad hinziehen; seit November 1942 sitzt der größte Teil der 6. Armee, von den Russen eingekreist, in einem Kessel fest.

Fast die Hälfte der 250 000 deutschen Soldaten ist in der Schlacht um Stalingrad bereits gefallen. Zehntausende von Elendsgestalten liegen – zu Skeletten abgemagert, krank oder mit erfrorenen Gliedmaßen – im Januar 1943 noch im Schützengraben. Viele von ihnen werden noch diesen Monat fallen oder schwer verwundet und einsam im Schnee krepieren. Am 2. Februar 1943 kapitulieren die deutschen Truppen und läuten damit endgültig den Vormarsch der Roten Armee ein. Etwa 90 000 Wehrmachtssoldaten schleppen sich in russische Kriegsgefangenschaft, nur etwa 5000 von ihnen werden nach Deutschland zurückkehren, viele erst lange Jahre nach Kriegsende.

Noch verheerender sieht es auf russischer Seite aus – fast eine halbe Million Rotarmisten haben die Verteidigung des Gebietes mit dem Leben bezahlt, weitere 600 000 sind verwundet oder ihrerseits dem Gegner in die Hände gefallen. Die Opfer der Schlacht um Stalingrad werden auf insgesamt über eine Million geschätzt.

An der Front in Nordafrika, wo die neuseeländischen Truppen in der 8. Armee unter dem britischen Oberbefehlshaber General Bernard L. Montgomery kämpfen, fallen die Verluste dagegen vergleichsweise gering aus. Neuseeländer kämpfen hier in der Infanterie, als Aufklärer und Minensucher oder in der Luftwaffe. Auch in Nordafrika ist es den alliierten Truppen mittlerweile gelungen, den Rückzug der Deutschen einzuleiten, längst drängen die Alliierten die Armee General Rommels von Ägypten aus Richtung Libyen und Tunesien. Im März 1943 durchbrechen Truppen der neuseeländischen Division in Tunesien feindliche Linien des deutschen Afrikakorps.

Ein Leutnant des Maori-Zuges erhält das Victoria-Kreuz, den höchsten britischen Kriegsorden, nachdem es seinen Männern gelungen ist, eine von den Deutschen hartnäckig verteidigte Stellung zu erobern. Schon seit längerem hat sich das im Gesamtkriegsgeschehen vergleichsweise kleine Kontingent neuseeländischer Soldaten den Respekt der Verbündeten erworben. Als Winston Churchill nach der Eroberung Libyens die dortigen Truppen inspiziert, lobt der britische Premier während einer Parade die *New Zealand Division* und ihren Kommandeur Bernard Freyberg als »Salamander des britischen Empire« – Tiere, die selbst im Feuer fähig sind zu überleben.

Auch im Pazifik wird unterdessen weitergekämpft: Japan bombardiert noch immer neuseeländische Schiffe, nun allerdings nur noch mit verminderter Kraft. Im Gegenzug gelingt es den neuseeländischen Minensuchbooten »Kiwi« und »Moa« bei den Solomon-Inseln, ein japanisches U-Boot zu versenken.

Von diesen Entwicklungen des Krieges bekommt der in Neuseeland internierte Hans Nathan nur wenig mit. Seit sich die Kämpfe im Pazifik zugespitzt haben, wurde das Lager auf Somes Island evakuiert und nach Pahiatua im neuseeländischen Inland verlegt, eine Gegend nördlich von Wellington.

Die Zahl der deutschen Internierten ist inzwischen auf 96 geklettert. Auszustehen haben sie und ihre asiatischen oder italienischen Mitgefangenen in Pahiatua noch weniger als auf Somes Island, weil hier das Klima deutlich milder ist. Die Behandlung durch das Wachpersonal ist gut, die Verpflegung reichlich. Die älteren Männer haben Einzelzimmer, sogar Anträge auf Spaziergänge außerhalb des Lagers werden bewilligt.

Ebenfalls bewilligt wurde der Antrag der vier Juden und vier weiteren antifaschistisch gesinnten Deutschen, ein Quartier fernab der »reichstreuen« Mehrheit der deutschen Internierten zu beziehen. Die acht »Dissidenten«, darunter auch Hans Nathan, teilen sich nun mit vier japanischen Zivilisten eine Baracke. Stolz verzichten sie auf Pakete vom Deutschen Roten Kreuz; das einzige, worauf sie nicht verzichten, sind Bücher. Die Gefangenenbibliothek ist während der letzten drei Lagerjahre erheblich gewachsen: Bücherspenden treffen vom Internationalen Erziehungsamt aus Genf ein, von der deutschen Kirchlichen Kriegshilfe und vom Verein deutscher Ingenieure, ergänzt durch die Bestände vom aufgelösten

Deutschen Verein in Auckland und dem geschlossenen Deutschen Generalkonsulat in Wellington.

Im Kontrast zu ihrer restriktiven Einwanderungspolitik erweisen sich die neuseeländischen Behörden in bezug auf die Betreuung ihrer Gefangenen nicht nur als korrekt, sondern als geradezu großzügig: Die Internierten bekommen die gleichen Butterrationen wie Zivilbevölkerung und Militär, die Fleischrationen fallen manchmal sogar größer aus – es gibt im Lager Gulasch und Koteletts, Pökelfleisch und reichlich Hammelbraten. Für Internierte, die medizinische Diäten einhalten müssen, wird extra gekocht. Die Arbeit im Gemüsegarten oder in der Schreinerwerkstatt ist freiwillig und wird ebenso bezahlt wie außerhalb des Lagers.

Zudem haben die Internierten die Möglichkeit, die vom *New Zealand Army Education Welfare Service* angebotenen Kurse über Biologie oder Mathematik, Handelskalkulationen oder Prinzipien der Tierproduktion zu nutzen, um sich fortzubilden. Einige üben sich in kreativen Beschäftigungen und verarbeiten gesammelte Muscheln zu kunsthandwerklichen Produkten, die dann außerhalb des Lagers reißenden Absatz finden. Andere fertigen Holzspielzeug oder weben, wieder andere züchten Gemüse auf eigenen Beeten. Schließlich gibt es einen Männerchor und ein Lagerorchester.

Auch Heinz Eisig bekommt auf seiner Farm im Hinterland vom Kriegsgeschehen nur über Zeitung und Radio etwas mit. Der Leichtathlet aus Fürstenwalde und seine Frau Dorothea haben sich mittlerweile endgültig entschieden, nicht mehr in die Stadt zurückzugehen, sie wollen hier draußen auf dem Land leben.

Die sehr verstreut und entfernt wohnenden Nachbarn kennen sie inzwischen ein wenig besser: Die meisten sind Maori, die in der Umgebung als Landarbeiter, Farmer, Waldarbeiter oder Lastwagenfahrer arbeiten. Eisigs kommen gut mit ihnen zurecht. Doch immer mehr Maori zieht es nun in die Städte Neuseelands – der Bedarf an industriellen Arbeitskräften hat mit dem letzten Kriegsjahr stark zugenommen.

In noch dichterer Nachbarschaft als Heinz und Dorothea Eisig lebt der Arzt Alfred Heppner mit den Maori. Die Praxis, der er gemeinsam mit einem jüdischen Arzt aus Wien betreibt, ist zwar in Freemans Bay und damit in einem recht heruntergekommenen Viertel von Auckland, doch immerhin läuft sie gut, vor allem verstehen sich die Ärzte mit ihren Patienten. Für die Maori sind die jüdischen Emigranten eine echte Attraktion: Was Deutsche sind, wußte bisher keiner von ihnen, geschweige denn, was Juden sind. Doch sie sind überaus dankbar dafür, endlich eine regelmäßige medizinische Betreuung zu erhalten.

Familie Heppner wohnt in Remuera, fünf Kilometer von der Praxis entfernt. In der fremden Welt haben sich die Berliner mittlerweile eingelebt. Ihre neuen Nachbarn erweisen sich als sehr freundlich. Worunter sie leiden, sind die noch immer nicht verstummten gehässigen Kommentare einiger Berufskollegen und des Medizinischen Rates Neuseelands. Obwohl sich fast alle aus Deutschland oder Österreich geflohenen jüdischen Ärzte in den Jahren 1940 und 1941 freiwillig für den Dienst in der neuseeländischen Army gemeldet haben – sie wurden als *Enemy Aliens* bekanntlich abgelehnt –, wird ihnen aus dieser Richtung immer noch unterstellt, von der Abwesenheit der einheimischen Ärzte zu profitieren und deren Patienten abzuwerben.

2. Der Weg nach Auschwitz

Während von Stalingrad aus Züge mit deutschen Kriegsgefangenen in russische Gefangenenlager rollen, sind in Zentraleuropa Züge mit verschleppten Juden in deutsche Vernichtungslager unterwegs: In Viehwaggons deportiert werden Menschen von Holland nach Sobibor, von Prag, Wien, Luxemburg und Mazedonien nach Treblinka, von Saloniki und Thrakien und dem Ghetto Theresienstadt nach Auschwitz.

In Auschwitz-Birkenau wird im März 1943 das erste der neuen großen Krematorien in Betrieb genommen. Mit den im Januar 1943 einsetzenden Deportationen werden nun auch aus dem »Großdeutschen Reich« Juden in Richtung Osten verschickt, die bisher in kriegswichtigen Betrieben oder der Landwirtschaft Zwangsarbeit leisten mußten und dadurch noch verschont geblieben waren. Nun ereilt sie die »Fabrikaktion«: Geplant ist, alle noch verbliebenen registrierten Juden, »Halbjuden«, »Geltungsjuden« oder »arisch Versippte« abzuholen, um sie zügig in die Vernichtungslager des Ostens zu transportieren.

Vom 27. Februar an nehmen Polizei und Gestapo innerhalb einer Woche allein in Berlin 7000 Frauen und Männer direkt vom Arbeitsplatz oder von der Straße weg fest und transportieren sie ohne Umschweife nach Auschwitz. Infolge dieser Aktion kommt es in Berlin zu den »Rosenstraße-Protesten«, bei denen nichtjüdische Angehörige mutig um die Freilassung der Festgenommenen kämpfen.

Verschleppt werden nun auch die jüdischen Sonderhäftlinge vom SS-Gelände am Wannsee, darunter der 15jährige Fred Silberstein, der noch immer in der Küche arbeitet. Keiner von ihnen weiß, wohin man sie bringen wird. Als sie verladen werden, trifft gerade ein Auto mit vier hochrangigen SS-Männern ein. Einer von ihnen sieht den blonden, blauäugigen Jugendlichen, tritt auf Fred zu und sagt: »Hör zu, das ist deine letzte Chance. Wenn du bereit bist, dich von deinem Judentum abzuwenden, dann lasse ich dich laufen. Ich besorg' dir neue Papiere.«

Doch Fred lehnt das Angebot ab: »Ich wußte ja nicht, worum es ging. Hätte ich es gewußt, wer weiß, vielleicht hätte ich dann etwas anderes geantwortet. Doch ich hatte ja keine Ahnung. Ich denke heute noch darüber nach, warum ich ›Nein‹ gesagt habe zu dem Angebot – ich hatte geglaubt, daß ich endlich meine Familie wiedersehen würde.«

Als sie in ein jüdisches Altersheim in der Nähe vom S-Bahnhof Grunewald gebracht werden, hält Fred nach seiner Familie Ausschau. Viele Menschen befinden sich bereits in dem riesigen Gebäude, und alle tragen den gelben Stern an der Kleidung. Überall wird geflüstert oder laut gesprochen, manche weinen, andere lachen. Fred Silberstein hastet durch die Gänge, taxiert die Gesichter in den Gruppen – seine Eltern und seine Schwester findet er nicht. Dafür ein paar Kinder, mit denen er zusammen auf die jüdische Schule gegangen ist.

Fred begreift den Ernst der Lage nicht annähernd: Die Menschen bekommen in diesem Altersheim nichts zu essen, und als ihn der Hunger zu sehr plagt, fangen er und einige Mitgefangene vom Wannsee an zu singen: »Wir haben Hunger, Hunger, Hunger, haben Hunger, Hunger, Hunger, haben Hunger, Hunger, Hunger, haben Durst.« Die umstehenden Juden reagieren entsetzt und weisen die Jungen darauf hin, daß Singen verboten sei.

Etwa 27000 Juden leben Ende Februar 1943 noch in Berlin. Die Anweisung, alle jüdischen Zwangsarbeiter zu vorgeschriebenen Sammelstellen zu beordern, hat auch die großen Rüstungsfirmen wie Siemens, Telefunken oder die Waffen- und Munitionsfabrik Borsigwalde erreicht, wo Freds Schwester Hansi Zwangsarbeit leisten muß. Die Rüstungsfabrikanten haben die Aufforderung jedoch bisher ignoriert, um ihre billigen Arbeitskräfte nicht zu verlieren. Nun läßt Goebbels die Juden direkt aus den Fabriken herausholen.

So wird nach ihrem Bruder Fred auch die 19jährige Hansi Silberstein verschleppt – am entgegengesetzten Ende der Stadt. Wie jeden Morgen seit 1941 steht Hansi am Fließband der Munitionsfabrik, zusammen mit 40 oder 50 anderen jüdischen Frauen, als kurz nach Arbeitsbeginn plötzlich ein Mann auftaucht: Die Frauen sollen sofort ihre Sachen aus den Spinden holen und mitkommen.

Draußen warten drei, vier schwarze Wagen. Die Arbeiterinnen der Munitionsfabrik werden zur Synagoge in der Pestalozzistraße gebracht, die seit 1938 zerstört ist und deren Ruine den Nazis nun als Sammelstelle dient.

Den ganzen Tag über, fast im Minutenabstand, kommen Neue – Menschen, die bei der Arbeit, in der Straßenbahn oder einfach von der Straße weg verhaftet worden sind. Auch nachts werden noch Leute in die Synagoge gebracht. Hansi kann nicht aufhören, nervös herumzulaufen und Ausschau nach ihrem Bruder Fred und ihren Eltern zu halten – vergeblich. Manche Leute kennt sie, doch von ihrer Familie ist keiner unter den Ankommenden – und niemand hat sie gesehen.

In der Nacht vom 1. zum 2. März fliegen die Briten wieder schwere Luftangriffe auf Berlin. Hansi Silberstein und ein paar Mädchen überlegen, den Bombenalarm zur Flucht zu nutzen, immerhin ist ihnen die Anlage der Synagoge vertraut. Doch aus welcher Ecke sie auch hinaus spähen, das Gelände ist rundherum von SS umstellt. Am Tag darauf werden sie, etwa 2000 Menschen aller Altersstufen, zum Güterbahnhof Putlitzbrücke transportiert, unter Peitschenschlägen, die auch auf Kinder und Alte prasseln. Am Zug angekommen, drücken Vertreter der Jüdischen Gemeinde jedem noch etwas Brot und Belag in die Hand, dann werden die Menschen mit dem gelben Stern in die Waggons verladen wie Vieh, die Türen verplombt. Der 32. Ost-Transport setzt sich in Bewegung.

Nachts wird der Zug auf einem Nebengleis geparkt, um Wehrmachtstransporte passieren zu lassen, die aus der Gegenrichtung kommen – aus dem Osten. Und irgendwo in Schlesien, der Zug steht wieder auf einem Abstellgleis, hört Hansi draußen Männerstimmen singen: »Wenn das Judenblut vom Messer spritzt.« Wo sind ihre Eltern ... und wo ist Fred? Die zusammengepferchten Menschen im Waggon sind tief bedrückt, sie weinen und klagen, vor allem die Älteren. Die Jungen versuchen, einander Mut zu machen, manchmal singen sie auch.

In Auschwitz ist Endstation: »Die Waggontüren wurden zurückgerollt und dann brüllte auch schon jemand: ›Los – raus, raus!‹ Die Ladefläche war ziemlich hoch, wir mußten hinunterspringen. Es war Winter, und ringsherum lag Schnee. Ich fragte einen der Uniformierten, ob wir etwas zu trinken bekommen könnten. Er sagte: ›Ja, du kannst Schnee trinken!‹ Dann brüllte ein Mann: ›Frauen auf die eine, Männer auf die andere Seite!‹ An der Seite standen Lastwagen, und ein anderer rief: ›Wer nicht laufen kann, darf dort zu diesem Wagen gehen!‹ Da habe ich zu meiner Freundin gesagt: ›Warum sollen wir laufen, wenn wir auch fahren können?‹ Wir gingen also mit der Mutter meiner Freundin zum Wagen hinüber. Die Mutter kletterte hoch, und als ich hinterher wollte, drängte sich ein Uniformierter dazwischen. Er sagte: ›Du nicht, du bist zu jung, du kannst laufen.‹ Dann hat er meine Freundin und mich zur Seite geschoben. Meine Freundin rief ihrer Mutter noch zu, daß sie sich dann später treffen würden. Bald war der Wagen gefüllt mit alten Leuten.«

Die Zurückgebliebenen müssen nun in Fünferreihen antreten. Ein Offizier läuft langsam die langen Reihen erschöpfter Menschen ab, einen dünnen Stock in der Hand, wie alle SS-Leute hier. Er bleibt vor Hansi stehen, zeigt auf sie und fragt sie nach ihrem Namen. Sie antwortet: »Hansi Silberstein«. Der SS-Offizier geht weiter, Hansi ist sehr verunsichert. Wenig später kehrt er zurück und sagt: »Du bist zur Arbeit ausgesucht, du meldest dich morgen in der Zahnstation.«

In Fünferreihen müssen die Frauen ins Lager Auschwitz-Birkenau marschieren. Hansi und ihre Freundin werden einer Baracke zugewiesen, in der bereits tschechische Jüdinnen untergebracht sind. Sie fragen ein paar jüngere Frauen, wohin man wohl die Leute auf dem Wagen gebracht habe. Die nehmen die beiden mit ans Fenster, zeigen auf einen Schornstein und sagen: »Die sind in die Gaskammer gekommen.« Hansi und ihrer Freundin nimmt das Entsetzen den Atem – Gaskammer? Sie können nicht glauben, was sie hören – und auf dem Wagen war ja die Mutter der Freundin ...

Nachdem sie Kleidung, Uhren und Schmuck abgeben mußten, bekommen die Mädchen von den Tschechinnen eine Nummer auf den Arm tätowiert. Noch immer lähmt sie der Satz von der Gaskammer. Als die Freundin schließlich von einem Weinkrampf geschüttelt wird, taucht ein Häftling mit grünem Dreieck an der Jacke auf; er fragt, wer diejenige sei, die man aussortiert habe. Hansi meldet sich nicht, denn inzwischen sind Satzfetzen durch die Baracke geschwirrt, Häftlinge würden für medizinische Versuche verwendet. Doch nun ruft der Mann laut ihren Namen, zitternd geht sie nach vorn. Er blickt sie an und sagt: »Du weißt gar nicht, was für ein Glück du hast.«

Das weiß Hansi in diesem Moment tatsächlich nicht: »Wir mußten zum Haarescheren. Und nun war ich die einzige, deren Kopf nicht geschoren wurde. Die Frauen sahen furchtbar aus, meine Freundin habe ich erst mal gar nicht erkannt. Ich bekam auch meine Kleidung zurück, dann brachte man mich auf die Zahnstation.« Dort wird Hansi drei jüdischen Häftlingsärztinnen als Stationsschreiberin zugeteilt.

In einem anderen der Transporte nach Auschwitz befindet sich unterdessen Hansis Bruder Fred. Zweieinhalb

Tage ist der Junge unterwegs, in einem Waggon, dessen Luken mit Stacheldraht versperrt sind und in dem etwa 140 Menschen dicht gedrängt stehen. Es gibt keine Heizung, nichts zu essen, nichts zu trinken. Immer wieder wird jemand ohnmächtig.

Fred ist verwirrt. Unsicher lauscht er den Beschreibungen derer, die an einer Luke stehen. Um ihn herum wird unentwegt diskutiert und kommentiert – viele glauben, nachdem sie Frankfurt an der Oder passiert haben und nun durch Polen fahren, sie würden lediglich umgesiedelt. Fred überzeugen diese Vermutungen nicht, und als sie in Auschwitz anlangen, finden sich seine schlimmsten Befürchtungen bestätigt: »Die Waggontüren wurden aufgerissen, die Menschen von den Uniformierten sofort angeschrien. Dieses Gebrüll kannte ich schon von den SS-Leuten am Wannsee, da wurden wir auch immer angeschrien und als ›dreckige Juden‹, ›Saujuden‹ oder ›Schweinehunde‹ bezeichnet, das gehörte dort zur Normalität. Für mich ist es allerdings niemals Normalität geworden. Ich kann es bis heute nicht ertragen, wenn mich jemand anbrüllt oder Schimpfworte benutzt. Das ist für mich schlimmer als geschlagen zu werden. Die Männer jagten uns aus dem Zug heraus. Dabei wurde ständig geschrien: ›Frauen und Kinder nach links, Männer nach rechts.‹ Ein Mann flüsterte mir ins Ohr: ›Gib dich älter aus, als du bist.‹ Ich wußte nicht, was er meinte, er erklärte es auch nicht.«

Doch als Fred gefragt wird, bringt der 15jährige die Worte »sechzehn« oder gar »siebzehn« einfach nicht über die Lippen. Schließlich ringt er sich zu »fünfzehneinhalb« durch. Als er auf die Frage, wieviel Ziegelsteine er tragen könne, »fünf« antwortet, wird er mit einem

Fußtritt in Richtung einer Männergruppe befördert, die anschließend nach Auschwitz III, Buna/Monowitz, kommt. Dort muß Fred sich ausziehen zum Duschen und Haareschneiden, er schämt sich maßlos, weil er sich noch nie vor anderen Menschen nackt gezeigt hat. Ordentlich legt er seine Sachen zusammen – und kriegt wieder einen Tritt, weil er nicht schnell genug ist. Kalt geduscht und klitschnaß steigt er in die Holzpantinen und streift die blauweiße Häftlingskleidung über die nasse Haut. Unterwäsche gibt es trotz der winterlichen Kälte ebensowenig wie ein Handtuch.

In einem Raum mit sehr langen Tischen, auch hier brüllen die SS-Männer herum, wird der Junge registriert. Dann tätowiert man ihm seine »Auschwitz-Nummer« auf den Arm, begleitet von den Worten: »Ab heute hast du keinen Namen mehr, ab heute bist du Nummer 106792!«

Fred Silberstein wird mit den anderen Neuankömmlingen in die Baracken eingewiesen, in dreistöckige Pritschen. An die ersten Tage dort erinnert er sich nur noch verschwommen: »Die ersten Tage in Auschwitz ... wie soll ich es nennen ... nun ich denke, ich stand völlig unter Schock. Ich konnte nichts denken. Ich kann mich erinnern – das erste Essen, das wir bekamen, war in einem großen Kessel, irgendeine dünne Suppe. Es war kalt, und ich hatte tagelang nichts im Magen gehabt, ich stürzte mich darauf ... Und nach einer halben Stunde habe ich alles wieder ausgekotzt.«

Fred muß nun in Buna/Monowitz für die IG Farben arbeiten, zusammen mit 10500 KZ-Häftlingen und 25000 zivilen Arbeitern. Es sind Polen, Russen, Franzosen und Deutsche, Männer und Frauen. Und er wird die

Erfahrung machen, daß die Hölle von Auschwitz noch eine Steigerungsform kennt – im Mai 1943 trifft der Arzt Joseph Mengele im Konzentrationslager ein.

3. *Von Erfolgen und Niederlagen*

Am anderen Ende der Welt bangen die jüdischen Flüchtlinge um ihre in Deutschland, Österreich oder der Tschechei zurückgebliebenen Verwandten. Das Wort Auschwitz taucht jetzt auch in neuseeländischen Zeitungen häufiger auf, es verbreitet Schrecken. Doch was in Auschwitz tatsächlich geschieht, übersteigt das Vorstellungsvermögen der Davongekommenen bei weitem.

Minna Kohane aus Berlin-Prenzlauer Berg kommt derzeit ohnehin kaum zum Nachdenken, der orthodoxen Jüdin geht es schlecht: Noch immer arbeitet sie an der Tabak-Schneidemaschine, die neben einem riesigen Tabakbehälter steht. Und noch immer stinkt es an diesem Arbeitsplatz wie die Pest, wird ihr regelmäßig übel. Als die Kollegin an dem Platz neben ihr plötzlich Blut spuckt, gerät Minna derart in Panik, daß sie ihren Arzt aufsucht: Es ist Doktor Heppner, der in Auckland auch einige der jüdischen Flüchtlinge betreut. Er stellt ihr ein Attest aus, in dem er sie für arbeitsuntauglich für eine Zigarettenfabrik erklärt. Und Minna darf endlich in eine andere Fabrik wechseln. Nun näht sie Damenunterwäsche.

In Milton auf der Südinsel leidet Hans Jottkowitz immer noch darunter, daß ihm – als es noch nicht zu spät gewesen wäre – Geld und Beziehungen fehlten, der neuseeländischen Regierung ein *Permit* für seine Eltern in Berlin abzutrotzen. Wie er inzwischen erfahren hat, wurden Vater und Mutter an einen Ort gebracht, der Theresienstadt heißt.

In Hans' neuer Heimatstadt gibt es mehrere Kirchen – eine presbyterianische, eine methodistische, eine katholische, eine anglikanische und sogar die Heilsarmee – aber keine Jüdische Gemeinde. Die wenigen Juden, die in Milton leben, fühlen sich der Gemeinde im 30 Kilometer entfernten Dunedin verbunden und fahren an größeren jüdischen Feiertagen dorthin.

Durch seine Arbeit in der Wollmühle in Milton ist Hans der Gewerkschaft beigetreten. Neben den neuen Arbeitsabläufen lernt er hier seine Lektionen über Gewerkschaftsarbeit, über Krisen und Rezessionen, veraltete Fabrik- und Anti-Streik-Gesetze, obligatorischen Urlaub und das Verbot, Frauen und Kinder als Arbeitskräfte auszubeuten. Er erfährt, daß Labour 1936 die 40-Stunden-Woche eingeführt hat und Neuseeland das erste Land der Welt war, in dem es – schon vor der Jahrhundertwende – ein Stimmrecht für Frauen gab.

Manche der jüdischen Flüchtlinge fügen sich ohne größere Komplikationen in die neue Welt ein. Dazu gehören auch Fritz Bruell und seine Frau Lilly. Während das österreichisch-tschechische Paar, als es in Neuseeland von Bord des Schiffes ging, buchstäblich nichts besaß außer dem starken Willen, erfolgreich zu sein, hat sich ihr Leben mittlerweile gut angelassen: Lilly arbeitet noch als Designerin in der Textil-Konfektionsfabrik in Auckland und bringt bereits ihr zweites Kind zur Welt. Sie nennen den kleinen Jungen Peter Bruell.

Fritz arbeitet seit seiner Ankunft als Manager in einer Kartonagenfabrik, und seine Anstellung hat sich für das Unternehmen bereits bezahlt gemacht: Er hat ein Patent entwickelt, mit dem man Kartons wasserdicht beschichten kann – und in Zeiten, in denen Metall für den Zivilbereich kaum noch verfügbar ist, ist eine solche Erfindung nicht nur Gold wert, sondern eine geradezu bahnbrechende Tat.

Wegen seiner florierenden Landwirtschaft hat Neuseeland schon bald nach Kriegsausbruch eine zentrale Rolle für die Nahrungsmittelproduktion und Ernährung der Alliierten übernommen. All das, was exportiert wird, muß jedoch die lange Reise übers Meer antreten. Daher wird es immer wichtiger, Gefrierprodukte so zu verpacken und zu verschiffen, daß sie am anderen Ende der Welt auch noch genießbar ankommen. Also versucht Fritz Bruell, aus wasserfester Hartpappe eimergroße Container für die Verschiffung von Leber herzustellen. Dazu muß er zunächst herausfinden, wie die Neuseeländer ihre Schachteln, Kartons und größere Transportbehälter anfertigen. Dann unternimmt er einige Verbesserungsversuche, um an den Standard der Kartonagenfabrik seines Onkels Siegmund in Linz heranzukommen. Das ist leichter gesagt, als getan – es gab bisher nur eine einzige Firma in Neuseeland, die Kartons herstellt. Und die sind aus einem Spanplattenbrei gemacht, der sich als untauglich zum Imprägnieren erweist. Fritz und sein Kollege entwickeln nun innerhalb weniger Wochen ein komplett neues Produkt – aus einem einzigen Stück Karton, ohne jede Nahtstelle. Doch nun bereitet das Imprägnieren Probleme: Kunststoffbeschichtungen sind 1943 noch nicht entwickelt, das wenige importierte Paraffin aber wird ausschließlich zu Kriegszwecken verwendet. Und so experimentieren die beiden aus lauter Not mit Stea-rin – einem Produkt aus tierischem Fett, das bei Erhitzung zwar schmilzt, jedoch ganz furchtbar stinkt. Während ihrer Versuche haben Fritz Bruell und sein Kollege die ganze Firma verpestet und sich damit den Dauer-Zorn ihrer Kollegen zugezogen. Doch schließlich haben sie es geschafft ... und werden gefeiert.

Anschließend konstruiert Fritz noch die notwendigen Maschinen, um das kochende Stearin gleichmäßig auf den Karton zu leiten und ihn zu ummanteln. Den ersten Testlauf – eine Lieferung von Tierinnereien nach Liverpool – haben die neuen, wasserfesten Behältnisse ausgezeichnet überstanden. Und die Aucklander Kartonagenfabrik *Johnston Cardboard Box Co Ltd* hat Fritz Bruells Erfindung mit Erfolg zum Patent angemeldet, so daß sie bereits einen satten Gewinn macht. Nun möchte der Erfinder selbst etwas angemessener entlohnt werden: Fritz Bruell hat zwei kleine Kinder zu versorgen, seine nach London emigrierte arbeitslose Mutter zu unterstützen sowie seine Schwester, die in einem Konzentrationslager in Südfrankreich festgehalten wird.

Gern würde der junge Mann nun sein eigenes Unternehmen gründen. Mit der Firma trifft er allerdings eine Absprache, nach der er bis Kriegsende bei ihr angestellt bleiben wird – sein Beitrag zum Anti-Hitler-Kampf. Erst danach will er sich auf eigene Füße stellen. Zur Probe gründet er schon mal eine erste kleine »Nach-Feierabend«-Firma. Er nennt sie, den Namen seiner Frau einbindend, *L & F Bruell*.

Karl Wolfskehl lassen die Greueltaten der Nazis, von denen in den Zeitungen Neuseelands berichtet wird, immer ruheloser werden. »Tag und Nacht und ganz unausgesetzt bin ich im Bann des Fürchterlichen, was mit Juden geschieht im ewiglich verfluchten Zuchthaus Europa«, klagt er 1943 in einem Brief Richtung Heimat.

Als ihn die Nachricht erreicht, sein Bruder sei in Deutschland gestorben, atmet er auf, empfindet es als Gnade, daß der Bruder »noch im eigenen Frieden hat hingehen dürfen«. Was ihm die Nachricht schonend vorenthält: Auch sein Bruder ist in einem Konzentrationslager umgekommen.

Im März 1943 wird ihm und Margot Ruben das Häuschen, in dem sie endlich begonnen haben, sich wohlzufühlen, plötzlich gekündigt. Sie müssen sich nun eine neue Bleibe suchen, ihre Finanzlage aber läßt ihnen kaum Spielraum. Erneut wird der riesige Poet Wolfskehl also entwurzelt, packen ihn Gefühle des Vertriebenwerdens. Frank Sargeson, der Freund und Autor, hatte ihn während der letzten Monate sehr unterstützt und neben Büchern zunehmend auch Nahrungsmittel wie Obst und Gemüse aus seinem Garten mitgebracht. Nun setzt er für Wolfskehl eine Petition an die neuseeländische Steuerbehörde auf und hilft beim Verpacken der Bücher, die nun wieder irgendwo und viel zu weit vom Dichter entfernt untergestellt werden müssen. Sargeson unterstützt ihn beim Auszug und sucht nach preiswerten und zumutbaren Unterkünften – kein leichtes Unterfangen, wenn kaum Geld vorhanden ist.

Wenige Tage nach Verlassen des vertrauten Hauses notiert Karl Wolfskehl in seinem Arbeitsbuch: »Ich bin ein Maler ohne Hände / Ein Bauer ohne Gelände / Ein Haus bin ich ohne Dach / Gott siehts und weint: Dassi net lach!«

Margot Ruben kommt zunächst bei einer Freundin unter. Für den 74jährigen Dichter aber folgen Monate in demütigenden Behelfsunterkünften. Schließlich findet Frank Sargeson eine Bleibe in Takapuna, einem Vorort von Auckland, nicht weit von seiner eigenen Holzhütte entfernt. Obwohl Margot Ruben noch dreimal pro Woche zum Diktieren kommt und er seinen literarischen Freund häufig besucht, gerät Wolfskehl in eine immer desolatere Verfassung. Darüber kann auch seine kurzfristige Freude nicht hinweghelfen, als er erfährt, daß die Gedichte seines »Meisters« Stefan George in der ersten englisch-deutschen Ausgabe in einem New Yorker Verlag herauskommen; etwas einsam auf weiter Flur verteidigt der George-Getreue das »geistesgeschichtliche Ereignis höchsten Ranges« gegen Kritiker.

Der jüdische Dichter leidet – er braucht Nähe, braucht Menschen, die sich um ihn kümmern, schon allein wegen seiner immer schwächeren Augen. Frank Sargeson, der nun in erreichbarer Nähe wohnt, erinnert sich später jener »kalten Winternacht, naß und schneidend windig, da sich mein Gasvorrat auf einem solch niedrigen Stand befand, daß mir nur noch ein schwacher Schimmer zum Lesen blieb oder die Spur einer Flamme auf meinem Gasofen, der Atmosphäre eine Ahnung von Wärme zu verleihen, aber nicht mehr beides, als mich plötzlich Karls flehende Stimme aufschreckte. Er rief von irgendwo aus dem Gartengelände: ›Frank, Frank!‹ Es lag eine solch klagende Verlassenheit in den langgezogenen Vokalen, daß ich eine Gänsehaut zu der bekam, die ich schon hatte. Über mehr als eine halbe Meile hatte er sich im Stockdunkel seinen Weg gebahnt, hatte das Problem der Kreuzungen und Straßenecken gemeistert, indem er mit seinem Stock die Wegweiser ertastete und dann wartete, bis die Schrift durch einen vorbeifahrenden Bus kurz aufleuchtete. Unglaublich, er hat es bis in meine dunkle Straße geschafft, hat es geschafft, auf mein Grundstück abzuzweigen durch die einzige Lücke in der Hecke. Doch dann verfehlte er leider meinen schmalen Pfad, der vom Wetter aufgeweicht war. Als er rief, steckte er inmitten meiner Pflanzen, sein immenses Gewicht hatte ihn bis zum oberen Schuhende in die weiche, nasse Erde gedrückt.«

Nach nur wenigen Wochen kündigt Wolfskehl auch die Vermieterin seiner neuen Behausung: Unter den Bewegungen des fast blinden, riesigen Dichters sind zu viele ihrer Nippes zu Bruch gegangen. Zudem kam er ihrer Aufforderung nicht nach, sein für ihren Geschmack entschieden zu langes Haar schneiden zu lassen. Verstört verläßt Karl Wolfskehl Takapuna, ohne Abschied von Sargeson zu nehmen. Für 14 Tage kommt er auf der Farm bei Freunden in Henderson unter. Danach lebt er noch einmal, für kurze Zeit, mit Margot Ruben zusammen, in zwei winzigen Zimmern in Remuera, einem Stadtteil von Auckland. Es ist ihre letzte gemeinsame Adresse.

Margot Ruben ist seit fast zehn Jahren Wolfkehls Lebensgefährtin, wird jedoch vom verheirateten Wolfskehl noch immer als seine »Nichte und Mitarbeiterin« vorgestellt. Nun hat sie sich entschieden, künftig getrennt von ihm zu leben. Die junge Frau will eigene Wege gehen. Wolfskehl – fast blind, herz- und nun auch noch liebeskrank – beginnt Abschiedsbriefe nach Europa zu schicken.

Nicht alle Post Wolfskehls kommt ungehindert nach Europa durch. Jeder Brief ins Ausland muß die neuseeländische Zensurstelle passieren. Und löst ein Brief Irritationen aus, so landet er fast automatisch in den Händen des Hauptzensors Reuel Lochore. Karl Wolfskehl und Margot Ruben haben Reuel Lochore einmal bei einem gesellschaftlichen Anlaß kennengelernt. Doch die Beziehung hat sich nicht vertieft – was verständlich ist, denn gegenüber einer Person, von der man weiß, sie liest deine Post, bleibt man fast zwangsläufig etwas reserviert.

4. Krieg über deutschen Städten

»Wir bomben Deutschland, eine Stadt nach der anderen, immer schwerer, um euch die Fortführung des Krieges unmöglich zu machen«, konnte man auf einem Flugblatt von dem Oberbefehlshaber des britischen *Bomber Command* und Luftmarschall der *Royal Air Force*, Arthur Harris, lesen, das im Sommer 1942 zu Tausenden über Deutschland abgeworfen worden war. »Das ist unser Ziel. Wir werden es unerbittlich verfolgen. Stadt für Stadt: Lübeck, Rostock, Köln, Emden, Bremen, Wilhelmshaven, Duisburg, Hamburg – und die Liste wird immer länger.«

Was 1942 mit Köln begonnen hat, wird 1943 mit unerbittlicher Schlagkraft fortgesetzt. Über Monate hinweg tobt aus der Luft »*The Battle of The Ruhr*« – die Luftangriffe auf das rheinisch-westfälische Industriegebiet. Talsperren werden zerstört, über Hamburg entfacht sich ein Feuersturm. Die zivilen Opfer häufen sich, doch eine Alternative zum totalen Bombenterror gibt es Mitte

1943 nach Churchills Überzeugung nicht, da sich die Deutschen offensichtlich nicht geschlagen geben wollen.

Ab Herbst konzentrieren sich die britischen Nachtangriffe dann vor allem auf die Reichshauptstadt. Gabriele Herrmann, die nun als Kinderkrankenschwester in einem Londoner Hospital arbeitet, verfolgt entsetzt die *BBC News*. Denn die junge Frau weiß ihre Eltern in Berlin. Oder hat man sie schon abgeholt? Immer wieder taucht der Name Auschwitz auf.

Im August 1943 tobt über Berlin eine Luftschlacht, bei der auf beiden Seiten mehr als 1600 Maschinen im Einsatz sind. In dieser Konfrontation zeigt sich die deutsche Jagdwaffe noch einmal gefährlich und voller Schlagkraft und dezimiert beim Eröffnungsangriff die Staffel des *Bomber Command* um 222 Mann.

Dieter Adam, einer der jüngsten von der *Royal Air Force* ausgebildeten Kampfflieger, wird nicht im Luftraum über Deutschland eingesetzt. Er fliegt *Spitfire*-Maschinen über Sizilien, denn auch hier wird heftig gekämpft. Nachdem der süditalienische Archipel von den Alliierten befreit ist, stellt sich heraus, daß die *Royal Air Force* mehr Leute ausgebildet hat, als es zu diesem Zeitpunkt Flugzeuge gibt. Die Jüngsten unter den Piloten werden daher nach London zurückbeordert, darunter auch Dieter Adam. Von dort aus verfolgt er die Luftschlacht über Berlin, die Flächenbombardements einer Stadt, die für ihn längst nicht mehr Heimatstadt ist, sondern Hauptquartier der mörderischen Nazis.

Dieter verbindet nichts Positives mehr mit Deutschland. Doch ausgerechnet sein Name klebt an ihm wie deutsches Eichenlaub – ein Name, wie er germanischer kaum sein könnte: Dietrich Götz Otto Werner. Der junge Flieger handelt endlich und ändert seinen Namen. Von nun an nennt er sich kurz und britisch Denis Adam.

Peter Dane hört besorgt die Nachrichten über Berlin; wie Gabriele wähnt auch er seine engsten Familienangehörigen noch in der Reichshauptstadt. Peter ist nach seiner Entlassung aus dem Interniertenlager aufs Land gegangen, er lebt jetzt auf einer englischen Farm. Noch ringt er mit den seelischen und körperlichen Folgen seiner zweijährigen Internierung in der australischen Wüste. Peter ist gezeichnet von dieser Zeit: Die Haare sind ihm ausgefallen, er ist tief verstört.

Doch endlich scheint die deutsche Mordmaschine ins Stottern zu geraten. Immer dringlicher fragt sich Peter, was wohl aus seiner Mutter, der Schwester und der Großmutter in Berlin geworden ist. Und er wüßte gern, wo sich Gabriele Herrmann aufhält.

Im Sommer 1943 landen britische Truppen bei Tarent und amerikanische Streitkräfte bei Salerno. Die Deutschen sind gezwungen, sich auf die Höhe von Neapel zurückzuziehen. Mit der Landung der Alliierten in Sizilien aber bricht Hitlers Achse: Mussolini wird abgesetzt, dann läßt König Viktor Emanuel III. ihn verhaften. Ein Übergangsregime unter General Pietro Badoglio wird errichtet, die faschistische Partei aufgelöst und ein Waffenstillstand mit den Alliierten ausgehandelt, der am 13. Oktober 1943 dazu führt, daß Italien Deutschland den Krieg erklärt! Die Deutschen reagieren prompt und ziehen in einem »Zweiten Marsch auf Rom« mit SS und Polizeieinheiten in Rom ein, um ein endgültiges Wegbrechen des Achsenpartners zu verhindern. Fünf Tage später werden die ersten Juden von Rom aus nach Auschwitz deportiert.

Trotz hektischer Aktivitäten befindet sich die Führungsriege der Nationalsozialisten in einer desolaten Stimmung. Der Schock über die Kapitulation der 6. Armee in Stalingrad sitzt noch immer tief und kann längst nicht mehr als »vorübergehender Rückschlag« weggesteckt und mit den üblichen Durchhalteparolen der Propaganda übertüncht werden. Tief sitzt auch der Schock über den Sturz Mussolinis und das Überlaufen der Italiener zum Feind…

Auch in Deutschland selbst ist die Stimmung auf den Nullpunkt gesackt. Noch immer versucht Goebbels, das deutsche Volk auf den »totalen Krieg« einzuschwören, auf »restlose« Mobilisierung bis zum letzten Mann, bis zur Erringung des »totalen Endsieges«. Für die gebeutelte Bevölkerung aber sind mittlerweile Begriffe wie »Luftschutzbunker« und »Bombenabwurf« von totaler Bedeutung. Die Verunsicherung in der NS-Führung führt zu einer personellen Konzentration, um im Reich selbst größere Stabilität und mehr innere Sicherheit zu schaffen: Der Reichsführer SS und Chef der Deutschen Polizei Heinrich Himmler wird von Hitler nun zusätzlich zum Reichsminister des Inneren ernannt.

Obwohl sich die Niederlage der Deutschen in der militärischen Entwicklung und im Kriegsgeschehen unzweifelhaft abzeichnet, setzt die Führung des Dritten Reichs ihre Judenverfolgung unbarmherzig fort. Nach wie vor wüten großangelegte Razzien in Europa, werden

Ghettos liquidiert, immer noch gehört der Massenmord zum Alltag.

Im von SS und Wehrmacht besetzten Brüssel ist im Spätherbst 1943 immer häufiger Fliegeralarm zu hören. Die ersten Bomben der Alliierten fallen, während die deutsche Flak, oft vergeblich, versucht, diese abzuwehren.

Seit drei Jahren schon lebt Salomon Grynbaum, der nun Andrié Gautier genannt wird, in dem jüdischen Waisenhaus. Und seit drei Jahren hat der inzwischen Siebenjährige nichts mehr von seiner Mutter gehört. Die Situation der Juden hat sich in einem bedrückenden Maße verschärft; das Netz um diejenigen, die sich in Kellern, Speichern oder kalten Mansarden versteckt halten, zieht sich gefährlich zu. In einem dieser Schlupfwinkel muß sich Salomons Mutter befinden.

Der Leiter des Brüsseler Waisenhauses versucht, jeden Anlaß zu vermeiden, der dazu führen könnte, die Deutschen auf die jüdischen Kinder aufmerksam zu machen. Innerhalb des Hauses aber wird mit Schulunterricht, Spielen und der Einhaltung der religiösen Riten ein so normales Leben wie nur möglich aufrechterhalten. Die ruhige Atmosphäre im Waisenhaus wiegt die Kinder in dem Glauben, sie würden den Krieg geschützt überstehen und am Ende mit ihren noch lebenden Angehörigen wieder vereint sein.

Doch das ist ein Trugschluß – die Deutschen haben die jüdischen Kinder in den Heimen rund um die belgische Hauptstadt keineswegs vergessen. Für das Sammellager Mechelen, von dem die Transporte nach Auschwitz abgehen, werden bereits die vorbereiteten Listen mit »greifbaren Juden« hervorgeholt – darin sind die jüdischen Kinderheime, das Altersheim, die jüdische Hilfsorganisation sowie jene Juden, die für das deutsche Militär arbeiten, erfaßt. Ein nächtlicher Gestapo-Besuch bringt der Heimleitung schließlich die Gewißheit, daß nun auch das Waisenhaus im Visier ist. Hat man sich zu lange in Sicherheit gewiegt? Nachdem der Plan von der Deportation durchgesickert ist, werden – nach viel zu langem Zögern – in buchstäblich letzter Sekunde die jüdischen Einrichtungen geräumt, die bisher beschützte Enklaven des Roten Kreuzes waren, und dazu zählt auch das Waisenhaus.

Nun muß alles ganz schnell gehen: Mit Hilfe der belgischen Untergrundbewegung gelingt es in einer nächtlichen Aktion, alle 400 Kinder aus den Heimen rund um Brüssel zu holen und in Sicherheit zu bringen. Die meisten tauchen in belgischen Familien unter. Der kleine Salomon Grynbaum gehört zu denen, auf die ein anderer Unterschlupf wartet: »Wir wurden noch nachts aus dem Heim herausgeschmuggelt, in einen Zug gesetzt und nach Wæsenborg gebracht, eine Kleinstadt mitten in Belgien. Dort nahm uns ein katholischer Priester in Empfang. Er brachte uns in ein Dorf und dort in eine große Kirche. Das Kirchenschiff wurde in der Mitte geteilt, zwei Hälften mit Decken und Vorhängen voneinander getrennt; auf die eine Seite kamen die Mädchen, auf die andere die Jungen. Wir waren völlig aufgewühlt. Wir wußten nicht, ob wir nun gerettet sind …«

Als Brüsseler Gestapobeamte am nächsten Morgen das Waisenhaus räumen wollen, finden sie es leer vor. Keiner der Nachbarn weiß, wohin die Kinder verschwunden sind. Der militärische Rückzug der Deutschen, der jetzt endlich einsetzt, verhindert jedoch die weitere Verfolgung – die Feldgendarmerie, Hilfskraft der Gestapo, steht nicht mehr für größere Suchaktionen zur Verfügung. So retten die militärische Lage und die gelungene Nacht-und-Nebel-Aktion den Kindern das Leben. Die kleinen Schützlinge, die bisher ein behütetes Leben nach streng orthodoxen Regeln geführt haben, müssen nun allerdings in einer ungewohnten Umgebung zurechtkommen.

Salomon Grynbaum und seine Freunde aus dem Heim sind zunächst so verunsichert, daß sie die beiden ersten Tage kein Essen zu sich nehmen. Vor lauter Angst wagen sie es nicht, ihre *Kippa* aufzusetzen – orthodoxen Juden aber ist es verboten, ohne eine Kopfbedeckung zu essen. Die Kleinen wissen nicht, ob sich der katholische Priester darüber im klaren ist, daß es sich um jüdische Kinder handelt. Sie werden immer hungriger. Der Priester versucht nun, herauszufinden, warum die Jungen nicht essen. Am dritten Tag begreift er, geht zu ihnen und sagt: »Jungs, setzt endlich eure Kappen auf und sprecht euer Gebet!«

5. *Nylons und Jeeps*

Neben den großen Katastrophen ereignen sich im fernen Neuseeland auch die kleineren des zivilen Lebens: Zwischen Cromwell und Dunedin entgleist ein Zug wegen Trunkenheit des Lokführers und reißt 21 Passagiere in den Tod. Ex-Premier-Minister Gordon Coates, zu dieser Zeit verantwortlicher Minister für die Streitkräfte und Koordinator des Kriegskabinetts, stirbt in seinem Büro im Parlamentsgebäude an einem Herzinfarkt.

Und in zahlreichen Haushalten treffen Nachrichten vom Tod der Söhne auf den Schlachtfeldern der Welt ein.

Doch das Leben geht trotz Kriegszeiten weiter: *Manpower*, das Schwungrad des Wirtschaftswunders, wird flankiert von Kostümbällen mit Spendensammlungen für patriotische Zwecke. Landesweit stricken Frauen Socken, backen Kuchen oder verpacken Lebensmittel, um sie an die Front zu schicken. In den örtlichen Stadthallen finden Feste, Tanz- und Unterhaltungsveranstaltungen statt. Kleine Bands schießen wie Pilze aus dem Boden, sogar ein Symphonieorchester geht auf Tournee durch Neuseeland. Und im September 1943 finden wieder Wahlen statt – erneut gewinnt Labour, wenn auch nicht mehr so hoch wie 1938.

Ernst und Hertha Neuländer, die im Dezember 1939 in Neuseeland eintrafen, sind zufrieden mit ihren Lebensumständen. Bisher wohnten sie in Plimmerton am Meer, doch da Ernst nun bei der *New Zealand Army* ist und morgens und abends pendeln muß, haben sie sich entschlossen, mit ihrem kleinen Sohn Oliver ins Zentrum von Wellington zu ziehen.

Nicht lange nach ihrer Ankunft in ihrem neuen Haus quartieren sie amerikanische Soldaten bei sich ein. Oliver wächst nun zwischen amerikanischen Uniformen und der neuseeländischen seines Vaters heran. Die uniformierten Männer gehören gewissermaßen zum Alltag des deutschen Jungen. Er mag die Soldaten: Sie sind freundlich, bringen ihm Cowboy-Hefte und Kaugummi mit.

Doch nicht nur bei Kindern sind die Amerikaner beliebt, mit ihrem Kommen weht plötzlich ein Hauch der großen weiten Welt durch die Straßen des abgelegenen Dominion: Die *3rd Division* war bereits mit »*In The Mood*« zu den Solomon-Inseln gesegelt, aus neuseeländischen Rundfunkempfängern tönen »*Chattanooga Choo Choo*«, Bing Crosby, Glenn Miller und Ella Fitzgerald. Im Kino dominieren patriotische Filme aus England und Amerika, und »*Gone With the Wind*« wird ebenso ein Renner wie »*Citizen Kane*« mit Orson Welles.

Die Amerikaner, die im Südwestpazifik zu dieser Zeit eine Großoffensive gegen die japanische Flotte eröffnet haben, verfügen in Neuseeland mittlerweile über eine große Militärbasis. Sie haben das Land quasi in einen Transitraum für die Kriegszone *Pacific Islands* verwandelt. Die Bürger Neuseelands fühlen sich indes von dem mächtigen amerikanischen Verteidigungsflügel ausreichend vor der Gefahr aus Japan geschützt. *God's own country* ist nun auch ein amerikanisches Camp, belegt mit Depots und Kasernen, mit 19 Hospitälern für Kriegsverwundete und Versorgungsstützpunkten, wie Alice und Frank Briess sie in Schwung halten. Hauptsächlich konzentriert sich die amerikanische Präsenz auf die nördliche der beiden großen Inseln, und hier vor allem auf Auckland, Wellington und die kleine Stadt Masterton. Das *South Pacific Area Command* der Vereinigten Staaten hat sich in Auckland einquartiert.

Die massenhafte Stationierung von Soldaten aus Übersee erfordert eine äußerst anspruchsvolle Logistik. Mitte 1942 rollte die erste Welle der insgesamt 100 000 *Marines* und fest stationierten Armeeangehörigen an – manche sind nur für kurze Zeit da, für einen Hospitalaufenthalt oder die Zeit ihres Fronturlaubs, andere bleiben Jahre. Die meisten kommen von den Pazifischen

Inseln herüber, von Neukaledonien oder Nouméa, wo US-Truppen im Kampf gegen die Japaner liegen.

Und wo auch immer die amerikanischen Soldaten in Neuseeland auftauchen, sind sie willkommen. Neugierig entdecken sie ein Land, von dem die meisten vorher noch nie etwas gehört haben.

Die fremden Soldaten bringen einen gewissen Luxus ins Land, Seidenstrümpfe und später auch die legendären Nylons. Die jungen neuseeländischen Mädchen – gleich, ob Weiße oder Maori – fallen ihnen reihenweise zu Füßen. Es gibt private Partys zum Kennenlernen und offizielle Tanzveranstaltungen. Auch Minna Kohane in Auckland macht sich am Wochenende zurecht, um auszugehen, gleiches gilt für die ältere Schwester von Ruth Adler. Ruth selbst, erst 14 Jahre alt, beneidet ihre Schwester glühend, wenn die sich zum Tanz aufmacht, ist aber noch zu jung, um selbst mitgehen zu dürfen: »Meine Schwester und die anderen jungen Mädchen gingen nun jeden Abend aus. Dabei verliebte sich meine Schwester in einen der heißbegehrten Amerikaner. Gegen Kriegsende gab es dann eine richtige neuseeländisch-amerikanische Hochzeitswelle – meine Schwester hat ihren Amerikaner geheiratet und zwei Cousinen von mir hatten auch einen. Die sind dann alle nach Amerika gezogen.«

So harmonisch fraternisierend geht es freilich nicht immer zu: Manches Drama mit ungewollt schwangeren Mädchen spielt sich ab, auch gibt es immer mal wieder Keilereien. So kommt es in Wellington im März 1943 zu einer Massenschlägerei: Über drei Stunden lang hauen sich hier »Amis« und »Kiwis«, am Ende sind mehr als

1000 Mann verwickelt. Ausgelöst von amerikanischen Südstaatlern, die uniformierte Maori beleidigten, weitet sich der kollektive Testosteron-Aufprall schon bald auf amerikanische *Marines* und einheimische Seeleute aus.

1944

1. Kriegsverläufe

Noch Anfang 1944 tobt über Europa der Luftkrieg: Das Deutsche Reich startet seine letzte Bomberoffensive gegen die Zivilbevölkerung Londons – die alliierten Bomber setzen ihr Städtebombardement fort, das der deutschen Zivilbevölkerung gilt. In zahlreichen Kommissionen und Beraterstäben sowie auf Konferenzen zwischen Washington, Québec, Moskau und Kairo koordinieren die Alliierten inzwischen ihre Schritte. Auf der Teheran-Konferenz Ende 1943 haben die »Großen Drei« – Franklin D. Roosevelt, Winston Churchill und Josef Stalin – eine baldige Invasion in Nordfrankreich beschlossen. Und auch die Nachkriegsordnung hat man dort schon abgesteckt: Die neue polnische Ostgrenze wurde ebenso festgelegt wie die Ausdehnung Polens bis zur Oder.

Das Blatt hat sich mittlerweile endgültig gewendet, an fast allen Fronten sind Hitlers Soldaten nun in der Defensive. In den deutschen Medien spürte man davon nichts, in den Zeitungen lesen sich Verluste wie Siegesmeldungen: »61 britische Terrorbomber vernichtet«, »Die Sowjets in schwerem Ringen abgeschlagen«, »Ausdehnung der harten Kämpfe in Süditalien«, so lauten die gängigen Überschriften im Januar 1944. Mit den Worten »In den erbitterten Kämpfen hält der deutsche Soldat stand« wird eine schwere Niederlage bemäntelt.

Doch an einem Kriegsschauplatz hält »der deutsche Soldat« tatsächlich erbittert stand – in der »Schlacht um Monte Cassino«, die als eine Art »Vielvölkerschlacht«

um eine berühmte Abtei in der süditalienischen Provinz Frosinone ausgetragen wird. Das Kloster, hoch über der Stadt Cassino gelegen, gehört zu den am heftigsten verteidigten Forts der Deutschen in Europa. Im Verlaufe mehrerer Monate werden die deutschen Truppen hier von amerikanischen, neuseeländischen, britischen, anglo-indischen, französischen, algerischen, marokkanischen und exilpolnischen Angreifern attackiert.

Auch von der *2nd New Zealand Division* unter dem Kommando General Bernard Freybergs, die im Februar 1944 die Amerikaner ablösen, werden die Wehrmachtssoldaten belagert. Doch ihnen gelingt es ebensowenig wie ihren Vorgängern, das Bergkloster einzunehmen. Die Stadt Cassino ist bereits erobert, auch der Bahnhof – das steile Gelände rund um das Kloster haben die Deutschen jedoch stark vermint. In mehreren Gefechten zwischen Februar und März sterben mehrere hundert Menschen, vor allem auf neuseeländischer Seite.

Amerikanische Flugzeuge legen das historisch bedeutsame Gemäuer schließlich in Schutt und Asche, wobei mehrere hundert Zivilisten und Mönche, die sich im Kloster aufhalten, zu Tode kommen, während sich die Deutschen in unterirdische Gänge zurückziehen. Erst nach einer alliierten Offensive im Mai 1944 und dem anschließenden Rückzug der Deutschen kann das zerstörte Kloster eingenommen werden. Nun ist für die alliierten Truppen der Weg Richtung Norden frei, so daß sie am 4. Juni 1944 Rom besetzen können. Mit ihnen ziehen große Teile der *3rd New Zealand Division*: Sie wurde im März aus der pazifischen Region abgezogen, um die *2nd New Zealand Division* in Italien zu verstärken. Ein kleiner Teil der Truppe kehrt ins Heimatland zurück.

Die Regierung Neuseelands reduziert 1944 ihre Streitkräfte auf insgesamt 124200 Armeeangehörige. 55000 davon bleiben vor Ort eingesetzt, unter ihnen auch 8000 Frauen. Von den 69200 in Übersee kämpfenden Soldaten ist derzeit die Mehrheit noch in Italien stationiert. Eine Verringerung der Streitkräfte um fast die Hälfte ist möglich, weil die Gefahr eines japanischen Angriffs 1944 nicht mehr besteht – die »gelbe Gefahr« schwindet zusehends: Mehr als 100 der japanischen Kampfflieger wurden 1944 im Südpazifik von der *Royal New Zealand Air Force* außer Gefecht gesetzt.

Doch für eine Bevölkerung von nur 1,7 Millionen Einwohnern ist das derzeitige Truppenaufkommen noch immer enorm und kann allein deshalb in dieser Stärke erbracht werden, weil die Wirtschaft Neuseelands, weitgehend auf Schaf- und Milchviehzucht basierend, nicht zu viele Arbeitskräfte erfordert. Auch unterhält das Land keine eigene Rüstungsindustrie, die anderen am Krieg beteiligten Ländern viele Einsatzkräfte entzieht.

Nach der einschneidenden Erfahrung, daß England im Ernstfall außerstande ist, Australien und Neuseeland vor einem japanischen Angriff zu schützen, hat sich in den Dominions inzwischen ein Kurswechsel vollzogen: Neuseeland lehnt sich nun sichtbar an die schützende Großmacht USA an. Schon seit zwei Jahren gibt es in Washington eine eigene neuseeländische Gesandtschaft. 1944 nun schließt das kleine Land mit Australien den Canberra-Pakt, in dem eine enge Zusammenarbeit in pazifischen Fragen beschlossen und eine gemeinsame Verteidigungszone festgelegt wird, die sich bis hin nach West-Samoa und zu den Cook-Inseln erstrecken soll.

In Christchurch auf der Südinsel ist vom Krieg kaum etwas zu spüren. Amerikaner sind hier nicht stationiert – die Stadt wirkt auch 1944 noch wie das englische Cambridge in Friedenszeiten. Der Student Peter Munz hat sich schon eingelebt, er fühlt sich überhaupt wohl in Neuseeland. Der 22jährige hat im vergangenen Jahr hier an der Universität seinen *Bachelor* erworben.

Im Grund seines Herzens ist Peter Munz noch immer Kommunist – so wie seine jüngere Schwester, die in einem Buchladen arbeitet, um etwas Geld zu verdienen, und danach Volkswirtschaft studieren will, um den Kapitalisten auf die Spur zu kommen. In Neuseeland wurde Labour wiedergewählt, und das finden die Geschwister Munz noch besser als den reinen Kommunismus. Neuseeland, mit einer Fläche wie Großbritannien, aber weniger als zwei Millionen Einwohnern, ist eine passable Projektionsfläche für Utopien.

Noch immer hört Philosophiestudent Munz Vorlesungen bei Karl Popper, und er ist nach wie vor beeindruckt von dessen fachlicher Kompetenz und geistiger Weitsicht. Doch Poppers menschliche Haltung enttäuscht ihn: Der Philosoph läßt seine Umgebung nur allzu deutlich spüren, daß er sich in akademischer Hinsicht in Neuseeland nicht weiterentwickeln kann: »Popper fühlte sich hier im Exil wie ein Fisch ohne Wasser und wollte unbedingt wieder weg«, erinnert sich Peter Munz noch 50 Jahre später. »Während des Krieges war das natürlich nicht möglich, aber er hat sich bei Freunden in England oder Amerika schon mal brieflich beklagt, wie schlecht er in Neuseeland behandelt wird, wie wenig er zu essen hat und so weiter ... Er wollte, daß sie ihm helfen, hier wegzukommen. Das mit den Briefen ist deswegen schrecklich, weil die heutzutage in den Archiven liegen, und all die jungen Leute, welche die Briefe für irgendwelche Forschungsarbeiten nutzen, glauben das.«

Karl Raimund Popper beschwert sich, er würde schlecht bezahlt – doch wohnt er in einem komfortablen Haus mit traumhaftem Ausblick und fährt ein eigenes Auto, was zu dieser Zeit eher selten ist. Dann wieder moniert er, man verwehre ihm ausreichend Papier und wolle ihn vom Schreiben abhalten. Papier aber ist in diesen Kriegszeiten Mangelware – seine Studenten müssen nicht nur jedes Blatt beidseitig beschreiben, sondern auch Seiten aus Zeitungen herausreißen, um die Ränder bekritzeln zu können.

Tatsächlich sind die Papierzuteilungen für Karl Popper mittlerweile zu einem Alptraum geworden. Am *University College of Canterbury* ist er einem Mann untergeordnet, dem gegenüber er eine starke Abneigung hegt: Der Leiter seines Instituts ist ein neuseeländischer Anthropologe, der genau jene Professorenstelle bekommen hat, auf die sich Karl Popper ursprünglich selbst beworben hatte. Was die fachliche Kompetenz anbelangt, ist Popper seinem Vorgesetzten jedoch deutlich überlegen, und wenn er etwas nicht verwinden kann, dann das, einem fachlich minder kompetenten Mann untergeordnet zu sein. Zudem fühlt sich der österreichische Philosoph nach wie vor vom Lehrbetrieb überlastet – sein Vorgesetzter wiederum verfolgt mißtrauisch, wieviel Zeit Popper seinen eigenen Forschungen widmet. Inzwischen hat sich die Beziehung der beiden Männer zu einer offenen Konfrontation ausgeweitet, ein regelrechter »Papierkrieg« ist ausgebrochen: Der Institutsleiter nutzt das

Argument der kriegsbedingten Papierknappheit für seine Zwecke und läßt Popper für das viele Papier bezahlen, das er für seine Manuskripte braucht.

Was die zwischenmenschlichen Eignungen anbetrifft, mag Poppers Wesen bisweilen einiges zu wünschen übrig lassen, hinsichtlich seiner Innovationskraft kann man das jedoch kaum behaupten: Er engagiert sich für nichts weniger als eine Reform des neuseeländischen Universitätsbetriebes, wobei es ihm gelingt, seine Kollegen zu überzeugen, sich dieser Aufgaben ebenfalls anzunehmen. Sein Ziel: die lernorientierte Institution stärker für die Forschung zu öffnen!

Vom Schreiben läßt er sich sowieso durch nichts abhalten, auch nicht durch seinen Vorgesetzten. Doch er ist beunruhigt: Noch immer hat er keinen Verlag für den ersten Band seiner »Offenen Gesellschaft« gefunden ... und inzwischen ist schon der zweite Band abgeschlossen. Ungeduldig wartet er im fernen Christchurch auf Rückmeldungen von Freunden, Mittelsmännern und Verlagen. Aus den USA kommen nur Ablehnungen, oder man fordert von ihm einen Druckkostenzuschuß – wozu er nicht bereit ist. Jawohl, er hat ein schönes Auto. Aber wie viele Neuseeländer ernährt sich auch das Wiener Ehepaar Henny und Karl R. Popper inzwischen vorrangig von den Früchten des eigenen Gartens, weil das Haus abbezahlt werden muß. Einige ihrer Möbel hat er selbst angefertigt. Und seine Frau versucht, durch das Erteilen privater Deutschstunden das Budget aufzubessern.

Der Erwerb von Büchern gilt derzeit als Luxus, auf den verzichtet werden muß. Doch wenigstens hat sich der Philosoph ein Harmonium gekauft – das ist zwar kein echter Ersatz für das Klavier, das in seiner Wohnung in Wien stand, doch immerhin kann er nun endlich wieder musizieren.

2. Konkurrenten

Die meisten Neuseeländer begegnen den europäischen Flüchtlingen unvoreingenommen und offen. Doch schwelen Animositäten gegenüber Fremden auch im fünften Kriegsjahr weiter: Die *Returned Soldiers Association*, der Verband der Front-Heimkehrer, beklagt die Konkurrenz, die die Zugewanderten darstellen, und fordert von der Regierung Kauf- und Verkaufsverbote von Grundstücken in den Innenstädten an Fremde. Im Blick des Soldatenverbandes sind dabei Beispiele wie das einer Gruppe von Chinesen, die während der ersten Kriegsjahre die Innenstadt von Auckland mit 32 Obstläden überzogen haben. Teilweise werden die Forderungen des Verbandes von Stimmen in der Presse äußerst scharfzüngig flankiert. So attackiert beispielsweise die Zeitung »Truth« am 14. Juni 1944: »das hinterhältige, unermüdliche Durchdringen von Schwärmen aalglatter Ausländer, die geschwind die Gelegenheit am Schopf erfaßt und kleine Unternehmen aufgekauft haben, wenn deren Eigentümer in die bewaffneten Streitkräfte zogen, oder die als notleidende Opfer der Nazi-Unterdrückung in Europa eintrafen und hier plötzlich auf wundersame Weise aufblühten als Eigentümer lukrativer Unternehmen und ausgewählter Grundstücke in der Innenstadt«.

Das sind offene und unmißverständliche Anfeindungen. Und sie verletzen die Menschen, die ihre Heimat beileibe nicht freiwillig verlassen haben, sehr, nicht zuletzt deswegen, weil viele von ihnen, ohne zu zögern, bereit gewesen wären, ebenfalls für Neuseeland in den Krieg zu ziehen, was ihnen jedoch aufgrund ihrer Klassifizierung als *Enemy Aliens* verwehrt worden war.

Natürlich beginnen nun auch wieder die Medizinerverbände mit ihren Sticheleien: Nachdem jüdische Ärzte mit jahrelanger Berufspraxis erst gezwungen wurden, sich in Dunedin noch einmal nachzuqualifizieren, beschuldigt die Ärztevereinigung jetzt eben diese immigrierten Mediziner, sich erfolgreich »nachqualifiziert« und inzwischen eigene Praxen aufgebaut zu haben. Sie hätten, statt ihrer Kriegspflicht nachzukommen, die Praxen neuseeländischer Ärzte an sich gerissen, die sich im Kampfeinsatz befinden.

Für Ärzte wie Alfred Heppner, um dessen Praxis in dem Maori-Viertel ihn wohl die wenigsten Kollegen beneiden, sind Vorwürfe wie diese sehr belastend. 1933 haben jüdische Ärzte in Deutschland die Erfahrung machen müssen, daß viele Berufskollegen zu ihrer Vertreibung aus dem Ärztestand schwiegen, weil sie ihre eigenen Berufschancen dadurch deutlich verbessert sahen. Nun sehen sich die Verfemten zwar nicht in einem solch existentiellen Ausmaß bedroht, doch erneut zu lästigen Konkurrenten abgestempelt. Und das, obwohl in Neuseeland zu diesem Zeitpunkt nicht mehr als 34 Ärzte praktizieren, die als Flüchtlinge ins Land gekommen sind.

Sticheleien und Attacken ziehen sich über das Jahr, nicht immer heizt die Presse jedoch die Stimmung an – etliche Journalisten versuchen auch, abzuwiegeln. Vor allem im multikulturell geprägten Auckland warnen Medienvertreter immer wieder vor einer fortlaufenden

Benutzung des diskriminierenden Begriffs *Enemy Alien*. Dieser Sichtweise schließt sich auch die Regierung an.

Inzwischen sind die Immigranten von einer panischen Sorge um ihre in Europa zurückgebliebenen Angehörigen erfaßt: Immer häufiger dringen aus Radios und Zeitungen nun Berichte über die Zustände in den Konzentrationslagern und über regelrechte Massenmorde durch Gas. Worte wie »Auschwitz« und »Endlösung« fallen in der *BBC* immer häufiger – Worte, die ihnen den Schlaf rauben.

In einem besonders schlechten seelischen Zustand befindet sich Lotte Heppner, die Frau des Arztes. Ihre Eltern und der Bruder sind im schlesischen Oppeln zurückgeblieben. Mit 26 Jahren ist sie mit ihrem Mann Alfred im rettenden Neuseeland eingetroffen, auf dem Arm das neun Monate alte Baby Kim. Über mehrere Jahre hinweg hat sie um ein *Permit* für ihre Familie gerungen, ist von Behörde zu Behörde gerannt, immer vergebens – die zuständigen Stellen haben ihr am Ende zu verstehen gegeben, es seien schon zu viele deutsch-jüdische Flüchtlinge im Land.

Und dann blieben die ohnehin nur spärlichen Nachrichten von den Verwandten ganz aus! 1941 trafen von den Eltern gelegentlich noch zensierte, kurze und unverbindliche Rot-Kreuz-Karten ein, 1942 ist dann jedes Lebenszeichen verstummt. Seitdem versinkt Lotte Heppner in immer größerer Verzweiflung – Ungewißheit und panische Angst um ihre Angehörigen haben sie innerlich ausgehöhlt. In diesem Zustand bringt die junge Frau ihr zweites Kind zur Welt, Margret. Doch hilft ihr gerade das neue Leben, um das sie sich nun kümmern muß, nicht den Verstand zu verlieren.

Alice und Frank Briess tauschen sich mittlerweile kaum mehr über die zurückgebliebenen Verwandten aus – es macht sie traurig und läßt sie sich allzu ohnmächtig fühlen. Alice hat schon zum zweiten Mal eine Fehlgeburt erlitten. Auch sie haben alles versucht, weitere Einreisevisa nach Neuseeland zu erhalten. Doch auch sie bekommen die letzten Nachrichten, die sie erhalten haben, und Bitten wie »Helft uns, solange es nicht zu spät ist!« nicht mehr aus dem Kopf, aus dem Herzen.

Wenigstens sind sie mit Arbeit eingedeckt, das hilft: Etwa 60 000 amerikanische Armeeangehörige sind derzeit rund um Auckland stationiert, es gibt also viel zu tun in ihrem Restaurant *Centre Way*. Oft treffen sie sich mit anderen Europäern. Es gibt in Auckland einen kleinen tschechischen Club, dorthin kommen mittwochs einige ihrer Landsleute. Sie stellen tschechische und slowakische Erzeugnisse aus und sammeln Geld für das tschechische Rote Kreuz. Auch über dem kleinen Club liegt Traurigkeit.

Karl Wolfskehl ist unterdessen immer noch wohnungslos, fürs erste ist er allerdings in einem Erholungsheim in Auckland untergekommen. Hier findet der immer wieder vertriebene Dichter ein wenig seine innere Ruhe zurück. Einer Freundin in England beschreibt er den prachtvollen, tropischen und doch anheimelnden Park, in dem das Heim steht. Der Brief schließt mit der beruhigenden Nachricht: »Die vorhandenen *Sisters* und *Nurses* sind aufmerksam und verständnisvoll. So kommt auch mein Befinden entsprechend ins Gleichgewicht.«

Wolfskehl hat, nach den Turbulenzen des vergangenen Jahres, in der beruhigenden Atmosphäre des Erholungsheimes wieder zu dichten begonnen. Dennoch, Rosiges verheißt die Zukunft für ihn nicht mehr. Er fühlt, wie er immer schwächer wird, und er vermißt Margot Ruben, die sich mehr und mehr von ihm entfernt. Mitunter fühlt er sich über die Maßen einsam.

3. Der »totale Krieg«

1944 ist das Jahr des »totalen Krieges«. Nicht nur Europa – die ganze Welt ist mittlerweile in den Strudel der Kriegsereignisse gerissen. Über 40 Staaten befinden sich am Ende des Jahres mit dem Deutschen Reich im Kriegszustand. Die Weltmächte Sowjetunion, USA und Großbritannien setzen alles daran, den nationalsozialistischen deutschen Staat mit Führer und Reichskanzler Adolf Hitler zur bedingungslosen Kapitulation zu zwingen. »*Germany first*« heißt demgemäß die Maxime von US-Präsident Roosevelt für den Krieg in Europa.

Gemeinsam mit dem britischen Premierminister Churchill wird nun der entscheidende militärische Schlag gegen das Deutsche Reich geführt, die Invasion der West-Alliierten in der Normandie: Im Juni 1944 landet eine gewaltige amerikanisch-britisch geführte Streitmacht an der Küste Nordfrankreichs. Den Deutschen gelingt es unter Aufbietung aller Kräfte zunächst noch, die Landungstruppen zurückzuschlagen, doch Ende Juli bricht ihre Front zusammen. Die alliierten Truppen stoßen ins französische Hinterland vor.

Der zweiten alliierten Landung im August in Südfrankreich haben die Deutschen kaum noch Widerstand entgegenzusetzen. Unterstützt von der französischen

Résistance, ziehen die Alliierten am 25. August 1944 unter dem Jubel der Bevölkerung in Paris ein und dringen parallel dazu immer weiter gegen das Deutsche Reich vor. Anfang September 1944 werden Brüssel, Antwerpen und Lüttich befreit.

Im September rollen die Panzer der Alliierten dann auch in das Dorf Wæsenborg ein. Und wie überall in Belgien jubeln die Dorfbewohner den Befreiern zu, es wird geküßt und umarmt, etliche Menschen weinen. Salomon Grynbaum, inzwischen acht Jahre alt, steht staunend zwischen seinen kleinen jüdischen Freunden und den riesigen amerikanischen Soldaten, die Kaugummis, Bonbons und Schokolade verteilen.

Noch wenige Wochen zuvor hat die SS die letzten Reserven für die »Endlösung« der Judenfrage mobilisiert, so daß in Mechelen der 26. Juden-Transport das Sammellager in Richtung Auschwitz verließ. Nun scheint die Gefahr einer Deportation der Kinder ins Vernichtungslager endgültig gebannt. Damit findet eine im besetzten Europa wohl einmalige Rettungsaktion ihr Ende: In Begleitung des katholischen Priesters, der die jüdischen Kinder über Monate hinweg in seiner Dorfkirche versteckt gehalten hat, werden sie ein paar Tage später zurück in das Waisenhaus nach Brüssel gebracht.

Zwar ist die Gefahr für die Kinder vorüber, doch geht der Krieg weiter – noch ist ein Teil Belgiens nicht befreit, und in den Ardennen startet im Dezember eine erneute deutsche Gegenoffensive, bei der die Deutschen ein letztes Mal versuchen, an der Westfront die Oberhand zurückzugewinnen. Auch nach Wæsenborg kehrt der Krieg noch einmal zurück: Wochen, nachdem der katholische

Priester wieder in seinem Dorf eingetroffen ist, wird er von versprengten deutschen Soldaten erschossen. Nach anfänglichen Erfolgen scheitert die deutsche Ardennen-Offensive zwar, doch kostet sie letztlich noch mehrere zehntausend Menschen das Leben.

Anfang September 1944 haben alliierte Truppen auf breiter Front die niederländische Grenze erreicht, wo sie kaum noch auf Widerstand deutscher Truppen stoßen. Mit ihnen zieht der 20jährige Kampfflieger Denis Adam, er begleitet die britischen Truppen nun als Dolmetscher nach Holland. Der Haupteinsatz des Berliners soll in Deutschland sein, nachdem das Dritte Reich endgültig niedergerungen ist. Das kann sich allerdings hinziehen: In der größten Luftlandeoperation des Zweiten Weltkrieges springen Mitte September 35 000 alliierte Soldaten bei Arnheim und dem niederländischen Nimwegen hinter der deutschen Front ab, um die Rheinbrücken zu besetzen. Das Unternehmen schlägt zum großen Teil fehl und wird für die deutsche Wehrmacht zum letzten Abwehrsieg dieses Krieges.

4. Geschichten einer Familie

Am 24. März 1944 gab US-Präsident Roosevelt im Namen der Alliierten eine Erklärung zur Judenverfolgung im Deutschen Reich ab. Darin bezeichnete er die systematische Vernichtung von Menschen als das schlimmste Verbrechen der Geschichte. Präsident Roosevelt kündigte an, die Täter würden hart bestraft. Aber unterdessen geht der Massenmord in Auschwitz weiter, rollen ungehindert Züge mit Viehwaggons voller Menschen in das Vernichtungslager, werden Juden weiterhin vergast.

Für eine kurze Zeit befindet sich die vierköpfige Familie Silberstein gemeinsam im Todeslager Auschwitz. Doch keines der Familienmitglieder weiß es von den anderen, die Eltern haben von Hansi seit deren Abtransport Anfang März 1943 nichts mehr gehört, über Freds Schicksal wissen sie sogar seit dessen Verschleppung im Sommer 1942 nichts, und umgekehrt gilt das gleiche.

Die Eltern wurden im Frühjahr 1943 mit dem vierten großen »Alterstransport« ins Ghetto Theresienstadt deportiert. Und obwohl deutsche Landsleute das freundliche Ehepaar schon bald ermorden werden, zieht sich die bürokratische Verarbeitung dieses »Vorganges« über das gesamte Jahr 1944. Es gibt es Auflistungen und Bewertungen, die Oberfinanzkasse schreibt an die Vermögensverwertungsstelle, es müssen Guthaben, Wertpapiere, Liegenschaften, Kautionen für Bewag und Gasag aktenmäßig exakt erfaßt und ordentlich sortiert werden. Das Finanzamt Friedenau meldet nach einem Bericht des Oberregierungsrates Keilig an die Vermögensverwertungsstelle in Moabit unter dem Geschäftszeichen 05205–49/31525, daß »die abgeschobenen Juden Hilfsarbeiter Berthold Isr. Silberstein und seine Ehefrau Käthe Sara geb. Wolff weder zur Einkommens- noch zur Vermögenssteuer veranlagt« sind. Der Oberfinanzpräsident Berlin-Brandenburg, Vermögensverwertungsstelle, ersetzt dem Hausverwalter der »Judenwohnung« die durch den Abtransport entgangene Miete für zehn Monate, auf anteilige Heiz- und Wasserkosten hingegen muß er verzichten.

Ende Oktober 1944 werden die Eltern von Hansi und Fred vom Ghetto Theresienstadt ins Vernichtungslager Auschwitz transportiert. Kurze Zeit nach ihrer Ankunft werden sie vergast.

Hansi Silberstein arbeitet seit März 1943 auf der Zahnstation von Auschwitz-Birkenau, zusammen mit einer französischen Häftlingsärztin und zwei jüdischen Ärztinnen aus Polen und aus Berlin. Allen hat man die »Auschwitz-Nummer« auf den Arm tätowiert, ihre Haare aber dürfen sie behalten, auch leben sie unter weitaus hygienischeren Umständen als die übrigen Häftlinge. Die blonde Hansi ist die Schreibkraft der Zahnstation und muß unter anderem Berichte darüber verfassen und nach Berlin schicken, wie viele Patienten behandelt werden.

Anfangs ist die Station noch gut ausgestattet, es gibt einen Zahnarztstuhl, dazu alle nötigen Geräte, Füllungsmaterial und was man sonst noch für zahnmedizinische Behandlungen braucht. Doch es spricht sich herum, daß der verantwortliche SS-Mann offenbar zu freundlich mit den Häftlingen umgeht – er wird schon bald an die Front abkommandiert. Danach werden die Vorräte an Behandlungsmaterialien nicht mehr aufgefüllt, besteht die Behandlung im wesentlichen darin, kranke Zähne herauszuziehen.

Manchmal gelingt es, die Zahnstation auch als Ruhepunkt zu nutzen. Wenn zum Beispiel eine der Gefangenen zu schwach zum Arbeiten ist, wird sie von den Blockältesten auf die Zahnstation geschickt, um sich wenigstens einmal für einen Tag auszuruhen und der unerträglichen Enge der Baracken entkommen zu können, in denen die Häftlinge teilweise zu sechst auf einer Pritsche schlafen müssen.

Es gibt keine Toiletten im Lager, nur Latrinen mit Eimern. Zum Waschen existieren nur wenige Becken für alle – es ist schwer, sich sauberzuhalten. Eines Tages geht Hansi durchs Lager, und irgend etwas an ihr erregt die Aufmerksamkeit einer Aufseherin, woraufhin sie die Latrinen mit ihren bloßen Händen leeren muß.

Nach einiger Zeit macht sich Hansi auf die Suche nach ihrer Freundin, mit der sie gemeinsam in Auschwitz angekommen ist. Jemand warnt sie noch, nicht ins Hauptlager zu gehen, weil dort Typhus herrsche. Doch sie läßt sich nicht davon abhalten. Ihre Freundin findet Hansi nicht, allerdings infiziert sie sich tatsächlich, und Typhus ist im Lager eigentlich ein sicheres Todesurteil: »Glücklicherweise hatten wir in der Zahnstation unsere eigenen Räume zum Schlafen, so konnte ich mich dort unauffällig für zwei, drei Tage hinlegen. Unsere Baracke war nicht weit vom Stacheldrahtzaun entfernt, man konnte die Straße dahinter sehen. Und so lag ich nun mit Typhus und mußte zuschauen, wie Tag und Nacht die Autos aus dem Lager heraus zum Krematorium fuhren und wieder zurückkamen. Ich habe immer nur geweint und geweint. Und habe mich gefragt: ›Warum tun sie das, warum nur? Was haben wir ihnen getan? Wir sprechen wie sie, wir arbeiten wie sie ...‹ Ich habe mich nach meinen Eltern gesehnt und nach meinem Bruder Fred. Ich habe geweint, und zwischenrein bin ich immer wieder weggedämmert. Nach ein paar Tagen begann sich mein Zustand zu bessern.«

Hansi erfährt, daß sie die einzige noch Lebende des Transports ist, mit dem sie aus Berlin hier angekommen ist. Nur zwei Monate hat es gedauert, die 2000 Menschen umzubringen.

Im Block 24 liegen die Skelette der Toten, auch derer, die durch Schwerstarbeit oder Epidemien umgekommen sind. Hansi Silberstein sieht Tag und Nacht den Schornstein rauchen, manchmal schießen Flammen heraus. Der Geruch von verbranntem Menschenfleisch liegt ständig über dem Lager: »Es war furchtbar, man war ständig damit befaßt zu überleben und damit, nicht den Verstand zu verlieren angesichts dieser Grausamkeit. Menschen starben massenhaft, dann kamen neue Menschenmassen...«

Das Lager wird erweitert. 1944 gibt es ein Zigeunerlager, ein Familienlager und ein Kinderlager. Die Menschen, die jetzt ankommen, stammen meist aus Ungarn oder Griechenland oder aus dem Warschauer Ghetto. Alle bekommen täglich ein kaffeeähnliches Getränk, von dem Hansi glaubt, es beinhalte einen Zusatz, der verhindert, daß die Frauen ihre Menstruation bekommen.

Manchmal kommt Doktor Josef Mengele oder einer seiner Gehilfen auf die Zahnstation – mit Zwillingen, die er für medizinische Experimente ausgesucht hat. Die Zahnärztin muß dann untersuchen, ob die Zwillinge die gleichen Gebißmerkmale haben, und Hansi muß das Ergebnis in Mengeles Karteikarten eintragen. Die Kinder werden immer unmittelbar nach ihrer Ankunft hierhergebracht, was anschließend mit ihnen geschieht, erfahren die Frauen auf der Zahnstation somit nicht.

Doch sie werden Zeugen anderer Grausamkeiten: »Unmittelbar neben der Zahnstation gab es eine Röntgenabteilung. Dorthin wurden halbwüchsige Jungen aus dem Hauptlager gebracht, um sie zu sterilisieren. Jeden

Tag kamen ganze Wagenladungen voller Jungen an, sie waren schon bis auf die Knochen abgemagert. Dann wurden sie mit starker Röntgenstrahlung bombardiert. Ich glaube, sie haben danach nicht mehr lange gelebt.«

Im Spätherbst 1944 wird Hansi Silberstein mit der französischen Zahnärztin zum Arbeitseinsatz in ein Außenlager von Auschwitz-Birkenau gefahren. Dort sieht sie, wie sich die SS in einem Nebenlager, nur durch einen Zaun von ihr getrennt, Hühner und Schweine hält. Die Tiere sind in Häusern untergebracht, in denen vorher Juden gelebt haben – im Gegensatz zu den Häftlingsbaracken sind die Unterkünfte der Tiere also beheizt. Sie sieht Gewächshäuser, in denen Blumen wachsen.

Hansi weiß nicht, daß sich ihr Bruder Fred ebenfalls in Auschwitz befindet. Monatelang hat der 16jährige bei einem Todeskommando in Buna/Monowitz für die IG Farben schuften müssen. Zur Produktion von synthetischem Kautschuk und Öl hat die IG Farben in Auschwitz 1941 ein Treibstoffwerk mit einem eigenen Konzentrationslager errichtet. Der »Arbeitseinsatz« von etlichen tausend Häftlingen wurde mit dem zuständigen Reichsführer SS, Heinrich Himmler, zur beidseitigen Zufriedenheit geregelt. Da die IG Farben jedoch durch das schnelle Dahinscheiden ihrer »Arbeiter«, also das Massensterben der Häftlinge, ihre Produktivität und ihren Gewinn gefährdet sah, traf sie im Februar 1943 mit der SS eine Absprache, nach der »alle schwachen Häftlinge abgeschoben werden können, so daß die Gewähr für eine fast volle Leistung, verglichen mit einem deutschen Hilfsarbeiter, herausgeholt werden kann«.

Für viele geschwächte Häftlinge kommt diese Absprache einem Todesurteil gleich, denn jetzt wird täglich auf »Arbeitstauglichkeit« hin selektiert: auf dem Appellplatz, beim Stehen in und vor den Baracken, am Lagertor und beim Ausmarsch der Arbeitskommandos am frühen Morgen. Auch werden von Vorgesetzten Meldungen über die Arbeitsleistungen der Häftlinge weitergeleitet: Eine Meldung über nicht erfülltes Arbeitssoll bedeutet den baldigen Tod. Der geschwächte Häftling wird dann auf einen Lastwagen verladen und nach nebenan ins Vernichtungslager Birkenau überstellt, wo er ohne Verzögerung in die Gaskammer kommt. Von den insgesamt 35000 Häftlingen, die bis 1945 für die IG Farben Sklavenarbeit leisten müssen, sterben mindestens 25000.

Fred Silberstein hatte Glück – irgend jemand hat ihn einem Kommando für Heizungs- und Sanitäranlagen zugeordnet. Mittlerweile wird er direkt im Lager eingesetzt, wo die Arbeit etwas leichter ist: »Nicht lange nach diesem Wechsel, ich glaube, es war im August 1944, kam wieder Josef Mengele. Er kam jeden Samstag, wir mußten dann alle nackend antreten, und er kam mit einem Stab von SS-Offizieren und Ärzten und bestimmte, wer sterben mußte und wer erst mal weiterleben durfte. Außerdem hat er regelmäßig Häftlinge für seine medizinischen Experimente ausgesucht. Und eines Tages, wir standen wieder in der Reihe, zeigte er mit dem Finger auf mich. Ich mußte raustreten. Ich kam in eine Extrabaracke, wo man mich operierte. Ich wurde auf einen OP-Tisch gelegt, dann hielten sechs Männer mich fest. Ich wurde von Mengele zwischen Bauch und Beinen aufgeschnitten, ohne Narkose, ich habe wie wahnsinnig geschrien und bin immer wieder in Ohnmacht gefallen.«

Mit dem einen Mal ist es nicht vorbei. Jedesmal, wenn Freds Wunde in der Leistengegend dabei ist, zu verheilen, wird sie wieder aufgeschnitten, jeweils ohne Betäubung, und mit irgendwelchen Präparaten beschmiert, um den Heilungsverlauf zu beobachten. Fred weiß nicht, warum diese Dinge mit ihm geschehen, erst nach dem Krieg wird er erfahren, daß es Versuche für Wundheilmittel waren, die verwundeten deutschen Soldaten zugute kommen sollten.

Anderen Häftlingen in der Baracke ergeht es ebenso wie ihm. Donnerstags werden auch Frauen aus dem anderen Teil des Lagers gebracht. Fred hört ihre Schreie durch die Holzwände; die Kapos erzählen, die Frauen würden mit Elektroschocks behandelt.

An manchen Tagen hat Fred nur noch das Bedürfnis zu sterben. Manchmal klammert er sich an schöne Kindheitserinnerungen, um das alles auszuhalten. Er versucht, sich zu erinnern, wie er als kleiner Junge mal mit zu Verwandten nach Oberschlesien fahren durfte, mit dem Zug ... oder an Ausflüge mit Hansi und dem Vater an den Wannsee, wo sie schwimmen gegangen sind.

Im November 1944, kurz vor seinem 17. Geburtstag, hilft auch das nicht mehr: Fred versucht, sich das Leben zu nehmen, er schneidet sich die Pulsadern auf. Andere jüdische Häftlinge finden ihn und holen ihn wieder ins Leben zurück. Sie trösten den Jungen und bitten ihn, durchzuhalten – die Rote Armee sei bereits auf dem Vormarsch: »Irgendwann lief die Nachricht durchs Lager, die Häftlinge sollten von Auschwitz nach Deutschland zurückgebracht werden. Ich konnte kaum noch laufen, wegen der schweren Wunden in den Leisten, und es war klar, daß diejenigen, die nicht marschfähig sind, erschossen werden. Da habe ich mich aus der Krankenbaracke entfernt und mich unauffällig zu meiner eigentlichen Baracke zurückgeschleppt.«

5. Kinder aus Polen

Im November 1944 wird die Bereitschaft Neuseelands, Menschen in Not aufzunehmen, erneut auf die Probe gestellt: Ein amerikanisches Schiff, das aus dem kriegsgeschüttelten Europa kommt, erreicht die Küste vor Wellington. An Bord befinden sich neben 82 erwachsenen Begleitpersonen 775 polnische Waisenkinder, die vor den Deutschen in Sicherheit gebracht werden konnten. Ihre Eltern sind meist beim Warschauer Aufstand ums Leben gekommen. Denn nach einem ersten vergeblichen Aufstand der Juden des Warschauer Ghettos im April 1943 stellt sich am 1. August 1944 die polnische Heimatarmee in Warschau todesmutig gegen die deutschen Besatzer. Es soll die größte vereinzelte Erhebung mit Waffengewalt während des gesamten Zweiten Weltkrieges bleiben. Der Aufstand wird im Oktober 1944 blutig niedergeschlagen. Etwa 170 000 Warschauer kommen bei diesem verzweifelten Aufbegehren ums Leben, 80 000 werden in Konzentrationslager deportiert, darunter viele Frauen und Kinder, die man ins KZ Ravensbrück überstellt. 775 Waisenkinder aber, meist christlicher Religion, werden gerettet.

Doch wohin nun mit ihnen? Die amerikanischen Verbündeten bitten um Unterstützung. Und die neuseeländische Regierung – nun unter Premier Peter Fraser – entschließt sich zu einem Akt humanitärer Hilfe. An ihrer

Politik der »geschlossenen Tore« indes rüttelt sie nicht – geplant ist eine Aufnahme der polnischen Kinder lediglich für die Dauer des Krieges.

Untergebracht werden sie in jenem geräumigen Lager in Pahiatua, nördlich der Hauptstadt Wellington, in dem vorübergehend die *Enemy Aliens* interniert wurden. Die sind, nachdem die Gefahr von seiten Japans endlich gebannt ist, wieder auf die vorgelagerte Insel Somes Island zurückgebracht worden.

Karl Wolfskehl feiert seinen 75. Geburtstag, doch er hat das Gefühl, seine Freunde daheim hätten ihn vergessen. In Jerusalem gab es zwar eine Gedenkfeier für ihn, doch aus Europa tröpfelten nur sehr sporadisch Briefe in seinem Aucklander Exil ein. Der Dichter wohnt mittlerweile nicht mehr in dem Erholungsheim: Um wieder etwas unabhängiger zu leben, ist er in eine kleine, für ihn erschwingliche Pension gewechselt. Margot Ruben lebt nur ein paar Straßen von ihm entfernt – so kann sie dem fast Blinden bei seiner Korrespondenz und beim Notieren seiner Gedichte helfen oder ihm ab und an etwas vorlesen.

Der Autor Frank Sargeson taucht nicht mehr bei Wolfskehl auf. Der große alte Mann fragt sich, ob er ihn wohl überfordert hat mit seinen Ansprüchen an Zeit und Energie des Freundes. Im Frühjahr hat Sargeson noch versprochen, ihn zu besuchen, aber er ist nicht gekommen. Die anfangs überbordende Bewunderung des Neuseeländers für den deutschen Gelehrten und Dichter, *»the blind genius«*, ist mehr und mehr dem Mitleid mit einem hilfsbedürftigen alten Mann gewichen, den er jedoch als Dichter noch immer schätzt.

Hat Karl Wolfskehl den Kontakt zu den intellektuellen und künstlerischen Kreisen Aucklands wieder verloren? Die Menschen, die ihn im Herbst 1944 noch besuchen kommen, sind meist Juden, die sein Schicksal der Flucht und Vertreibung aus Europa teilen. Voller Hoffnung verfolgt Wolfskehl nun den Vormarsch der Alliierten in Europa – er hofft, nach ihrem Sieg über die Nazis noch eine Rückkehr in den vertrauten Lebenskreis wagen zu können.

Ein solches Bedürfnis verspürt Peter Munz in Christchurch keineswegs, den 23jährigen zieht derzeit nichts nach Deutschland zurück. Er hat an der Universität gerade sein *Master's Degree* in Empfang genommen. Und seine Abschlußnoten sind so gut, daß sich der Professor für Geschichte der *Victoria University of Wellington*, der auf der Suche nach einem Assistenten ist und deshalb bei seinen Kollegen in anderen Landesteilen nach geeigneten Kandidaten fragt, schließlich für Peter Munz entscheidet.

Der junge Mann aus Chemnitz zieht nun von Christchurch in die neuseeländische Hauptstadt – seine Zukunftsaussichten könnten nicht rosiger sein. Und kaum Assistent an der Universität in Wellington, bekommt Peter Munz auch noch ein Stipendium für Cambridge zugesagt! Also doch noch einmal Europa ... Natürlich kann er 1944 vorerst nicht nach Cambridge, noch herrscht Krieg. Doch dessen Ende ist absehbar.

Immer ungeduldiger blickt nun auch Karl Popper in Richtung England. Seine Forschungsmethoden sorgen für geteilte Meinungen in den akademischen Kreisen

Christchurchs, doch er hat keineswegs nur Gegner: Im Januar 1944 trifft der australische Neurophysiologe John Carew Eccles, aus England kommend, in Dunedin ein. Der spätere Nobelpreisträger tritt an der zweiten Universität auf der Südinsel eine Professur an, und er erinnert sich noch Jahrzehnte später daran, wie ihn Popper und seine Thesen beeindruckt haben: »Ich hatte wunderbare Geschichten über den akademischen Wirbel gehört, den ein Philosoph, Karl Popper, am *Canterbury University College* von Christchurch verursachte. Ich ließ mich sofort von Poppers Argumentation, daß man in der Wissenschaft zuerst ein Problem definieren müsse, begeistern. Anschließend müsse man hypothetische Lösungen entwerfen, und dann versuchen, diese durch ausgesuchte Experimente zu testen, das heißt, den Versuch zu unternehmen, sie zu falsifizieren. Ich war absolut überzeugt von Poppers vernichtender Attacke gegen die induktive Methode in der Wissenschaft, an die ich bis dahin naiverweise geglaubt hatte.«

Poppers Buch »Die offene Gesellschaft und ihre Feinde«, das bisher niemand verlegen wollte, hat mittlerweile in England einen prominenten Fürsprecher gefunden: Es ist in den Händen Friedrich August von Hayeks gelandet, eines österreichischen Volkswirtschaftlers und Keynes-Opponenten. Karl Popper reagiert auf diese Nachricht euphorisch. Aber dieses Gefühl hält nicht lange vor: »Der Abdruck wird kommen«, liest er in einem Brief aus London, »doch jetzt geht es nicht, noch herrscht Krieg!«

Der Philosoph stürzt erneut in Depressionen. Er leidet an Erschöpfungszuständen; seine körperliche Konstitution ist so angegriffen, daß er neun Zähne verliert.

Weihnachten 1944 rückt die Rote Armee in immer bedrohlicherem Tempo in Richtung Westen vor. In Auschwitz machen bereits Gerüchte die Runde, nach denen das Lager in Kürze von Partisanen befreit werden soll. Die SS beginnt nun das Lager zu räumen und die Häftlinge nach Deutschland marschieren zu lassen.

Gemeinsam mit den Häftlingen des Außenlagers Rajsko und denen aus Birkenau geht auch Hansi Silberstein auf den kräftezehrenden Marsch: »Der ganze Zug wurde in Richtung Westen getrieben, alles vollzog sich in großer Hast. Wer aus der Kolonne ausscherte, weil er nicht mehr weiterkonnte, wurde von den Wachmannschaften sofort erschossen. Nach zweieinhalb Tagen Fußmarsch, mit kurzer Übernachtungspause in einer Scheune, wartete irgendwo zwischen Brieg und Breslau ein Güterzug.«

Hansi bleibt immer in der Nähe der französischen Zahnärztin und der anderen Mädchen von der Zahnstation. Sie werden von der SS streng bewacht, können also nicht fliehen, obwohl sie ständig auf eine Gelegenheit dazu warten: »Wir wurden mit dem Zug zunächst nach Buchenwald gebracht, dort haben sie die männlichen Häftlinge ausgeladen. Für uns Frauen ging es weiter in Richtung Norden. Wir standen gerade in Hannover, als die Stadt von alliierten Truppen bombardiert wurde. Die SS-Leute haben sich sofort in Sicherheit gebracht – uns Häftlinge haben sie im verplombten Zug stehenlassen, auf dem ungeschützten Gleis. Gott sei Dank sind wir verschont geblieben ...«

Der Zug fährt weiter nach Bergen-Belsen, etwa 60 Kilometer nordöstlich von Hannover. In diesen Tagen werden 8000 Frauen und Mädchen von Auschwitz nach Bergen-

Belsen gebracht, darunter auch das Mädchen Anne Frank. Das Lager Bergen-Belsen ist bereits völlig überbelegt, als Hansi dort eintrifft, die Lebensbedingungen sind katastrophal: »Typhus grassierte, jeden Tag starben dort unzählige Menschen. Als wir ankamen, lag der Hof des Lagers voller Leichen, darunter viele junge Menschen. Die französische Zahnärztin und ich wurden sogleich in der Krankenbaracke eingesetzt – wir hatten beide den Typhus bereits hinter uns und waren damit immun gegen die Seuche.

Das war nach Auschwitz nun wieder so ein grauenhafter Ort, das Leid schien einfach kein Ende zu nehmen. Wir hätten nie gedacht, daß wir noch jemals befreit ..., daß wir aus dieser Hölle lebend herauskommen würden. Wir wußten ja, daß die Deutschen die Zeugen ihres Tuns nicht so einfach dem Feind in die Hände fallen lassen würden. Unsere französische Zahnärztin hat völlig die Hoffnung verloren, sie ist nach wenigen Wochen in den elektrischen Stacheldrahtzaun gelaufen.«

1945

1. Der Todesmarsch

Im Januar 1945 – die Aliierten stoßen bereits von allen Seiten auf das Deutsche Reich vor, die Rote Armee rückt auf Kraków zu – werden die Konzentrationslager im Osten geräumt: Die Häftlinge sollen ebenso dem Zugriff der feindlichen Truppen entzogen werden wie die Instrumente ihrer Ermordung: Bereits im Spätherbst 1944 wurden nach einem Befehl Himmlers Vergasungsanlagen und Krematorien in Auschwitz demontiert. Teile der Todeskammern befinden sich schon auf dem Weg nach Mauthausen, einem Konzentrationslager in der Nähe von Linz.

Am 17. Januar 1945 erlebt das Vernichtungslager Auschwitz den letzten Appell. Noch am gleichen Tag werden die ersten Häftlingskolonnen in Richtung Westen in Marsch gesetzt. Die Zahl der Häftlinge in den Haupt- und Nebenlagern von Auschwitz beträgt insgesamt an diesem Tag noch 67012. Die Zahl der zu diesem Zeitpunkt bereits in Auschwitz ermordeten Menschen werden Historiker später auf 1,2 bis 1,6 Millionen beziffern. Während Häftlingslisten, Krankenunterlagen und andere verräterische Dokumente in Flammen aufgehen, beginnt sich unter den Kommandos und dem Gebrüll von SS-Männern das Lager zu leeren. 58000 der ausgemergelten Gestalten schleppen sich bei minus 15 Grad durch das Lagertor. Die übrigen, die nicht mehr Gehfähigen und Schwächsten, bleiben im Lager zurück. Mehr als 300 Häftlinge werden noch in letzter Minute ermordet.

In der Nacht vom 19. zum 20. Januar wird einer der letzten Züge auf den Todesmarsch geschickt – etwa 3900 Menschen. In dieser riesigen Kolonne befindet sich auch der nunmehr 17jährige Fred Silberstein: »Die ersten beiden Tage wurde nur gelaufen, durch den Schnee, es gab überhaupt nichts zu essen. Wer nicht mehr weiterlaufen konnte, wurde erschossen. Oder er blieb einfach liegen und erfror. Ich hatte ein bißchen Glück – ich befand mich auf einem Leiterwagen, den andere Häftlinge zogen und schoben. Ich konnte ja kaum laufen, meine Wunden waren ja noch längst nicht verheilt. In Gleiwitz wurden wir in Güterwaggons verladen, die hatten kein Dach, und es schneite. Zwei Wochen lang fuhren wir damit durch die Gegend, ohne daß die Waggons einmal geöffnet wurden. Noch immer gab es nichts zu essen, und viele meiner Kameraden starben – vor Entkräftung oder vor Hunger oder sie erfroren. Wer gestorben war, wurde aus dem Waggon rausgeschmissen, einfach oben über die Waggonwand gekippt.«

Züge, gefüllt mit Halbtoten, durchqueren das zerfallende Reich, fahren von einem Lager zum nächsten, stehen lange auf den Gleisen, werden umgeleitet, halten und fahren weiter. Von Auschwitz nach Buchenwald, von Buchenwald nach Dachau, von Dachau nach Bergen-Belsen, oft ziellos und ohne Plan, mit dem einzigen Zweck, ihrer menschlichen Fracht die letzte Chance auf ein Überleben zu verweigern. Wenn die Fahrt nach vielen Tagen auf einem Nebengleis, in der Nähe eines Lagers endet und die hölzernen Schiebetüren endlich geöffnet werden, gleicht der Waggon oft einer Leichenkammer.

In Freds Zug überlebt weniger als die Hälfte der Häftlinge den Marsch und den anschließenden Transport.

Und selbst die noch Lebenden sind am Ende ihrer Kräfte. Anfang Februar erreichen sie Nordhausen in Thüringen. Dort gibt es ein Lager namens Dora-Mittelbau für ungefähr 40 000 Menschen, vor allem Zwangsarbeiter aus Holland, Frankreich und Polen. Fred bleibt für ungefähr zwei Wochen. Dann, im März 1945, wird er in ein weiteres Lager am anderen Ende der Stadt gebracht, in die sogenannte Boelcke-Kaserne: »Da waren noch mal 5 000 Häftlinge – Männer, die nicht mehr arbeiten konnten. Es war ein Sterbelager. Dort gab es überhaupt nichts mehr zu essen, die Nazis sparten die Kugeln, weil man auch so starb. In der Boelcke-Kaserne habe ich das erste Mal in meinem Leben das gesehen, was man Kannibalismus nennt – Menschen, fast wahnsinnig vor Hunger, haben das Fleisch anderer Menschen gegessen, das Fleisch derer, die bereits gestorben waren.«

Nicht einmal die Hälfte der 58 000 Menschen, die von Auschwitz auf die Todesmärsche geschickt wurden, hat überlebt. Die im Lager Zurückgebliebenen werden, mehr tot als lebendig, von der Roten Armee befreit, die am 27. Januar 1945 das Lager erreicht.

Die Sowjetsoldaten stoßen auf drei Hauptlager und etwa vierzig Nebenlager, verteilt auf einem Areal von 40 Quadratkilometern. Das größte von ihnen ist Birkenau, ein monströses Vernichtungslager, in dessen Gaskammern die meisten Menschen ermordet wurden. Ein süßlicher Geruch von sich zersetzenden Leichen liegt über Auschwitz. Die Soldaten sehen auf skelettähnliche Leiber, auf verkohlte, vom Rumpf getrennte Köpfe und kleine greisenhafte Gestalten, aus denen Kinderaugen schauen.

2. Hoffnung auf ein Wiedersehen

Aus allen Himmelsrichtungen kämpfen sich Briten, Amerikaner, Russen und Franzosen auf das deutsche Reichsgebiet vor. Das Dritte Reich steht vor seinem Untergang, doch fanatische Nazis lassen noch bis zuletzt Brücken sprengen und Deserteure aufhängen. In einem letzten Aufgebot des NS-Staates werden die noch nicht eingezogenen »waffenfähigen« Männer in den »Volkssturm« einberufen, werden Greise und Jugendliche mit Panzerfaust und Munition versehen und einem weit überlegenen Feind entgegengestellt. Und noch im März 1945 rollen Deportationszüge von Berlin nach Ravensbrück und Sachsenhausen.

Auch das Leid der deutschen Zivilbevölkerung wird immer unermeßlicher, vor allem der Luftkrieg fordert Zehntausende Opfer in den deutschen Städten. Bei einem Nachtangriff vom 13. zum 14. Februar entfacht die *Royal Air Force* mit mehreren tausend Tonnen Spreng- und Brandbomben einen Feuersturm über der Stadt Dresden, dem mehr als 35 000 Menschen zum Opfer fallen.

Im März 1945 erfolgt dann der Zusammenbruch der deutschen Westfront. Britische Truppen überschreiten bei Wesel den Rhein und stoßen bis zum Emsland vor, im April durch Westfalen bis zur Elbe und Anfang Mai bis nach Holstein und Mecklenburg.

Im Süden durchbrechen die Amerikaner die Demarkationslinie Karlsbad–Budweis–Linz. Nach letzten Kämpfen im Ruhrgebiet, wo noch 21 deutsche Divisionen eingekesselt sind, stoßen sie im April bis an die Elbe vor. Dort reichen sie in Torgau am 25. April den Sowjets die Hand.

Die Franzosen überqueren den Rhein nördlich von Karlsruhe und bei Straßburg im April. Die Truppen der Roten Armee starten eine Großoffensive von Oder und Neiße aus, kurz darauf ist Berlin von den Sowjets umzingelt. Während nun um die Reichshauptstadt ein zäher Endkampf tobt und Massen von Flüchtlingen aus dem Osten nach Westen strömen, wo die Alliierten über den zerbombten Städten Flugblätter mit der Aufforderung zur Kapitulation abwerfen, beginnen die Flamen und Wallonen im befreiten Belgien schon mit dem Wiederaufbau ihres Landes.

Mehr als 25 000 Juden wurden von Belgien aus nach Auschwitz deportiert, darunter 5093 Kinder. Doch die Widerstands- und Hilfsaktionen der Belgier während der deutschen Besatzungszeit haben viele Leben gerettet: Obwohl auch sie Gefängnisstrafen oder die Deportation in ein KZ riskierten, haben Nachbarn, Freunde und Unbekannte dazu beigetragen, mehr als die Hälfte der 60 000 in Belgien lebenden Juden durch die Zeit der Barbarei zu bringen. Etwa 4000 jüdische Kinder haben unter falscher Identität das Nazi-Regime überlebt – in Familien, Internaten, Klöstern und Kinderheimen.

Eines dieser Kinder ist Salomon Grynbaum, der nun schon seit Monaten in dem Waisenhaus in Brüssel, wo er endlich ohne Angst auf die Straße gehen darf, darauf wartet, daß seine Mutter kommt und ihn holt. Er wartet sehnsüchtig wie die meisten Kinder; einige von ihnen haben jedoch schon während des Krieges erfahren, daß ihre Eltern tot sind. Die anderen hoffen und harren aus, ob nicht vielleicht doch noch jemand kommt, so wie Salomon: »Und dann, es war im März 1945, stand plötzlich meine Mutter vor mir. Sie hatte sofort nach der Befreiung begonnen, nach mir zu suchen. Und nun stand sie da und hatte Angst, ich könnte sie nicht wiedererkennen – doch ich habe sie sofort erkannt! Es war ein unbeschreibliches Gefühl.«

Salomons Mutter hat die letzten Jahre im Untergrund verbracht, ist ständig von Versteck zu Versteck gewechselt und war immer auf der Flucht. Wie sie diese Jahre überlebt hat, wird der Junge nie erfahren, weil seine Mutter nicht darüber sprechen wird. Sein Vater ist unter den Toten von Auschwitz.

Salomon bleibt das einzige Kind, das abgeholt wird. Alle anderen warten vergeblich auf ihre Eltern. Als die belgischen Deportationslisten veröffentlicht werden, stehen darauf die Namen fast aller Eltern der Kinder des jüdischen Waisenhauses. Nun sind sie tatsächlich Waisen.

3. Die Befreiung

In den Reihen der britischen Truppen zieht der ehemalige Berliner Denis Adam in Deutschland ein. Denis kommt nun gegen Ende des Krieges in Niedersachsen als Dolmetscher zum Einsatz. Die Deutschen sieht er schon längst nicht mehr als seine Landsleute an: Erst haben sie seine Familie wegen ihrer jüdischen Herkunft vertrieben, dann ganz Europa in einen Krieg gestürzt. Denis hat nicht umsonst in der *Royal Air Force* seinen deutschen Namen abgelegt.

Am 15. April 1945 erreichen britische Truppen das KZ Bergen-Belsen. Beim Einmarsch stockt selbst hartgesottenen Soldaten der Atem: Der Blick fällt auf Galgen und Prügelbock, auf Krematorien und Magazine mit Schuhen, Kleidern, Brillen und Menschenhaar, auf Kisten voller Goldzähne und Eheringe. Neben großen Gruben mit verkohlten Knochenresten stoßen die Befreier auf etliche Leichenhaufen. Jeder enthält mehrere hundert nackte, schon von starker Verwesung befallene Körper. Und dann sind da noch die Lebenden – etwa 60 000 Menschen. Ein Viertel von ihnen wird die nächsten Wochen trotz Hilfe der Briten nicht mehr überleben; Menschen, die jahrelang sehnsüchtig auf ihre Befreiung warteten, sterben nun an Seuchen und den Folgen monatelanger Unterernährung.

Hansi Silberstein hat als Krankenschwester in der Typhusbaracke überlebt. Beim Einmarsch der Briten liegen die Schwestern einander weinend in den Armen. Doch dann geht ihre Arbeit weiter: Die Briten richten zunächst ein Hospital ein, in den Kasernen, in denen bis dahin das SS-Wachpersonal wohnte. Hier werden nun Hansi und die anderen Häftlinge eingesetzt, die bereits im Krankenbereich gearbeitet haben. Kurze Zeit später kommen dann auch Krankenschwestern vom Roten Kreuz dazu.

Da Hansi in der Schule Englisch gelernt hat, kann sie zwischen den englischen Militärärzten und den deutschen Schwestern übersetzen. Und sie hat Mühe zu begreifen, daß sie gerettet sind: »Die kranken Häftlinge erlebten nun etwas Wunderbares – sie wurden plötzlich wieder wie Menschen behandelt. Auch gab es Betten mit weißen Laken. Es gab plötzlich eine Kantine, in der Essen gekocht wurde. Und was für leckere Sachen … Nun waren wir also befreit.«

Ihr Bruder Fred, den Hansi längst für tot hält, wartet in Nordhausen sehnsüchtig auf seine Befreiung: Anfang April stehen die Amerikaner vor der Stadt, um sie einzunehmen. Doch der Bürgermeister von Nordhausen will nicht kapitulieren, so daß am nächsten Tag das Bombardement losgeht. Die amerikanische Luftwaffe bombardiert auch die Boelcke-Kaserne, in der sich Fred und die anderen Häftlinge befinden, da die Amerikaner dort Soldaten und keine überlebenden Auschwitz-Häftlinge vermuten.

Die Angriffe dauern tagelang an, mehr als 3000 Häftlinge kommen dabei um, noch kurz vor der Befreiung. Fred hat Glück: Er wird zwar schwer verwundet, doch er überlebt, versteckt im Keller der Kaserne.

Als das Bombardement endlich vorbei ist, hört Fred, die Stromleitungen zum elektrischen Zaun seien zerstört; unter Aufbietung seiner letzten Kräfte kriecht der Verletzte den Amerikanern entgegen. In seiner Häftlingskluft, mit kahlgeschorenem Schädel und ohne Schuhe finden ihn die Soldaten schließlich halbtot in einem Feld liegend. Er versucht noch, ihnen zu erklären, was mit ihm passiert ist und wer er ist, doch auch ohne Worte spricht sein Anblick Bände. Sie bringen Fred in ein Krankenhaus in Bad Harzburg.

Am 11. April, während Nordhausen noch bombardiert wird, ziehen amerikanische Soldaten durch das Tor des Konzentrationslagers Buchenwald, über dem das Motto »Recht oder Unrecht – Mein Vaterland« steht. Wie die Briten in Bergen-Belsen stoßen die Amerikaner auch hier auf einen sich vor dem Krematoriumsofen türmenden Leichenberg, auch hier taumeln aus den Baracken Kranke und halb Verhungerte.

Die amerikanische Militärpolizei läßt daraufhin 1000 Bürger aus dem naheliegenden Weimar herbeischaffen und zwingt sie, an den toten Häftlingen vorbeizugehen. Frauen beginnen zu weinen, einige fallen in Ohnmacht, doch die meisten von ihnen beharren darauf, nichts gewußt zu haben. »Wir haben nichts gewußt« – dieser Satz wird schon bald ganz Deutschland durchziehen.

4. Die Stunde Null

Am 30. April 1945 begeht Adolf Hitler – nachdem er verfügt hat, die deutschen Truppen hätten bis zum letzten Atemzug weiterzukämpfen – in der Berliner Reichskanzlei Selbstmord. Am 7. Mai kapituliert das Dritte Reich bedingungslos, einen Tag später verkünden die Alliierten den Frieden.

Doch was für ein Frieden ist das? Zerstört und entwurzelt ist ein ganzer Kontinent: Etwa 50 Millionen Menschen irren durch Europa, auf der Suche nach einer Bleibe, einer neuen Heimat. Bald werden ihnen noch weitere 12 Millionen deutsche Flüchtlinge und Vertriebene folgen, die aus dem Osten in Richtung Westen ziehen. Auch hier sieht es trostlos aus: 161 Städte sind durch Luftangriffe verwüstet; die Berge aus Trümmern und Schutt werden später auf ein Gesamtvolumen von etwa 400 Millionen Kubikmeter beziffert. Keine Fackelzüge und Standarten mit Totenköpfen darauf sind mehr zu sehen, die Köpfe der Toten auf den Straßen sind echt. Wer überlebt hat, versucht, den nächsten Tag zu überstehen – Trinkwasser auftreiben, eine Rübe, eine Kartoffel. Die alliierten Besatzer verhängen Ausgangssperren und ernennen Bürgermeister, holen Nazis aus ihren Verstecken und befreien die letzten Zwangsarbeiter. Und zaghaft hält zwischen Bombentrichtern wieder so etwas wie Alltag Einzug: Die Lebensmittelversorgung muß in Gang gebracht, Gas- und Wasserleitungen müssen instand gesetzt werden.

Nur wenige Tage nach der Befreiung, am 11. Mai 1945, feiern überlebende Berliner Juden den ersten Friedensgottesdienst im unzerstörten Eingangsgebäude des jüdischen Friedhofs von Weißensee.

Als das offizielle Kriegsende in Europa verkündet wird, näht Minna Kohane wie jeden Tag in der Fabrik in Auckland Damenunterwäsche. Beiläufig hört sie den Nachrichten im Radio zu: »Auf einmal schrien alle auf, lagen sich in den Armen und liefen in den nächsten Pub, um sich zu betrinken. Ich bin statt dessen zur Post gelaufen, um zu sehen, ob ich ein Telegramm nach Deutschland schicken könnte oder nach Polen; ich wußte ja, daß Papa und Mama sich in Polen befanden, aber ich wußte nicht, wo ... Auf der Straße waren schon überall jubelnde Menschenmassen. Ich habe mich durch das Gedränge geschoben – als ich aber vor der Post stand, war sie geschlossen. Am nächsten Tag dann habe ich ein Telegramm zu uns nach Hause in die Metzer Straße geschickt, aber es kam alles zurück – Adressat unbekannt.«

Überall auf der Welt – mehr als 50 Staaten waren am Ende im Kampf gegen Hitler verbündet gewesen – wird der sehnsüchtig erwartete Frieden gefeiert. Dabei herrscht im pazifischen Raum noch Krieg: Erst im August 1945 wird sich der Aggressor Japan geschlagen geben und kapitulieren. Doch schon jetzt verbreitet sich große Erleichterung im Commonwealth. Neuseeland feiert den *Victory Day in Europe*, und überall strömen Menschen auf die Straßen. In Auckland versammeln sich 80 000 Bürger auf der *Queen Street*, um der Ansprache ihres Bürgermeisters zu lauschen; sie falten die Hände zum Dankesgebet und singen, Tränen in den Augen. Am *Lambton Quay* in Wellington gibt es das gleiche Bild. Und ob in Dunedin oder Christchurch, Russell oder New Plymouth – überall feiern und jubeln die Neuseeländer, schmilzt die britische Kühle: Es gibt Prozessionen durch die Städte, Ansprachen der lokalen Honoratioren, Orchestermusik in den Straßen, Siegesmärsche, Dankgottesdienste.

Auch Hans Nathan läuft – aufgewühlt wie Minna Kohane – am Tag der Friedensverkündung durch die Straßen Aucklands. Bereits einige Wochen vor dem Kriegsende ist der Hamburger Maschinist aus dem Internierungslager Somes Island entlassen worden, wo er das letzte Jahr, gemeinsam mit zehn weiteren antifaschistisch gesinnten Reichsdeutschen, weitgehend zurückgezogen in einer Baracke verbracht hat, um auf Distanz zu seinen nazibegeisterten Landsleuten gehen zu können. Hans gehört zu den ersten, die Somes Island verlassen durften; umgehend kehrt er nach Auckland zurück.

Schwankend zwischen Unruhe und Ausgelassenheit, zwischen Hoffnung und Furcht vor der Gewißheit nehmen die etwa 1000 nach Neuseeland geflohenen Juden die Nachricht von der Kapitulation Deutschlands auf. Über die Freude legt sich bei allen schon bald ein Schatten von Angst, nun könnte Gewißheit werden, was sie seit langem ahnen: daß Eltern und Geschwister ermordet worden sind. Erschüttert und tief bewegt begehen daher der Dichter Karl Wolfskehl den ersten Tag des Friedens, der Arzt Alfred Heppner und seine Frau Lotte, Alice und Frank Briess aus Olmütz, Lilly aus Wien und Fritz Bruell aus Brünn. In Wellington nimmt der Chemnitzer Peter Munz Mutter und Schwester in die Arme, das Breslauer Paar Herta und Ernst Neuländer den kleinen Sohn Oliver. Es gibt keinen, dem an diesem Tag nicht Tränen übers Gesicht laufen – dem Philosophen Karl R. Popper und seiner Frau Henny in Christchurch ebenso wie dem Berliner Textilfärber Hans Jottkowitz in Milton. Auch Heinz und Dorothea Eisig liegen einander weinend in den Armen, als die Rundfunkmeldung auf ihre abgelegene Farm im Hinterland der Nordinsel dringt. Ruth Adler, die Hildesheim mit neun Jahren verließ und inzwischen zu einer jungen Frau herangewachsen ist, beginnt zu tanzen …

Am anderen Ende der Welt, im zertrümmerten Deutschland, ist es Hansi Silberstein, die die Gewißheit über den Tod ihrer Eltern und ihres Bruders Fred fürchtet. Die junge Berlinerin begeht in Bergen-Belsen ihren 21. Geburtstag: Während sie nach ihrer Befreiung rasch begonnen hat, sich physisch zu erholen, läßt sich das Erlebte seelisch nur sehr viel schwerer verarbeiten. Die britischen Soldaten versuchen, die befreiten Lagerinsassen aufzuheitern, organisieren Tanzabende für sie oder lassen Kinofilme vorführen, und allmählich setzt sich das Gefühl durch, gesiegt … es geschafft zu haben.

Hansi Silberstein bleibt noch bis Ende 1945 im Lager Bergen-Belsen, wo sie als Krankenschwester auf der Seuchenstation dringend benötigt wird. Die Arbeit hilft ihr, sich wieder in ein normales Leben einzufinden.

Am 20. Mai 1945 ist der Kampfflieger und Dolmetscher Denis Adam gerade im Fliegerhorst Lingen stationiert. Um dieses Datum herum wird dort ein Mann eingeliefert, den eine Streife der britischen Militärpolizei in der Nähe von Flensburg aufgegriffen hat. Der Mann trägt die Uniform eines Feldwebels der Geheimen Feldpolizei, eine Augenklappe und einen Paß mit dem harmlos klingendem Namen Heinrich Hitzinger, sein Aussehen und sein neu scheinender Ausweis machen jedoch eine Militärstreife auf ihn aufmerksam. Sie nehmen ihn fest und stellen schon bald fest, daß ihnen Heinrich Himmler ins Netz gegangen ist.

Mit Zufriedenheit konstatiert Denis Adam, daß er sich nun frei von Verfolgung und Angst durch deutsches Gelände bewegen kann, während Himmler in einer Zelle sitzt.

Zwei Tage nach seiner Ankunft wird der heftig seine Identität leugnende Massenmörder von der britischen Militärpolizei in ein Internierungslager nahe Lüneburg transportiert; dort entzieht sich Himmler seiner Verantwortung mittels einer Giftkapsel.

5. *»Ich bin die einzige, die noch lebt.«*

Drei Monate nach dem *Victory Day* in Europa kapituliert endlich auch Japan, am 15. August 1945 ist der *Victory over Japan Day*. Als die Nachricht Neuseeland erreicht, läuten im ganzen Land die Glocken, liegen Städte und Dörfer unter Salutschüssen und Sirenengeheul: Nun kann ein Leben in wirklichem Frieden beginnen! Wie schon im Mai strömen die Menschen auf die Straßen, tanzen übermütig und schwenken Fähnchen, knattern mit viel zu vielen Passagieren beladene Mopeds durch die Gegend. Die Feiern sind noch ausgelassener als jene im Frühjahr, denn die Menschen haben schon etwas vom Druck der fünf Kriegsjahre abgestreift.

Als der lange internierte Hans Nathan in den Straßen Aucklands seine wiedergewonnene Freiheit auskostet, begegnet er dort zufällig Minna Kohane – auf der *Queen Street* lernen sie sich kennen.

Minna ist zu diesem Zeitpunkt etwa 25 Jahre alt, Hans ist zehn Jahre älter. Er trägt eine typisch deutsche Aktentasche und ist sehr charmant, ein echter *Gentleman*, was Minna gefällt. Sie denkt sich, etwas Besseres, als einen deutschen Juden kennenzulernen, kann ihr nicht passieren. Hans Nathan ist zwar trotz seiner jüdischen Herkunft überhaupt nicht religiös, doch das wird ihm die Strenggläubige schon nahebringen.

In Neuseeland zieht die Normalität des zivilen Alltags wieder ein. Das bedeutet, die amerikanischen Truppen ziehen ab – und mit ihnen etliche junge Frauen: Die Stationierung der alliierten Truppen in Neuseeland hatte insgesamt 2000 Hochzeiten zwischen neuseeländischen Zivilistinnen und amerikanischen GIs zur Folge. Im Gegenzug trafen bereits Ende Juni die ersten von etwa 6000 neuseeländischen Kriegsgefangenen zu Hause ein. Ein paar Typhuskranke waren darunter und etliche Verwundete, der gesundheitliche Zustand der meisten war jedoch stabil.

Neuseeland geht aus diesem Krieg mit einem gestärkten Selbstbewußtsein hervor. Es vollzieht die ersten bedeutsamen Schritte auf internationalem Parkett: Als im

Juni 1945 in San Francisco die USA und weitere 49 Staaten die Charta der *United Nations Organization (UNO)* unterzeichnen und damit eine neue Weltorganisation zur Aufrechterhaltung des internationalen Friedens ins Leben rufen, ist Neuseeland gleichberechtigt dabei. Tief bewegt registriert Premierminister Peter Fraser auf seiner Fahrt zum Unterzeichnungsort in einer Limousine mit neuseeländischer Flagge, wie die Amerikaner am Straßenrand begeistert »*New Zealand, New Zealand!*« rufen. Nein, sein Land ist nicht mehr nur ein hinter Australien verstecktes Dominion.

Was aber wird aus den jüdischen Flüchtlingen? In das Land ihrer Verfolgung zieht es kaum einen zurück. Zudem unterliegen sie noch immer den Restriktionen der Kriegszeit. Also spricht kurz nach Kriegsende eine Gruppe hochrangiger Sympathisanten bei Premier Fraser vor. Die Rabbiner der größeren jüdischen Gemeinden, einige Flüchtlinge und Universitätsprofessoren, bitten den Premier, die Bestimmungen zu den *Enemy Aliens* baldmöglichst aufzuheben und die Immigranten, deren Familien zum großen Teil ausgelöscht sind, einzubürgern. Premier Fraser versichert, es werde niemand gegen seinen Willen zurückgeschickt. Und mehr noch: Obwohl sie noch nicht eingebürgert sind, mögen die Flüchtlinge Neuseeland doch als neue Heimat betrachten! Das ist eine gute Antwort.

Einer, der das Land so schnell wie möglich verlassen will, ist der Philosoph Karl Popper. Schon bald liegt eine telegraphische Nachricht vom Rektor der Londoner Universität vor: Ihm wird eine einjährige Gastprofessur an der *London School of Economics* angeboten. Eingefädelt hat das sein Wiener Freund und Kollege Friedrich August von Hayek, der dort eine Professur innehat. Hayek ist zugleich Herausgeber der Zeitschrift »Economica«, in der er im Frühjahr bereits den dritten Teil von Poppers »Das Elend des Historizismus« in englischer Sprache veröffentlicht hat. Und mehr noch: Das große Werk Poppers, »Die offene Gesellschaft und ihre Feinde«, an dem er seit seiner Ankunft in Neuseeland geforscht und geschrieben hat, steht dank Hayeks Initiative kurz vor seiner Publikation.

Zwar ist Karl Popper im großen und ganzen gern in Neuseeland, und er ist dem Land noch immer unendlich dankbar für seine Aufnahme, doch die Arbeitsumstände an seinem College machen ihm den Abschied leicht. Im September bittet der Österreicher die Universitätsleitung um unbezahlten Urlaub für mindestens ein Jahr, was genehmigt wird. Doch dann verzögert sich die Abreise immer wieder: Popper und seine Frau Henny gelten als Staatenlose und haben keine Pässe. Sie benötigen also eine Erlaubnis, Neuseeland zu verlassen, sowie eine offizielle Einreisegenehmigung aus England. Außerdem müssen sie ihr Haus in Christchurch verkaufen.

Poppers ehemaliger Student Peter Munz – inzwischen Assistent an der Universität in Wellington – möchte ebenfalls nach England, um dort sein Stipendium für Cambridge wahrzunehmen.

Minna Kohane zieht es nicht mehr nach Europa zurück. Irgendwann im Herbst 1945 erhält die Berlinerin Post aus Deutschland, es ist ein Brief von ihrer kleinen

Schwester Margot, in dem steht: »Liebe Minna, ich bin die einzige, die noch lebt.«

Dieser Satz wird sich fortan nicht mehr aus Minnas Gedanken löschen lassen. Sie erfährt, daß ihre Eltern in einem polnischen Wald erschossen wurden, in Nähe des Ghettos. Ihre Schwester Lena ist in Auschwitz ermordet worden, ebenso ihre Schwester Anna. Ihr Bruder Siegmund war bereits in Palästina umgekommen. Nur die kleine Schwester Margot hat überlebt – und Regina und sie selbst, weil sie sich rechtzeitig nach Neuseeland retten konnten.

6. Lebensgier

Nachdem er ein paar Wochen im Krankenhaus in Bad Harzburg verbracht hat und einigermaßen wiederhergestellt ist, kehrt der 18jährige Fred Silberstein nach Nordhausen zurück. Fred will herausfinden, wer von seinen Kameraden aus Auschwitz noch lebt.

Der erste, auf den er stößt, ist ein junger Jude aus Polen, etwa im gleichen Alter wie er. Doch bei Freds Anblick sinkt er ohnmächtig zu Boden. Als er wieder zu sich kommt, fragt Fred ihn: »Sag mal, sehe ich so schlecht aus, daß du umfallen mußt?« Der Junge antwortet ihm, daß sie Fred einige Wochen zuvor beerdigt hätten, über 40 Häftlinge seien zu seiner Beisetzung gekommen. Erst nachdem Fred ihm seine »Auschwitz-Nummer« gezeigt hat, läßt er sich davon überzeugen, daß er offensichtlich nicht mit einem Geist spricht und daß es eine Verwechslung gewesen sein muß.

In Nordhausen herrscht in diesen ersten Nachkriegswochen der Ausnahmezustand, sämtliche Gesetze scheinen außer Kraft gesetzt. Für die Amerikaner ist jeder Deutsche in diesen Tagen ein Verbrecher, keiner gilt als unschuldig. »Uns befreiten Häftlingen dagegen«, so erinnert sich Fred Silberstein, »erlaubten die Amerikaner, uns von der Bevölkerung zu nehmen, was wir brauchten: Kleidung, Nahrung und was uns sonst noch fehlte. Außerdem sollten wir uns ein Haus auswählen, in dem wir wohnen wollten.

Drei von uns – ein polnischer Jude, ein österreichischer Kommunist und ich – wollten zusammenbleiben. Und nun suchten wir uns ein schönes Haus aus, klingelten bei den Bewohnern und sagten – mit der Gewißheit, die Amerikaner auf unserer Seite zu haben –: ›Ihnen bleiben jetzt 24 Stunden Zeit, um auszuziehen. Hier wohnen wir jetzt!‹ Heute macht mich das schon sehr nachdenklich, daß wir da einfach Leute rausgesetzt haben. Heute bin ich froh, daß es Gesetze gibt, die so etwas verhindern. Aber damals fand ich das gerecht – die Deutschen hatten ja meine ganze Jugend zerstört, meine Familie. Das war damals eine absolute Ausnahmesituation, und auch die Gefühle waren anarchisch.«

Fred zieht mit seinen beiden Gefährten in das Haus, das sehr geschmackvoll möbliert ist und in einer vornehmen Wohngegend liegt. Es hat eine große Bibliothek mit einem massiven Schreibtisch und einer Ledergarnitur, eine wunderbare Küche, eine Kammer für Lebensmittel und drei oder vier Schlafzimmer. »Da drin haben wir also für einige Monate gewohnt. Es war ein kaum zu verkraftender Lebenswechsel. Über Jahre hinweg hatte man uns gesagt: ›Morgen ist es soweit, morgen gehst du durch den Schornstein!‹ Wir waren ständig paralysiert und hatten längst mit dem Leben abgeschlossen. Und nun spürten wir, wie das Leben allmählich zurückkam...«

Fred versucht, zu Kräften zu kommen. Er ißt viel, ruht sich aus und spielt Karten mit den anderen Auschwitz-Überlebenden. Er schwankt ständig zwischen einer tiefen inneren Erstarrung und dem allmählichen Wiederfinden dessen, was man Leben nennt.

Die überlebenden Häftlinge treffen sich oft, essen und trinken zusammen, die Amerikaner stellen ihnen alles zur Verfügung, was sie benötigen. Die meisten Männer sind älter als Fred, er ist einer der jüngsten unter den Überlebenden. Fast alle haben nun eine Freundin, denn die deutschen Mädchen aus Nordhausen sind in dieser Zeit vor allem Männern gegenüber aufgeschlossen, die ihnen etwas zu essen beschaffen können:

»Auch ich begann, das Leben als junger Mann zu entdecken. Ich kann mich gut an ein jüdisches Mädel erinnern, die war in Theresienstadt gewesen und hatte überlebt. Und wir Auschwitz-Häftlinge hatten eine Party veranstaltet, da wurde auch getanzt. Also, das jüdische Mädel gefiel mir, sie war sehr nett. Wir tanzten zusammen, und ich dachte: ›Vielleicht kannst du jetzt mal probieren, was Küssen ist.‹ Und vielleicht das, was Männer und Frauen ... was sie zusammen tun. Und ich versuchte, ein bißchen meine Hände wandern zu lassen. Ich kann mich genau erinnern, was das Mädel zu mir gesagt hat: ›Ich werde so etwas erst tun, wenn die richtige Zeit gekommen ist.‹ Ich war erschrocken und fragte mich, was ›die richtige Zeit‹ bedeuten mochte – Weihnachten? Oder Ostern? Sie meinte aber damit die Zeit nach ihrer Heirat. Und ich bekam nun erklärt, daß anständige Mädchen das, was Mann und Frau miteinander machen, nicht vor ihrer Hochzeit tun. Da hatte ich wieder etwas gelernt. Das jüdische Mädel hat mein Herz ein bißchen geöffnet. Geküßt haben wir uns jedenfalls …

Doch plötzlich waren die Russen in Nordhausen, die kamen im September 1945. Kurz danach verschwanden die Amerikaner. Die russischen Soldaten waren viel unfreundlicher zu den Einwohnern als die amerikanischen, viel unfreundlicher. Zu uns Überlebenden allerdings nicht.«

Für Freds Mitbewohner, den österreichischen Kommunisten, bricht eine neue Zeit an: Er bekommt von den Russen ein Amt übertragen und hat nun eine politische Funktion. Fred hingegen behagt das Leben unter der sowjetischen Besatzung weniger. Es gibt plötzlich eine Reihe von Verboten und Verordnungen, die die Deutschen zu befolgen haben. Außerdem sieht er die russischen Soldaten häufig plündern, vor allem aber klagen ihm immer wieder deutsche Frauen ihr Leid.

Der russische Kommandant von Nordhausen bietet Fred an, eine Ausbildung auf einer »Vorstudienanstalt« zu absolvieren, um später die Universität besuchen zu können. Im Gegenzug soll er unterschreiben, anschließend für fünf Jahre in einer Behörde der sowjetischen Besatzungszone zu arbeiten. Doch Fred lehnt ab – zwar versteht er selbst sich gut mit den Russen, die ihm begegnen, er trifft wunderbare Menschen, mit denen er so manche Flasche Wodka leert, doch macht ihn vieles im Auftreten der russischen Besatzer mißtrauisch: Schon wieder werden Leute abgeholt und kehren nicht mehr zurück, Gerüchte machen die Runde … Deswegen beschließt Fred, noch 1945 aus Nordhausen wegzugehen.

III. TEIL: 1946–1948

1946

1. Neuanfänge

Neuseeland kehrt zum Frieden zurück. Zivile Transport- und Verkehrsfragen rücken wieder in den Vordergrund, die jährliche Kaninchen-Ausbeute in der Region Otago, der Bau eines Wasserkraftwerkes am Waikato River – des längsten Flusses Neuseelands.

Die Labour-Regierung macht sich daran, die Lebensbedingungen für die noch keineswegs gleichgestellten Maori zu verbessern. Und auch kulturelle Ereignisse gewinnen wieder an Bedeutung: In Wellington nimmt nach einer feierlichen Einweihungszeremonie das *National Symphony Orchestra* seine Arbeit auf – es wird als erstes Werk Antonín Dvořáks 9. Symphonie »Aus der neuen Welt« aufführen.

Das Militär wird weitgehend demobilisiert. Von Übersee treffen noch immer aus der Kriegsgefangenschaft entlassene Heimkehrer ein, etliche von ihnen müssen noch in Sanatorien oder Krankenhäusern gepflegt werden. Die allgemeine Wehrpflicht wird vorübergehend ausgesetzt – erst ab 1949 wird es in Neuseeland wieder eine militärische Grundausbildung geben. Erste Statistiken von Regierungskommissionen tauchen auf: Der Verlust an Soldaten, den das Land in diesem Krieg erlitten hat, liegt mit 11 000 Gefallenen im Verhältnis zur Einwohnerzahl hoch. Doch beim Vergleich mit dem Ersten Weltkrieg, wo bei einer wesentlich geringeren Bevölkerungszahl 17 000 Mann zu beklagen waren, atmet so mancher Politiker heimlich auf.

Der Wirtschaftsboom, der die gesamte Kriegszeit über angehalten hat, setzt sich fort: Der weltweite Mangel an Industriegütern sowie die Protektion der einheimischen Märkte, die zu den Merkmalen neuseeländischer Handelspolitik gehört haben, geben der landeseigenen Produktion weiterhin Aufschwung. In der verarbeitenden Industrie wird das Produktionsvolumen der späten dreißiger Jahre im Jahr 1946 um 47 Prozent gesteigert; die Zahl der in diesem Bereich Beschäftigten übertrifft mittlerweile die Zahl der Farm- und Landarbeiter.

Es ist die Stunde von Fritz Bruell. Als energiegeladener, willensstarker Geist bringt er im ersten Nachkriegsjahr genau die richtigen unternehmerischen Fähigkeiten mit, um seine Chancen zu nutzen: Wie schon während des Krieges geplant und mühselig neben seiner regulären Arbeit als Manager einer Kartonagenfabrik vorbereitet, will er nun endlich seine Begabungen in ein eigenes Unternehmen lenken. Es mangelt an allem – an Startkapital, Zeit, maschineller Grundausstattung. Doch in einem unwahrscheinlichen Kraftakt – er leiht sich Geld und arbeitet ganze Tage und Nächte durch – gelingt Fritz Bruell die Produktion von sechs Millionen Reißzwecken. Zwar lassen Qualität und Gewinnrendite der Reißzwecken noch zu wünschen übrig, aber Fritz Bruell läßt nicht locker, und die Produktion der nächsten sechs Millionen gelingt schon wesentlich besser. Von den ersten Erfolgen ermutigt, macht sich Bruell nun daran, auch Stifthalter, Winkelmesser und andere Büroartikel zu produzieren, vor allem für schulische Zwecke.

Schon bald kommt das Geschäft in Gang und wird ein gutgehendes mittelständisches Unternehmen für

Schreibwaren, Metallwaren und Radioteile. Und hieß seine Firma bisher noch bescheiden *L & F Bruell*, so nennt er sie nun zukunftsträchtig *Rex Manufacturing Company*.

Auch Lilly Bruell trägt mit ihrem ruhigen und besonnenen Naturell eine Menge zum Aufbau des Unternehmens bei. Und sie hat inzwischen drei Kinder zur Welt gebracht. Eine Zeitlang übernimmt sie in Heimarbeit Zuschnitte für den Einzelhandel, dann betreibt sie mit der Frau des Kartonagenfabrik-Besitzers einen kleinen Geschenkwaren-Shop. Und jetzt gründet Lilly gar eine eigene Schneiderei, denn auch sie will sich etwas aufbauen.

Ernst Neuländer in Wellington hat nach Kriegsende die Uniform der neuseeländischen Armee ausgezogen und ist ins zivile Leben zurückgekehrt. Als Erinnerung bleiben ihm zwei während des Krieges verliehene Orden. Er ist nun im *Government Service* angestellt und dabei im Bereich Öffentliche Arbeiten tätig. Sein Spezialgebiet sind Heizungen und Ventilation, wobei er sich auf Geothermen spezialisiert, also auf Dampf, der aus der Erde kommt. In Neuseeland gibt es verschiedene Dampfquellen, die er auf ihre Verwertbarkeit hin prüft.

Eines Tages kommt ein hochrangiger neuseeländischer Offizier zu ihm ins Büro und sucht jemanden, der ihm eine kleine italienische Fachpublikation zu Dampfquellen in Norditalien übersetzen kann. Ernst Neuländer kann ihm mit seinen in Turin erworbenen Italienischkenntnissen weiterhelfen und überträgt das Büchlein ins Englische. Auf dieser Grundlage wird in Neuseeland um 1950 schließlich die erste geothermische Station aufgebaut.

In sein Zuhause ist mehr Ruhe eingekehrt, seit die amerikanischen Soldaten abgezogen sind. Öfter schallt nun wieder der geschulte Sopran seiner Frau Herta durchs Haus. Der Einbürgerung der beiden Breslauer steht 1946 nichts mehr im Weg. Wie auch Lilly und Fritz Bruell bekommen sie die neuseeländische Staatsbürgerschaft. Herta und Ernst nutzen die Gelegenheit, ihren deutschen Familiennamen zu anglisieren – von diesem Jahr an nennen sie sich Herta und Ernest Newland. Ihr sechsjähriger Sohn Oliver, der mittlerweile eine Schule in einem Vorort von Wellington besucht, möchte am liebsten auch noch seinen Vornamen loswerden. Die anderen Jungs heißen alle Brian oder John oder so ähnlich – aber Oliver? Zu blöd.

Sehr genau beobachtet der Sechsjährige, wie die neuseeländischen Soldaten nach Wellington zurückkehren und viele von ihnen erst mal in irgendwelchen Camps wohnen müssen. Und noch wird in der Erwachsenenwelt ziemlich viel kontrolliert, gibt es Kleidung und einige Lebensmittel auf Bezugsschein. In der Schule weht die neuseeländische Flagge.

2. Die Schatten des »Dritten Reiches«

Auch Hans Jottkowitz, der in einem Zwischenschritt seinen Namen bereits zu Jotson anglisiert hat, legt 1946 mit der Einbürgerung seinen Familiennamen endgültig ab – er nennt sich von nun an Hans Johnson. Nichts bindet ihn noch an die alte Welt, an sein früheres Leben, und er will nicht mehr mit seiner schmerzlichen Vergangenheit identifiziert werden. Hans arbeitet immer noch als

Textilweber in Milton, doch seit 1944 drückt der 28jährige wieder die Schulbank, er hat einen Kurs in Analytischer Chemie belegt. 1946 erwirbt er nun sein Diplom als Chemiefacharbeiter – Hans möchte wieder in seinem Beruf als Färber arbeiten.

Wie alle jüdischen Flüchtlinge in Neuseeland forscht auch er nach seinen Verwandten, vor allem nach dem Schicksal der geliebten Eltern. Noch immer wirft er sich vor, es nicht geschafft zu haben, seine Eltern nach Neuseeland zu holen. Als 1946 eine Überlebende seiner weitverzweigten Verwandtschaft nach Neuseeland übersiedelt, erfährt er endlich von ihrem Schicksal: »Eine Cousine von mir kam eines Tages – das war 1943 – zu meinen Eltern. Sie war verkleidet als Kriegswitwe und wollte versuchen, in der Nacht über die grüne Grenze nach Belgien zu fliehen. Sie hatte Leute, die sie rüberbringen wollten, und nun forderte sie meine Eltern auf, mitzukommen. Doch mein Vater sagte ›Nein‹.

Über viele Jahre hat mich die Frage gequält, warum mein Vater ›Nein‹ gesagt hat. Ich habe es nie verstanden – mein Vater war doch bereits einen Monat im KZ gewesen! Ich begreife das bis heute nicht. Meine Eltern wurden 1943 abgeholt, nach Theresienstadt überstellt ... und im Spätherbst 1944 dann nach Auschwitz transportiert. Die Cousine aber hat es geschafft, sie ist nach Belgien durchgekommen! Von dort aus ist sie nach Frankreich und weiter nach Spanien geflohen, wo sie in einem Kloster unterkam.«

Auch Heinz und Dorothea Eisig tragen schwer an den Nachrichten aus Deutschland. Auf ihrer Farm bei Mercer im Hinterland der Nordinsel könnten sie nun eigentlich ein bescheidenes, aber glückliches Landleben führen: Die Familie hat ein zweitesmal Zuwachs bekommen, zu Tochter Merle, inzwischen sechs Jahre alt, hat sich das Brüderchen Ron gesellt. Auch sind die Restriktionen für *Enemy Aliens* so gut wie aufgehoben: Ein Beamter aus Auckland hatte Heinz Eisig kürzlich informiert, er könne nun mit seiner Familie in die Stadt ziehen, wenn er denn wolle.

Heinz und Dorothea haben sich jedoch entschieden, auf dem Land zu bleiben, inmitten der klaren Luft und einer sattgrünen Landschaft, in der erst weit hinter den Hügeln das nächste Farmhaus liegt. Auch was den Alltag betrifft, ist alles ein wenig leichter geworden. Sie haben inzwischen Telefon und sind somit endlich an die Außenwelt angeschlossen. Dabei bemerken sie, daß sie trotz des Kriegsendes offensichtlich noch immer unter Beobachtung stehen: Als ein Freund aus Auckland anruft und deutsch mit ihnen spricht, trifft wenig später die Polizei auf der Farm ein, um zu fragen, wer der Anrufer gewesen sei und was er gewollt habe …

Auch die Nachbarn kommen jetzt häufiger vorbei, Weiße ebenso wie Maori. Sie genießen bei den Deutschen am liebsten das, was im Neuseeland der vierziger Jahre noch weitgehend unbekannt ist: Kaffee. Und ist auch das Porzellan bei Dorotheas Auswanderung nach Neuseeland durch deutsche Zöllner mutwillig zu Bruch gegangen, ihre Berliner Kaffeemühle hat sie unversehrt gerettet. Es hat lange gedauert, bis Eisigs und die Leute aus ihrer Nachbarschaft einander nähergekommen sind. Die Menschen hier wissen kaum etwas über die ferne europäische Geschichte; Deutschland ist sehr weit weg, und etliche glaubten während der Kriegszeit, alle Deutschen seien Nazis. Da war viel Aufklärung nötig, doch nun ist es leichter miteinander.

Nein, Heinz und Dorothea Eisig hadern nicht mehr mit ihrem Dasein als Farmer, sie haben dieses Leben angenommen. Was sie jedoch schwer belastet, ist das Schicksal ihrer Angehörigen, auch auf der abgelegenen Farm gibt es nun Gewißheit: Das *Permit*, das Heinz Eisig für seinen Vater noch beschaffen konnte, hat diesen nie erreicht. Heinz' Vater ist im Konzentrationslager umgekommen.

Auch die Eltern von Dorothea haben das Dritte Reich nicht überlebt. Und von ihrer Schwester, einer begabten Modedesignerin, hatte sie schon seit Kriegsausbruch nichts mehr gehört. Nun hat das Rote Kreuz Dorothea mitgeteilt, die Schwester könnte möglicherweise in einem Transportzug Richtung Riga gewesen sein. Auch später wird die Schwester in keiner der Deportationslisten auftauchen, sie bleibt spurlos verschwunden.

Die Gewißheit über die Ermordung ihrer Angehörigen löst bei beiden nicht nur eine große Traurigkeit aus, sondern auch eine tiefe Abneigung gegenüber der alten Heimat. Sie werden Deutschland nie wieder betreten, darin sind sie sich einig, niemals wieder! Das einzige, was Heinz und Dorothea von ihrer heimatlichen Kultur erhalten bleibt, ist ihre Muttersprache; man quält sich zu Hause nicht lange mit Englisch herum, auch nicht, wenn Besuch von anderen deutschen Flüchtlingen auf der Farm eintrifft.

Die sechsjährige Merle versteht nur wenig von dem, was in dem unbekannten, fernen Land *Germany* geschehen ist, die Eltern sprechen stets nur in Andeutungen darüber. Doch sie spürt die traurige Grundstimmung, eine Bedrücktheit, die nicht vergeht und die somit von einer Generation auf die andere weitergegeben wird. Das kleine Mädchen spürt, daß etwas Furchtbares passiert sein muß. Merle gibt sich alle Mühe, leise und rücksichtsvoll zu sein, um den schwermütigen Eltern nicht noch zusätzlich Schwierigkeiten zu bereiten.

Die Kleine ist mittlerweile eingeschult worden. Normalerweise dauert die Schulzeit in Neuseeland vom fünften bis zum 13. Lebensjahr. Doch lassen die Eltern das Mädchen erst mit sechs Jahren zur Schule, weil die Farm vom Dorf sehr weit entfernt ist – zu weit zum Laufen für ein fünfjähriges Kind. Einen Schulbus gibt es zu dieser Zeit noch nicht, und Eisigs haben noch immer kein Auto.

3. Der Wunsch nach Heimkehr

1946 werden Flüchtlinge in Neuseeland eingebürgert, die hier seit mindestens fünf Jahren leben und naturalisiert werden wollen. Die Einbürgerung ist keineswegs selbstverständlich: Doch diesmal werden nicht die Faschisten als Bedrohung verstanden, vielmehr fürchtet man jetzt eine Unterwanderung durch Kommunisten, da die Sowjetunion sich bereits ganz Osteuropa in ihren Machtbereich einverleibt hat. An diesem Punkt treffen wir den *Germany*-Bewunderer Reuel Lochore wieder. Sein Arbeitsbereich im Innenministerium wird entsprechend der neuen Aufgabenstellung umdeklariert: Er leitet nun die Einbürgerungsabteilung, und wo er Gefahr wittert, neigt er zu verletzender Rigorosität.

Fred Turnovsky, ein tschechisch-jüdischer Immigrant, erinnert sich noch, wie er diese bei seiner Einbürgerung zu spüren bekam: »Der Mann auf der anderen Seite des Tisches schien zunächst ein harmloser Bürokrat zu sein, der harmlose Fragen stellte. Hinter ihm saß ein geheimnisvoller Mann, der am Anfang nichts sagte, bald aber die Befragung übernahm. Ich spürte, wie sich eine formale Befragung in ein Verhör verwandelte, in dessen Verlauf er begann, mich auf meine politische Gesinnung abzuklopfen. Er fragte, ob ich jemals ein Kommunist gewesen sei und ob ich meine sozialdemokratische Verbindung nachweisen könne. Als ich das getan hatte, fragte er, ob ich in der Lage sei, tschechisch zu sprechen, da ich vorgebe, ein tschechoslowakischer Bürger zu sein. Ich konnte nur antworten, daß Tschechisch immerhin meine Muttersprache sei. Diese Inquisition nahm kafkaeske Züge an und schien eine Ewigkeit anzudauern.«

In die Hände Lochores gerät mitunter auch, wer Neuseeland verlassen will – wie Otti Binswanger, die Bekannte Karl Wolfskehls in Christchurch, die unbedingt zurück nach Europa möchte. Später notiert sie in ihren unveröffentlichten Erinnerungen: »Wenn es fast schon unmöglich schwer gewesen war, ein Einreisevisum für Neuseeland zu bekommen, ein Ausreisevisum gab es nicht ... Ich fuhr in die Hauptstadt Wellington und landete schließlich bei dem Mann, der während des Krieges Hauptzensor gewesen war: Er war ein gebildeter Mann, der in Deutschland studiert hatte, und ich erfuhr, daß sein besonderes Interesse unserer Korrespondenz gegolten hatte. Er kannte aus unseren Briefen jede kritische Bemerkung über das akademische Niveau in Neuseeland und hielt sie mir vor ... Die Taktik des Kreuzverhörs, der er mich unterzog, hätte er anderswo gelernt haben können. Er war es auch, der dem armen Karl Wolfskehl Briefe und Karten zurückgeschickt hatte, weil er die Handschrift des fast blinden Mannes nicht hatte entziffern können. Uns zum Ausreisevisum zu verhelfen, lehnte er glatt ab.«

Erst zwei Jahre später wird das Ehepaar Binswanger das pazifische Inselreich verlassen dürfen.

Diesbezüglich hat Karl Popper mehr Glück. Auch für seine Rückkehr nach Europa scheinen die Hürden zunächst unüberwindlich, doch dann löst sich plötzlich der Knoten, vermutlich dank einiger Fürsprecher aus Großbritannien: Das staatenlose Ehepaar Popper bekommt die britische Staatsangehörigkeit zuerkannt. Damit können sie 1946 problemlos ausreisen. An Bord des *New Zealand Star* kehren der österreichische Philosoph und seine Frau Henny nach Europa zurück. Aber sie steuern nicht Österreich an, sondern England. Karl Popper hat sich entschlossen, einen klaren Schlußstrich zu ziehen – der latente österreichische Antisemitismus, den er immer noch auszumachen glaubt, hält ihn von einer Rückkehr in seine Heimat ab. Popper denkt an die Worte des Schriftstellers Stefan Zweig, der in Brasilien Selbstmord beging: »Ich bin aufgewachsen in Wien, der zweitausendjährigen übernationalen Metropole, und habe sie wie ein Verbrecher verlassen müssen, ehe sie degradiert wurde zur deutschen Provinzstadt.«

Karl Popper hat diese Zeit nicht vergessen. Und auch die Morde nicht, die unsichtbar zwischen den Häuserzeilen seiner Herkunftsstadt stehen: 16 seiner Verwandten haben die Nazis umgebracht.

Der Einbürgerungsantrag, den Karl Wolfskehl gestellt hat, wird 1946 positiv beschieden. Damit könnte der

Dichter nach Europa zurückkehren, das ihn sogartig anzieht: Je mehr sich der internationale Postverkehr normalisiert und je enger seine alten Kontakte zur anderen Seite des Globus werden, desto aufgewühlter und unruhiger wird Wolfskehl. Ja, er hätte noch die Kraft, in die Schweiz aufzubrechen, wo er alten Freunden und seiner Frau Hanna nahe wäre, von der er seit 30 Jahren getrennt lebt, mit der ihn jedoch zwei erwachsene Töchter und keineswegs erloschene Gefühle verbinden. Mit Kriegsausbruch war der Briefverkehr zwischen ihnen abrupt unterbrochen, doch jetzt schreiben sie sich wieder.

Der 77jährige zögert. Im neuseeländischen Exil könnte er immerhin weiter in der Nähe Margot Rubens bleiben, der Gefährtin seiner Exiljahre. Auch seine körperlichen Malaisen machen sich wieder stärker bemerkbar – ist er überhaupt noch reisefähig? Galle und Herz bereiten ihm Beschwerden, der schwüle Januar hat seine Arbeitsenergie gelähmt, im August nun erfaßt ihn die Wintergrippe. Auch hängt er inzwischen an dem Land seines Asyls, dessen Staatsbürger er nun geworden ist, und diese Angehörigkeit zum Dominion bedeutet Karl Wolfskehl mehr als nur das Ende seines Daseins als Staatenloser.

Neuseeländische und vor allem schweizerische Beamte fällen am Ende die Entscheidung für Wolfskehl: Ein Behördengebirge aus bürokratischen Einreisebestimmungen türmt sich vor ihm auf, dessen Überwindung den sehschwachen Dichter mindestens ein halbes Jahr kosten dürfte, bevor an eine Abreise überhaupt zu denken wäre. Während dieser Zeit stirbt auf der anderen Seite des Erdballs seine Frau Hanna.

4. Britische Episoden

Nach fast einem Jahrzehnt in Neuseeland treffen Karl und Henny Popper in Großbritannien ein. Der Wiener Philosoph ist nicht mehr der Entwurzelte und 1946 bereits eine gewichtige Stimme in der internationalen Philosophie. Mit Respekt und Bewunderung für »Die offene Gesellschaft und ihre Feinde«, im Original »The Open Society and Its Enemies«, deren beide Bände letzten November endlich in London erschienen sind, wird der 43jährige empfangen. Er tritt eine Dozentur für Logik und Wissenschaftliche Methodenlehre an der *London School of Economics der London University* an.

Im akademischen Europa weht ein schärferer Wind als im beschaulichen Neuseeland, und der streitbare Philosoph ist inhaltlichen Disputen noch nie ausgewichen. Also reist Karl Popper von London nach Cambridge, um dort am 25. Oktober 1946 einen Vortrag vor dem *Moral Science Club* zu halten und dabei zugleich eine Auseinandersetzung zu entfachen, die in die Geschichte der Philosophie eingehen sollte – der Adressat ist Ludwig Wittgenstein. Wittgenstein, der wie Popper ursprünglich aus Wien stammt und jüdischer Abstammung ist, lehrt schon längere Zeit in Cambridge und gilt hier, wie im Rest Europas, vor allem mit seinen Erkenntnissen in der sprachanalytischen Philosophie als einer der großen Denker des 20. Jahrhunderts. Eben dieser Ansatz Wittgensteins, sich in seinen Reflexionen auf die sprachanalytische Ebene und die Lösung sprachlich bedingter Vexierrätsel zu konzentrieren, steht in diametralem Gegensatz zum Werk Karl Poppers, das von seiner persönlichen Erfahrung von Krieg und Verfolgung geprägt ist.

Wittgenstein insistiert darauf, es gäbe keine echten philosophischen Probleme, sondern nur sprachliche Rätsel. Karl Popper wiederum, der in Neuseeland half, fast 40 österreichische Flüchtlinge zu retten und dessen Werk ohne einen Hitler und einen Stalin so leidenschaftlich nicht denkbar wäre, bringt eine solche Ignoranz und Arroganz auf die Palme. Seiner Auffassung nach gibt es tatsächliche philosophische Probleme, während Wittgenstein den brennenden Fragen der wirklichen Welt eben zu gleichgültig gegenüberstehe.

Die Begegnung der beiden genialen Hitzköpfe endet in einem Eklat: Nach kurzem, lautstarkem Wortgefecht verläßt Wittgenstein den Raum – bis heute unklar und von Mythen umrankt ist dabei die Frage, ob die akademische Konfrontation an diesem Abend auch mit mehr als nur Argumenten ausgefochten wird, ob also Wittgenstein tatsächlich mit einem Feuerhaken auf Popper losgegangen sei.

Zeuge dieses legendären Wortwechsels zwischen Popper und Wittgenstein werden Philosophen wie Bertrand Russell und Doktoranden wie Peter Munz, der zu dieser Zeit sein Stipendium in Cambridge wahrnimmt. Er verbringt hier insgesamt zwei Jahre und fühlt sich sehr wohl. Die meisten Studenten sind, so wie er, etwas älter als üblicherweise der Studentendurchschnitt, es sind die Kriegsheimkehrer. Etliche haben eine Familie zu versorgen und wollen daher ihr Studium schnell abschließen. Insofern erlebt Peter die Atmosphäre unter den Studenten in Cambridge als recht pragmatisch und zielorientiert.

Und er genießt es, das Leben der britischen *Upper Class* zu führen: Man lebt in Cambridge als *Gentleman*, wird vom Personal des Colleges umsorgt und bedient. Das Anwesen ist von einer herrlichen Landschaft umgeben, es gibt prächtige Gartenanlagen und Tennisplätze, auf denen nachmittags gespielt wird, während am Abend Bootsausflüge auf dem Fluß unternommen werden. Es ist eine eigene Welt – abgeschottet vom Rest der Welt –, die sich ihrer intellektuellen Vorreiterrolle und Erstklassigkeit in jedem Moment bewußt ist. In akademischer Hinsicht will Peter Munz hier vor allem seine Promotion vorantreiben. Er hat begonnen, sich für byzantinische Geschichte zu interessieren, was von seinen Professoren jedoch als zu abwegig verworfen wird, da die Expertin für seine Fragestellung nicht in Cambridge lehrt. Nun beschließt Peter, seine Doktorarbeit über die mittelalterlichen Hintergründe der politischen Philosophie Richard Hookers, eines englischen Theologen zur Zeit der Königin Elisabeth I., zu schreiben, stößt mit diesem Thema allerdings auf ebensowenig Begeisterung.

Zu der Zeit kommt Karl Popper nach Cambridge, um seinen »Feuerhaken«-Vortrag zu halten. Bei einem gemeinsamen Mittagessen beklagt sich der Sekretär der Fakultät ganz nebenbei bei Popper über »einen jungen Mann aus Neuseeland«, der Schwierigkeiten mit seinem Promotionsthema mache, und erkundigt sich, ob Popper ihn zufällig kenne. Popper rät ihm daraufhin dringend, den jungen Mann in Frieden zu lassen, da dieser genau wisse, was er wolle – und sich bei einem Verbot seines Themas ohnehin darüber hinwegsetzen würde. Am nächsten Tag sagt der Fakultätssekretär zu Peter: »Ihr Freund Popper aus Christchurch hat sich für Sie eingesetzt. Wenn Sie einen Doktorvater für Ihr Thema finden, dann können Sie es machen.«

Peter Munz findet einen – und zwar einen exkommunizierten katholischen Mönch, der sehr sympathisch ist und zudem als unangefochtene Koryphäe für die Geschichte der Mönchsorden im Mittelalter gilt.

Auch eine *Love-Story* hält das Nachkriegsengland bereit: Kurz nach Kriegsende erhält Gabriele Herrmann in London einen Brief – von Peter Dane, dem Jungen aus ihrer Berliner Nachbarschaft, jenem schüchternen jungen Mann, der am Kai stand, als sie mit dem Kindertransport England erreichte.

Nun schreibt ihr Peter Dane, es habe ihn inzwischen nach Oxford verschlagen. Er arbeite dort in einem Hospital als Heizer und möchte sie gern wiedersehen. Tatsächlich sehnt sich Peter Dane seit seiner Rückkehr aus der australischen Wüste danach, Gabriele ausfindig zu machen, was jedoch während des Krieges kaum möglich war. Als endlich der Frieden verkündet wurde, machte sich Peter auf die Suche nach dem Mädchen, das ihm nicht mehr aus dem Kopf gehen wollte. Mutig wandte er sich an die Hilfsorganisation der Quäker, die ihn bei seiner Ankunft in England von Beginn an unterstützt hat. Und tatsächlich konnten die Leute ihm erneut helfen und herausfinden, wo Gabriele wohnt. Ohne das Einverständnis des Mädchens durften sie ihre Adresse allerdings nicht herausgeben, doch Peter konnte ihr einen Brief schreiben, den sie dann weiterleiteten.

Schon bald bekam er Antwort, aus London – Gabriele schrieb, es gehe ihr gut, sie sei jetzt Kinderkrankenschwester und würde ihn ebenfalls gern wiedersehen. Seitdem treffen sich die beiden so oft es geht – mal in London, mal in Oxford. Beide haben Jahre der Einsamkeit hinter sich, beide sehnen sich nach Zärtlichkeit und Geborgenheit, nach einem Menschen, zu dem man gehört, und sie verstehen sich auf Anhieb. Nicht lange nach Kriegsende war es dann soweit – Peter machte Gabriele einen Heiratsantrag. Im Dezember 1945 mündete seine langjährige Sehnsucht in eine Hochzeit. Es war eine bescheidene Trauung, zu der sie nicht einmal ihre Verwandten einladen konnten, da die Post zwischen Deutschland und England noch nicht richtig in Gang gekommen war. Die beiden wußten ja noch nicht einmal, ob ihre Angehörigen überlebt hatten.

Nun, ein Jahr nach Kriegsende, drängen die britischen Behörden das staatenlose Ehepaar, das Land, das ihnen Asyl gewährt hat, wieder zu verlassen. Peter und Gabriele sehen, wie England noch immer schwer an den Folgen und Belastungen des Krieges trägt – doch wo sollen sie hin, etwa nach Deutschland zurück? Das kommt für sie nicht in Frage, statt dessen wollen sie weg von Deutschland, so weit es irgend geht.

Die beiden beschließen, vorübergehend noch in England zu bleiben. Gabriele beginnt in London eine Ausbildung für Sozialarbeit, während Peter ins mittelenglische Leicester geht, wo er an einer ökumenischen Schule arbeiten kann. Er möchte eigentlich noch Theologie studieren.

Der Kampfflieger Denis Adam, der als zehnjähriger Dieter Adam ins Exil nach Edinburgh gebracht wurde, ist mit dem Kriegsende von seiner Stationierung in Deutschland nach London zurückgekehrt. Hier schickt man ihn auf die *Empire Flying Training School*, wo er zum Fluglehrer umgeschult wird. Während dieser Ausbildung für Friedenszeiten erkennt man ihm offiziell die britische Staatsbürgerschaft zu.

Denis' älterer Bruder Klaus, der ebenfalls Flieger bei der *Royal Air Force* gewesen ist, bleibt als Angehöriger der britischen Besatzungstruppen in Deutschland. Dort kommt er dem ehemaligen Kriegsgegner wieder näher: Angehörige der deutschen Luftwaffe beginnen nach dem Krieg in sogenannten Dienstgruppen für die *Royal Air Force* zu arbeiten. Denis' Bruder ist der zuständige *Officer in Charge* einer solchen Dienstgruppe und kommt überraschend gut mit den deutschen Mitarbeitern zurecht.

Denis zieht es unterdessen nicht mehr nach Deutschland. Doch er hat während seiner Militärzeit viele Neuseeländer kennengelernt, und die haben seine Neugier auf ihre Heimat geweckt. So macht er sich nach seiner Demobilisierung Ende 1946 auf den Weg nach Neuseeland, um sich das Land am anderen Ende der Welt selbst anzuschauen.

5. Der Umgang mit Schuld

Und Deutschland? Politische Apathie liegt über dem Land. Überall wird emsig aufgeräumt – doch nur auf den Straßen, nicht in den Köpfen. Wo das Gewissen kreisen müßte um Moral, Zivilcourage und individuelle Verantwortung, herrscht Larmoyanz. Die meisten sehen sich als Opfer: von Hitler getäuscht und betrogen, von den Alliierten besiegt und gedemütigt. Der Philosoph Karl Jaspers meinte, eine Stimmung zu beobachten, »als ob man nach furchtbarem Leid gleichsam belohnt, jedenfalls getröstet werden müßte, aber nicht noch mit Schuld beladen.«

Später faßt der Publizist und KZ-Überlebende Eugen Kogon die seelische Blockade des deutschen Volkes nach Kriegsende zusammen: »Noch während es halb betäubt um die erste Besinnung rang, stürzte ein Chor von anklagenden Stimmen des Abscheus und der Erbitterung über das deutsche Volk her. Es bekam nichts anderes zu hören als den tausendfachen Schrei: Ihr, ihr allein seid schuld! Ihr Deutsche alle seid schuldig! Da verwirrte sich das Herz des Volkes, in vielen verhärtete es sich. Wegen des argen Geschreis um sie und wegen der eigenen Blindheit wollten sie vom Insichgehen nichts mehr hören. Die Stimme ihres Gewissens ist nicht wach geworden.«

Viele haben sich in jüdischen Möbeln eingerichtet. Und Hansi Silberstein fragt sich, wer wohl in denen ihrer Familie wohnt. Sie hält diese Nachkriegslügen, dieses Selbstmitleid nicht aus – sie will weg aus Deutschland, für immer!

Seit Beginn des Jahres 1946 ist die Krankenstation des Lagers Bergen-Belsen geschlossen. Die letzten Insassen werden auf umliegende Sanatorien verteilt beziehungsweise in die Schweiz und nach Schweden gebracht. Die Arbeit der Häftlingskrankenschwester Silberstein ist damit offiziell beendet. Gemeinsam mit einem polnischen Geschwisterpaar geht Hansi nach Frankfurt am Main, in ein Lager für *Displaced Persons*. Hier stellt sie sich dem *Medical Center der United Nations Relief and Rehabilitation Administration (UNNRA)* als Arbeitskraft zur Verfügung, einer Hilfsorganisation der UNO zur Unterstützung von Flüchtlingen und Verschleppten, die heimatlos geworden sind.

Heimatlos ist die Berlinerin Hansi Silberstein selbst, doch eines ist gewiß: In dem Land, das ihre Familie ermordete und sie selbst in ein Vernichtungslager trieb, wird sie keinesfalls bleiben. Hansis Bedürfnis, auszuwandern, wird immer dringlicher – sie bemüht sich bereits um eine Einreisegenehmigung nach England oder in die USA: »Das war ein chaotisches Jahr nach dem Krieg. Das Rote Kreuz versuchte, auseinandergerissene Familien wieder zusammenzubringen. Man konnte aufschreiben, nach welchen Verwandten man suchte, und ich erinnerte mich eines Cousins, der nach England gegangen war. Also bat ich das Rote Kreuz, dorthin zu schreiben. Das hat auch geklappt – und der Cousin schrieb nun an unsere Verwandten, die nach Neuseeland emigriert waren, daß ich lebe ... Von meinem Bruder nahm ich an, daß er tot ist.«

Fred Silberstein lebt. Er hat Nordhausen verlassen und ist – auf der Suche nach seiner Familie – nach Berlin gefahren, in der Tasche ein paar Anlaufadressen von Hilfsorganisationen, sonst nichts. Seine gesundheitliche Situation hat sich mittlerweile deutlich verbessert, und nun will er in seine alte Heimatstadt zurück, vor allem aber will er herausfinden, was aus seinen Eltern und seiner Schwester Hansi geworden ist.

In Berlin angekommen, meldet sich der 19jährige bei einer Behörde, in der man ihm weiterhilft: Man rät ihm, in einem der Lager für Überlebende der Konzentrationslager unterzukommen, als *Displaced Person*. Dort verbringt Fred einige Wochen und trifft tatsächlich Mithäftlinge aus Auschwitz und aus Nordhausen. Ihnen allen geht es zwar inzwischen besser, doch der erneute Aufenthalt in einem Lager löst in Fred überaus schmerzliche Erinnerungen aus. So ist er froh, als ihm die amerikanische Besatzungsbehörde kurze Zeit später eine Wohnung besorgt ... und ihm das Angebot unterbreitet, für sie als Hilfspolizist zu arbeiten.

Fred gefällt seine neue Arbeit – sie ist nicht nur sinnvoll, sondern bietet auch Vorteile: Die Hilfspolizisten haben freies Essen, bekommen ihre Arbeitskleidung, die Uniformen, umsonst zur Verfügung gestellt, und sie können die Verkehrsmittel gratis nutzen: »Es gehörte nun zu meinen Aufgaben, bei Menschen, die aus den Ostgebieten kamen und sich meldeten, um nach Amerika oder England auszuwandern, herauszufinden, ob es sich um Nazis handelte oder nicht. Manche hatten ja ihre Namen geändert und sich eine unverfängliche Biographie zugelegt. Ich erinnere mich, daß ich mal einen SS-Mann enttarnt habe, der dann zu mir sagte: ›Das nächste Mal werden wir es intelligenter anstellen mit euch, damit nicht so viele übrigbleiben.‹« Dieser Satz wird Fred Silberstein noch für lange Zeit verfolgen. Was war das nur für ein Land geworden?

Schon bald nach seiner Ankunft in Berlin verspürt er das Bedürfnis, zum Botanischen Garten zu fahren, zum »Kaufhaus Boga«. Er will sein ehemaliges Zuhause noch einmal sehen, wenigstens von außen. Außerdem möchte er eine Familie in der Nachbarschaft besuchen, die seinerzeit guter Kunde ihres Geschäftes und immer sehr freundlich zu ihm und seinen Eltern war. Als er dort ankommt, öffnen ihm Mutter und Tochter. Sie erkennen ihn und bitten ihn herein, als ob sie auf ihn gewartet hätten. Es stellt sich heraus, daß Freds Eltern bei ihnen Dokumente und Kindersachen für Fred und Hansi deponiert haben. Und sie haben aus dem Lager Theresienstadt noch einmal geschrieben, um herauszufinden, was mit ihren Kindern geschehen ist. Doch die Nachbarn konnten ihnen keine Auskunft geben.

Nun zieht der 19jährige Fred für eine Weile bei den beiden Frauen ein. Es sind gläubige Christinnen, die sehr warmherzig sind. Die Mutter ist Rentnerin, die Tochter Bibliothekarin im Rathaus Steglitz. Es geht ihnen schlecht in diesem ersten Nachkriegsjahr, und Fred bemüht sich, für sie alle genügend Essen zu organisieren. Noch jahrelang wird er mit den beiden in Briefkontakt stehen. Dennoch zieht es ihn zurück ins Lager für *Displaced Persons*. Er versucht nun, ein Leben zu führen, das so normal wie möglich ist. Und er folgt zum erstenmal seinen eigenen Bedürfnissen: Drei-, viermal die Woche geht er jetzt abends tanzen, wie so viele im zerstörten Nachkriegs-Berlin – und endlich findet Fred heraus, was »ein Mann und eine Frau miteinander tun«.

Die Uniform des amerikanischen Hilfspolizisten verhilft dem jungen Holocaust-Überlebenden nicht nur zum Erfolg bei Frauen, sie gibt ihm auch Sicherheit und Orientierung. Er lernt allmählich wieder, sich in der »Werteskala« der bürgerlichen Gesellschaft zurechtzufinden: »Ein bißchen schlug ich allerdings noch über die Stränge. So bin ich eine Zeitlang, da trug ich bereits die Uniform der amerikanischen Hilfspolizei, mit einer kleinen Kamera losgezogen, um die Trümmerfrauen zu fotografieren. Ich hatte allerdings keinen Film drin, aber das wußten die ja nicht. Mein Fotografieren brachte sie ungemein auf. Ich hatte das Bedürfnis, sie zu ärgern –

irgendwie mußte ich etwas von dem abtragen, was die Deutschen mir angetan hatten. Klar war das dumm von mir, aber ich brauchte das, wenn sie mich wütend anschrien: ›Verschwinde! Geh weg von hier!‹ Da spürte ich, daß ich am Leben bin.«

Ende 1945 fragen die Amerikaner Fred Silberstein, ob er bereit sei, nach Nürnberg zu fahren und dort als Auschwitz-Überlebender vor dem Kriegsverbrechertribunal auszusagen – er sagt ja und wird somit zum Zeugen in den Nürnberger Prozessen, in denen die 24 Hauptkriegsverbrecher der NS-Führung vor Gericht stehen. Nach fast einem Jahr Verhandlungsdauer werden am 1. Oktober 1946 zwölf der 24 Angeklagten zum Tode verurteilt und hingerichtet. Unter den Hingerichteten sind der deutsche Außenminister Ribbentrop und der NS-Ideologe Alfred Rosenberg, Hermann Göring entzieht sich seiner Strafe durch Suizid.

Den Deutschen geht es 1946 schlecht. Am Jahresende ist das Land noch immer eine Trümmerwüste, nun kommt noch ein klirrend kalter Winter hinzu, die Temperaturen fallen auf minus 20 Grad. Menschen erfrieren oder erkranken an Tuberkulose. Auf den Bahnhöfen drängt sich noch immer das Treibgut der Nachkriegszeit – Ausgebombte auf der Suche nach einer neuen Bleibe, Vertriebene aus dem Osten, die ersten Heimkehrer aus der Kriegsgefangenschaft … In den Kirchen werden Suchmeldungen von den Kanzeln verlesen – jeder vierte Bürger ist im Krieg verschollen oder vermißt selbst jemanden. 14 Millionen Suchanträge sind mittlerweile beim Roten Kreuz eingegangen.

1947

1. Wiederbegegnungen

In Reaktion auf die Versorgungsschwierigkeiten während des Winters 1946/47 schließen sich die amerikanische und die britische Besatzungszone im Januar 1947 zur Bizone zusammen, später fusionieren sie unter Einbeziehung der französischen Zone zum »Vereinigten Wirtschaftsgebiet«. Am 5. Juni 1947 schlägt der amerikanische Außenminister George C. Marshall ein wirtschaftliches Hilfs- und Aufbauprogramm vor, den nach ihm benannten »Marshallplan«. Dieser hilft Europa nicht nur, sich wirtschaftlich zu stabilisieren, er bindet die beteiligten westeuropäischen Länder zugleich deutlich enger an die USA, um eine weitere Ausbreitung des Kommunismus zu verhindern.

Zwei Teile Deutschlands driften auseinander. Seit 1946 beugen sich die West-Deutschen über umfassende Fragebögen, in Spruchkammern teilen sie ihre Mitbürger in NS-Belastete und Unbelastete ein. Die Kammern werden zur gigantischen Weißwaschanlage: Obwohl fast die gesamte Mittelschicht in die Nazi-Herrschaft verstrickt war, haben sich Hitlers Gefolgsleute bereits weitgehend im Nichts aufgelöst, produzieren die Spruchkammern vorwiegend Unschuldige und harmlose Mitläufer – wer will schon als Verräter dastehen, wo die alten Vorgesetzten meist auch wieder die neuen sind?

Auch in der SBZ geht es nach Tauglichkeit für die neue Zeit. Allen Besatzern voran verkündet die sowjetische Militärregierung 1947 das Ende ihrer Säuberungen.

Sie will die kleinen Nazis für ihre neue, ebenfalls totalitäre Gesellschaftsordnung gewinnen – mit Erfolg: In den fünfziger Jahren ist die SED die deutsche Partei mit dem wohl höchsten Anteil ehemaliger NSDAP-Mitglieder. Rasch folgen die Amerikaner dem sowjetischen Modell – inzwischen herrscht bereits ein regelrechter Wettbewerb um die Deutschen.

Auch in der britischen Besatzungszone wird 1947 die *Denazification* in deutsche Hände gelegt. Doch sie ist nur die eine Seite – die andere heißt *Reeducation*, geistige Umerziehung. Die totalitär geprägten deutschen Hirne sollen nach zwei verursachten Weltkriegen demokratietauglich geschult werden. Eine der sinnvolleren Maßnahmen innerhalb dieses Programms sind Jugendbegegnungen.

Peter Munz genießt 1947 gerade seinen Aufenthalt in Cambridge, als er plötzlich von seiner deutschen Herkunft eingeholt wird: Der junge Historiker soll an einem Sommercamp in Bad Godesberg teilnehmen, in dem englische und deutsche Studenten für insgesamt sechs Wochen zusammengeführt werden: »Wir waren etwa 150 Studenten aus England und 50 aus Deutschland, Jungen und Mädchen, und wir haben zusammen einen phantastischen Sommer am Rhein verbracht. Wir haben uns ganz frei unterhalten. Und da ich einer der wenigen aus England war, die fließend Deutsch konnten, habe ich viel Zeit mit den Deutschen verbracht. Einige der Studenten waren im Krieg gewesen, die haben harte Geschichten erzählt. Ich erinnere mich an zwei junge Männer, mit denen ich mich angefreundet hatte. Die waren so in meinem Alter, Anfang zwanzig. Und ich habe sie gefragt: ›Wie habt ihr das machen können, in der Ukraine und in Rußland?‹ Und die sagten: ›Das kannst du dir nicht vorstellen, wir sind wie in Trance gewesen. Als es zu Ende war, sind wir aufgewacht.‹ Ich habe an ihren Anspielungen gemerkt, daß da unglaubliche Dinge passiert sein müssen. Die beiden waren noch ein bißchen verstört, so, als ob sie kürzlich erst vom Mars zurückgekommen wären ...«

Dieser Besuch in Deutschland ist für Peter Munz verwirrend. Als was fühlt er sich – als Deutscher? Als Neuseeländer? Als Engländer? Er hat keine Ahnung, doch er ist aufgewühlt. Seine Gesprächspartner sind zwar keine Nazis, aber irgendwie haben sie das ja alles mitgemacht – und Gott weiß, was ihre Eltern getan haben.

Als einer der Professoren, die dabei sind, von den Leiden der Zivilbevölkerung während des Krieges erzählt, kann Peter kein Mitleid empfinden, ebensowenig, als er eines Tages durch das völlig zerbombte Köln läuft: Das Ausmaß der Zerstörung ist so gewaltig, daß ihm der Atem stockt. Er sieht Riesentrümmerberge, durch die nur noch schmale Pfade führen – und nicht nur in einer Straße, sondern in Hunderten. Doch angesichts dieser untergegangenen Stadt kann Peter Munz immer nur an die Mitschuld der Deutschen an diesem Krieg denken. Den englischen Studenten ergeht es anders als ihm – doch die sind auch nicht von den Deutschen ins Exil getrieben worden.

Eines Tages werden die Studenten des Sommercamps eingeladen, einen deutschen Politiker kennenzulernen. Der Mann wohnt auf der anderen Seite des Rheins, Peter aber verpaßt das Schiff, das die Gruppe zum anderen Ufer bringen soll – so entgeht ihm eine Begegnung mit Konrad Adenauer.

Für Gabriele Herrmann besteht 1947 keine Chance, nach Deutschland zu fahren, doch sie ist glücklich darüber, nach Jahren des Bangens und Zweifelns endlich wieder ein Lebenszeichen ihrer geliebten Eltern in den Händen zu halten. Gabrieles jüdische Mutter hat den Nazi-Terror in sogenannter »Mischehe« überlebt. Doch ihren Vater, den Schauspieler und Sprecherzieher, hat man dafür bitter büßen lassen, daß er sich all die Jahre über standhaft geweigert hat, sich von seiner jüdischen Frau scheiden zu lassen. Zur Strafe zog man ihn schließlich zur »Organisation Todt« ein, es war ein Todeskommando. Der Vater überlebte, doch am Ende bestand er nur noch aus Haut und Knochen. Als seine Frau ihn nach der Befreiung fand, war er nicht mehr fähig zu gehen: In einer Schubkarre zog sie ihren Mann nach Hause, quer durch das zerstörte Berlin.

Doch von diesen Dingen steht nichts in dem Brief an die Tochter. Die Eltern berichten von ihrem Alltag und überschütten Gabriele mit Liebkosungen und Wiedersehenswünschen. Noch zwei ganze Jahre werden vergehen, bis Eltern und Kind einander in die Arme schließen können.

Wesentlich unkomplizierter ist es für das frischgebackene Ehepaar 1947, Peter Danes Mutter und die jüngere Schwester in der Schweiz zu besuchen, denen 1942 die Flucht dorthin gelang. Peter Danes Mutter befindet sich im Aufbruch nach Israel, sie will dort als christliche Missionarin wirken. Doch die nach Jahren erste Begegnung zwischen Sohn und Mutter verläuft nicht spannungsfrei. Die Mutter ist Peter noch fremder geworden als in den Zeiten seiner Kindheit: Daß sie die goldenen Schuhe und ihr Hochzeitskleid mit auf die Flucht genommen hat, obwohl ihr diese Dinge längst nicht mehr passen, macht ihn ratlos. Aber es ist eine andere Nachricht, die ihn traurig abreisen läßt: Seiner geliebten Großmutter ist die Flucht in die Schweiz nicht geglückt ... Von ihr gibt es seit 1942 kein Lebenszeichen mehr.

Peter findet Trost bei seiner Frau. In diesem Jahr folgt Gabriele ihm nach Leicester, wo sie nun gemeinsam die Küche der ökumenischen Schule übernehmen. Ein begonnenes Theologiestudium in Leicester hat Peter mittlerweile abgebrochen, weil ihn die theologischen Denkgebäude nicht überzeugen.

Eigentlich soll das Ehepaar Dane allmählich England verlassen. Noch immer allerdings sind Gabriele und Peter am Überlegen, wohin sie gehen könnten.

Nach der Befreiung Belgiens hatte Salomon Grynbaums Mutter die Nachricht erhalten, ihr Mann sei 1943 in Auschwitz ermordet worden. Nun heiratet sie ein zweites Mal – einen Briten, der mit den alliierten Truppen in Belgien einmarschiert ist. Gemeinsam mit Salomon zieht die neue Familie ins englische Brighton, den Heimatort des Stiefvaters, der dort Arbeit als Automechaniker gefunden hat.

Salomon ist inzwischen elf Jahre alt, und er versteht sich gut mit seinem neuen Vater. Die Beziehung zu seiner Mutter ist schwieriger – der Junge begreift nicht, warum sie es nicht schafft, ihn nun, da der Krieg doch vorbei ist, bei sich zu behalten: »Kurz nachdem sie mich aus dem jüdischen Waisenhaus geholt hatte, steckte sie mich in ein Internat. Es ging ihr gesundheitlich nicht gut und sie hatte das Gefühl, nicht ausreichend für mich sorgen zu können. Ich kam in dieser Internatszeit praktisch nur am Wochenende nach Hause. Ich habe darunter furchtbar gelitten, ich war ja schon jahrelang im Waisenhaus ohne Mutter gewesen ... Insgesamt war ich in zwei Internaten – in Brüssel in einem jüdischen, in England dann mehr in einer weltoffenen, kosmopolitischen Schule. Ich sollte hier die englische Sprache lernen, weil wir ja auswandern wollten. Doch all diese Dinge waren für mich völlig zweitrangig – ich habe mich die ganze Zeit immer nur nach meiner Mutter gesehnt.«

Salomons Mutter leidet noch immer unter den schrecklichen Erlebnissen der Jahre, in denen sie sich in Belgien von Versteck zu Versteck retten mußte. Sie möchte auswandern ... ein neues Leben beginnen, weit weg von ihren Erinnerungen.

2. Displaced Persons

In den deutschen Westzonen existieren 1947 noch fast 200 Lager für *Displaced Persons*, für heimatlose Personen. Viele davon befinden sich in ehemaligen Wehrmachtskasernen, die nach Kriegsende eilig zu Notunterkünften umgerüstet worden waren. Im zweiten Jahr nach Kriegsende sind sie überfüllter denn je, wobei für den Anstieg der Lagerinsassen vor allem polnische Juden gesorgt hatten: Nicht einmal 300 000 der ursprünglich drei Millionen polnischer Juden hatten die Nazizeit überlebt. Aus deutschen Vernichtungslagern waren die meisten der Überlebenden nun nach Kriegsende an ihre Heimatorte zurückgekehrt. Dort aber fanden sie nicht nur ihre Wohnungen von polnischen Mitbürgern besetzt, es erwarteten sie erneut Vertreibungen und Mißhandlungen, diesmal allerdings von den Polen selbst: Im Sommer 1946 kam es zu etlichen Pogromen, mehr als 1000 jüdische Mitbürger wurden umgebracht. Die Furcht vor weiteren Exzessen mündete in eine Massenpanik – etwa 100 000 jüdische Überlebende machten sich erneut auf die Flucht, die meisten quer durch die Tschechoslowakei, um unter amerikanische Obhut zu gelangen. Die Zahl der *Displaced Persons*, die nun die Hilfe der *UNRRA* benötigten, stieg somit von 18 000 im Dezember 1945 auf 167 000 im Jahr 1947.

In einem dieser Lager für *Displaced Persons*, im bayerischen Landsberg, ist der polnische Jude Sol Filler eingetroffen. Er wartet auf die Genehmigung, nach Australien auszuwandern. Sol, der im Städtchen Brzozów im Süden Galiziens als Sohn eines Bäckermeisters aufgewachsen ist, hat Auschwitz-Birkenau überlebt und 1945 einen viermonatigen Todesmarsch. Er hielt durch, bis er schließlich von russischen Truppen in Theresienstadt befreit wurde. Doch dann geschahen noch diese furchtbaren Pogrome in seinem Heimatland. Hört das Grauen denn niemals auf?

Sol belastet noch ein weiteres Trauma: 1941 sind in einem Wald unweit seiner Heimatstadt seine Eltern ermordet worden – und mit ihnen 1400 weitere Juden, darunter mehr als 80 seiner Verwandten. An einem einzigen Tag wurde fast die gesamte Familie ausgelöscht. Nun will er nur noch weg, so weit weg von Europa, wie es nur irgend geht. Sein Bruder ist bereits nach Australien ausgewandert, ihm will er folgen.

Im Frankfurter Lager für *Displaced Persons* wird eines Tages Hansi Silberstein ins Büro gerufen – es gebe da einen

Anruf für sie, aus Berlin, von den *United Nations*: »Ich bin ahnungslos ins Büro, habe den Telefonhörer genommen – und hörte plötzlich die Stimme meines Bruders am anderen Ende der Leitung ... Ich konnte es nicht glauben, es war die Stimme von Fred – von dem ich glaubte, er sei längst tot! Es war ein unbeschreibliches Gefühl. Daß noch jemand von unserer Familie überlebt hat ... Ich habe geweint am Telefon, ich konnte es einfach nicht fassen!« Gemeinsam mit dem Deutschen Roten Kreuz hat ein amerikanischer Cousin von Hansi und Fred herausgefunden, daß beide Kinder der Silbersteins noch am Leben sind, und das Wiedersehen eingeleitet.

Auch Fred kann es nicht fassen. Er bricht sofort nach Frankfurt auf, möchte seine Schwester mit sich nach Berlin nehmen – doch Hansi kann nicht zurück nach Berlin! Sie will bei den Frauen bleiben, mit denen sie in Bergen-Belsen befreit worden ist – sie kann einfach nicht mehr an den Ort zurückkehren, von dem aus der Schrecken begann.

Die Geschwister Silberstein überlegen, was nun werden soll, wo sie leben könnten. Weit weg von Deutschland soll es sein. Und so besinnen sie sich plötzlich auf Verwandte in Neuseeland: Eine Cousine ihrer Mutter und deren Mann, ein Zahnarzt, haben es mit ihren zwei kleinen Kindern noch rechtzeitig dorthin ins Exil geschafft. Ursprünglich aus Berlin-Grünau stammend, sind »Onkel und Tante«, wie Hansi und Fred sie immer genannt haben, 1936 zunächst nach England gegangen, später gehörten sie zu dem kleinen Kontingent jüdischer Zahnärzte, das von Neuseeland aufgenommen wurde. Es gelingt Hansi und Fred, diese Verwandten mit Hilfe des Roten Kreuzes aufzuspüren: »Es ging plötzlich alles ganz schnell«, erinnert sich Hansi. »Im Herbst 1947 lagen da Papiere aus Neuseeland, zunächst für mich. Sehr viele aus unserem Frankfurter Lager gingen nach Israel oder in die USA, und ich wurde nun gefragt: ›Wieso Neuseeland?‹ Von Australien hatten ja einige schon gehört, doch Neuseeland? Für mich war es genau das richtige – weiter weg von Deutschland ging es nicht ...«

3. Aufbruch und Abschied

Denis Adam ist mittlerweile in Neuseeland angekommen, im pazifischen Heimatland seiner Kameraden von der *Royal Air Force*, das ihn so neugierig hat werden lassen: »Als ich hier eintraf, hat mir das Land so gut gefallen, daß ich gleich dageblieben bin. Die Menschen sind hier besonders nett. Die sind so, wie die Engländer vor 60 Jahren waren, aber weniger snobistisch. Also, die Menschen sind das eine. Doch das Land hat auch eine wunderschöne Landschaft und ein sehr gutes Klima. Und man hat viele Möglichkeiten, hier sein Ding zu machen ...«

Denis Adam trifft mit sechs Pfund in der Tasche in Wellington ein. Schon bald findet er eine erste Stelle in einer Regenmantelfabrik. Hier lernt der Kampfflieger, Regenmäntel zuzuschneiden, und wird, da er kaufmännisches Geschick erkennen läßt, nach einem halben Jahr Verkaufsleiter.

Den umgekehrten Weg ist Karl Popper gegangen, der inzwischen britischer Staatsbürger geworden ist und nicht nach Neuseeland zurückkehren wird. Vor seiner Abreise hat er in einem vertraulichen Brief an den Kanzler der Universität Wellington noch ein letztes Mal kritisch seine Arbeitsbedingungen am *University College of Canterbury* beleuchtet, dem Brief wiederum eine Reihe von Verbesserungsvorschlägen angehängt. Dennoch, es war ein versöhnlicher Abschied: Nachdem der streitbare Österreicher seine Kritikpunkte unmißverständlich geäußert hatte, brachte er im Brief schließlich auch seine große Dankbarkeit gegenüber Neuseeland zum Ausdruck, ihn aufgenommen zu haben. Er bedankte sich bei seinen Freunden und Kollegen, besonders bei denen, die ihm mit Respekt und Ermutigung halfen, etliche demütigende Erfahrungen durchzustehen. Er dankte sogar einer großen Zahl seiner Studenten und verabschiedete sich vom Land seines Exils mit den Worten: »*I never felt isolated in New Zealand; I never felt for a minute the lack of mental stimulus.*«

Und je länger seine Zeit in Christchurch zurückliegt, desto deutlicher rückt ihm der Vorteil ins Bewußtsein, in fruchtbarer Abgeschiedenheit von den großen Debatten-Zentren geforscht zu haben. Neuseeland hat seiner Arbeit gutgetan. Und der Wiener Philosoph hat Christchurch gutgetan: Nach seinem Weggang veranlaßt der Rektor der Universität eine gründliche Untersuchung über den Stand der Forschung an seiner Lehranstalt. 1947 liegt das Resultat vor – es fällt negativ aus. Der Rektor bemüht sich nun stark, die wissenschaftliche Forschung voranzutreiben.

Soll sich der Dichter Karl Wolfskehl damit abfinden, Neuseeland – des »Erdballs letztes Inselriff« – nicht mehr zu verlassen? Wolfskehl spürt seine Kräfte schwinden. Er fühlt sich heimisch hier, andererseits auch wieder nicht ... Die Sehnsucht nach Europa will einfach nicht erlöschen.

Er war zu alt, als er herkam: Während sich jüngere Immigranten ohne allzugroße Schwierigkeiten auf die neue Welt einstellen konnten, fremdelt Karl Wolfskehl auch nach acht Jahren Exil noch, bleibt der nun fast 80jährige tief vom Europa des späten 19. und frühen 20. Jahrhunderts geprägt. Er bleibt ein *exul poeta* ... mit einer unzureichenden Rente und immer wiederkehrenden Anflügen von Verlorenheit.

Nicht, daß er von seiner früheren Lebenswelt abgeschnitten wäre: Seit der Postverkehr wieder fließt, führt der Dichter einen ausgedehnten Briefwechsel mit seinen zahlreichen Freunden in Übersee, und noch immer packt ihn, sobald ein Brief aus der »Welt« eintrifft, das alte Leben. Margot Ruben, die ihm wieder nähersteht, jedoch nur stundenweise zum Diktat kommen kann, liest dann laut vor, was Wolfskehls Augen kaum noch fassen können.

Es folgt das Wolfskehlsche Ritual: Bevor er ihr die Antwort diktiert, ruft er sich den Absender ins Gedächtnis, werden Anekdoten erzählt und Dialoge rekapituliert, wird Zwiesprache gehalten, als sei der Betreffende anwesend. Während dieser Zeit läuft der fast zwei Meter große, massige Dichter mit erregten Schritten im Zimmer auf und ab.

Will er wirklich zurück? Wie eine Barriere hat sich der Holocaust zwischen ihn und seine alte Heimat geschoben – vor allem seit Wolfskehl die Nachricht erhalten hat, sein Bruder habe eben nicht »im eigenen Frieden hingehen dürfen«, wie zunächst angenommen, sondern sei in einem Konzentrationslager umgekommen. Das ganze Grauen steigt mit dieser Nachricht in ihm auf. Den Juden Wolfskehl droht zu zerreißen, daß »das Urverbrechen in seiner schamlosen Gier bis zu mir herankroch«, wie er einem Freund in Amerika klagt.

Auch verletzt ihn tief, daß er in Deutschland vergessen scheint – selbst in seiner Stadt München, aus deren literarischer Topographie der Dichter vor 1933 nicht wegzudenken war. Niemand ruft ihn aus dem Exil zurück, für das neu erwachende kulturelle Leben gibt es keine Nachfrage nach dem Verschollenen. Dafür beginnen einstige Freunde, die unter der NS-Herrschaft ihre Karrieren bruchlos fortgesetzt haben, sich nun als vermeintliche Opfer zu gebärden. Das alles zehrt an seiner Vitalität. Die Aufbruchsstimmung nach Kriegsende ist schon wieder abgeschmolzen.

Nein, er wird nicht nach Deutschland zurückkehren, er ist es seinem Ethos schuldig, dem Land fernzubleiben, wo man ihn nicht wirklich will und braucht: »Ein verstoßener Dichter«, so schreibt er einem Freund in der Schweiz, »schleicht nicht zurück, nicht die Hintertür ins Vaterhaus ist die dem Dichter gemäße Eingangspforte.« Die Gesundheit des alten Mannes tut ein übriges; Karl Wolfskehl spürt jetzt, daß es Zeit ist, »zum letzten Appell parat zu sein«. Gut – dann wird er bis zum Lebensende ein »*exul*« bleiben.

Um Erholung zu finden, fährt er in eine Naturheilanstalt, im Park der Stadt Hamilton gelegen. Dort stürzt der sehbehinderte Riese schon am zweiten Tag in einen nicht abgezäunten Kohlenschacht und bricht sich den Fuß. Dennoch schreibt er, er dichtet, füllt ganze Hefte mit seinem »Blindengekrakel«.

Im Mai erleidet Karl Wolfskehl einen Herzanfall, und es ist nicht der erste. Er bittet nun eine seiner in Deutschland lebenden Töchter, zu ihm nach Neuseeland zu kommen, bei ihm zu wohnen und ihn zu pflegen. Er weiß, daß ihm nicht mehr viel Zeit bleibt; wenigstens eine seiner Lieben möchte er noch einmal um sich wissen. Die Tochter, eine Krankenschwester, erklärt sich sofort bereit, zu kommen. Doch nun türmen sich die üblichen Hürden einer Einreise nach Neuseeland auf.

4. Friedensgefühle

In dem Tempo, in dem die Last der Kriegsjahre von den Menschen abfällt, entfalten sich auch Gefühle und Bedürfnisse, die nur im Frieden gedeihen können. Hans Johnson ist jetzt 29 Jahre alt und arbeitet immer noch als Textilweber in Milton. Doch glücklich ist »Hans im Glück« derzeit nicht gerade: Der Berliner fühlt sich einsam, sehr einsam – Hans sehnt sich nach den Zärtlichkeiten einer Frau, denn er hatte noch nie eine Freundin.

Mit Hilfe des Diploms als Chemiefacharbeiter, das er im Jahr zuvor erworben hat, will er zunächst wieder in seinen alten Beruf zurückkehren. In Milton findet er keine Stelle als Färbermeister, dafür aber eine in Invercargill, der südlichsten Stadt Neuseelands. Ende 1947 zieht Hans also nach Invercargill um – das liegt nun noch weiter von den pulsierenden Zentren Neuseelands entfernt, als es bereits Milton war. Um ehrlich zu sein – Invercargill, am südlichsten Punkt der Südinsel gelegen, ist ein nettes, aber ziemlich verschlafenes Städtchen.

Der junge Mann hofft dennoch, in Invercargill endlich ein nettes Mädchen kennenzulernen.

Im Haus der Familie Adler in Auckland ist es still geworden: Ruths Schwester hat ihren Amerikaner geheiratet und ist mit ihm nach Seattle gezogen. Ruth, die inzwischen die *Grammar School* abgeschlossen hat und eine Ausbildung als Sekretärin absolviert, beneidet sie darum, sie möchte auch weg von zu Hause und endlich einen *boyfriend* haben.

Minna Kohane scheint unterdessen ihr Liebesglück gefunden zu haben: Kurze Zeit, nachdem sie ihn auf der *Queen Street* in Auckland kennengelernt hat, heiratet sie 1947 den Deutschen Hans Nathan. Ihren *honeymoon* verleben die beiden in Rotorua, im Herzen der Nordinsel – Kulturzentrum der Maori und zugleich schwefeldampfendes Thermalrefugium, mit einer Badeanstalt im Tudorstil und kristallklaren Seen rundherum.

Minna und Hans wünschen sich Kinder. Doch was weiß die orthodoxe Jüdin aus Berlin-Prenzlauer Berg von ihrem zehn Jahre älteren, frischgebackenen Ehemann? Sie ist verliebt in den schlanken Hamburger, und eine Zeitlang scheint es auch umgekehrt zu sein. Aber Minna wird nicht glücklich in ihrer Ehe: »Hans war sehr nett, sehr charmant ... aber nicht gerade an Frauen interessiert. Das habe ich aber zu spät gemerkt. Ich glaube, dieses Faible für Männer ist im Internierungslager gekommen, in Somes Island. Ich habe ihn aber nie danach gefragt, wir haben nie darüber gesprochen. Er hat mir auch erst viel später erzählt, daß er für vier Jahre interniert war. Auf jeden Fall hat er mir drei wundervolle

Kinder geschenkt – die sind alle großartig geworden. Und Hans war ihnen ein guter Vater.«

5. Neuseeländische Unabhängigkeit

Im November 1947 nimmt Neuseeland – gleichzeitig mit den Dominions Kanada und Südafrika – das Statut von Westminster aus dem Jahr 1931 an. Damit wird ihm der gesetzliche Status eines unabhängigen Staates zuteil. Selbstverständlich bleibt das Land eingebunden in das Commonwealth. Auch hält es aus tiefstem Herzen seiner meist britischstämmigen Bürger der britischen Krone weiterhin die Treue: Über Jahrzehnte wird kein Kricket-Sieg mehr Freude auslösen als königlicher Besuch aus London. Doch ist das Selbstbewußtsein der Pazifik-Insulaner gewachsen: Längst schon fühlen sie sich nicht mehr nur als in Übersee lebende Engländer, sondern als eine eigene Nation! Nun wird das Gefühl in einen Gesetzesmantel gekleidet.

Die Stimmung ist gut im Nachkriegsneuseeland, auch die Wirtschaft boomt noch immer. Die Stabilisierung von Löhnen und Preisen hat sich als effektiv erwiesen. Während des Krieges stiegen die Preise um lediglich 14 Prozent, Neuseeland verzeichnete die vermutlich niedrigste Inflationsrate zu Kriegszeiten weltweit. Die Schulden gegenüber London sind fast völlig getilgt.

Es ist genau das richtige Klima für aufstrebende Unternehmer wie Frank Briess. Für den jüdischen Flüchtling geht es 1947 bergauf, denn er hat weitsichtig gehandelt. Mit dem Abzug der amerikanischen Soldaten und dem Verkauf seines Restaurants *Centre Way* hat sich der

Sohn eines Getreidekaufmanns aus dem mährischen Olmütz auf Friedenszeiten umgestellt und nun »von der Pike auf« noch das Fleischerhandwerk erlernt. Seit Kriegsende zieht er, mit einem ähnlichen Unternehmergeist wie sein Landsmann Fritz Bruell, sein eigenes *Business* auf – ein Export-Unternehmen für Büchsenfleisch, zu verschiffen nach England, wo Fleisch und Schinken auch in den Nachkriegsjahren noch rationiert sind. Briess gelingt es, Strukturen zur Versorgung von Schiffen mit Proviant aufzubauen; schon bald ist er der erste Neuseeländer, der einen Großhandel zur Fleischversorgung von Geschäften, Hotels und Restaurants betreibt.

Der vitale Deutsch-Tscheche ist ein Macher, ein Tatmensch. Doch eröffnet die unermüdliche Arbeit nicht nur helle Zukunftschancen, sie verdrängt auch, zeitweise wenigstens, die schweren Schatten der Vergangenheit. Denn unter den in Böhmen und Mähren zurückgebliebenen Verwandten haben die Deutschen grausam gewütet:

Franks Vater und sein Bruder gehören zu den Ermordeten. Von seinen weiteren Angehörigen sind fast 30 dem Holocaust zum Opfer gefallen – die Familien Briess und Schimmerling, Gratzer und Drechsler wurden in Mauthausen, Buchenwald oder Theresienstadt ermordet, einige bereits von der Gestapo in Olmütz.

Seine Frau Alice leidet wie er: Die Spur ihrer Mutter verliert sich 1942 in Majdanek, im Konzentrationslager Lublin. Auch ihre weitverzweigte jüdische Familie haben die Nazis fast komplett ausgelöscht. Die meisten der etwa 60 näheren und weiteren Angehörigen wurden in

Auschwitz umgebracht. Unter all den Tanten und Onkeln, Cousins und Cousinen befanden sich 13 minderjährige Kinder. Zwar konnten noch drei Kinder aus der Verwandtschaft der Briess' 1939 mit einem der Kindertransporte gerettet werden – doch kein einziges von ihnen kann nun zu seinen Eltern zurückkehren.

Diese Last der Vergangenheit können Frank und Alice bis zu ihrem Lebensende nicht abwerfen – der Gedanke, es trotz rastlosen Kampfes um Einreisegenehmigungen nicht geschafft zu haben, die Verwandten nachzuholen, nimmt ihnen den Schlaf.

Inmitten der düsteren Nachrichten aus der alten Heimat kündigt sich plötzlich ein Wunder an: Adele Briess, Franks Mutter, hat das Konzentrationslager überlebt. Im Jahr 1947 trifft sie in Neuseeland ein – gezeichnet vom eigenen Leid und dem Grauen, das sie gesehen hat. Doch sie lebt. Adele Briess' Ankunft ist ein kaum faßbares Geschenk für Frank und Alice. Sie wird vier Jahre später an den Folgen ihrer Lagerhaft sterben, doch wenigstens geschieht dies nun im Kreis ihrer Angehörigen.

Neben Franks beruflichem Erfolg und der Rückkehr seiner Mutter erlebt das Haus Briess 1947 noch eine weitere Sternstunde: Nachdem sie zwei Fehlgeburten überstanden hat, bringt Alice Briess ein gesundes Mädchen zur Welt – Claire. Sie wird das einzige Kind des Ehepaares bleiben, und Alice wird es einhüllen in ein Übermaß an Liebe.

Normalität kehrt ein, auch für die jüdischen Immigranten. Kaum noch jemand schaut sie mißtrauisch an, wenn sie sich in der Öffentlichkeit als Deutsche zu erkennen geben. Der Arzt Alfred Heppner arbeitet nach wie vor in seiner Praxis in Freemans Bay, einem vorwiegend von Maori bewohnten Vorort Aucklands, er teilt sich die Praxis mit einem Kollegen aus Wien. Wenn Doktor Heppner und seine Frau Lotte deutsch sprechend durch die Straßen flanieren, werden sie nur noch selten schief angesehen. Deutsch gesprochen hat das jüdische Ehepaar auch während des Krieges, Alfred und Lotte bestanden darauf, sich auch außerhalb der Wohnung in ihrer Muttersprache verständigen zu dürfen, sie ließen sich da überhaupt nicht beirren – doch angenehm waren die Blicke nicht.

1947 sind neuseeländische Ressentiments gegenüber Deutschen bereits merklich einer antijapanischen Stimmung gewichen: Zum einen liegt Japan geographisch viel dichter an Neuseeland als das ferne Deutschland, die Bedrohung durch den aggressiven asiatischen Staat wurde hier schon immer als größer empfunden. Zum anderen dringen nun zunehmend Berichte heimkehrender Soldaten über die japanische Kriegsgefangenschaft an die neuseeländische Öffentlichkeit. Weitaus häufiger, als dies von Kriegsgefangenen der deutschen oder italienischen Truppen zu hören ist, klagen die Heimkehrer aus dem pazifischen Raum noch Jahre später über alle möglichen Arten von Greueltaten in japanischer Gefangenschaft.

Auch bei Herta und Ernest Newland in Wellington ist die Normalität eines neuen Alltags eingekehrt: Während sich Herta dem Haushalt widmet und in der Nachbarschaft schon bald für ihren schlesischen Kartoffelsalat berühmt ist, beschäftigt sich Ernest weiterhin intensiv mit Geothermik.

Die Übersetzung des italienischen Büchleins über Dampfquellen in Norditalien hat seine Leidenschaft für sein ehemaliges Zufluchtsland Italien wiedererweckt. Er sinnt nun darauf, Neuseeland die italienische Lebensart und Kultur näherzubringen, und da das Italienische Konsulat nach Kriegsende in Wellington wiedereröffnet worden ist, ruft er in Zusammenarbeit mit dem dortigen Personal, gemeinsam mit einigen Neuseeländern und Italienern, einen italienischen Club ins Leben.

Merle, die Tochter von Heinz und Dorothea Eisig aus Fürstenwalde, besucht inzwischen die zweite Klasse. Noch immer gibt es Probleme mit der großen Entfernung zwischen der entlegenen Farm und der Schule: Im Winter lernt das Mädchen zu Hause und geht nicht zur Schule, weil es morgens draußen noch dunkel ist und die Eltern Angst haben, es könne etwas passieren. Erst im nächsten Jahr soll ein Auto als Schultaxi eingesetzt werden, das der Staat finanziert – für einen Schulbus sind es zu wenige Kinder in der Gegend. Der Fahrer wird dann die drei, vier Zöglinge einsammeln, die wie Merle Eisig besonders abgelegen wohnen.

Merles Schule ist klein und besteht aus gerade einmal drei Klassenzimmern, doch es kommen hier immerhin etwa 90 Schüler zusammen. Dem Mädchen macht das Lernen Spaß. Die meisten Kinder in ihrer Klasse sind Maori, mit denen sie schnell Freundschaften geschlossen hat. Sie besuchen die Mitschülerin mit dem fremden Akzent besonders gern auf deren Farm, nicht zuletzt weil Merles Mutter immer mit unbekannten, leckeren Speisen aufzuwarten weiß.

Hoch sind die Bildungsansprüche der deutschen Immigranten, und auch Eisigs achten darauf, daß ihre Tochter gute Noten nach Hause bringt. Der Vater bringt Merle auf der Farm Latein bei und alles, was er einst auf seinem Gymnasium in Fürstenwalde an humanistischer Bildung genossen hat. Denn eines haben die Flüchtlinge begriffen: Will man eine Chance in der neuen Welt haben, muß man besonders gute Leistungen bringen, besonders erfolgreich sein. So kommt auf der abgelegenen Farm nicht die Bildung zu kurz, sondern die Kultur: Ein einziges Mal war die siebenjährige Merle bisher im Kino, das war im vergangenen Jahr. Da wurde im Saal des ziemlich weit entfernten Mercer »Schneewittchen« gezeigt, und das Mädchen war absolut begeistert. Die nächste Gelegenheit für einen Kinobesuch wird sich erst wieder in zwei Jahren bieten, während der Schulferien 1949, die Merle Eisig bei einer befreundeten Familie in Auckland verbringen wird.

1948

1. Die letzten Flüchtlinge des »Dritten Reiches«

Im Januar 1948 besteigt Hansi Silberstein, inzwischen 21 Jahre alt, in Frankfurt einen Zug nach Paris. Dort schließt sie sich einer Gruppe KZ-Überlebender an, die nach Australien auswandern will. In Marseille werden die Emigranten auf einen ehemaligen ägyptischen Truppentransporter verladen, auf dem es keine Kabinen, sondern lediglich große Mannschaftsräume gibt, in denen Frauen und Männer getrennt untergebracht werden. Unter den vielen Australien-Auswanderern verlieren sich an Bord die sechs Personen, die es nach Neuseeland zieht.

Die junge Frau aus Berlin sieht zum erstenmal ein Stück der großen Welt. Das Schiff passiert den Suez-Kanal und den Indischen Ozean und macht Station in Colombo. Nach knapp zwei Monaten läuft es in Australien ein – in Fremantle, in der Nähe von Perth, von wo aus die meisten Emigranten ins ferne Melbourne ausgeschifft werden. Für Hansi geht es nun mit dem Flugzeug nach Sydney. Dort muß sie weitere zwei Wochen warten, bevor sie schließlich mit einer kleinen Maschine über die Tasman Sea nach Neuseeland fliegen kann. Die lange Reise endet mit der Landung auf dem Militärstützpunkt Hobsonville bei Auckland, wo ihr Onkel aus Grünau sie erwartet.

Ihre Ankunft behält die junge Frau als faszinierendes Erlebnis in Erinnerung: Sie bewundert die Blüten und das saftige Wiesengrün der Landschaft, staunt über das milde Klima, das so ganz anders ist als im fernen Deutschland, nachts beobachtet sie gebannt den Sternenhimmel, der von dieser Hälfte der Erdkugel völlig verändert aussieht ... Der Große Wagen ist auf die Deichsel gekippt.

Ohne große Umschweife wird Hansi Silberstein, die als staatenlos gilt, nun neuseeländische Staatsbürgerin. Sie hofft auf einen Neuanfang in diesem Land und will sich von der Erinnerung an ihre Erlebnisse in Auschwitz und Bergen-Belsen befreien – die 21jährige will endlich ein normales Leben beginnen. Sie zieht zu ihrem Onkel und seiner Familie und wartet auf ihren Bruder Fred, der noch als Hilfspolizist der Amerikaner in Berlin gebraucht wird. Hansi möchte eigentlich als Kindergärtnerin arbeiten, doch sie hat keine deutschen Unterlagen und kann kein staatlich anerkanntes Zeugnis vorlegen. Lehrer werden zu dieser Zeit gesucht, doch dafür ist Hansis Englisch noch nicht gut genug. So fängt sie schließlich in einer kleinen Textilfabrik als Zuschneiderin an.

Schneller geht die Weltreise für den 12jährigen Salomon Grynbaum. Er trifft im Juli 1948 mit Mutter und Stiefvater in Neuseeland ein. Eher zufällig sind die drei hier gelandet: Als Verfolgter des Nazi-Regimes überlassen die britischen Ausreisebehörden seiner Mutter die Entscheidung, wohin sie nun gehen möchte – sie zeigen ihr eine Weltkarte und fragen sie, in welchem Land sie am liebsten leben würde. Ihre Gegenfrage lautet: »Welches Land ist am weitesten weg von Europa?« Für die britischen Behörden ist das Australien, und so bricht die Familie zunächst in Richtung Australien auf.

Nach den langen Phasen der Trennung von seiner Mutter ist Salomon jetzt nur unter einer Bedingung bereit, mitzukommen ... unter der Voraussetzung nämlich, nicht mehr ins Internat gesteckt zu werden: »Das hat meine Mutter mir auch versprochen, und so machten wir uns auf den Weg nach Australien. Wir sind geflogen, mit einem normalen Linienflug – das ganze hat etwa sechs, sieben Tage gedauert. Wir sind auf verschiedenen Flughäfen zwischengelandet, und das alles war für mich als Kind ziemlich abenteuerlich. Wir wußten ja nie, wie es dort aussieht, wo wir als nächstes landen würden. Die letzte Zwischenstation vor Australien war Neuseeland – und das gefiel uns so gut, daß wir gleich hier blieben.«

Nachdem Salomons Eltern ein geeignetes Haus gefunden haben und die ersten Schritte in dem neuen Land gemacht sind, kommt der Junge in eine nahegelegene Grundschule. Der Großteil seiner Klassenkameraden sind Maori, die völlig anders aussehen als alle Kinder, die er bisher gesehen hat. Im Gegenzug ist Salomon der einzige blonde Junge in der Klasse und gilt als Exot. Seine Mitschüler wollen von ihm wissen, wo er herkommt und was er erlebt hat, doch er ist bei seinen Antworten vorsichtig und erzählt längst nicht alles. Vor allem erwähnt er nicht, daß er Jude ist ... Das wird er auch später in der weiterführenden Schule nicht tun. In dieser Hinsicht haben ihn seine Erfahrungen vorsichtig gemacht. Jahrelang spricht er nicht über seine jüdische Herkunft, obwohl er merkt, daß diese Dinge für seine Klassenkameraden ohnehin kaum Bedeutung haben: »Europa – das war eine sehr ferne Welt für meine Mitschüler. Die meisten hatten noch nicht einmal mitgekriegt, daß es Krieg in Europa gegeben hat. Und wo Belgien liegt, das wußte erst recht kaum jemand ...«

Noch vor dem Aufbruch in die neue Welt hat Salomon Grynbaum seinen Namen ändern lassen. Seine Erlebnisse während des Krieges machen es ihm schwer, mit seiner jüdischen Identität umzugehen, und er möchte nicht durch seinen Namen auffallen. Durch die erneute Heirat seiner Mutter hat er ohnehin schon einen neuen Familiennamen – Hart. Nun nimmt er dazu noch jenen Vornamen an, mit dem er schon während der Nazi-Besatzung gerufen wurde: Andrié. So wird aus Salomon Grynbaum aus Antwerpen Andrié Hart in Neuseeland.

Auch 1948 noch sind die Lager für *Displaced Persons* überfüllt. Wo sollen diese vielen entwurzelten Menschen hin? Erneut – und erst nach längeren Verhandlungen mit internationalen Flüchtlingsorganisationen – erklärt sich Neuseeland bereit, eine begrenzte Anzahl Heimatloser aufzunehmen, allerdings auch diesmal nur unter Auflagen und der Voraussetzung, eine Auswahl treffen zu können.

Gute Chancen, ein *Permit* zu erhalten, haben diesmal Esten, Letten und Litauer, deren Länder von Stalins kommunistischen Truppen besetzt sind. Und nach wie vor sind junge Leute, die bereit sind, auf dem Land auf Farmen zu arbeiten, willkommen, ebenso Krankenschwestern – Ärzte oder Zahnärzte hingegen nicht. Auch jüngere Waisenkinder werden bevorzugt aufgenommen, da bei ihnen kaum Schwierigkeiten bei der gesellschaftlichen Integration zu erwarten sind. In diesem Zusammenhang werden nun auch die mehr als 700 polnischen Waisenkinder eingebürgert, die 1944 in Neuseeland zunächst nur vorläufig in Sicherheit gebracht werden sollten. Insgesamt wird zwischen 1948 und 1952 etwa 4500 *Displaced Persons* die Einreise nach Neuseeland gewährt.

2. The British Way of Life

Dankbar darüber, in Neuseeland aufgenommen worden zu sein, bemühen sich die meisten, gute Bürger des Landes zu werden. Das heißt vor allem Übernahme des britischen *Way of Life*.

Herta und Ernest Newland haben den bereits zu einer gewissen Perfektion getrieben: Den beiden geht es Ende der vierziger Jahre gut, sie sind durch und durch integriert in die neuseeländische Gesellschaft und führen ein Leben mit einem recht hohen Lebensstandard. Sie nennen einen Kühlschrank und eine Waschmaschine ihr eigen – der absolute Luxus in dieser Zeit. Zudem sind sie stolze Besitzer eines Autos, das zwar alt und klapprig ist – ein *Austin 7*, Baujahr 1938 –, doch es fährt. Ernest und Herta Newland haben nicht die schwere Last anderer jüdischer Einwanderer zu tragen, ihre engsten Angehörigen haben überlebt: Beide Elternpaare vermochten sich rechtzeitig nach England zu retten. Ernest hat nun sogar seine Mutter nach Neuseeland nachgeholt.

Der Breslauer hat sich inzwischen mit viel Begeisterung zum Spezialisten für Geothermik entwickelt, gleichzeitig organisiert er in seiner Freizeit weiterhin Veranstaltungen für den Italienischen Club. Seine Frau Herta ist rundum mit dem Baby beschäftigt, das dieses Jahr auf die Welt gekommen ist – ein Mädchen, das sie Sandra genannt haben.

Denis Adam ist durch die lange Zeit, die er in England gelebt hat, ohnehin an die britische Lebensart gewöhnt, die der neuseeländischen in vielen Dingen ähnelt. Der ehemalige Kampfflieger arbeitet nun schon seit einem

Jahr als Verkaufsleiter in der Regenmantelfabrik in Wellington, ab und zu bekommt er bereits das Management übertragen. Denis Adam trägt sich mit dem Gedanken, ein eigenes Unternehmen zu gründen.

Invercargill, sehr südlich gelegen und eingebettet in sattgrünes Hinterland, ist ein von Schotten und Iren geprägtes Städtchen. Es ist nett und ziemlich verschlafen, hat einen herrlich großen *Queens Park* und einen imposanten Wasserturm aus rotem Backstein.

In Invercargill landen jährlich Hunderttausende Schafe und Rinder in den Schlachthöfen der Stadt, dementsprechend werden hier vor allem Produkte aus der Land- und Forstwirtschaft verarbeitet. Schafwolle kommt zum Beispiel in die Textilfabrik, in der Hans Johnson nun als Färbermeister arbeitet.

Ein halbes Jahr lebt Hans bereits in Invercargill, als das lang ersehnte Wunder geschieht: Er verliebt sich. Patricia heißt sie, und er begegnet ihr in einem Kulturclub. Dem schüchternen Deutschen, der unter Einsamkeit leidet und sich in Invercargill ziemlich verloren fühlt, erscheint die junge Kaufhaus-Dekorateurin, die aus einer Familie englisch-schottischer Einwanderer stammt, wie ein Geschenk des Himmels. Die beiden verstehen sich auf Anhieb: Unter all den Rugby- und Kricketfans in dieser abgeschiedenen Stadt gehören sie zu den wenigen Menschen, die sich für Kultur interessieren. Von nun an gehen sie häufig zusammen ins Kino oder ins Konzert.

Noch im gleichen Jahr beschließen Hans und Patricia zu heiraten. Das ist allerdings leichter gesagt, als getan: Die Religionszugehörigkeit in Neuseeland spielt zu dieser Zeit eine große Rolle – Hans ist jüdisch, Patricia aber kommt aus einer christlich-presbyterianischen Familie. Die selbstbewußte Neuseeländerin weigert sich, zum jüdischen Glauben überzutreten; sie will einen Mann und keine neue Religion.

So heiraten Hans und Patricia 1948 weder in der Synagoge noch in der Kirche, sie geben sich auf dem neutralen Boden des Standesamtes von Dunedin das Ja-Wort. Nach einer kurzen Feier für ihre Angehörigen besteigen sie den Zug zurück nach Invercargill und verbringen ihren *honeymoon* in einem kleinen Dorf, hinter dem die Berge ins Meer übergehen.

Wenig Aufmerksamkeit für die Außenwelt hat Lotte Heppner. Der Frau des Berliner Allgemeinpraktikers in Freemans Bay geht es schlecht. Tief hat sich in ihre Seele das grausame Schicksal ihrer Angehörigen eingegraben: Ihre Eltern und ihr Bruder wurden aus Oppeln deportiert und 1943 in Auschwitz ermordet. Die von ihrem Naturell her lebenslustige junge Frau hat sich stark verändert, Lotte Heppner wird zunehmend von Depressionen heimgesucht. Kraft schöpft sie aus ihrer Familie, die sie mit viel Liebe umsorgt. Der elfjährige Sohn Kim besucht mittlerweile die Grundschule. Seine Schwester Margaret ist noch klein und wird von ihrer Mutter mit besonderer Fürsorge bedacht.

Alfreds Vater zieht 1948, nachdem seine Frau gestorben ist, zu ihnen. Hugo Heppner, der sein Kaufhaus in Berlin-Weißensee an die Nazis verloren hat und 1937 mit seiner Frau ausgewandert ist, leidet schwer unter ihrem Tod. Er wird sie nicht lange überleben.

Doch zunächst freuen sich Kim und Margaret, daß der Opa jetzt bei ihnen wohnt. Wie nebenbei lernen die beiden seit seiner Ankunft Deutsch: Hugo Heppner hat auf seine alten Emigrationstage nicht mehr die Sprache gewechselt.

Nach Neuseeland zurück kehrt 1948 Peter Munz. Dem jungen Historiker wurde in Cambridge eine Karriere in Aussicht gestellt, zudem bekam er Angebote aus Australien und Irland. Doch Peter Munz hat sich für Neuseeland entschieden: Hier bietet man ihm eine Dozentenstelle für Geschichte an der *Victoria University of Wellington* an, mit einem sehr guten Gehalt. Damit kann Peter nun auch seine Mutter und seine Schwester ein wenig unterstützen. Die beiden leben nach wie vor in Christchurch, wo sich die Mutter durchschlägt, indem sie Zimmer untervermietet. Die Schwester arbeitet zu dieser Zeit noch als Bibliothekarin, wird aber später Sozialfürsorgerin.

Peters Entscheidung, zurück nach Wellington zu gehen, erweist sich als die richtige. Er fühlt sich wohl, und mit dem Professor, der ihm die Stelle angeboten hat, verbindet ihn schon bald eine Freundschaft, die ein Leben lang halten soll. Seine Promotion über den englischen Philosophen Richard Hooker wird schließlich 1952 in London verlegt.

Eben dort hat sich der exzentrische Professor Karl Popper mittlerweile eingelebt. Sein Werk »Die offene Gesellschaft und ihre Feinde« – jenes Buch, das Popper in Neuseeland an dem Tag begonnen hat, als Hitlers Truppen in seiner Heimatstadt Wien einmarschierten – sorgt nun weltweit für Furore.

Doch auch darüber, was im neuseeländischen Christchurch geschieht, informiert sich Popper weiterhin; ein befreundeter Kardiologe versorgt ihn regelmäßig mit Zeitungsausschnitten und Nachrichten vom anderen Ende der Welt.

Im Sommer 1948 laufen im Hafen von Auckland drei große Schiffe von der britischen *Royal Navy* ein. Es sind Schiffe, die Neuseeland von Großbritannien gekauft hat, das Land selbst verfügt über keine eigene Flotte. Da man für die Überfahrt die dazugehörigen Seeleute benötigte, gab es Angebote an britische Matrosen, nach Neuseeland einzuwandern. Und weil es nach dem Krieg in Großbritannien an Arbeitsplätzen für heimkehrende Soldaten und Matrosen mangelt, entschlossen sich etliche, ihr Glück in der neuen Welt zu versuchen.

Viele der Auswanderer siedeln sich in Auckland an – unter ihnen ist auch ein Matrose mit dem Namen Jack Keating, dessen Eltern beim Angriff deutscher Bomber auf London starben und dessen Bruder in Dünkirchen gefallen ist.

Ein paar Monate nach seiner Ankunft verliebt sich Matrose Keating in eine junge Frau, die auf dem Arm eine tätowierte »Auschwitz-Nummer« trägt – ihr Name ist Hansi Silberstein.

3. Berlin-Blockade

Hansi ist in ihren englischen Matrosen verliebt. Und sie erwartet sehnsüchtig ihren Bruder Fred. Der besitzt zwar ein Einreisevisum für Neuseeland, kommt aber zu dieser Zeit nicht aus Berlin heraus: Mitten im Jahr 1948 ist er in West-Berlin eingeschlossen, zusammen mit mehr als zwei Millionen anderen Menschen!

Im März beschließen die westlichen Alliierten eine von der sowjetischen Besatzungszone unabhängige Währungsreform: Die USA, Großbritannien und Frankreich steuern einen deutschen Teilstaat an, der fest im demokratisch-westlichen Lager verankert ist. Um das zu sabotieren, sperren die Streitkräfte der Sowjets am 23. Juni 1948 sämtliche Land- und Schienenwege nach West-Berlin – die demokratischen Alliierten sollen zum Abzug aus der Frontstadt gezwungen werden.

Wenige Tage später beginnt das, was schon bald »Berliner Luftbrücke« heißt: Zwei Millionen West-Berliner werden nun ausschließlich aus der Luft versorgt, mit Lebensmitteln und Brennstoffen. Die Flugzeuge der Alliierten, vor wenigen Jahren noch die Stadt bombardierend, erhalten diese nun am Leben. Zunächst gedacht als kurzfristige Notlösung, um Zeit für Verhandlungen zu gewinnen, zwingt Stalins Unnachgiebigkeit Amerikaner, Briten und Franzosen bald, nicht nur mit Dutzenden, sondern Hunderten Flugzeugen das eingeschlossene West-Berlin zu versorgen.

In den Staffeln der Briten befinden sich auch drei Crews der *Royal New Zealand Air Force*. Noch vor wenigen Jahren hatten ihre Piloten Ziele des deutschen Kriegsgegners attackiert, nun starten sie dreimal pro Tag vom Flugplatz der Hansestadt Lübeck aus, um den belagerten Deutschen zu Hilfe zu eilen.

Daß man eine Großstadt über längere Zeit hinweg aus der Luft versorgen könnte, hat sich bis zu diesem Zeitpunkt wohl niemand vorstellen können. Doch führt die Symbolkraft der Berliner Luftbrücke und der Mythos, der aus ihr erwächst, Sieger und Besiegte von Monat zu Monat enger zusammen, werden aus Feinden und Gegnern während dieses Sommers 1948 Freunde und Verbündete: Täglich donnern »Rosinenbomber« über die Köpfe der Eingeschlossenen. Doch die Menschen in der Trümmerlandschaft stürzen nicht mehr in den nächsten Luftschutzkeller, sie winken dankbar nach oben ...

»Westliche Demokratie soll über östliche Despotie siegen!« Dieser Devise schließt sich auch Fred Silberstein an, der auf gepacktem Koffer in West-Berlin sitzt. Sein Arbeitsvertrag als Hilfspolizist der amerikanischen Alliierten ist ausgelaufen, Fred möchte zu seiner Schwester Hansi nach Neuseeland. Doch wie aus der blockierten Stadt herauskommen? Die Blockade der Sowjets hat den Reiseverkehr von und nach West-Berlin fast völlig zum Erliegen gebracht.

Am Ende kommen ihm seine Kontakte zur Besatzungsmacht zugute: »Die Amerikaner boten mir an, mich in einer ihrer Maschinen nach Frankfurt auszufliegen – in einer kleinen Maschine, die in Berlin-Tempelhof startete. Von Frankfurt bin ich mit dem Zug nach Paris, dort hat man mich in einem kleinen Hotel einquartiert. In der Zwischenzeit wurden meine Papiere fertig gemacht, damit ich von Marseille mit dem Schiff nach Australien fahren kann. Im Juli 1948 wurde ich dann eingeschifft, und nach drei Monaten kamen wir erst einmal in Australien an ...«

Im November 1948 trifft Fred Silberstein endlich in Neuseeland ein. In diesem Monat wird der Berliner 21 Jahre alt – und jetzt will er sich endlich seinen Wunsch erfüllen und Koch werden!

Fred ist nicht der einzige, der Probleme hat, Berlin zu verlassen: Auch die Mutter von Gabriele Dane, die ihre Tochter nach zehn Jahren Trennung nun endlich besuchen möchte, kommt nicht aus der Stadt heraus.

Gabriele und ihr Mann Peter Dane betreiben immer noch die Küche einer ökumenischen Schule im englischen Leicester. Peter studiert außerdem Englisch an der Universität. Die jungen Eheleute fühlen sich wohl in Leicester, allein ihre Verwandten fehlen ihnen, und Gabriele erwartet ihre Mutter mit großer Sehnsucht. Der helfen schließlich die Briten aus Berlin heraus, so daß sie Ende des Jahres 1948 doch noch in Leicester eintrifft und ihre Tochter in die Arme schließen kann.

4. *Tod im Exil*

Am Ende seines Lebens wechselt Karl Wolfskehl noch einmal die Wohnung – seine Freunde haben sich um ein neues Domizil für ihn gekümmert, da die Wohnverhältnisse des alten Mannes allzu dürftig und unwürdig waren. »Jetzt bin ich in angenehmster Verzimmerung«, schreibt Wolfskehl Ende 1947 seinem Brieffreund Siegfried Guggenheim nach New York, »sogar Sie werden staunen, mit Schreibtisch, sicherlich dem einzigen auf Neuseeland, in richtig frischer Luft und so ungestört, wie ich's mir als Student nur wünschen konnte und leider jetzt nicht mehr benötige, nämlich: mit ›eigenem Eingang‹.«

Der Dichter kann sein neues Zuhause nicht lange genießen: Im Januar 1948 erkrankt er an einer schweren Lungenentzündung, in deren Folge sein Herz angegriffen wird – der 78jährige muß wochenlang in ein Hospital. Dort landet er, wo die Mittellosen Heilung finden, in einem Krankensaal mit mehr als 20 Betten. Abgesehen davon, daß der fast zwei Meter große Mann kaum in ein normales Krankenhausbett paßt, leidet Wolfskehl unter der Massenabfertigung – ein altes Darmleiden bricht zusätzlich aus. Und die neuseeländischen Behörden zeigen sich erneut von ihrer unnachgiebigen Seite: Seine Tochter hat noch immer keine Einreisegenehmigung mit Arbeitserlaubnis erhalten. Aber gerade von ihrer Gesellschaft verspricht sich Wolfskehl eine heilende Wirkung – außerdem ist sie Krankenschwester.

Der Dichter spürt, daß sein Abschied von dieser zerrissenen Welt naht. Wolfskehl hat starke Schmerzen, er bekommt Morphium, mit dem Bilder und Erinnerungen aus einer fernen, verlorenen Welt zurückkehren – der Münchner Fasching von 1902, wo sich der verehrte »Meister« Stefan George als Dante verkleidet hat, er selbst als Homer inmitten ihrer ambitionierten »kleinen Schar« großer Künstler, die 1914 noch in Kriegsbegeisterung schwelte …

Als Wolfskehl aus dem Krankenhaus entlassen wird, zieht Margot Ruben wieder zu ihm, sie übernimmt die Pflege und Versorgung des Schwerkranken. Doch Ende Mai 1948 verschlechtert sich sein Zustand derart, daß er erneut in ein Hospital muß. Dank finanzieller Zuwendung, die gerade von Freunden aus Europa eingetroffen ist, kommt Wolfskehl jetzt in einem privaten Hospital unter und dort in einem Einzelzimmer. Er kann sich kaum noch daran erfreuen und spürt, es ist Zeit, »von einem Raum in den anderen zu treten«. Ende Juni 1948, nach fast zehnjährigem neuseeländischem Exil, stirbt der deutsche Dichter Karl Wolfskehl in Auckland. Seine Heimat Europa hat er nicht mehr wiedergesehen.

Während sein Tod in der neuseeländischen Öffentlichkeit fast unbemerkt bleibt, gibt es in Übersee zahlreiche Reaktionen: In Deutschland, der Schweiz und in Israel, ebenso wie in der deutschsprachigen Emigrantenpresse, werden sein Leben und Werk ausführlich gewürdigt.

Epilog

Zügig, und zunächst eher aus politischer Vernunft denn aus Sympathie geboren, nähern sich die Kriegsgegner von gestern einander wieder an. Mit dem Kalten Krieg ist bereits die nächste große internationale Konfrontation heraufgezogen – diesmal zwischen der westlichen Welt und dem kommunistischen Imperium Stalins. Es ist eine Bedrohung, die stabile Bündnisse demokratischer Staaten erfordert, weshalb West-Deutschland, das an geostrategisch wichtiger Stelle liegt, bei diesem Konflikt eine besondere Bedeutung zukommt. Vor dieser weltpolitischen Kulisse verkommt die Entnazifizierung – 1945 gedacht als größte politische Säuberungsaktion der Geschichte – schon bald zu einem gigantischen Akt der Weißwäsche.

Als die Sowjets ihre Blockade West-Berlins im Mai 1949 aufgeben, endet die Berliner Luftbrücke mit einem Sieg der freien Welt: Fast ein Jahr lang haben die westlichen Alliierten und über zwei Millionen eingeschlossene Bürger ihre belagerte Insel gewaltfrei verteidigt – ein Jahr, in dem die couragiert ausharrenden Deutschen der demokratischen Welt nicht mehr die Fratze des Nationalsozialismus zeigten, sondern ein durchaus gewinnendes Antlitz. Die Luftbrücke, eines der gefährlichsten Unternehmen in der Geschichte der Luftfahrt, wird zum Mythos.

In diesem Geist und im Zuge neuer demokratischer Allianzen nähern sich auch das ferne Neuseeland und der westliche Teil Deutschlands einander wieder an: Die Bundesrepublik darf 1953 wieder eine Gesandtschaft in Wellington eröffnen.

In Neuseeland selbst wird 1949 – nach 14 Jahren Regierungsverantwortung – die *Labour Party* abgewählt, kommt nun für lange Zeit die konservativere *National Party* an die Macht. Sie verlagert den Schwerpunkt ihrer Politik von einer staatlich beförderten Wohlfahrt in Richtung eines starken wirtschaftlichen Wachstums. Damit driftet der *Way of Life* zwischen dem Neuseeland-typischen Farmland mit seinen verästelten, sich die Hügel hinaufwindenden Schafspuren und seinen etwas schrulligen Bewohnern einerseits und den geschäftigen Metropolen Wellington und Auckland andererseits weiter auseinander. Doch bleibt Neuseeland insgesamt ein Refugium der politischen Mitte.

Neue Zeiten spülen neue Namen nach oben. Reuel Lochore gelingt dank seiner Kontakte zum Umfeld des neuen Premierministers Sid Holland ein Karrieresprung, schon bald wird er Neuseeland als fähiger Diplomat in Asien vertreten. Zunächst jedoch glänzt der Einwanderungsspezialist sowie Kenner und Liebhaber der europäischen Kultur 1950 mit seinem Buch »*From Europe To New Zealand*« – es wird zum Standardwerk und hilft der neuen Regierung, mentale Besonderheiten nichtbritischer Einwanderer zu verstehen.

Genau dieses Thema gewinnt nun immer mehr an Bedeutung. Denn zu den Lehren aus dem Zweiten Weltkrieg gehört auch, daß Neuseeland im Angriffsfall in der Lage sein muß, sich gegen Aggressoren wie etwa den übervölkerten Nachbarstaat Japan zu verteidigen. Dafür aber braucht das Land einen Bevölkerungsanstieg auf deutlich mehr als zwei Millionen Einwohner. Somit setzt sich während der fünfziger Jahre die gesteuerte Einwanderungspolitik fort: Nach wie vor kommen in erster Linie Briten ins Land, doch werden jetzt auch junge Niederländer, Schweizer, Österreicher und selbst Deutsche zur Einreise ermuntert. Flüchtlinge aus der sowjetischen Besatzungszone Deutschlands haben allerdings erst dann eine Chance, eingelassen zu werden, nachdem sie zwölf Monate in Westdeutschland gelebt haben – genügend Zeit, sie hinreichend auf ihre kommunistischen Bindungen zu überprüfen. Die Einbürgerung selbst ist seit 1948 geregelt und relativ unkompliziert geworden.

Und die jüdischen Flüchtlinge? Sie setzen nun das fort, was sie nach ihrer Ankunft begonnen haben aufzubauen. Und war die Zahl dieser Einwanderer auch äußerst gering, so erweisen sie sich doch schon Ende der vierziger Jahre als überdurchschnittlich innovativ. Sie bereichern ihre neue Heimat mit ihren Ideen und Talenten, nicht zuletzt auch mit dem Know-how, das sie aus der alten Welt mitbrachten. Die meisten von ihnen entwikkeln sich zu neuseeländischen Patrioten und bleiben dem Land ihrer Aufnahme ein Leben lang in Dank verbunden: Großzügig als Sponsoren, übernehmen sie mit ebensolchem Engagement Ehrenämter.

Dieter Adam (Denis Adam)

Der Berliner Kaufmannssohn wird von seinen Eltern als neunjähriger Junge in eine schottische Internatsschule vorgeschickt, später folgt ihm der Rest seiner jüdischen Familie nach England in die Emigration. Während des

Krieges ist er einige Wochen auf der Isle of Man interniert, danach studiert er in London Nationalökonomie und meldet sich freiwillig zur *Royal Air Force*. In dieser Zeit ändert er seinen Namen in die anglisierte Form Denis Adam. Gegen Kriegsende zieht er mit den britischen Truppen in Holland und Deutschland ein.

1947 kommt Adam nach Neuseeland und baut sich hier mit Intelligenz und einer enormen Kraftleistung eine neue Existenz auf: Er wird einer der ersten Versicherungsmakler Neuseelands. Nach den mühseligen Jahren des Beginns – er arbeitet über viele Jahre um die hundert Stunden pro Woche – expandiert Adams Versicherungsfirma, bis sie schließlich landesweit zu den größten Unternehmen der Branche zählt.

1953 heiratet Denis Adam eine schöne Presbyterianerin, die Verna heißt und von der Südinsel stammt. Der vitale, zu Heiterkeitsausbrüchen neigende Wahl-Neuseeländer (der inzwischen auch Deutschland wieder mag), engagiert sich später als Mäzen und gründet eine renommierte Kulturstiftung. Er lebt auf einem Hügel in Wellington – von dort sieht man die Schiffe in den Hafen einfahren. Denis Adam fühlt sich als Neuseeländer, der sein Leben als Berliner begonnen hat: »Ich lebe hier jetzt schon mehr als ein halbes Jahrhundert. Ich fühle mich diesem Land sehr verbunden. Es ist doch wunderbar, eine Staatsbürgerschaft in einem Land zu haben, das klein ist, einen guten Ruf hat und im großen und ganzen keine Feinde. Wer will denn Staatsbürger von Amerika, Rußland oder China sein? Ich jedenfalls nicht ...«

Ruth Adler und Sol Filler

Im Alter von neun Jahren ist Ruth Adler gemeinsam mit ihren Eltern und ihrer Schwester aus dem niedersächsischen Hildesheim ins Exil aufgebrochen. Die Familie faßt Fuß in Auckland, wo die Eltern einen Gemischtwarenladen eröffnen. Ende der vierziger Jahre folgt die Schwester ihrem amerikanischen Ehemann nach Seattle. Kaum volljährig geworden, geht Ruth 1951 nach Australien. In Sydney lernt sie wenige Wochen nach ihrer Ankunft auf einem jüdischen Ball Sol Filler kennen – sie verliebt sich sofort, drei Wochen später sind die beiden verlobt. Ruths Eltern sind zunächst wenig angetan davon, daß ihre Tochter sich für einen polnischen Juden entschieden hat, doch sie lernen Sol Filler bald schätzen. Schließlich bitten sie das Paar, wieder nach Auckland zurückzukommen, um bei ihnen in der Nähe zu wohnen.

Hier eröffnet Sol Filler zunächst eine kleine Bäckerei, später wird daraus eine größere auf Aucklands Hauptstraße, der Queen Street. Ruth bringt in dieser Zeit zwei Mädchen zur Welt.

Sol Filler wird jahrelang von Alpträumen geplagt; mit Hilfe der körperlich anspruchsvollen Arbeit in seinem Geschäft versucht er lange Zeit vergeblich, den Schatten seiner Vergangenheit zu entfliehen. 1975 – ihre Kinder sind bereits junge Erwachsene – machen Ruth und Sol Filler eine sechsmonatige Reise durch Europa. Ruth zeigt ihrem Mann ihre alte Heimat Hildesheim, danach reisen sie ins ehemalige Galizien. Zum ersten Mal nach Jahrzehnten betritt Sol Filler die Stadt Brzozów und den naheliegenden Wald, in dem seine ganze Familie ausgelöscht wurde. Und zum ersten Mal nach 30 Jahren sieht

Sol das Gelände von Auschwitz wieder. Die Fahrt nach Polen fällt ihm schwer, doch zurück in Neuseeland verlieren sich seine Alpträume. 1999 stirbt Sol Filler an Krebs.

Im Jahr 2001 bricht Ruth gemeinsam mit Tochter und Enkelkindern nach Ostpolen auf. Sie besuchen den Ort, an dem Sol Fillers Eltern ermordet wurden. In Kraków nimmt die Familie außerdem am *»March of the Living«* teil, mit dem jährlich der in Auschwitz Ermordeten gedacht wird. In Neuseeland leistet Ruth Aufklärungsarbeit in Schulen, spricht dort über den Holocaust. Für ihr Engagement erhält sie 2001 einen Orden der Queen.

Frank und Alice Briess

Frank und Alice Briess brechen 1939 aus dem mährischen Olmütz nach Übersee auf. Voller Pioniergeist übernehmen der Sohn eines Gewürz- und Getreidehändlers und seine Frau eine riesige Farm – die sie jedoch wegen der Regelungen für *Enemy Aliens* nur zwei Jahre später wieder aufgeben müssen. Sie ziehen nach Auckland, wo sie das erste Soldaten-Restaurant Aucklands mitgründen.

Frank Briess baut schließlich mit einem Fleischgroßbetrieb ein eigenes Geschäft auf. In Partnerschaft mit einem deutschen Wurshersteller beginnt Briess später, sich einen Traum zu verwirklichen und Wurstwaren nach europäischen Rezepten herzustellen: Salami, Leberwurst, Frankfurter Würstchen und Bratwurst, ebenso wie Produkte, bei denen er traditionelle Rezepte mit lokalen Eigenarten wie etwa Maori-Zutaten ergänzt.

Briess' *Continental Sausages* werden so erfolgreich, daß sein Unternehmen Mitte der sechziger Jahre schon etwa 40 verschiedene Wurstsorten produziert und unter anderem nach Singapur, Hongkong, zu den Pazifischen Inseln und nach Australien exportiert.

Für seine kreative unternehmerische Leistung wird Frank Briess von der *Food and Cookery Association* in London ausgezeichnet.

Neben der Erziehung der Tochter Claire hilf Alice Briess im Unternehmen mit, darüber hinaus widmet sie sich der Hausarbeit und engagiert sich ehrenamtlich: Alice überträgt Bücher in die Blindenschrift Braille.

1979 stirbt Frank Briess im Alter von 71 Jahren. Sieben Jahre später folgt ihm Alice, die am Ende stark an der Parkinson-Krankheit gelitten hat.

Lilly und Fritz Bruell

Fritz Bruell, Sozialist und Fluchthelfer aus Brünn, und seine Frau Lilly, Tochter eines galizischen Schneiders, sind nach dem Einmarsch der deutschen Truppen in Österreich von Wien ins mährische Brünn gegangen, wo sie kurze Zeit später in der Falle sitzen. Nur knapp entgeht Fritz Bruell seiner Verhaftung, indem er nach England flieht; unter dramatischen Umständen gelingt ein paar Monate später auch seiner Frau Lilly die Flucht. In London wieder vereint, engagieren sich die beiden in einem tschechischen Flüchtlingshilfskomitee, bis sie schließlich 1940 in letzter Minute selbst noch ein Schiff nach Neuseeland besteigen.

Sie erreichen das Land ihres Exils völlig mittellos, fassen jedoch schon bald Fuß: Lilly arbeitet als Designerin in einer Konfektionsfabrik in Auckland. Fritz gelingt es, als Manager in einer Firma für Verpackungsmittel ein Kartonpatent zu entwickeln. Nach Ende des Krieges gründet Fritz Bruell die erfolgreiche *Rex Manufacturing Company*, die Büroartikel, Spielzeug und später auch Produkte für die entstehende Fernsehindustrie fertigt. Während Lilly Bruell, mittlerweile Mutter von drei Kindern, eine eigene Schneiderei aufbaut, wird Fritz Bruell der erste neuseeländische Hersteller, der nach Thailand, Malaysia und Südamerika exportiert.

Kurz vor der Jahrhundertwende, im Jahr 1998, stirbt Lilly Bruell im Alter von 84 Jahren. Ihr Mann Fritz ist zu diesem Zeitpunkt bereits seit zwei Jahren tot.

Peter Dane und Gabriele Herrmann

Peter Dane legt 1952 im britischen Leicester sein Universitätsexamen in Englisch mit ausgezeichneten Noten ab. Seine Frau Gabriele arbeitet als Kindergärtnerin und begleitet ihren Mann oft in den Hörsaal. Bald wird sie schwanger und bringt einen Sohn zur Welt. Als Peter eine Stelle als Universitätsdozent für Englisch in Uganda offeriert wird, entschließen sich die beiden, nach Afrika zu gehen, wo sie sieben Jahre bleiben.

Schließlich wird Peter Dane eine Stelle in jenem Land angeboten, das seine Mutter 1939 als Zufluchtsort verschmähte, weil es dort ein so geringes kulturelles Angebot gab: Neuseeland. Da zum Sohn inzwischen eine Tochter gekommen ist, die nach einer komplizierten Geburt unter schweren Entwicklungsstörungen leidet, entscheiden sich Peter und Gabriele, Afrika zu verlassen und nach Neuseeland zu gehen.

Das pazifische Land gefällt ihnen auf Anhieb. Die ersten Wochen nach ihrer Ankunft verbringt die Familie mit einem Zelt an entlegenen Küsten, wo sie sich von der Schönheit der neuseeländischen Landschaft bezaubern läßt. Anschließend tritt Peter im *English Department* der *University of Auckland* seine Stelle an. Der allgemeine Wohlstand in diesem Land, der sich auch auf die unteren sozialen Milieus erstreckt, beeindruckt sie, er entspricht ihrer Auffassung von sozialer Gerechtigkeit: Selbst einfache Arbeiter verdienen genug Geld, um sich gewisse Annehmlichkeiten wie ein Boot oder eine Hütte am Strand zu leisten. Meist liegen die Gehälter von Akademikern und Arbeitern nicht allzuweit auseinander.

Während Peter Dane sich gut an der Universität einarbeitet und dort bei seinen Studenten sehr beliebt ist, arbeitet Gabriele bis zu ihrer Pensionierung als Kinderkrankenschwester.

Im Jahre 2005 stirbt Gabriele. Peter Dane lebt noch immer im gemeinsamen Haus am Meer, in der Nähe von Russell. Der heute über 90jährige schreibt Gedichte, ist vital und witzig, raucht und trinkt aber etwas weniger. Denn er hat noch einmal geheiratet – Evelyn Heke, eine Urenkelin des berühmten Maori-Stammesführers Hone Heke.

Heinz und Dorothea Eisig

Als Leichtathlet wird Heinz Eisig 1936 für die Olympischen Spiele nicht nominiert, weil er Jude ist. Unter der Auflage, daß er sich noch in Brandenburg zum Landwirt umschulen läßt, erhält er eines der wenigen *Permits* für Neuseeland. 1939 gelingt es Heinz Eisig noch in letzter Minute, seine Freundin Dorothea aus Deutschland herauszuholen; der Versuch, Dorotheas Eltern nachkommen zu lassen, scheitert.

Seitdem arbeiten die beiden hart auf einer Farm im Hinterland der Nordinsel, in der abgelegenen, aber idyllischen Landschaft um Mercer. Nach ungewöhnlich schweren Anfangsjahren haben sie sich gut eingelebt, vor allem die Kinder Merle und Ron finden das Landleben wunderbar mit all den Kühen, Kälbern, Pferden, Katzen und Hunden.

1953 erliegt Heinz Eisig einer Krebserkrankung, im Alter von nur 45 Jahren. Er stirbt am Tag des achten Geburtstages seines Sohnes.

Dorothea steht nun allein da mit den Kindern. Das Angebot einer Tante von Heinz, zu ihr nach Israel zu kommen, schlägt sie aus, weil ihr Sohn Ron dort zur Armee müßte und sie Angst hat, auch noch ihn zu verlieren. Nachdem es ihr gelungen ist, die Farm zu verkaufen – was aufgrund deren Abgeschiedenheit nicht einfach war –, folgt Dorothea Eisig mit ihrem Sohn der Tochter Merle nach Auckland, die dort inzwischen Pädagogik studiert.

1999 stirbt Dorothea im Alter von 86 Jahren.

Salomon Grynbaum (Andrié Hart)

Salomon Grynbaum wird in eine flämisch-jüdisch-polnische Schneiderstube in Antwerpen hineingeboren. Die Flucht der Familie vor den deutschen Truppen scheitert, der Vater wird deportiert und kehrt nie zurück. Die Mutter gibt den Jungen in einem jüdischen Waisenhaus in Brüssel ab und taucht danach unter.

Salomon verbringt die Kriegsjahre behütet im Waisenhaus, im Schutz der religiösen Erziehung und der liebevollen Gemeinschaft fühlt er sich geborgen, doch er hat furchtbare Sehnsucht nach seiner Mutter. Ende 1943 werden die Kinder vor den Nazis in einer katholischen Kirche auf dem Land versteckt. Zurück in Brüssel, steht nach langer Zeit des Wartens Salomons Mutter vor der Tür des Waisenhauses.

Nach einem Aufenthalt in England wandert Salomon, der sich nun Andrié nennt, mit seiner Mutter und dem Stiefvater nach Neuseeland aus. In Auckland beginnt er später ein Jurastudium und verliebt sich in eine Kunststudentin, die er aus der jüdischen Gemeinde kennt.

1938 noch in Deutschland in der Nähe von Königsberg geboren, ist sie mit ihren Eltern 1939 in Neuseeland angekommen. Das Schiff, auf dem die Familie flieht, ist eines der letzten, das noch Juden aus Deutschland herausbringt.

Andrié Hart, der eine Zeitlang mit seiner jüdischen Identität gerungen hat, besucht heute regelmäßig die Synagoge. Er arbeitet als Jurist und ist Vater dreier Kinder, inzwischen sogar schon Großvater.

Mehr als 20 Jahre liegt seine von Krieg und Verfolgung geprägte Vergangenheit bereits zurück, als Andrié Hart noch einmal mit ihren Schatten konfrontiert wird: Eines Tages kommen seine Mutter und Sol Filler in dessen Bäckerei miteinander ins Gespräch. Andriés Mutter hat in der Nähe einen kleinen Laden, man kennt einander. Sie kommen auf Auschwitz zu sprechen, da die Mutter gehört hat, Sol Filler sei ebenfalls dort gewesen. Sol zeigt ihr seine »Auschwitz-Nummer« und erzählt, daß er drei Jahre im Lager verbracht und eine Zeitlang seine Pritsche mit einem Belgier aus Antwerpen geteilt habe, der seine Frau und seinen kleinen Sohn hatte zurücklassen müssen. Der Mann, den Sol Filler nun beschreibt, ist Andriés ... ist Salomons Vater. Es stellt sich heraus, die beiden Männer haben in Auschwitz auf dem Feld und in den Kohleminen zusammen gearbeitet, sie haben sogar auf der dreistöckigen Holzpritsche nebeneinandergelegen!

Andrié überschüttet Sol Filler nun mit Fragen über seinen Vater, läßt sich von ihm alles erzählen, was dieser über dessen Schicksal weiß, und ist unendlich dankbar für diesen Zufall, bei all den Millionen Menschen, die durch Auschwitz gehen mußten, ausgerechnet denjenigen zu treffen, der ihm von seinem Vater berichten kann.

Alfred und Lotte Heppner

Alfred Heppner, niedergelassener Arzt in Berlin-Weißensee, verläßt Deutschland 1938 im Alter von 40 Jahren. Gemeinsam mit seiner Frau Lotte und dem Baby Kim folgt er seinen Eltern und seiner Schwester, die bereits nach Neuseeland ins Exil vorausgegangen sind. Dort angekommen, muß er sich noch einmal neu qualifizieren und drei Jahre lang die *Medical School* in Dunedin besuchen. 1941 wird ihm eine Praxis in einem vorwiegend von Maori bewohnten Vorort Aucklands zugewiesen. Der freundliche Umgang mit Nachbarn und Patienten entschädigt den jüdischen Arzt rasch für die Anfeindungen, die sein Berufsstand zu erdulden hat, da man die wenigen aus Nazi-Deutschland geflohenen Ärzte als lästige Konkurrenz empfindet. In den fünfziger Jahren geht Alfred Heppner nach einem ausgefüllten Arztleben in den Ruhestand.

Seine Frau Lotte Heppner erholt sich nicht mehr von den Verlusten, die sie durch die Nationalsozialisten erlitten hat, sie findet keine innere Ruhe mehr: Die Zahnarzttochter aus dem schlesischen Oppeln, die ihr Medizinstudium abgebrochen hat, als sie ihren späteren Mann Alfred kennenlernt, verkraftet das Trauma ihres langen Kampfes um die Rettung ihrer Familie nicht. Jahrelang hat sich Lotte vergeblich um Einreisegenehmigungen für ihre in Lebensgefahr befindlichen Eltern und den an Multipler Sklerose erkrankten Bruder bemüht. Diese permanente Anspannung und Angst und schließlich die Verzweiflung bei der Gewißheit von ihrer Ermordung hat Lotte Heppner nicht verkraftet, ihre Lebensfreude ist erloschen. Sie wird, wie auch Dorothea Eisig, nie wieder einen Fuß auf deutschen Boden setzen.

Als ihr Mann 1970 stirbt, bekommt Lotte Heppner ihren ersten Herzanfall, sie ist 59 Jahre alt. Der zweite Anfall, zehn Jahre später, kostet sie das Leben.

Großvater Hugo Heppner wird posthum Gerechtigkeit zuteil: Da er sein Warenhaus in Berlin-Weißensee 1937 zwangsweise und weit unter Wert an die Berliner Sparkasse hatte verkaufen müssen, wird 1995 ein Restitutionsanspruch zugunsten der Familie Heppner entschieden, wodurch die Erbengemeinschaft eine Ausgleichszahlung erhält.

Hans Jottkowitz (Hans Johnson)

Hans Jottkowitz, der sich seit seiner Einbürgerung in Neuseeland Hans Johnson nennt, sieht sich bis an sein Lebensende als »Hans im Glück«, da er vielen Gefahren und tödlichen Fallen der Nationalsozialisten teilweise in letzter Sekunde entkommen ist.

Als jüdischer Schüler in Berlin wird Hans Jottkowitz von seinen Lehrern und Mitschülern anständig behandelt, er verläßt Deutschland eine Woche vor der sogenannten »Reichskristallnacht«, in deren Folge sein Vater ins KZ Sachsenhausen kommt.

Nachdem ihm jüdische Hilfsorganisationen bei der Flucht nach Neuseeland geholfen und ihm letztlich die Überfahrt in einer Luxuskabine bezahlt haben, trifft Hans Jottkowitz zwar mittellos in Neuseeland ein, doch findet er bald Arbeit als Färber in Dunedin. Als der Krieg ausbricht, wird er wegen seiner deutschen Herkunft entlassen, man schickt ihn als Hilfsfarmer aufs Land. Schließlich bekommt er wieder eine Stelle als Textilweber in Milton und arbeitet später als Färbermeister im südlichen Invercargill. Was auf Hans jedoch lastet, ist seine Einsamkeit und der Selbstvorwurf, es nicht geschafft zu haben, seine Eltern noch rechtzeitig aus Deutschland herauszuholen.

In Invercargill begegnet er dann einer Frau, mit der er sich auf Anhieb versteht und in die er sich verliebt. Hans ist froh, endlich wieder einen Menschen zu haben, dem er eng verbunden ist. Und er empfindet ein tiefes Glück, als 1953 seine Tochter Naomi geboren wird.

1959 zieht die Familie auf die Nordinsel nach Auckland, wo Hans fast 20 Jahre lang als Färbermeister arbeitet. Seine christliche Frau Patricia beginnt, sich für jüdische Religion zu interessieren, und als 1960 die weniger orthodoxe Reformgemeinde *Beth Shalom* gegründet wird, gehört das jüdisch-christliche Ehepaar zu den ersten, die sich dort engagieren. Hier lernen sie auch Hansi und Fred Silberstein kennen, die ebenfalls mit christlichen Partnern verheiratet sind. Mit Beginn seines Ruhestandes bedankt sich Hans Johnson, der freundliche Deutsche mit dem sanften Humor, bei der neuseeländischen Gesellschaft, die ihn einst in größter Not aufnahm, auf seine Weise: Elf Jahre lang stellt er sich für jeweils zwei bis drei Tage pro Woche als Mitarbeiter einem städtischen Bürgerbüro ehrenamtlich zur Verfügung.

Im Alter ziehen Hans und Patricia Johnson in die Seniorensiedlung von *Beth Shalom*, wo sie ein bescheidenes Leben führen, ihren kulturellen Interessen nachgehen und sich ab und zu etwas Urlaub am Meer gönnen.

Im März 2002 stirbt Hans Johnson in Auckland.

Minna Kohane und Hans Nathan

Aus einer orthodoxen jüdischen Familie im Prenzlauer Berg stammend, kann sich Minna Kohane 1939 nur deswegen nach Neuseeland retten, weil es dem Rabbi von Wellington gelungen ist, seiner Regierung eine zweijährige Aufenthaltserlaubnis für vier deutsche Dienstmädchen abzuringen. Sie hält es nicht lange aus in dieser Funktion, heuert als Küchenhilfe in einem Schulinternat an, wird zum Kriegseinsatz in eine Zigarettenfabrik abkommandiert und darf schließlich in eine Fabrik für Damenunterwäsche wechseln. Dort arbeitet Minna noch während der ersten Jahre nach ihrer Hochzeit mit Hans Nathan, erst als die Kinder kommen, bleibt sie zu Hause. Die Umstände sind schwierig: Drei Kinder in kurzer Zeit, ihre Familie muß mit wenig Geld auskommen, es gibt keine Waschmaschine, keinen Kühlschrank, kein Auto. Vor allem aber verläuft ihre Ehe nicht besonders glücklich.

Hans Nathan, der ursprünglich als Maschinist aus Hamburg kam, hat vier Jahre im Internierungslager auf Somes Island verbracht. Er verhält sich Minna gegenüber, mit der er immerhin 45 Jahre verheiratet bleibt, stets als *Gentleman*, doch letztlich interessiert sich Hans Nathan eher für das andere Geschlecht. Anfang der neunziger Jahre stirbt er.

Auch eines ihrer Kinder stirbt in den neunziger Jahren, an Krebs, was Minna so schwer trifft wie der Verlust ihrer Eltern und Geschwister. Deren Schicksal verfolgt sie oft bis in die Nacht – Minnas Vater ist zusammen mit ihrer Mutter in einem Wald bei Tarnów erschossen, zwei ihrer Schwestern in Auschwitz ermordet worden. Nachts weint Minna lange. Doch morgens stellt sich die lebendige alte Dame wieder der Welt und den alltäglichen Dingen des Lebens. Was Minna Halt gibt, ist der Kontakt zu anderen jüdischen Flüchtlingen wie Fred Silberstein, mit dem sie sich manchmal trifft, oder ihrer Freundin Ruth Adler.

In den achtziger Jahren treibt Minna die Sehnsucht nach ihrer alten Heimat um, sie wollte Berlin und den Prenzlauer Berg wiedersehen, obwohl sie diese Begegnung auch scheute: Schon bevor sie ihre Reise antrat, war sie durcheinander. Erinnerungen an ihre idyllische Kindheit stiegen hoch. Und dann stand Minna nach 45 Jahren das erstemal wieder vor ihrer alten Haustür: »Als ich in den Prenzlauer Berg kam, war ich entsetzt – die schöne Promenade in der Metzer Straße war nichts mehr als ein toter Erdstreifen. In unserem Haus in der Metzer Straße 11 war die Fensterfront des ganzen Erdgeschosses zugenagelt. Und am Senefelderplatz stand früher ein Denkmal für Alois Senefelder, der schließlich die Lithographie erfunden hat – das war auch weg. Es waren alle Spuren jüdischen Lebens um die Metzer Straße herum verwischt, die jüngeren Leute, die ich gefragt habe, wußten gar nicht, daß es dort einst ein pulsierendes jüdisches Leben gegeben hatte.« Minna Kohane war in der DDR gelandet.

2006 stirbt sie im Alter von 87 Jahren in Auckland.

Peter Muenz (Peter Munz)

Peter Muenz, Enkel eines Chemnitzer Textilfabrikanten, kommt mit seiner Mutter und seiner Schwester über Zwischenstationen in Italien und Palästina nach Neuseeland. Peter studiert Geschichte in Christchurch und bekommt ein Stipendium in Cambridge, schließlich macht er Karriere als Historiker an der *Victoria University of Wellington*, wo er 1969 eine Professur übernimmt.

Der renommierte Historiker, der sich auf Friedrich Barbarossa spezialisiert, verbringt später zu Forschungszwecken ein Jahr im Max-Planck-Institut in Göttingen, und über einen langen Zeitraum hinweg arbeitet er außerdem regelmäßig in Tübingen.

1986 wird Professor Munz, den seine Studenten sehr schätzten, emeritiert. Bis ins neue Jahrhundert hinein genießt er den Ausblick aus seinem Haus über die Bucht von Wellington, treibt Sport, schreibt Bücher oder kümmert sich um seinen Enkel. Von Zeit zu Zeit fährt er in sein geliebtes Italien – in Begleitung seiner Frau Anne, einer ehemaligen Studentin von ihm, mit der er inzwischen verheiratet ist und einen gemeinsamen Sohn hat.

Bisweilen befragt er sich selbst nach seinen Wurzeln und nach seiner Zugehörigkeit, um dann meist festzustellen, daß er nie irgendwo so richtig dazugehörte, was ihn jedoch nicht stört. So stammt er aus einer jüdischen Familie, ohne sich jemals wirklich als Jude begriffen zu haben: »Mit der Identität ist das so eine Sache. Wenn mich jemand fragt, wer ich bin und woher ich komme, würde ich nie sagen: ›Ich bin Jude.‹ Ich würde immer sagen: ›Ich bin Deutscher.‹ Und warum? Deutsch ist meine Muttersprache, mit deutscher Literatur bin ich aufgewachsen. Und wenn Hitler das nicht gepaßt hat, so ist das sein Schaden, nicht meiner.«

Doch das Land, dem er sich am stärksten zugehörig fühlt, ist Neuseeland. Er liebt dessen Landschaften, die ruhige Arbeitsatmosphäre und das entspannte Lebensgefühl – er lebt hier ganz »*relaxed*«: Manchmal fährt er einfach im Bademantel herunter zum Strand, wo er am *Lambton Quai* in dieser Aufmachung spazierengehen kann, ohne irritierte Blicke auf sich zu ziehen. Auch das mag er an Neuseeland.

2006 stirbt Peter Muenz in Wellington.

Ernst und Herta Neuländer
(Ernest und Herta Newland)

Mit Hilfe eines Stipendiums der faschistischen Regierung Mussolinis studiert der Jude Ernst Neuländer aus dem schlesischen Breslau einige Semester Medizin in Turin. Als sich die Lage zuspitzt, wandert Ernst mit seiner Freundin Herta, einer jungen Sängerin, nach Palästina aus. Als gelernter Bauarbeiter ist Ernst Neuländer in Palästina willkommen. Und als sie das Land wegen der Unruhen zwischen Juden und Arabern schließlich verlassen wollen, findet er 1938 auch Arbeit in London. 1939 werden ihm und Herta zwei von fünf Einreisegenehmigungen für Neuseeland zugesprochen, weil er im Baugewerbe eingesetzt werden kann. Und trotz seiner deutschen Herkunft wird der Breslauer in die *New Zealand Army* aufgenommen.

Nach Kriegsende avanciert er zum Spezialisten für Geothermik, später gründet er mit zwei Partnern in Auckland eine kleine Fabrik für Ventilation und Filtration. Kurz bevor er in den Ruhestand geht, engagiert er sich noch für Handelskontakte zwischen seiner alten und seiner neuen Heimat. Er ist viel auf deutschen Messen zu finden: Ernest Newland, wie er sich seit Kriegsende nennt, wird zum Bindeglied zwischen Neuseeland und Handelsmessen in Frankfurt, Köln oder Hannover. Wieder in Deutschland zu sein bereitet ihm keinerlei Probleme; vielmehr blüht er bei dieser Arbeit, die sehr erfolgreich verläuft, auf.

Je älter Ernest Newland wird, desto mehr steigt seine Sehnsucht nach Europa, desto stärker zieht es ihn in die alte Zeit zurück, obwohl er Neuseeland sehr schätzt.

Seiner Frau Herta geht es kaum anders; mit großem Interesse hören die beiden die »Deutsche Welle« und verfolgen, was in Deutschland passiert. »Noch mit 90 Jahren stehe ich mit einem Bein in Europa und mit dem anderen in Neuseeland«, sagt Ernest am Ende seines Lebens. »Es geht uns gut hier, aber ein gewisses Heimweh wird wohl immer bleiben. Die Entwurzelung merkt man um so mehr, je älter man wird.«

Im Oktober 2000 stirbt Ernest Newland in Auckland. Seine Frau Herta überlebt ihn nur um ein halbes Jahr.

Karl Raimund Popper

1949 wird Karl Popper, der heute als Begründer des Kritischen Rationalismus gilt, an der London *School of Economics der London University* zum ordentlichen Professor für Logik und Wissenschaftliche Methodenlehre ernannt. Er wird ein Philosoph von Weltrang: Seine Bücher werden in mehr als 30 Sprachen übersetzt; er hält Vorlesungen in den USA, in Japan, Deutschland, Australien und vielen anderen Ländern, erhält zahlreiche Preise und Auszeichnungen, wird überhäuft mit Huldigungen und Ehrendoktorwürden – und 1965 von der Queen in den Adelsstand erhoben. Vier Jahre danach gibt er seine Professur in London auf, um mehr Zeit für seine Schriften und Vorträge zu haben. Karl Popper arbeitet unermüdlich. Sein Hauptwerk »Die Offene Gesellschaft und ihre Feinde« ist längst Pflichtlektüre in vielen westlichen Universitäten, seine »Logik der Forschung« avanciert zu einem der wichtigsten wissenschaftstheoretischen Werke des 20. Jahrhunderts.

Poppers Verhältnis zu seiner österreichischen Heimat bleibt bis zu seinem Tod gespannt. Eine Professorenstelle, die ihm nach dem Krieg angeboten wird, lehnt er ab. 1983 veranstaltet seine Heimatstadt Wien zu Ehren des mittlerweile über 80jährigen ein Symposium. Im Anschluß daran gibt Popper in einer Geste der Versöhnung einige Gastvorlesungen in Wien, auch Motive des Heimwehs und möglicherweise der Genugtuung spielen hierbei wohl eine Rolle. Als ihm jedoch die Präsidentschaft über ein Institut für Wissenschaftstheorie angeboten wird, das gegründet werden soll, um den berühmten Philosophen wieder nach Wien zurückzuholen, lehnt er ab.

30 Jahre nach seinem Wirken an der *University of Canterbury* in Christchurch kehrt Popper zum 100jährigen Bestehen der Universität noch einmal zurück in das Land seines Exils. Er leidet zwar zunehmend unter körperlichen Beschwerden, doch sein Neuseeland-Besuch verläuft sehr harmonisch. Der Philosoph zeigt echte Dankbarkeit für die einst existenzrettende Aufnahme; die Universitätsleitung wiederum würdigt seine Arbeit in Christchurch mit den Worten: »Poppers Wirkung auf das akademische Leben war stärker als die irgendeines anderen Menschen vor ihm oder nach ihm.« Und für Chronisten Neuseelands war der Österreicher »wie intellektueller Champagner nach den Dürrejahren der Depression«.

1994, zwölf Jahre nach seiner Frau, stirbt Karl Popper – er hat fast bis zum letzten Tag seines Lebens gearbeitet.

Hansi und Fred Silberstein

Wohl kaum jemand unter den Neuseeland-Flüchtlingen hat so viele Facetten der Grausamkeit des NS-Regimes erleben müssen wie das Geschwisterpaar Hansi und Fred Silberstein. 1938 sehen die Kinder ihren Vater, dessen »Kaufhaus Boga« erst zerstört, dann konfisziert wird, nach einem Aufenthalt im Konzentrationslager völlig gebrochen zurückkehren. Zwei Jahre später muß die Familie Silberstein ihre Wohnung verlassen. 1942 wird der 14jährige Fred von der Gestapo für Arbeitsdienste ins SS-Gelände Am Großen Wannsee verschleppt, von wo aus man ihn Ende Februar 1943 nach Auschwitz abschiebt.

Fast zur gleichen Zeit tritt am anderen Ende der Stadt auch seine Schwester Hansi diesen Weg an. Von der Berliner Munitionsfabrik, in der sie Zwangsarbeit leistet, wird sie direkt ins Vernichtungslager Auschwitz deportiert. Während die SS ganze Waggonladungen von Menschen in die Gaskammern treibt, wird die »arisch« aussehende Hansi Silberstein an der Rampe für eine Arbeit als Stationsschreiberin auf der Zahnstation des Lagers selektiert. Sie ist die einzige ihres Transportes, die überlebt.

Wodurch ihr Bruder Fred überlebt hat, weiß er bis heute nicht. Er wird ebenfalls selektiert, allerdings von Doktor Josef Mengele, der ihn über Monate hinweg bei medizinischen Experimenten grausam quält. Nach einem Selbstmordversuch retten Mithäftlinge den Jugendlichen. Auch die »Evakuierung« des KZ Auschwitz Anfang 1945, bei der Tausende sterben, und die anschließende Haft im Lager Dora-Mittelbau überlebt Fred wie durch ein Wunder.

Seine Schwester Hansi Silberstein übersteht ebenfalls einen der langen Todesmärsche; sie trifft schließlich im KZ Bergen-Belsen ein, überlebt auch die mörderischen Umstände dort und wird von britischen Truppen befreit.

Als ihr Bruder Fred in Nordhausen von amerikanischen Truppen befreit und in ein Hospital gebracht wird, ist er dem Tod näher als dem Leben. Doch er erholt sich rasch und erlebt eine Zeit der Anarchie.

Nachdem die Geschwister Silberstein im Nachkriegsdeutschland einander wiedergefunden haben, beschließen sie, der Einladung von Verwandten nach Neuseeland zu folgen; allein der Gedanke, in jenes Land auszuwandern, das am weitesten von Deutschland entfernt liegt, gibt ihnen neuen Lebensmut.

Später heiratet Hansi einen englischen Matrosen, von dem sie drei Kinder bekommt. Sie geht in der Fürsorge für Fred und ihre Familie auf und empfindet es immer noch als Wunder, überlebt zu haben. Trotz all des Leides, das ihr durch Deutschland widerfahren ist, pflegt Hansi Silberstein weiterhin bestimmte deutsche Bräuche: Sie bereitet die Gerichte zu, die sie in ihrer Jugend gegessen hat, kocht ein, wie die Frauen es früher in Deutschland getan haben, sie strickt, näht, häkelt und versucht ansonsten, sich auf das Leben am anderen Ende der Welt umzustellen: »Manche Dinge sind einfach so anders, das ist manchmal merkwürdig. Ich habe zum Beispiel im Dezember Geburtstag; meine gesamte Kindheit über habe ich meinen Geburtstag also im tiefsten Winter gefeiert. Hier sind ja die Jahreszeiten genau anders herum, so habe ich nun schon seit fünfzig Jahren im strahlenden Sommer Geburtstag. Darüber staune ich jedesmal wieder.«

Auch Hansi empfindet tiefe Dankbarkeit gegenüber Neuseeland und engagiert sich deshalb sieben Jahre lang unentgeltlich in einem Bürgerbüro, wo sie lernt, hilfsbedürftigen Menschen die richtigen Fragen zu stellen, um sie bei ihren Problemen wirklich unterstützen zu können. Diese Begegnungen sind ihr eine wichtige Erfahrung.

Mit ihren Kindern hat Hansi nie über das gesprochen, was ihr damals in Deutschland passiert ist. Als sie noch klein sind, fragen die Kinder nach der Bedeutung der eintätowierten Nummer auf ihrem Arm – sie erklärt ihnen, daß das ihre Telefonnummer sei, die sie sich besser merken könne. Dasselbe erzählt sie heute ihren Enkelkindern.

Fred arbeitet nach seiner Ankunft in Neuseeland zunächst als Tischler. Dann endlich bereitet er sich auf den Traumberuf seiner Kindheit vor: Er lernt kochen und wird im Restaurant-Management ausgebildet. Anschließend ist er in Restaurants, Nachtclubs und Hotels beschäftigt – während der fünfziger Jahre hat er ständig zwei, drei Jobs gleichzeitig.

1963 ist es dann soweit, daß Fred Silberstein in Auckland sein eigenes Restaurant eröffnen kann. Ebenso wie Frank Briess die deutsche Salami in das in kulinarischer Hinsicht nicht gerade fortschrittliche Neuseeland einführt, serviert Fred Silberstein nun neben pazifischen auch deutsche Spezialitäten und ist mit dieser Kombination sehr erfolgreich. 22 Jahre lang führt er das Restaurant – gemeinsam mit seiner Frau Billie, einer warmherzigen anglikanischen Neuseeländerin. Als er es 1985 schließt, trägt er am Revers eine Auszeichnung für seine Kochkünste – verliehen von der britischen Königin.

Doch Fred setzt sich nicht zur Ruhe: Solange es ihm gesundheitlich möglich ist, betreut er in einem Bürgerbüro ehrenamtlich Menschen, die Hilfe brauchen. Im Juni 2006 erhält er dafür erneut eine Auszeichnung der britischen Königin – diesmal die »Queen's Service Medal«.

Fred Silberstein führt ein glückliches Leben in Neuseeland. Wie seine Schwester Hansi hat auch Fred hier von Beginn an fast ausschließlich englisch gesprochen. Dennoch bleibt die deutsche Sprache tief in seinem Unterbewußtsein verankert: »Es war 1959 – ich hatte jahrelang kein Deutsch mehr gesprochen –, als ich einen Unfall hatte und ins Krankenhaus mußte. Ich mußte operiert werden. Und als ich aus dem Operationssaal herausgeschoben wurde und aus der Narkose erwachte, hatte man mich festgebunden. Dunkel erinnerte ich mich, daß ich geträumt hatte, in Auschwitz in die Gaskammer zu kommen. Später erzählten mir die Schwestern, daß sie mich während der Operation festbinden mußten, weil ich in der Narkose wie wild um mich geschlagen und geschrien hätte – auf deutsch – nach meiner Mutter. Alles, was sie von dem, was ich gesagt habe, verstanden haben, war ›Mama‹, immer wieder ›Mama‹.«

2009, kurz vor seinem 82. Geburtstag, stirbt Fred. Seine drei Jahre ältere Schwester lebt noch immer in Auckland.

Karl Wolfskehl

Für den Dichter mit der dröhnenden Stimme und der hünenhaften Gestalt bleibt das neuseeländische Exil letztlich das »Thule der Antarktis«; er selbst hingegen mag hier wie ein abendländisches Fossil wirken. Neben

Koffer und Poetenhut rettet er nur seine außergewöhnliche universale Bildung auf des »Erdballs letztes Felsenriff«. Der große alte Mann, der Kafka, Rilke und Thomas Mann noch persönlich gekannt hat, bleibt seinen europäischen Wurzeln verhaftet. Er fühlt sich »jüdisch, römisch, deutsch zugleich«. Und während *the blind genius* auf manch jungen neuseeländischen Autor anregend wirkt, auf das kulturelle Leben Neuseelands vermag Wolfskehl kaum noch Einfluß zu nehmen.

Karl Wolfskehl hat einige große Werke verfaßt – gerade in Neuseeland, wo er sein letztes Lebensjahrzehnt verbringt, samt seelischen Turbulenzen, sehschwachen Augen und diversen körperlichen Leiden. Er ist dem Land, das ihn aufgenommen hat, aus vollem Herzen dankbar. »Neuseeland«, so erinnern sich Freunde, »hat ihn ruhiger und milder gemacht.«

Dennoch ist es wohl schmerzlich für Wolfskehl, daß er nicht mehr in seine Heimat zurückkehren kann – immerhin bleibt ihm somit die Begegnung mit Scharen von Wendehälsen und Mitläufern erspart, die nach dem Zusammenbruch des Dritten Reiches nun ihre Karrieren bruchlos in der Demokratie fortsetzen. Deren Verhalten hat Wolfskehl selbst aus dem fernen Neuseeland kritisch beäugt und auf den Punkt gebracht: »Gott heißt Success. Was Adel? Was Charakter? / Ein klarer Standpunkt? Nichts ist abgeschmackter!« – »Laßt doch der Weltgeschichte ihren Lauf: / Schaum, Spülicht, Kork schwimmt immer oben auf!«

Gestorben ist der sensible, wortgewaltige Dichter am Ende in sehr bescheidenen Lebensumständen und ohne seine Familie noch einmal wiedergesehen zu haben.

Die deutschen, tschechischen und österreichischen Flüchtlinge leben sich insgesamt gut in ihrem Zufluchtsland ein. Ihre Befindlichkeiten wechseln – mal fühlen sie sich mehr als Neuseeländer, mal mehr als Europäer. In den sechziger Jahren ist es dann die Generation ihrer Kinder, die beginnt, sich in Neuseeland ein eigenes Leben aufzubauen, zu heiraten und Familien zu gründen. Nicht selten heiraten die Nachkommen der jüdischen Flüchtlinge untereinander. Meistens kennen sie sich schon länger und sind durch ihre Eltern oder entsprechende Organisationen in Kontakt miteinander: Oliver und Merle, die Kinder von Ernest und Herta Newland und Heinz und Dorothea Eisig, haben sich im jüdischen Jugendclub von Auckland kennengelernt und sind seitdem zusammen. Auch aus Claire Briess und Peter Bruell, die sich seit der Kinderzeit kennen, wird ein Paar.

Die freie Welt rückt im Verlauf der folgenden Jahrzehnte immer weiter zusammen und mit ihr die geographischen Antipoden Deutschland und Neuseeland. 1966 wird in der bundesdeutschen Hauptstadt Bonn schließlich die erste neuseeländische Botschaft eröffnet – der Mann, der nun als neuseeländischer Botschafter sein Beglaubigungsschreiben unterzeichnet, ist auf diplomatischem Parkett sehr bewandert. Er spricht fließend deutsch, liebt die deutsche Sprache und Kultur und kennt die Stadt Bonn gut, denn er hat hier vor mehr als 30 Jahren an der Universität promoviert. Es ist Reuel Anson Lochore, und er erweist sich als guter Botschafter seines Landes.

Bibliographie

Verwendete Literatur

Aly, Götz: »Endlösung«. Völkerverschiebung und der Mord an den europäischen Juden, Frankfurt a. M. 1995

Aly, Götz/Heim, Susanne: Vordenker der Vernichtung. Auschwitz und die deutschen Pläne für eine neue europäische Ordnung, Hamburg 1991

Arning, Matthias: Späte Abrechnung. Über Zwangsarbeiter, Schlußstriche und Berliner Verständigungen, Frankfurt a. M. 2001

Auerbach, Frank: Letztes Abenteuer. Neuseeländische Erzählungen, Tübingen/Basel 1972

Bade, James: Out of the Shadow of War, The German connection with New Zealand in the twentieth century, Oxford 1998

Beaglehole, Ann: Facing the Past. Looking back at refugee childhood in New Zealand, 1940s-1960s, Wellington 1990

Beaglehole, Ann: A small price to pay. Refugees from Hitler in New Zealand, 1936-1946, Wellington 1988

Benz, Wolfgang: Dimension des Völkermords. Die Zahl der jüdischen Opfer des Nationalsozialismus, München 1991

Benz, Wolfgang: Flucht aus Deutschland. Zum Exil im 20. Jahrhundert, München 2001

Benz, Wolfgang (Hrsg.): Die Juden in Deutschland 1933–1945. Leben unter nationalsozialistischer Herrschaft, München 1993

Binswanger, Otti: And how do you like this country? Stories of New Zealand, Christchurch 1945

Binzegger, Anton: New Zealand's Policy on Refugees, Wellington 1980

Biographisches Handbuch des deutschen Auswärtigen Dienstes 1871–1945, Paderborn/München/Wien/Zürich 2000

Black, Edwin: IBM und der Holocaust. Die Verstrickung des Weltkonzerns in die Verbrechen der Nazis, München/Berlin 2001

Bonhoeffer, Dietrich: Widerstand und Ergebung, Frankfurt 1985

Breuer, Mordechai: Jüdische Orthodoxie im Deutschen Reich 1871–1918, München 1986

Brockie, Bob (Hrsg.): The Penguin Eyewitness History of New Zealand, Auckland 2002

Bronewski, Reinhard von: Aufgewachsen mit amerikanischen Soldaten. Wie im Berliner Grunewald Freundschaften entstanden, Berlin 2000

Browning, Christopher R.: Fateful Months. Essays on the emergence of the final solution, New York/London 1985

Burrin, Philippe: Hitler und die Juden. Die Entscheidung für den Völkermord, Frankfurt a. M. 1993

Chiellino, Carmine: Italien, Bd. 1: Geschichte, Staat und Verwaltung, München 1981

Dane, Peter: Loving Art. Poems, Auckland 2004

Easton, Brian: The Nationbuilders, Auckland 2001

Edmonds, David/Eidinow, John A.: Wie Ludwig Wittgenstein Karl Popper mit dem Feuerhaken drohte. Eine Ermittlung, Stuttgart/München 2001

Efrat, Gal-Ed: Das Buch der jüdischen Jahresfeste, Frankfurt/Leipzig 2001

Fautz, Bruno: Die Entwicklung neuseeländischer Kulturlandschaften untersucht in vier ausgewählten Farmregionen, Saarbrücken 1970

Feiling, K.: The Life of Neville Chamberlain, London 1947

Fest, Joachim: Das Gesicht des Dritten Reiches. Profile einer totalitären Herrschaft, München 1963

Fest, Joachim: Hitler. Eine Biographie, 2 Bde., Berlin 1973

Friedländer, Saul: Das Dritte Reich und die Juden, München 1997

Friedrich, Jörg: Der Brand. Deutschland im Bombenkrieg 1940 bis 1945, München 2002

Fritz Bauer Institut (Hrsg.): Jahrbuch 2000 zur Geschichte und Wirkung des Holocaust, Frankfurt a. M./New York 2000

Geier, Manfred: Karl Popper, Hamburg 1994

Gilbert, Martin: Churchill – A Life, London 1989

Gluckman, Ann (Hrsg.): Identity and Involvement. Auckland Jewry, Past and Present, Palmerston North 1990

Goldman, Lazarus Morris: The History of the Jews in New Zealand, Wellington 1958

Gross, Herbert/Deutscher Wirtschaftsdienst: Neuseeland, Köln 1954

Haffner, Sebastian: Geschichte eines Deutschen. Die Erinnerungen 1914–1933, Stuttgart 2000

Heinsohn, Gunnar: Warum Auschwitz? Hitlers Plan und die Ratlosigkeit der Nachwelt, Reinbek 1995

Höroldt, Dietrich/van Rey, Manfred: Bonn. Von einer französischen Bezirksstadt zur Bundeshauptstadt, Bonn 1992

Hüttermann, Armin: Untersuchungen zur Industriegeographie Neuseelands, Tübingen 1974

Harris, Mark J./Oppenheimer, Deborah: Kindertransport in eine fremde Welt, München 2000

Hermes, Richard: Witz contra Nazi. Hitler und sein Tausendjähriges Reich, Hamburg 1946

Heuer, Gerd: Deutsche Geschichte in Stichworten, Baden 1981

Hillgruber, Andreas/Hümmelchen, Gerhard: Chronik des Zweiten Weltkrieges, Frankfurt a. M. 1966

Hunt, Arthur Leigh: Which shall it be? National Suicide or The Brighter Britain of the South. New Zealand's Vital Need – Greater Population, Wellington 1936

Imber, Walter/Cumberland, K. B.: Neuseeland. Antipode des Abendlandes, München 1972

Jupp, James: The Australian People. An Encyclopedia of the Nation, Sydney 2001

Karl Popper's Life and Scientific Work, Milano 1966

Kershaw, Ian: Hitler. 1936–1945, Stuttgart 2000

Kessler, Herbert Zwi: Der Weg ins Ungewisse. Von Berlin nach Holland und Belgien, Konstanz 2000

King, Michael: At the edge of memory. A family story, Auckland 2002

King, Michael: The Penguin History of New Zealand, Auckland 2003

Klier, Freya: Die Kaninchen von Ravensbrück. Medizinische Versuche an Frauen in der NS-Zeit, München 1994

Knowles, Deborah (Hrsg.): Mixed blessings. New Zealand children of Holocaust survivors remember, Auckland 2003

Kogon, Eugen: Der SS-Staat. Das System der deutschen Konzentrationslager, München 1974

Krüger, Gabriele/Müller-Kemler, Maria: Das Landmädel. Arbeitsbuch für Schülerinnen landwirtschaftlicher Berufsschulen, Halle 1943

Kuby, Erich: Verrat auf deutsch. Wie das Dritte Reich Italien ruinierte, Hamburg 1982

Laqueur, Walter: Geboren in Deutschland. Der Exodus der jüdischen Jugend nach 1933, Berlin/München 2000
Levine, Stephen: The 150th Anniversary of the Wellington Hebrew Congregation 1843–1993, Wellington 1993
Loewy, Ernst: Jude, Israeli, Deutscher, Hamburg 1995
Lochore, Reuel Anson: From Europe To New Zealand. An account of our Continental European settlers, New Zealand Institute of International Affairs, Wellington 1951
Longerich, Peter: Die Ermordung der europäischen Juden. Eine umfassende Dokumentation des Holocaust, München/Zürich 1989
Longerich, Peter: Politik der Vernichtung. Eine Gesamtdarstellung der nationalsozialistischen Judenverfolgung, München 2001

Marwitz, Elishewa: Wächter über deine Mauern Jerusalem, Stuttgart 1975
Maser, Peter: An uns ist es zu preisen. Eine Auswahl aus dem jüdischen Gebetbuch, Konstanz 1991
McLean, G. J.: Spinning Yarns, Milton 1999
Meissner, Hans-Otto: Neuseeland ist viele Reisen wert, München 1988
Meyer, Michael A. (Hrsg.): Deutsch-jüdische Geschichte in der Neuzeit, Bd. 3/4, München 2000
Mönninghoff, Wolfgang: Enteignung der Juden. Wunder der Wirtschaft, Erbe der Deutschen, Hamburg 2001
Mommsen, Hans: Von Weimar nach Auschwitz. Zur Geschichte Deutschlands in der Weltkriegsepoche, München 2001
Mommsen, Hans/Willems, Susanne: Herrschaftsalltag im Dritten Reich, Düsseldorf 1988

Nachama, Andreas/Schoeps, Julius H./Simon, Hermann (Hrsg.): Juden in Berlin, Berlin 2001
Niedhart, Gottfried: Großbritannien und die Sowjetunion 1934 bis 1939. Studien zur britischen Politik der Friedenssicherung zwischen den beiden Weltkriegen, München 1972

Padower, Saul K.: Lügendetektor. Vernehmungen im besiegten Deutschland 1944/45, Frankfurt a. M. 1999
Parry, Gordon: One Hundred Years of Textile Manufacturing in Milton, Milton 1996

Ponton, F. A.: Immigration Restriction in New Zealand. A Study of Policy from 1908 to 1939, Thesis Victoria University of Wellington, 1946

Popper, Karl: Auf der Suche nach einer besseren Welt. Vorträge und Aufsätze aus dreißig Jahren, München 1984

Popper, Karl: Ausgangspunkte. Meine intellektuelle Entwicklung, Hamburg 1994

Popper, Karl: Das Elend des Historizismus, Tübingen 1969

Popper, Karl: Die offene Gesellschaft und ihre Feinde, 2 Bde., Bern 1957/1958

Reichshandbuch der deutschen Gesellschaft: Das Handbuch der Persönlichkeiten in Wort und Bild. 2 Bde. Berlin 1930–1931

Ridge, Phillip: Those Were the Days: A nostalgic look at the 1940s from the pages of The Weekly News, Auckland 1988

Rürup, Reinhard: 1936. Die Olympischen Spiele und der Nationalsozialismus, Berlin 1996

Schneider, Richard Chaim: Wir sind da! Die Geschichte der Juden in Deutschland von 1945 bis heute, Berlin 2000

Schoenberner, Gerhard: Der gelbe Stern. Die Judenverfolgung in Europa 1933–1945, München 1998

Schreiber, Marion: Stille Rebellen. Der Überfall auf den 20. Deportationszug nach Auschwitz, Berlin 2000

Scholz, Harald: Erziehung und Unterricht unterm Hakenkreuz, Göttingen 1985

Schops, Julius H. [u. a.] (Hrsg.): MENORA, Bd. 5: Beiträge zur Lokal- u. Regionalgeschichte: Schlesien, München/Zürich 1994

Seidler, Eduard: Kinderärzte 1933–1945. Entrechtet–geflohen–ermordet, Bonn 2000

Seilkopf, Wolfgang: Felix Graf von Luckner. Aus dem Leben des »Seeteufels«, Halle 2000

Shirer, William L.: Berliner Tagebuch, hrsg. v. Jürgen Schebera. Leipzig 1991

Sinclair, Keith: A History of New Zealand, Auckland 1959

Söchtig, Elke: Reaktionsweisen milchviehhaltender Betriebe in Neuseeland, Diss., Göttingen 1986

Sonnenfeld, Herbert: Ein jüdischer Fotograf in Berlin 1933–1938, Berlin 1990

Stern, Gerson: Auf drei Dingen steht die Welt. Erzählung, Siegen 2003

Sullivan, Jim: New Zealand, Year by Year in the 20th Century, Dunedin 1999

Taylor, Nancy M.: The New Zealand People at War – The Home Front, Wellington 1986

Vereinigung der Verfolgten des Naziregimes, Kreisvereinigung Hildesheim (Hrsg.): Verfolgung der jüdischen Bürger, -innen Hildesheims: Hintergründe, Berichte, Dokumente, Hildesheim 1988
Voigt, Klaus: Zuflucht auf Widerruf. Exil in Italien 1933–1945, Stuttgart 1993
Voit, Friedrich: Karl Wolfskehl. Leben und Werk im Exil, Göttingen 2005
Voit, Friedrich/Obermayer, August (Hrsg.): Exul Poeta. Leben und Werk Karl Wolfskehls im italienischen und neuseeländischen Exil 1933–1948, Dunedin 1999

Wasserstein, Bernhard: Europa ohne Juden. Das europäische Judentum seit 1945, München 2001
Watt, D. C.: Der Einfluß der Dominions auf die britische Außenpolitik vor München 1938, Bonn 1960
Wittmann, Käthe Livia: Interactive Identities: Jewish Women in New Zealand, Palmerston North 1998
Wulf, Joseph: Kultur im Dritten Reich. Theater und Film, München 1982

Zentral-Verein Deutscher Staatsbürger Jüdischen Glaubens (Hrsg.): Anti-Anti. Tatsachen zur Judenfrage, Berlin 1935

Zeitschriften

Aliens In British Life. In: New Zealand Jewish Chronicle, 08/1945

Bergen-Belsen, das Austauschprogramm Juden gegen Arier: In: taz, 10. 4. 1995
Butter for Britain. In: Southland Times, 14. 5. 1940

Civilian Suits, Frocks, Underclothing. In: Press, 24. 1. 1942
Continental Delicacies Introduced To New Zealand. In: Catering Review 1973

Count Felix von Luckner's 1938 »Propaganda« Visit to New Zealand and Its Consequences. In: New Zealand Journal of History, 35, 2/2001
Creativity, born of displacement. In: Weekend Herald, 1./2. 9. 2001

Das Jahr 1944. In: Berliner Illustrierte Nachtausgabe, 1944
Defending Singapore. In: Otago Daily Times, 30. 12. 1941
Deliverance with refugees. In: Weekend Herald, 8./9. 12. 2001
Der große Auschwitz-Prozeß. In: Fritz Bauer Institut, Newsletter Nr. 15
Die »Emden«-Offiziere in Wellington. In: Deutsche Allgemeine Zeitung, 9. 7. 1929
Die große Gier. In: Der Spiegel 33/2001
Die USA brauchen verläßliche Freunde. In: Frankfurter Rundschau, 6. 11. 1971
Dunkelste Stunde. In: Der Spiegel 27/2000
Die Manager der Nazis. In: Der Spiegel 20/2001

Felix von Luckner. In: Dominion 1. 5. 1937, 4. 5. 1937, 7. 5. 1937
Felix von Luckner. In: Evening Post, 12. 3. 1938
Felix von Luckner. In: New Zealand Herald, 14. 3. 1938, 17. 3. 1938
Fred Silberstein. Der Leidensweg. In: Steglitzer Volksblatt, 26. 7. 2000
Fund raising and gardening for soldier's wifes. In: Taranaki Daily News, 16. 6. 1940

Hafen ohne Hoffnung. In: Der Tagesspiegel, 19. 10. 1997
Horses for Courses. In: Auckland Star, 31. 10. 1942
Hostile New Zealand awaited Jewish refugees. In: Dominion 1999

50 Jahre Luftbrücke. In: Der Tagesspiegel, 06/1998
Jüdisches Leben in Deutschland. In: Das Parlament, 31–32/2003

Lambs from the slaughter. In: Weekend Herald, 16./17. 12. 2000

Manpower. In: Press 13.6. 1940, 15. 6. 1940
Manpower is directed. In: New Zealand Herald, 21. 11. 1941
Mind Games. Peter Munz. In: Listener, 25. 8. 2001
Mord als Ziel: In: Der Spiegel 22/2001

Nachbars Vertiko für 6 Reichsmark. In: Berliner Morgenpost, 19. 6. 2000

»Neuseeland hat mir ein neues Leben gegeben.« In: Der Tagesspiegel, 30. 7. 2000

New Zealand Must Open its Gates. In: New Zealand Magazine, 03–04/1944

Only One German Envoy Sacked. In: New Zealand Truth, 16. 2. 1955

Patriotism, futile refuge of Jews throughout the ages. In: Guardian, 29. 3. 1992

Philosopher misses lecture. In: Press, 28. 4. 1979

Polish Children. In: Evening Post, 8. 4. 1944, 6. 6. 1944

Porträt des Tages. In: General-Anzeiger, 29. 8. 1966

Pressure for the Home Guard. In: Otago Daily Times, 16. 11. 1940

Rückkehr in die Fremde? In: Fritz Bauer Institut, Newsletter Nr. 18

Sausages and a spice for life. In: New Zealand Listener, 24. 7. 1976

Shock find in Probe of German Envoys. In: New Zealand Truth, 26. 1. 1955

Soll man die Deutschen bewaffnen? Kommentar 1948. In: Der Spiegel 46/2002

Speech, given by Peter Fraser. In: Dominion, 6. 7. 1945

Supporters of the League of Nations. In: TOMORROW, 6. 11. 1935

The Challenge. In: Auckland Star, 22. 12. 1941

The Eternal Light: Telling the Holocaust Story. In: Tekah, 05–07/2000

The Home Guard. In: Evening Post, 25. 5. 1940

The National Military Reserve. In: New Zealand Herald, 20. 5. 1940

The Refugee Problem. In: The New Zealand Nursing Journal, 15. 9. 1939

The World Labor Athletic Carnival of 1936. In: American Jewish History, 74/1985

Thesis supporting Holocaust denial. In: New Zealand Jewish Chronicle, 04/2000

True German Christmas. In: New Zealand Herald, 7. 12. 1953

Unspoken Past. In: Sunday Star Times, 31. 3. 2002

Unwirkliches Leben. In: taz, 22. 1. 2000

Vordenker des Holocaust. In: Die Zeit, 5/2004

Wicked nonsense. In: Central Leader, 19. 4. 2000
Work for Victory, Work for your Lives. In: Press, 4. 6. 1940

Die zitierten Briefe stammen aus Privatarchiven, darüber hinaus wurden die Bestände folgender Archive benutzt:
Archiv des Deutschen Außenministeriums
Archive Canterbury University College
National Archives of New Zealand – Te Rua Mahara o te Kawanataga.

Bildnachweis

Alexander Turnbull Library, National Library of New Zealand, Te Puna Mātauranga o Aotearoa 7 a) 7 b)

University of Canterbury Library Collection, Christchurch 8

Schiller-Nationalmuseum / Deutsches Literaturarchiv Marbach 3

Privat 2 4 5 6 a) 6 b) 9 10 a) 10 b) 11 12 a) 12 b) 13 14 a) 14 b) 15 16 a) 16 b)

Trotz intensiver Recherchen konnten nicht alle Rechtsinhaber ausfindig gemacht werden. Berechtigte Ansprüche bitten wir an den Verlag zu richten.

Dank

Mein Dank gilt Mimi Nathan, Hansi Silberstein, Ruth Filler, Gabriele Dane und Herta Newland. Er gilt Fred Silberstein, Hans Johnson, Denis Adam, Peter Munz, Ernest Newland, Andrié Hart und Peter Dane. Ohne ihren Mut, sich noch einmal jener dunklen Zeit zu erinnern, hätte ich dieses Buch nicht schreiben können. Auch ihre Kinder waren mir eine große Hilfe. Stellvertretend für alle möchte ich an dieser Stelle Naomi Johnson, Claire Bruell, Merle Newland und Kim Heppner danken. Ich danke Friedrich Voit, daß er mir sein Wissen über Karl Wolfskehl selbstlos zur Verfügung stellte. Ich danke Rachel Schwarz für ihre genauen Erinnerungen an ein jüdisches Kinderheim in Brüssel.

Freya Klier

WILLIAM HASTINGS BURKE
Hermanns Bruder
Wer war Albert Göring?
Aus dem Englischen
von Gesine Schröder
240 Seiten. Gebunden
ISBN 978-3-351-02747-6
Auch als E-Book erhältlich

Der Nazi und der Judenretter

Unterschiedlicher könnten zwei Brüder nicht sein: Hermann Göring (geboren 1893) ist rebellisch und findet seine Bestimmung im Soldatentum. Albert (geboren 1895) dagegen ist wohlerzogen und musisch veranlagt. Während Hermann sich der Hitler-Bewegung anschließt und zu einem der größten Nazi-Verbrecher überhaupt wird, hilft Albert Juden bei der Flucht aus Deutschland und unterstützt die tschechische Widerstandsbewegung. Die Liste der vierunddreißig Personen, die Albert Göring gerettet haben soll, führt Jahrzehnte später den jungen Australier William Hastings Burke durch Deutschland, Europa und die USA. Er interviewt Zeitzeugen und Hinterbliebene der Menschen, die Albert Göring ihr Leben verdanken. Sein Buch beschreibt auf eindrucksvolle Weise das Leben und Wirken des bisher weitgehend unbekannten Bruders von Hermann Göring und zeichnet zugleich ein tiefenscharfes Porträt des Lebens in Deutschland, sechzig Jahre nach Kriegsende.

»Ein wunderbares Stück Literatur.« ALIZA OLMERT

Mehr Informationen erhalten Sie unter www.aufbau-verlag.de
oder in Ihrer Buchhandlung

BRUNO APITZ
Nackt unter Wölfen
Roman
Herausgegeben und mit einem
Nachwort von Susanne Hantke
512 Seiten. Gebunden
ISBN 978-3-351-03390-3

»Ein Preislied auf Güte und Herzenswärme«

MARCEL REICH-RANICKI

Diese Geschichte hat Generationen bewegt: Im Frühjahr 1945 wird ein dreijähriger Junge in das KZ Buchenwald eingeschleust. Wenn die SS ihn findet, ist ihm der Tod ebenso gewiss wie seinen Beschützern. Gegen alle Vernunft verstecken zwei Häftlinge das Kind, obwohl sie damit die Vorbereitungen des illegalen Lagerkomitees für einen Aufstand gefährden. Das Überleben des Jungen wird zum Sinnbild für den Überlebenswillen der Häftlinge. Der Roman entstand frei nach Motiven einer wahren Begebenheit. Man rezipierte ihn jedoch als Tatsachenbericht, und die Geschichte der Rettung des Kindes wurde in der DDR zum Symbol des antifaschistischen Widerstandskampfes. Was bisher nicht bekannt war: Apitz hatte die Rolle der Kommunisten ursprünglich viel konfliktreicher angelegt.

»Dieses Buch umschließt so viel, dass die Schocks der Handlung von Tempo, Schwung und Intensität der Erzählung absorbiert werden.« BBC

Mehr Informationen erhalten Sie unter www.aufbau-verlag.de
oder in Ihrer Buchhandlung

GERT SCHRAMM
Wer hat Angst vorm schwarzen Mann
Mein Leben in Deutschland
304 Seiten. Gebunden
Mit 10 Abbildungen
ISBN 978-3-351-02727-8

»Einfach einstecken – das lag mir nicht.«

Gert Schramm wird 1928 als Sohn einer Deutschen und eines schwarzes US-Amerikaners in einem kleinen thüringischen Dorf geboren. In die behütete Kindheit des Jungen, dem man seine »nicht arische« Herkunft schon weitem ansieht, bricht bald schon die Allgegenwart des Nationalsozialismus ein. Die Haft im KZ Buchenwald überlebt der Fünfzehnjährige nur aufgrund der Courage seiner Mithäftlinge. Nach Kriegsende muss er erleben, dass diejenigen, die für sein Schicksal Mitverantwortung tragen, noch immer in Amt und Würden sind. Er geht zunächst in den Westen Deutschlands, später nach Frankreich, kehrt jedoch schließlich in die DDR zurück. Dort widersetzt er sich bewusst der sozialistischen Doktrin und macht sich mit einem Transportunternehmen selbstständig. Seit er nach der Wende von Neonazis bedroht wurde, engagiert er sich in der Aufklärungsarbeit gegen Rechts. Seine Erinnerungen sind ein eindringliches Zeugnis, wie Rassismus und Ausgrenzung die Gesellschaftssysteme überdauern und was man dagegen tun kann.

Mehr Informationen erhalten Sie unter www.aufbau-verlag.de
oder in Ihrer Buchhandlung

HANS FALLADA
In meinem fremden Land
Gefängnistagebuch 1944
333 Seiten. Gebunden
Mit 1 Faksimile und 1 Abbildung
ISBN 978-3-351-02800-8

»Ich habe das Leben wie alle gelebt, das Leben der kleinen Leute«

Im Herbst 1944 resümiert Hans Fallada in einer Gefängniszelle sein Leben in der NS-Diktatur, die Zeit der inneren Emigration. Unter den Bedingungen der Haft, in ständiger Angst vor Entdeckung schreibt er sich vom Alpdruck der Nazizeit frei. Seine freimütigen, bisweilen provokanten Erinnerungen galten lange Jahre als verschollen. Mit dieser Edition werden sie erstmals veröffentlicht.

Mehr Informationen erhalten Sie unter www.aufbau-verlag.de
oder in Ihrer Buchhandlung

HANS FALLADA
Jeder stirbt für sich allein
Roman
704 Seiten
ISBN 978-3-7466-2811-0
Auch als E-Book erhältlich

»*Ein literarisches Großereignis.*«

THE NEW YORK TIMES

Ein einzigartiges Panorama des Berliner Lebens in der Nazizeit: Hans Falladas eindrückliche und berührende Darstellung des Widerstands der kleinen Leute avancierte rund sechzig Jahre nach der Entstehung zum internationalen Publikumserfolg in Deutschland und der Welt. Millionen Leser sind berührt von der Geschichte des Ehepaars Quangel, das nach dem Kriegstod des Sohnes einen ganz privaten Weg findet, sich gegen das unmenschliche Regime zur Wehr zu setzen und so die eigene Seele zu retten.

»*Das beste Buch, das je über den deutschen Widerstand gegen den Nationalsozialismus geschrieben wurde.*« PRIMO LEVI

»*Der Erfolg von ›Jeder stirbt für sich allein‹ zeigt, dass das Schwarzweißbild der Hitlerjahre endlich einer nuancierten Wahrnehmung weicht.*« F.A.Z.

Mehr Informationen erhalten Sie unter www.aufbau-verlag.de
oder in Ihrer Buchhandlung

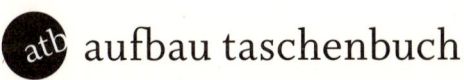

EGON BAHR, PETER ENSIKAT
Gedächtnislücken
Zwei Deutsche erinnern sich
Herausgegeben
von Thomas Grimm
204 Seiten. Gebunden
ISBN 978-3-351-02745-2
Auch als E-Book erhältlich

Zwei deutsche Legenden erinnern sich

Egon Bahr, Grandseigneur der deutschen Sozialdemokratie, enger Wegbegleiter Willy Brandts, und Peter Ensikat, einer der bekanntesten Kabarettisten und Intellektuellen der DDR, sind seit vielen Jahren befreundet. Immer wieder trafen sie sich zu langen Gesprächen, in denen sie einander ihr Leben erzählten und ihr Nachdenken über Deutschland.

Das Elend der Nachkriegszeit, der Mauerbau, der Aufstand am 17. Juni 1953, die zaghafte Politik des »Wandels durch Annäherung« der beiden deutschen Staaten, die Bahr maßgeblich bestimmte, bis hin zum Fall der Mauer und den Debatten der Nachwendezeit – dieses Buch bietet einen ebenso kurzweiligen wie prägnanten Überblick über die jüngere deutsche Geschichte.

»Während Egon Bahr und Peter Ensikat amüsant und schlagfertig miteinander parlieren, bringen sie die deutsche Geschichte des 20. Jahrhunderts auf die Reihe – den beiden ist ein Meisterstück geglückt.«
FRANZISKA AUGSTEIN, SÜDDEUTSCHE ZEITUNG

»Ein spannendes und aufregendes Gespräch. Greifen Sie zu diesem Buch!« DIETER HILDEBRANDT

Mehr Informationen erhalten Sie unter www.aufbau-verlag.de
oder in Ihrer Buchhandlung

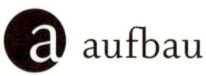

STÉPHANE HESSEL
An die Empörten dieser Erde!
Vom Protest zum Handeln
127 Seiten. Mit Abbildungen
ISBN 978-3-351-02758-2
Auch als E-Book erhältlich

Vom Protest zum Handeln

Da hinter Hessels Appellen ein ganzes Leben an Erfahrung, an Empathie und tiefem Nachdenken steht, entfalten seine Thesen ihren Reichtum am deutlichsten im Dialog mit den Adressaten. Eine Grundsatzrede und dieser Dialog mit seinem Publikum sind im vorliegenden Buch zusammengeführt und erschließen sehr konkret das Denkgebäude des Stéphane Hessel. Und vor allem: wie kann und muss im Sinne einer Erziehung zu Mitgefühl und globaler Verantwortung gehandelt werden? In einer Zeit der Sinnsuche und des Werteverlustes findet Hessel millionenfach Gehör – ganz besonders bei der Jugend.

»Seine Leichtfüßigkeit hat etwas vom Götterboten, vom Hermes mit den Flügeln. Sein Leben ist ein Kunstwerk.«
MANFRED FLÜGGE ÜBER STÉPHANE HESSEL

Mehr Informationen erhalten Sie unter www.aufbau-verlag.de
oder in Ihrer Buchhandlung